Lun Wen

Studien zur Geistesgeschichte und Literatur in China

Herausgegeben von Hans van Ess, Roderich Ptak und Thomas O. Höllmann

Band 15

2013
Harrassowitz Verlag · Wiesbaden

Christian Streif

Die Erleuchtung des Nordens

Zum Disput zwischen Sengzhao und Liu Yimin über die Bodhisattva-Idee des Mahāyāna

2013
Harrassowitz Verlag · Wiesbaden

Bibliografische Information der Deutschen Nationalbibliothek
Die Deutsche Nationalbibliothek verzeichnet diese Publikation in der Deutschen Nationalbibliografie; detaillierte bibliografische Daten sind im Internet über http://dnb.dnb.de abrufbar.

Bibliographic information published by the Deutsche Nationalbibliothek
The Deutsche Nationalbibliothek lists this publication in the Deutsche Nationalbibliografie; detailed bibliographic data are available in the internet at http://dnb.dnb.de.

Informationen zum Verlagsprogramm finden Sie unter
http://www.harrassowitz-verlag.de

Gedruckt auf alterungsbeständigem Papier.
Für die Kalligraphie auf dem Umschlag danken wir Herrn Ni Shaofeng
Druck und Verarbeitung: Hubert & Co., Göttingen
Printed in Germany

ISSN 1610-711X
ISBN 978-3-447-06879-6

Inhalt

Tabellenverzeichnis

Abkürzungsverzeichnis

Die kompletten bibliographischen Angaben sind im Literaturverzeichnis unter dem in Klammern angegebenen Autoren- bzw. Herausgebernamen zu finden.

BP	*Bao Puzi* (Ge Hong)
BWZL	*Bore wuzhi lun* (Sengzhao)
CC	*Chuci* (Takeji Sadao)
CSZJJ	*Chu sanzang jiji*
DS	*Daśabhūmikasūtra*
DZDL	*Dazhi Dulun*
FGDCD	*Foguang Da Cidian* (Ci Yi)
FGJ	*Fang guang jing*
GSZ	*Gaoseng zhuan* (Huijiao)
GX	*Zhuangzi Guoxiang Zhu* (Kitahara Muneki)
GY	*Guoyu yinde* (Zhang Yiren)
GZJ	*Guang zan jing*
HDCD	*Hanyu da cidian* (Luo Zhufeng)
HNZ	*Huainanzi zhuzi suoyin* (Lau)
Jinshu	*Jinshu* (Fang Xuanling)
Laozi	*Konkordanz zum Lao-tzu* (Müller)
LY	*Lunyu zhuzi suoyin* (Lau)
MBJ	*Mohe boreboluomi jing*
Nanshi	*Nanshi* (Li Yanshou)
QSG	*Quan Shanggu Sandai Qin Han Sanguo Liuchao wen* (Yan)
SBXZ	*Shiba xian zhuan* (Chen Shunyu)
SGZ	*Sanguo zhi* (Chen Shou)
SJ	*Maoshi zhuzi suoyin* (Lau)
Songshu	*Songshu* (Shen Yue)
SS	*Shangshu zhuzi suoyin* (Lau)
SSJ	*Sou shen ji* (Gan Bao)
SSXY	*Shishuo xinyu* (Liu Yiqing)
Suishu	*Suishu* (Wei Zheng)
T	*Taishô shinshû daizôkyô* (Takakusu Junjiro)
VK	*Zhu Weimoji jing* (Sengzhao)
Weishu	*Weishu* (Wei Shou)
X	*Manji Zokuzôkyô*
YKB	*Yuan Kang-Biographie*
ZGDC	*Zhongguo gujin diming dacidian*
ZY	*Zhouyi yinde*
ZYD	*Zhuangzi yinde*
ZZTJ	*Zizhi tongjian* (Sima Guang)

Danksagung

Trotz der jahrelangen, zumeist einsamen Gedankenarbeit ist eine Dissertation keine Einzelschöpfung. Sie verdankt ebenso viel der Umgebung und den Personen, die direkt oder indirekt mit dem Promotionsprojekt zu tun hatten. Daher möchte ich mich ganz herzlich bei all denjenigen bedanken, die mir in dieser Zeit begleitend, beratend und helfend zur Seite standen.

An erster Stelle möchte ich hier meinem Doktorvater, Herrn Professor Dr. Michael Friedrich (Hamburg), für seine einfühlsame und inspirierende Betreuung danken. Ganz herzlich bedanken möchte ich mich auch bei Herrn Professor Michael Zimmermann (Hamburg), der mir durch zahlreiche aufschlussreiche Gespräche den Blick auf einen größeren buddhologischen Kontext eröffnete. Dank geht auch an Herrn Professor Dr. Rudolf G. Wagner (Heidelberg), ohne dessen Seminare über die *Xuanxue* ich mich nie für das Thema dieser Arbeit hätte begeistern können.

Danken möchte ich auch Herrn Professor Dr. Joachim Gentz (Edinburgh) für unzählige Gespräche und Hinweise in der Anfangsphase dieser Arbeit und Herrn Professor Dr. Jörg Plassen (Bochum) für den sehr interessanten Gedankenaustausch und sein aufmerksames Interesse an meiner Arbeit.

Für die Zeit zwischen Abgabe und Veröffentlichung der Arbeit möchte ich meinem Vater danken – er war mir eine unschätzbare Hilfe bei der Korrektur und Durchsicht des Textes. Auch bei Benedikt Skowasch möchte ich mich ganz herzlich für sein Interesse, seine genauen Korrekturen und die große Hilfe bei der Formatierung des Textes in das druckfertige Manuskript bedanken.

Mein Dank geht auch an meine Freunde aus der „Salzmine“: Max Fölster, Florian Krins, Sigmund Missal, Ilhoon Oh, Christian Textor, Wang Bin, Wang Ying, York Wiese, Xiong Mingxin und Chang Yu-ting.

Diese Arbeit wurde durch ein Promotionsstipendium des Cusanuswerkes gefördert. Hierfür möchte ich mich ganz herzlich bei den Referentinnen und Referenten und bei Herrn Dr. Thomas Rutte bedanken. Über das Zentrum für Buddhismuskunde in Hamburg wurde mir in einer Notlage ein Abschlussstipendium gewährt, hierfür geht mein großer Dank an die Stipendiengeber für ihre bereitwillige und unkomplizierte Hilfe.

Mein größter Dank geht an meine Eltern, die mir mit ihrer Geduld und Ermutigung zur Seite standen. Ihnen widme ich diese Arbeit.

1. Einleitung

Der chinesische Mönchsgelehrte Sengzhao (374–414) gehört zu den wichtigsten Figuren in der Geschichte des chinesischen Buddhismus.[1] Als enger Schüler und Mitarbeiter des zentralasiatischen Mönchs und Übersetzers Kumārajīva (350–409) kam Sengzhao als einer der ersten mit dem neuen, für die Entwicklung des Mahāyāna-Buddhismus wichtigen *Mādhyamaka*-Denkens in Kontakt.[2] Seine größte Leistung bestand darin, einem chinesischen Publikum zentrale mahāyāna-buddhistische Konzepte wie den Leerheitsgedanken und die *prajñāpāramitā* zu vermitteln.[3]

Trotz dieser enormen Bedeutung, die Sengzhao nicht nur von späteren buddhistischen Denkern, sondern auch von der aktuellen Forschung zugesprochen wurde, sind wichtige Aspekte seines Werkes immer noch unerforscht. So konzentriert sich die bisherige Forschungsliteratur fast ausschließlich auf philosophische Inhalte, wobei jedoch Fragen zu dessen Kontextualisierung innerhalb zeitgenössischer Kontroversen, aber auch des geistesgeschichtlichen Hintergrundes vollkommen außer Acht gelassen werden. Darüber hinaus herrschen auch große Unsicherheiten bezüglich der Frage, ob Sengzhao denn nun als ein bloßer Vermittler indisch-buddhistischer Inhalte oder vielmehr als ein Denker in der Fortsetzung des Neodaoismus (*Xuanxue*) zu betrachten sei. Denn Rhetorik, Stil und Vokabular von Sengzhaos wichtigstem Werk, einer Sammlung mit vier Traktaten, lassen ein eingängiges und griffiges Verständnis seines Denkens, das eine solche Einordnung rechtfertigen würde, nicht so einfach zu. Es sind daher auch hermeneutisch-philologische Aspekte, die bei der Aufarbeitung von Sengzhaos Werk bisher vernachlässigt wurden. Die Untersuchungen in der vorliegenden Arbeit beruhen daher auf der Annahme, dass erst ein besseres Verständnis des geistesgeschichtlichen und historischen Kontextes, wie auch der hermeneutisch-philologischen Fragen einen Zugang zum religiösen Inhalt von Sengzhaos Werk ermöglicht.

In diesem einleitenden Kapitel soll zunächst die genaue Fragestellung anhand eines Überblicks über die bisherigen Forschungsarbeiten präzisiert werden. Die für die Untersuchung wichtigste Primärquelle ist der „Traktat über die *prajñā*, die ohne Erkennen ist" (*Bore wuzhi lun* 般若無知論; hinfort: BWZL), dem ältesten Text in der Sammlung des *Zhaolun*. Ergänzt werden soll dieser Text durch einen auf ihm basierenden Briefwechsel

1 Es existieren widersprüchliche Angaben über die Lebensdaten von Sengzhao. Im GSZ sind lediglich sein Lebensalter und das Todesdatum aufgezeichnet, das genaue Geburtsjahr bleibt unerwähnt. Demnach starb Sengzhao dreißigjährig im Jahr 414 und wurde somit im Jahr 384 geboren. Gemäß den Forschungen von Tsukamoto Zenryû soll es sich bei der Altersangabe jedoch um einen Schreibfehler handeln. Tsukamoto (1955), S. 121. Einen sehr guten Überblick über die Diskussion zu den Lebensdaten findet sich in Li (1989), S. 5–15. Da Tsukamotos Datierung des Geburtsdatums auf 374 n.Chr. in den meisten Forschungsarbeiten verwendet wird, wurde dieses Datum auch in der vorliegenden Arbeit übernommen. Über die biographischen Stationen im Leben Sengzhaos, siehe GSZ S. 249–252.

2 Zum Leben und zu den Lebensdaten Kumārajīvas, siehe die Anmerkung im Übersetzungsteil. Einen guten Überblick über das Mādhyamika-Denken in Indien und China findet sich bei Liu Ming-Wood. Siehe hierzu Liu (1994), S. 1–26.

3 Zur Bedeutung Sengzhaos für die buddhistische Philosophie, s. bspw. Chen (1964), S. 86, Liu (1995), S. 37.

zwischen Sengzhao und Liu Yimin (ca. 360–416), einem Laienschüler Huiyuans (334–416). Dieser besteht aus einem Fragebrief über das BWZL und einem Antwortbrief Sengzhaos. Diese Korrespondenz ist einer der seltenen Fälle, in denen ein Autor einem kritischen Zeitgenossen gegenüber einen von ihm selbst verfassten Text erklärt. Sengzhaos Traktat und sein erklärender Antwortbrief beziehen sich hierbei inhaltlich auf das in den Jahren 403 bis 404 von Kumārajīva übersetzte **Mahāprajñāpāramitāsūtra* (*Mohe boreboluomi jing* 摩訶般若波羅蜜經; hinfort: MBJ). Es sind vor allem das MBJ und dessen bedeutender Kommentar, das „*Śāstra* über die Überquerung der Großen Einsicht" (*Dazhi dulun* 大智度論; hinfort: DZDL), welche die zentralen Themen für Sengzhaos Gedanken im BWZL liefern. Dieser Text soll deshalb vor allem im zweiten Kapitel, bei der Herausarbeitung des dogmatischen Kontextes, im Mittelpunkt stehen.

Von der Sekundärliteratur wurden bisher vor allem Sengzhaos vier Traktate bearbeitet, die im chinesischen *Tripiṭaka* (*Dazang jing* 大藏經) als „Traktate des [Seng]zhao" (*Zhaolun* 肇論; T1858) zusammengefasst sind. Die Konzentrierung der Forschung auf das *Zhaolun* mag wohl damit zusammenhängen, dass die darin enthaltenen Traktate wohl am ehesten einer philosophischen Abhandlung ähneln, wie sie dem Leser von der westlichen Philosophie her vertraut ist. Hingegen wurden die Werke Sengzhaos, die diesem Idealbild einer abgeschlossenen philosophischen Abhandlung viel weniger entsprechen, bisher eher vernachlässigt. Jedoch ist es hierunter vor allem Sengzhaos Kommentar zum *Vimalakīrinirdeśasūtra* (*Zhu Weimoji jing* 注維摩詰經; T1775), der einen viel einfacheren Zugang zu seinem Denken eröffnet, als die Traktate im *Zhaolun* mit ihrem teils schwer verständlichen Vokabular und ihrer paradoxen Argumentation.[4] Durch zahlreiche Begriffs- und Worterklärungen bietet Sengzhaos Kommentar zum *Vimalakīrinirdeśasūtra* eine überaus nützliche Hilfe für das Verständnis des sehr dunklen und schwer zugänglichen Fachvokabulars im BWZL und im Briefwechsel. Alle drei Texte, das BWZL, der Briefwechsel und der Kommentar zum *Vimalakīrtinirdeśasūtra*, stehen zudem in einem engen Zusammenhang: Sengzhao fügte seinem Antwortbrief auf die Fragen Liu Yimins ein Exemplar des Kommentars bei, mit der Empfehlung diesen zur Kenntnis zu nehmen. Die folgende Untersuchung konzentriert sich von daher auf diese drei Texte, da sie innerhalb eines kurzen Zeitraums, aufgrund eines gemeinsamen Anlasses entstanden sind und sich außerdem zahlreiche inhaltliche Bezüge und Verweise auf das DZDL feststellen lassen.

1.1 Forschungsarbeiten zu Sengzhao

Wegen der Bedeutung, die ihm für das chinesische buddhistische Denken zugesprochen wird, steht Sengzhao im Mittelpunkt zahlreicher Forschungsarbeiten in westlichen und asiatischen Sprachen. Diese beschränken sich jedoch vornehmlich auf eine Untersuchung der Traktate und nähern sich diesen aus einer ideengeschichtlichen Perspektive. Sengzhao wird darin vor allem unter der Frage nach der „Sinisierung des Buddhismus" untersucht.

4 Wie Sengzhao im Antwortbrief an Liu Yimin schreibt, handelt es sich hierbei um einen Sammelkommentar, der während der Übersetzung des *Vimalakīrinirdeśasūtra* entstanden ist. Sengzhao hat hierbei seine eigenen Anmerkungen zu Textstellen aus dem *Sūtra* mit denen Kumārajīvas und Daoshengs ergänzt und zu einem Kommentar zusammengefügt. T45.1858.155.c27–156.a1.

Dieser Ansatz konzentriert sich auf Bruchlinien innerhalb des Denkens Sengzhaos, die entweder darauf hinweisen sollen, dass dieser die Gedanken und Lehrinhalte des indischen Buddhismus vermittle oder diese in einer neodaoistischen Verzerrung wahrnehme. Hinter vielen Darstellungen steht so die Annahme, dass Kumārajīvas Übersetzungen dem chinesischen *Saṃgha* erstmals ein „klares“ und „authentisches“ Verständnis des Dharma[5] eröffnet habe.[6] Sengzhao macht in seinen Texten allerdings einen überaus reichen Gebrauch von Gedanken, Zitaten und vom Vokabular der *Xuanxue*. Hieraus wurde in manchen Arbeiten geschlossen, dass Sengzhao eigentlich nur in der Fortführung der chinesischen Denktradition der *Xuanxue* und daher nur am Rande als ein Vermittler neuer buddhistischer Ideen zu sehen sei. Sind Sengzhaos Traktate daher als Zeugnisse eines „sinisierten“ buddhistischen Denkens oder eher als ein Missverständnis aufgrund einer neodaoistisch verzerrten Wahrnehmung des Dharma zu betrachten? Es ist vor allem diese Frage, die den Hintergrund zahlreicher Forschungsarbeiten des letzten und des gegenwärtigen Jahrhunderts bildete. Sie führte zur unterschiedlichen Einordnungen Sengzhaos, mal als „Daoist“ in der Tradition der *Xuanxue*, mal als „Buddhist“ und Vermittler des *Mādhyamaka*.

Die chinesische Sekundärliteratur des 20. Jahrhunderts beginnt mit Tang Yongtong und steht ganz im Zeichen seiner Forschungen zur *Xuanxue*. Das darin aufgestellte Paradigma, welches die Lehren der *Xuanxue* als „Ontologie“ betrachtet, die die Han-zeitliche „Kosmologie“ überwunden habe, macht Tang auch in Fortführung auf das buddhistische Denken Sengzhaos geltend. Er betrachtet diesen in seinem in den 30er Jahren des 20. Jahrhunderts erstmals erschienenen Überblickwerk zur Geschichte des frühen chinesischen Buddhismus, „Geschichte des Buddhismus der Han, Wei, Liang, Jin und der Nördlichen und Südlichen Dynastien“ (*Han Wei Liang Jin Nanbeichao fojiao shi* 漢魏兩晉南北朝佛教史), als Vertreter einer „*Xuanxue* mit buddhistischen Charakteristika“.[7]

Eine ähnliche Darstellung Sengzhaos findet sich auch in Feng Youlans „Geschichte der chinesischen Philosophie“ (*Zhongguo zhexue shi* 中國哲學史). Auch Feng Youlan vertritt die Ansicht, dass Sengzhao aufgrund des in seinen Texten vorherrschenden Vokabulars der *Xuanxue* eigentlich über das Gleiche gesprochen und deren zentrale Ideen fortgesetzt habe.[8]

Gegenüber diesen eher überblickshaften Darstellungen erscheint die von Walter Liebenthal im Jahr 1948 verfasste und 1968 in einer überarbeiteten Ausgabe erschienene Monographie zu Sengzhao als wesentlicher Fortschritt. Darin ist erstmals auch eine englische Übersetzung des *Zhaolun* und des Briefwechsels mit Liu Yimin enthalten. Auch Liebenthal setzt sich mit Sengzhao aus einer ideengeschichtlichen Perspektive auseinander, recherchiert aber als erster überhaupt die Herkunft der zahlreichen im *Zhaolun* enthaltenen Zitate und Anspielungen und nimmt darüber hinaus auch die überlieferte Kommentarliteratur zur Kenntnis. Obwohl Liebenthal noch stark von Tang Yongtongs ontologischem Verständnis ausgeht, setzt er sich auch kritisch mit der Ansicht auseinander, Sengzhao als bloßen Vermittler einer philosophischen Theorie zu betrachten. Denn das eigentliche

5 In dieser Arbeit wird der Begriff für *Dharma* großgeschrieben, wenn damit das „Gesetz des Buddha“ gemeint ist. Er wird kleingeschrieben, wenn auf die „vielen *dharma*“, die Daseinsbestandteile, verwiesen wird. Zu dieser Unterscheidung, siehe auch FGDCD 3336.

6 Zu einer Kritik hierüber, siehe Sharf (2002), S. 10.

7 Tang (1955b), S. 246.

8 Feng (1992), S. 258f.

Zentrum von Sengzhaos Nachdenken sei vielmehr eine „mystische Erfahrung", die dem Zugriff der Alltagssprache entzogen und in den zahlreichen Paradoxien und Widersprüchen im *Zhaolun* nur hindeutend erkennbar sei.[9]

Eine gründliche philologische Aufarbeitung des *Zhaolun* kam erstmals durch die im Jahr 1955 erschienenen Ergebnisse der Forschungen einer japanischen Arbeitsgruppe am Institut für Geisteswissenschaften an der Universität Kyôto zustande. Diese Arbeiten entstanden zwischen den Jahren 1953 bis 59 unter der Leitung von Tsukamoto Zenryû. Der unter dem Titel „Studien zu Sengzhao" (*Jôron Kenkyû* 僧肇研究) in japanischer Sprache verfasste Band enthält neben einer vollständigen Übersetzung des *Zhaolun* sieben Aufsätze zu philologischen, philosophischen und historischen Fragestellungen sowie Indizes zu Fachtermini, Eigennamen und Zitatquellen. Diese Arbeit liefert die bis heute grundlegendste philologische Erschließung dieser Texte.[10] In einer Rezension dieses Werkes kritisiert Paul Demiéville jedoch die fast ausschließliche Ausrichtung der darin enthaltenen Forschungsaufsätze auf die Parallelen zur *Xuanxue*. Außerdem bescheinigt er Sengzhao in einer kurz danach publizierten Arbeit, den Dharma frei von daoistischen Verzerrungen in den Blick zu fassen.[11]

Ähnlich wie Paul Demiéville forscht auch Richard Robinson in seiner 1967 erschienenen Arbeit auf die *Mādhyamaka*-spezifischen Elemente bei Sengzhao. In *Early Mādhyamika in India and China* beschäftigt sich Robinson als erster mit argumentativen und sprachlogischen Aspekten im Werk Sengzhaos und anderer früher Exegeten.[12] Um die Frage nach der Authentizität des chinesischen bestimmten, auf Nāgārjunas „Merkverse der Mittleren Lehre" (*Mūlamadhamakakārikā*) zurückgehende Argumentationsformen, welche ihm als Indikatoren für den Grad des Verständnisses der chinesischen Anhänger dienen sollen.[13] Im Ergebnis bleibt diese Untersuchung jedoch zwiespältig: Sengzhao habe zwar wesentliche Inhalte des *Mādhyamaka* verstanden, dessen Dialektik und Logik, die Robinson als einen zentralen Gedanken des *Mādhyamaka* sieht, jedoch nur unvollkommen

9 Der Hinweis auf eine „mystische Erfahrung" ist eine vor allem in der westlichen Forschung geläufige Erklärung für die unverständlich-paradox anmutende Ausdrucksweise Sengzhaos. Hierzu schreibt Liebenthal: „It was easier to translate this work than to understand its true significance. Was Seng-chao a Taoist or a Buddhist? What is the great experience which makes him so happy that he 'cannot keep silent' but must communicate it to those who listen? [...] If we understand this book as a merely philosophical endeavour, it evaporates into plain air and nothing remains but verbal, rather insipid argument. Therefore in my analysis I tried to acquaint the reader with that mystic experience of Seng-chao which according to him cannot be conveyed in words." Liebenthal (1968), S. VII.

10 Tsukamoto (1955).

11 Demiéville (1956), S. 38; Demiéville (1957), S. 35, 234f.

12 Robinson (1967), S. 5.

13 Robinson unterscheidet hierbei zwischen der Sprache eines alogischen „mystischen Diskurses" und eines „rationalen Diskurses", der logischen Prinzipien verpflichtet ist: „The problem is not whether rational thought characterizes trance-experience, but whether [...] there is a peculiar logic of mystical discourse that contradicts or abrogates the logic of rational discourse. To return to the first question – how the Mādhyamika teaching was understood by the first Chinese who studied it – we will consider two significant components of the teaching, namely its modes of formal reasoning, and its mystical ideas. Taken together, these two are the terms of the second question – the relation between the rational and the mystical aspects. Taken separately, each of these components is a good index of assimilation, since both are complex and hence hard to assimilate and easy to identify." Robinson (1967), S. 13.

umgesetzt.[14] Ein Teil seiner Arbeit besteht zudem aus einer englischen Übersetzung der ersten drei Abhandlungen des *Zhaolun*. Nur in Ansätzen behandelt Robinson auch den Briefwechsel mit Liu Yimin und den Kommentar zum *Vimalakīrtinirdeśasūtra*.

Auf Taiwan erschien 1989 eine Monographie des Hongkongers Li Runsheng. Neben einer aufmerksamen Rezeption und Kritik bisheriger (vor allem japanischer) Forschungen zu philologischen und historischen Fragestellungen, untersucht der Autor die Argumentation des *Zhaolun* nach den Gesichtspunkten der buddhistischen *yinming*-Logik und stellt erstmals Fragen zur Stilistik des *Zhaolun* und zum Verhältnis zwischen Form und Inhalt.[15] Leider belässt es der Autor nur bei einer allgemeinen Beschreibung einiger Merkmale ohne deren Bedeutung für die Argumentation genauer zu untersuchen. Hinsichtlich der Sinisierungsfrage sieht Li Runsheng Sengzhao als einen Vermittler indisch-buddhistischer Gedanken „in einem chinesischen Kleid“.[16]

Wie zuvor Richard Robinson, so befasst sich auch Shohei Ichimura mit dem *Zhaolun* von einer sprachlogischen und argumentativen Perspektive aus. Doch anders als Robinson kommt Ichimura zu dem Schluss, dass Sengzhao die Intention des *Mādhyamaka* zwar nicht nach der Methode der *Reductio ad absurdum* wie im *Mūlamadhamakakārikā* umsetzt, sondern mithilfe der Logik aus dem *Mozi* 墨子. Trotz dieser kulturellen Besonderheit würde Sengzhao vollkommen die zentrale Intention des *Mādhyamaka*, den Leerheitsgedanken, in China vermitteln. Ichimura nimmt dies zum Beweis für seine Annahme, dass diese Idee transkultureller Natur sei und eben daher erfolgreich von einem kulturellen Kontext in den anderen übertragen werden könne.[17]

Unter den in den späten 90er Jahren erschienen Forschungen ist besonders die Arbeit des Koreaners Son Byeong-ch'eol hervorzuheben, in der erstmals eine Synopse aller überlieferten Kommentare zum *Zhaolun* vorgelegt wurde.[18] Leider wurden diese vom Autor größtenteils willkürlich gekürzt und auf philosophisch-inhaltliche Erklärungen hin beschränkt.

Der ideengeschichtliche Ansatz findet sich auch in den Monographien von Liu Ming-Wood und Xu Kangsheng.[19] Beide behandeln Sengzhao allerdings eher allgemein als einen Vermittler des aus Indien kommenden *Mādhyamaka*-Denkens, der sich jedoch noch stark

14 Im Ergebnis attestiert Robinson Sengzhao nur eine ungenaue, rudimentäre Kenntnis logischer Prinzipien: „A very high proportion of *Prajñā Has No Knowing* consists of rhetorical exposition rather than demonstration. Each section contains at least one quotation from a Sutra, which lends the support of canonical authority to the exposition. Aside from the quotations, a large part of the essay consists of definitional statements and substitution of terms in such statements. The primary aim of the essay is the clarification of terms, and so logical inference appropriately plays a minor part in it. The rhetorical structure is very complex indeed, but the logical structure is rudimentary. In the whole essay, there are six arguments that are worth examining as logical specimens.“ Robinson (1967), S. 130, s.a. S. 154f.

15 In allen Arbeiten zu Sengzhao wird dessen ausgefeilter rhetorischer und literarischer Stil hervorgehoben, jedoch nie explizit untersucht. Die Monographie Li Runshengs leistet somit in Ansätzen Pionierarbeit. Siehe dazu, Li (1989), S. 227ff.

16 Li (1989), S. 233.

17 Ichimura (1992), S. 67.

18 Son (2001).

19 Xu (1998); Liu (1995).

an den Themen und Fragestellungen der *Xuanxue* und deren spezifischer Ausdrucksweise orientiere.[20]

Auch in einer 1999 von Alexander Mayer eingereichten Habilitationsschrift zur Kommentartradition des Diamant-Sūtra findet Sengzhao Erwähnung. Sengzhao wird in dieser Arbeit in einem eigenen Kapitel als Vermittler der *Mādhyamaka*-Position in Abgrenzung zu chinesischen Auslegungsschulen im Zeichen der *Xuanxue* gewürdigt, der die Grundlinie für die spätere Vajra-Exegese formuliert habe. Der Autor stellt zudem wichtige Fragen zur buddhistischen Hermeneutik, die durch einen grundsätzlich sprachkritischen Ansatz auch über ihr eigenes Sprechen reflektiere.[21]

Einen gänzlich neuen Forschungsansatz bieten die Arbeiten des Taiwaners Lai Pengju aus den Neunzigerjahren. Lai Pengju betrachtet in einer Serie von Aufsätzen Sengzhao erstmals in einem größeren Zusammenhang mit dem Übersetzungsprojekt in Chang'an, der Korrespondenz zwischen Huiyuan und Kumārajīva sowie den Schriften anderer zeitgenössischer Mönche des beginnenden fünften Jahrhunderts. Er konzentriert sich hierbei vor allem auf die dogmatischen Differenzen in diesen Debatten. Doch trotz dieses begrüßenswert neuen Untersuchungsansatzes gelingt es Lai Pengju nur bedingt, die dogmatischen Probleme deutlich herauszuarbeiten, da er sich hierbei oftmals auf grobe Vereinfachungen der betreffenden Konzepte verlässt.[22]

In einer 1997 erschienenen Doktorarbeit befasst sich Jeffrey Walter Dippman mit dem *Zhaolun* und dem Briefwechsel. Der Forschungsansatz Dippmans besteht darin, die vier Traktate im *Zhaolun* als einen einzigen Text zu untersuchen, in dem die einzelnen Texte eine didaktische Funktion besitzen. Dippman bezieht sich damit auf die Maßgaben der späteren Kompilatoren des *Zhaolun*, die diesen erst in der heute überlieferten Form und Abfolge der einzelnen Traktate zusammengestellt haben.[23] Doch trotz dieses gänzlich neuen Frageansatzes gehört auch hier das grundlegende Interesse des Autors wieder dem „Interplay between the Chinese and the Mādhyamikan religion", und er gelangt hiermit zu keinen neuen Erkenntnissen, die über eine generelle Einordnung Sengzhaos als Daoist oder Buddhist hinausgehen würden.[24]

Im Jahr 2000 ist in deutscher Sprache ein Band über *Denkansätze zur buddhistischen Philosophie in China* als gemeinsame Arbeit von Rolf Elberfeld, Michael Leibold und Mathias Obert erschienen. In diesem setzen sich die Autoren neben Jizang (549–623) und Fazang (643–712) auch mit Sengzhao auseinander. Neben zwei Übersetzungen des BWZL sind in diesem Band jeweils auch Analysen davon enthalten. Während die Erläuterungen von Michael Leibold und Rolf Elberfeld die bereits bekannten Forschungsergebnisse über Sengzhao wiedergeben, setzt sich Mathias Obert aus einer rein philosophischen Perspektive mit Sengzhao auseinander. Obert wendet sich hierin deutlich gegen Robinsons Annahme, Sengzhao habe Diskursformen des *Mādhyamaka* nur unvollkommen beherrscht, aber auch

20 Liu (1994), S. 259; Xu (1998), S. 170ff.

21 Mayer (1999), S. 3f., 89.

22 Siehe beispielsweise die Gleichsetzung eines von Huiyuan geäußerten *faxing* 法性-Gedankens („Dharma-Natur") mit der *benwu* 本無-Position („grundlegendes Nichtvorhandensein") der „Sechs Schulen und Sieben Traditionen". Lai (2000), S. 5f.

23 Dippman (1997), S. 7.

24 Dippman (1997), S. 3, 390ff.

gegen Liebenthals Verständnis von Sengzhao als Mystiker.[25] Obert sieht Sengzhaos Denken vielmehr als eine universale „hermeneutische Philosophie“, in welcher die *prajñā* eine Art Meta-Perspektive darstelle, die als ein „Abstand nehmendes Zwischen-sein“ einseitige und ungenügende kategoriale Standpunkte entlarve und überwinde.[26] Abgesehen davon, dass Obert sehr stark westliche philosophische Konzepte, vor allem der Phänomenologie, in seine Interpretation des BWZL hinein trägt, vernachlässigt er vollkommen den Bezug dieses Textes zur buddhistischen Dogmatik, die doch gerade in den zahlreichen Sutrenzitaten im BWZL deutlich zutage tritt.

In seiner 2002 erschienenen Doktorarbeit über den Abschnitt „Lunji“ 論迹 des *Dasheng xuanlun* 大乘玄論 von Jizang befasst sich auch Jörg Plassen mit dem *Zhaolun*. Plassen sieht in den zahlreichen dialektischen Formeln des *Zhaolun* einen direkten textlichen Vorläufer des „Lunji“, der seine Ursprünge in Argumentationsformen bei *Zhuangzi* und Guo Xiang hat. Hierbei vermeidet der Autor die in den vorhergehenden Forschungen vorkommenden Pauschalzuordnungen Sengzhaos als Buddhist oder Daoist. Auch äußert Plassen erstmals den Gedanken, dass eine Intention der Texte Sengzhaos bzw. Jizangs nicht die Vermittlung von Realien oder der Hinweis auf eine transrationale mystische Erfahrung sei, sondern die dialektischen Formeln dieser Texte auf eine „Erschöpfung und Reinigung“ des Dharma von einseitigen inhaltlichen Standpunkten hinziele.[27]

Ähnlich wie Mathias Obert, befasst sich auch John M. Thompson in einer Arbeit aus dem Jahr 2008 mit Sengzhao unter dem Aspekt, dass es sich hierbei um eine hermeneutische Philosophie handele.[28] Während Obert die Botschaft des BWZL als rational zugängliche Philosophie sieht, folgt Thompson dem Verständnis Liebenthals, dass Sengzhao ein „Mystiker“ sei. Die Paradoxien im BWZL betrachtet er als Aufforderungen an den Leser, die einseitigen Grenzen des Verstandes zu durchbrechen und sich einer transrationalen mystischen Erfahrung zu öffnen.

1.2 Der Frageansatz der vorliegenden Arbeit

Der Überblick über die bisherige Forschung zeigt, dass mit wenigen Ausnahmen vor allem zwei Frageansätze verfolgt wurden: Zum einen ist das die eingangs schon erwähnte Frage nach der Sinisierung, zum anderen der Versuch, das Denken Sengzhaos als „reine Philosophie“, abgelöst von ihrem kulturellen Hintergrund zu betrachten. Die Ergebnisse aus beiden Ansätzen spielen sich dabei innerhalb eines gedanklichen Zuordnungsschemas ab, das zwischen den Polen „authentisch buddhistisch“ und „sinisiert daoistisch“ bzw. „rational“ und „mystisch-transrational“ changiert. Vor allem Ichimura und Obert bringen deutlich die hinter diesem philosophischen Ansatz stehende Vorstellung zum Ausdruck, dass es eine universalgültige Essenz der buddhistischen Lehre gäbe, die aus den Werken buddhistischer Autoren wie Nāgārajuna herausgelöst und daher unabhängig von ihrem jeweiligen kulturellen Kontext betrachtet werden könne. Nach den Ergebnissen dieser Studien zu urteilen

25 Elberfeld (2000), S. 77.
26 Ebd. S. 90.
27 Plassen (2002).
28 Thompson (2008).

besteht aber Uneinigkeit darüber, um was es sich bei dieser „Lehre“ genau handelt. Denn worin soll „das *Mādhyamaka*“, das über Kumārajīva und Sengzhao nach China vermittelt wurde, inhaltlich genau bestehen? Handelt es sich hierbei um eine dialektische Methode, um eine mystische Erfahrung, um die Idee von der Leerheit oder um eine „universelle hermeneutische Philosophie“? Die Vielstimmigkeit und der Eklektizismus in den Antworten hierauf zeigen, dass ein rein philosophischer Ansatz letztendlich ungeeignet ist, sich den Texten zu nähern.[29] Zudem bringt ein solcher das Problem mit sich, dass hierbei sehr leicht Gedanken der westlichen Philosophie in die jeweiligen Texte hineingetragen werden. So geht beispielsweise Robinson ganz selbstverständlich davon aus, dass für Sengzhaos Denken die Prinzipien der aristotelischen Logik Geltung besitzen würden. Auch die Vorstellung, dass die im BWZL vorkommenden Paradoxien der Hinweis auf eine mystische Erfahrung seien, geht vereinfachend davon aus, dass alles, was nicht (westlichen) Formen der Argumentation genüge, letztendlich „Mystik“ und daher in den Bereich der nicht mitteilbaren Erfahrung zu verweisen sei.

Insgesamt wurde so bei der philosophischen Untersuchung Sengzhaos wenig Rücksicht auf kulturelle, dogmatische und politische Zusammenhänge genommen. So fand eine Untersuchung der Bezüge von Sengzhaos Denken zur mahāyāna-buddhistischen Dogmatik noch nicht statt. Diese wäre allerdings, gerade aufgrund der damals eben erst erfolgten Übersetzung des DZDL und einer Diskussion zwischen Kumārajīva und Huiyuan, für ein Verständnis der bestimmenden Ideen in den Traktaten unbedingt notwendig. Auch wurden bis jetzt noch keine Fragen hinsichtlich Funktion, Zweck und Absicht dieser Texte gestellt.[30]

Dieser Mangel an Kontextualisierung liegt vor allem an der oft gemeinsam mit dem philosophischen Ansatz einhergehenden Frage nach der „Sinisierung“ von Sengzhaos Denken. Hierbei handelt es sich um ein in den Forschungen zum chinesischen Buddhismus vorherrschendes Modell, das als „master narrative“ (Robert S. Sharf) die Untersuchungen zum chinesischen Buddhismus bestimmt.[31] Diese besteht in der Vorstellung, dass der aus Indien kommende Buddhismus gewissermaßen als reiner „Urtext“ durch zentralasiatische Missionare nach China gebracht und dort vor dem Hintergrund der indigenen Traditionen und Denkrichtungen wahrgenommen wurde. Hierbei soll in China die *Xuanxue* das Wahrnehmungsraster für die buddhistischen Konzepte aus Indien gewesen sein. Durch eine Parallelsetzung von *Xuanxue* mit buddhistischen Begriffen sei die „reine“ Lehre des indischen Buddhismus so kulturell verzerrt worden. Der indische Buddhismus sei auf diese Weise „sinisiert“ worden, und es stelle sich nun die Frage, ob dieser noch „authentisch“ sei oder eher ein „Missverständnis“ darstelle.

Abgesehen von den bereits genannten Unklarheiten bezüglich einer „Lehre des indischen Buddhismus“, geht dieser Ansatz doch von einem sehr essentialistischen Kultur- und Religionsverständnis aus, worin kulturell gebundene Formen des Buddhismus nur

29 Sharf (2002), S. 10. Auch Plassen äußert sich bezüglich der Forschungen zum Sanlun kritisch gegenüber einem auf „Konzepte“ fixierten Ansatz, da dieser zu ungerechtfertigten Reduktionen und vor allem zu einem Eklektizismus führen würde. Plassen (2002), S. IV.

30 Plassen (2000), S. IV.

31 Sharf (2002), S. 3.

Abweichungen darstellen.[32] Robert Sharf kritisiert in *Coming to Terms with Chinese Buddhism*[33] daher zu Recht diesen Ansatz, der unhinterfragt ein paradigmatisches Modell voraussetzt und von einer Polarisierung zwischen „Buddhismus" und „chinesischer Kultur" ausgeht.[34] Auch lässt sich dieser Ansatz aus einer hermeneutischen Perspektive kritisieren, da die Frage nach der Sinisierung bereits unbewusste hermeneutische Vorentscheidungen aufweist. Die Methode präfiguriert somit schon das Ergebnis: Das Suchen nach „originär-buddhistischen" oder „daoistischen" Elementen sorgt dafür, dass auch nur diese innerhalb des Textes wahrgenommen werden. Auf der Basis von deren An- bzw. Abwesenheit wird dann versucht zu entscheiden, ob Sengzhao das aus Indien eingeführte buddhistische Denken nun „richtig" verstanden habe oder ob er immer noch den indigenen Traditionen verhaftet blieb.

In der vorliegenden Arbeit wird versucht, die Frageansätze der bisherigen Forschungsarbeiten zu vermeiden, um so zu neuen Erkenntnissen über den Inhalt, die Funktion und den Kontext des BWZL zu gelangen. Diese Methodik verfolgt vor allem eine konsequente Erschließung des Kontextes und dessen Verbindung mit Sengzhaos Ideen. In den fünf Kapiteln der vorliegenden Arbeit sollen so verschiedene kontextuelle Dimensionen des BWZL aufgezeigt werden. Die Abfolge in der Untersuchung macht hierbei eine gewisse Wiederholung bereits gesagter Inhalte notwendig, da die zu untersuchenden Texte jeweils aus einer anderen Perspektive untersucht werden. So soll in Kapitel 2 der zentrale dogmatische Bezugspunkt des BWZL und des Briefwechsels mit Liu Yimin über das durch Kumārajīva übersetzte DZDL herausgearbeitet werden. Die Einordnung des BWZL und der Debatte mit Liu Yimin innerhalb dieses Kontextes soll dann in Kapitel 3 erfolgen, wo aufgezeigt wird, dass Sengzhaos Denken im unmittelbaren Zusammenhang mit zwei bedeutenden Übersetzungsprojekten und damit zusammenhängenden Debatten zu betrachten ist. Die dort kontrovers diskutierten Ideen werden von Sengzhao im BWZL allerdings nicht nur als dogmatische Inhalte kommuniziert, sondern besitzen auch eine politisch-legitimatorische Dimension. Diese soll in Kapitel 4 herausgearbeitet werden. Kapitel 5 zeigt schließlich in einer Untersuchung zum Stil und zur Struktur des BWZL, dass die stilistisch-rhetorischen Merkmale dieses Textes von Sengzhao bewusst zur Stützung der inhaltlichen Aussagen eingesetzt wurden und dadurch eine maieutische Funktion für den Leser besitzen sollen. Im Anhang dieser Arbeit wird die Untersuchung des Hauptteils ergänzt durch ein Kapitel zur Biographie von Liu Yimin und den Eremiten am Lushan. In einem weiteren Kapitel findet sich dort auch die Übersetzung des BWZL und des Fragebriefs von Liu Yimin an Sengzhao.

32 Über eine Kritik aus „umgekehrter Perspektive" hinsichtlich „buddhistischer Beimischungen" in daoistischen Texten, siehe Bokenkamp (2004), S. 319.

33 Dieses Buch ist eine Arbeit zum *Baozang lun* 寶藏論, einem apokryphen Text Sengzhaos (T1857). Robert Sharfs Arbeit enthält neben der einleitenden Kritik des bisherigen Forschungsansatzes auch eine Untersuchung und Übersetzung dieses Textes.

34 Sharf (2002), S. 4ff.

2. Der dogmatische und ideengeschichtliche Kontext zum *Bore wuzhi lun*

In den „Biographien eminenter Mönche“ (*Gaoseng zhuan* 高僧傳; GSZ) schreibt Huijiao über Sengzhao, dass dieser das BWZL „gleich nach der Übersetzung der *Großen Prajñāpāramitā*“, dem MBJ, verfasst habe.[1] Auch Sengzhao selbst nimmt in der Einleitung, die er seinen Überlegungen im BWZL voranstellt, Bezug auf seine Teilnahme an den Übersetzungen unter dem Vorsitz Yao Xings und der Leitung Kumārajīvas. Er schreibt zudem, dass er unter dem Eindruck der wichtigen neuen Lehren, die er dort erfahren habe, das BWZL verfasste.[2] So wird die Beziehung zwischen dem BWZL und dem MBJ durch zahlreiche Verweise und Zitate deutlich, die dann im Lauf der Diskussion erörtert und erläutert werden. Das BWZL ist somit im engen Zusammenhang mit dem Übersetzungsprojekt unter Kumārajīva zu betrachten und zum inhaltlichen Verständnis dieser Streitschrift von grundlegender Bedeutung.[3]

Die Beschäftigung mit der „Großen *Prajñāpāramitā*“ begann in China jedoch nicht erst mit Kumārajīva und seinem Schülerkreis in Chang'an. Schon Daoan hatte sich in den 80er Jahren des vierten Jahrhunderts mit der Sammlung und der Rekonstruktion einer Ausgabe der „Großen *Prajñāpāramitā*“ befasst. Da es sich hierbei allerdings nicht um einen einzigen Text, sondern um eine ganze „Textgruppe“ handelt, konnte Daoan aufgrund der oftmals nur

---

1 GSZ T50.2059.365.a23–24. Die Sanskrit-Titel für das MBJ werden entweder als **Pañcaviṃśatisāhasrikā prajñāpāramitāsūtra* oder **Mahāprajñāpāramitāsūtra* benannt. Kumārajīvas Übersetzung (T223) stammt aus den Jahren 403–404, wurde aber erst im Jahr 405 nach der Übersetzung des DZDL für beendet erklärt. Die beiden früheren Übersetzungen dieses Textes, oder besser von Texten aus dieser Textgruppe, tragen im Chinesischen den Titel *Fang guang jing* 放光經 (T221; FGJ) und *Guang zan jing* 光讚經 (T222; GZJ). Die Übersetzung des FGJ wurde im Jahr 291 unter der Westlichen Jin-Dynastie angefertigt. Als Übersetzer wird ein Mönch aus Khotan, mit dem Namen Wuluocha 無羅叉 (Skrt. *Mokṣala) genannt. Beschafft wurde das Manuskript hierfür von Zhu Shixing 朱士行. Das GZJ war bereits fünf Jahre früher als das FGJ, im Jahr 286 übersetzt worden. Als Übersetzer gilt Zhu Fahu 竺法護 (Skrt. Dharmarakṣa). Einen sehr guten Überblick über die verschiedenen Übersetzungen der „Großen *Prajñāpāramitā*“ und deren Bezeichnung als „Textgruppe“, bietet Zacchetti (2005), S. 30–32 und 51–70. Ob es sich beim DZDL wirklich um die Übersetzung eines Werkes von Nāgārjuna handelt, ist umstritten. Viele Hinweise deuten darauf hin, dass dieses zentralasiatischen Ursprungs ist, wobei manchmal sogar gemutmaßt wird, dass Kumārajīva es selbst verfasst habe. Siehe hierüber: Hurvitz (1957), S. 67. Hikata Ryusho argumentiert in seiner Einführung zu einer Ausgabe des *Suvikrāntavikrāmiparipṛcchā*, dass das DZDL aus einem Kernteil bestehe, der Nāgārjuna zugeschrieben werden könne, während spätere Teile des Textes von Kumārajīva stammen. Siehe Saigusa (1969), S. 4ff. Viele Argumente sprechen dafür, dass dieses Werk nicht von Nāgārjuna selbst stammt, sondern etwa zur Zeit des vierten Jahrhunderts in Zentralasien von einem Autor verfasst wurde, der im Sarvāstivāda ausgebildet war, aber zum *Mādhyamaka* konvertierte. Dieses „Profil“ würde sehr gut auf Kumārajīva zutreffen – ob dies tatsächlich so war, lässt sich heute wohl nicht mehr feststellen.

2 T45.1858.153.a20–23.

3 Zum größten Teil handelt es sich hierbei um freie und nicht wörtliche Zitate, in denen nur eher generelle Aussagen gemacht werden. Bei denjenigen Zitaten, die sich direkt zurückverfolgen lassen, wird deutlich, dass sich Sengzhao nicht auf die neue Übersetzung von Kumārajīva, sondern auf die alte Übersetzung des MBJ, nämlich das FGJ und das GZJ bezieht, was wohl mit der größeren Verbreitung dieser beiden Versionen der „Großen *Prajñāpāramitā*“ zu tun hatte.

fragmentarischen und uneinheitlich übersetzten Texte lediglich eine synoptische Ausgabe anfertigen, welche die verschiedenen Versionen der „Großen *Prajñāpāramitā*" vereinigte. Mit der Übersetzung des MBJ durch Kumārajīva lag dann erstmals eine vollständige und einheitliche Übersetzung der „Großen *Prajñāpāramitā*" vor, die nun auch eine systematische Auseinandersetzung mit der Dogmatik des Großen Fahrzeugs zuließ. Grundlegend für ein Verständnis der Dogmatik des Großen Fahrzeugs war hierfür der erklärende Kommentar zum MBJ, das *Dazhi du lun* 大智度論 (DZDL), in dem Konzepte und Begriffe aus dem *Sūtra* erklärt und vor allem gegenüber der damals in Zentralasien dominanten Richtung der *Sarvāstivāda*-Scholastik verteidigt werden. Wie aus einem Vorwort des ebenfalls an den Übersetzungen in Chang'an beteiligten Mönches Sengrui zu erfahren ist, erfolgten die Übertragungen beider Werke in enger Abstimmung zueinander. So lag eine erste Fassung des MBJ bereits 403 vor, doch erst zwei Jahre später, nach der Fertigstellung der Übersetzung des DZDL und der auf dieser Basis erfolgten Überarbeitung des *Sūtra*, wurde die Arbeit daran offiziell für beendet erklärt.[4] Am Ende des Jahres 405 lag mit dem MBJ somit nicht nur das größte *Sūtra* aus der Textgruppe der *prajñāpāramitā*-Texte in einer vollständigen und einheitlichen Übersetzung ins Chinesische vor, sondern mit dem DZDL auch ein Grundlagenwerk mahayanistischer Dogmatik, das in diesem Umfang und in dieser systematischen Form in China bisher nicht zugänglich war.

Das MBJ und das DZDL sind somit als die dogmatische Basis zu betrachten, auf der Sengzhao seine Gedanken im BWZL formuliert und die er gegenüber Liu Yimin im Briefwechsel bestärkt und inhaltlich ausführt. Zudem gibt Sengzhao seinem Traktat eine apologetische Stoßrichtung, indem er sein Ziel darin sieht, die „Urteile irriger Meinungen" über die *prajñāpāramitā* zu widerlegen.[5] Diese hätten die „wahre" Bedeutung der *prajñā* nicht verstanden und durch ihre einseitigen und ausufernden Erklärungen in Vergessenheit geraten lassen. Mit der Übersetzung der *prajñāpāramitā*-Texte und durch sein eigenes Traktat könne der Dharma nun von diesen Verirrungen freigelegt und der wahre „Ursprung" und die „äußerste Entfaltung" der buddhistischen Lehre wieder sichtbar gemacht werden.[6] Das BWZL ist in diesem Sinne als eine apologetische Auseinandersetzung mit zentralen Inhalten des MBJ zu verstehen, die, wie folgend gezeigt wird, vor allem an die Anhänger der *Sarvāstivāda*-Scholastik adressiert war. Dieses Selbstverständnis speiste sich weiterhin aus einer Prophezeiung, die in den *prajñāpāramitā*-Texten dem Buddha selbst zugesprochen wurde. Hierin sagte der Buddha die Ankunft der Lehre der *prajñāpāramitā* in den Weltgegenden des Kontinents Jambudvīpa voraus. Wie in Kapitel 4 noch eingehender gezeigt wird, verfasste Sengzhao diese Apologetik mahayanistischer Dogmatik unter dem Einfluss dieser Voraussage, um so den Anhängern des Kleinen Fahrzeugs in China die Superiorität des Mahāyāna geltend zu machen.

Um den ideengeschichtlichen Kontext der Debatte mit Liu Yimin zu rekonstruieren, sollen daher in den folgenden Kapiteln dieses Teils die ersten Reaktionen auf das DZDL untersucht werden. Wie sich im Laufe der Darstellung zeigen wird, hatten die Vorbehalte, auf die das BWZL im Schülerkreis von Huiyuan stieß, ein in vielen Aspekten gegensätzliches Verständnis der darin diskutierten Konzepte zur Grundlage. Denn bereits in

4 T55.2145.53.b11–13.
5 T45.1858.153.a9.
6 T45.1858.153.a8.

den 80er Jahren des vierten Jahrhunderts hatte sich um Huiyuan, den wichtigsten Schüler Daoans, eine Anhängerschaft des Buddhismus des Kleinen Fahrzeugs in der Tradition des *Sarvāstivāda* herausgebildet. Diese buddhistische Richtung hatte sich in China auf dem Gebiet der Östlichen Jin in Folge eines von Daoan geleiteten Übersetzungsprojektes verbreitet. Von dem in der *Sarvāstivāda*-Scholastik geschulten Schülerkreis um Huiyuan wurde das DZDL zuerst wahrgenommen, worüber die ersten Reaktionen und eine umfangreiche dogmatische Diskussion überliefert sind. Hierzu sollen im folgenden Kapitel 2.1 zunächst die historisch-politischen Rahmenereignisse als Ausgangspunkt für diese Rezeption des DZDL dargestellt werden. In Kapitel 2.2 wird anschließend das Übersetzungsprojekt von Daoan in seinem Umfang und den daran beteiligten ausländischen Mönchen näher untersucht. Dabei wird gezeigt, wie hierdurch die theoretischen Grundlagen gelegt wurden, auf denen eine Einschätzung und Kritik des DZDL durch Huiyuan und seine Schüler stattfand. Kapitel 2.3 befasst sich dann näher mit den zur Debatte stehenden Inhalten und den strittigen dogmatischen Konzepten, die in ausführlichen Briefdiskussionen zwischen Kumārajīva und Huiyuan bzw. dessen Schülern ins Feld geführt wurden. Diese Debatten werden in Kapitel 2.4 schließlich untersucht und ihr zentraler thematischer Bezugspunkt herausgearbeitet.

2.1 Die unmittelbare Rezeption des *Dazhi du lun*

2.1.1 Der historische Hintergrund

Die zeitgenössische Rezeption des DZDL und die Debatten hierüber stehen im historischen Zusammenhang mit einem im Jahre 405 zwischen den verfeindeten Dynastien der Östlichen Jin und der Späteren Qin geschlossenen Frieden. Bis in die achtziger Jahre des vierten Jahrhunderts hinein war der Ehrgeiz der jeweiligen Führer beider Staaten ganz auf die Eroberung des gegnerischen Territoriums gerichtet. Der König der Früheren Qin, Fu Jian, führte im Jahr 383 ein großes Truppenaufgebot ins Feld, mit der Absicht, die Armeen der Östlichen Jin in einer Schlacht am Feishui zu schlagen und so einen Zugangskorridor für die Eroberung des Jiangnan-Gebiets mit der Hauptstadt Jiankang zu schaffen.[7] Dieses Vorhaben misslang; Fu Jian wurde nach seiner Niederlage in die Defensive gezwungen und zwei Jahre später von seinem ehemaligen Vasallen Yao Changs ermordet, der im Jahr 386 schließlich die Dynastie der Späteren Qin gründete.

Beide Staaten, die Spätere Qin und die Östliche Jin, waren zunächst mit inneren Konflikten und Konsolidierungen beschäftigt. Erst Yao Changs Sohn Yao Xing konnte ab 394 das Staatsgebiet wieder ausdehnen.[8] Yao Xing trat als ein großer Unterstützer des Konfuzianismus auf und führte Verwaltungsinstitutionen nach chinesischem Vorbild ein.[9] Übertroffen wurde diese Protegierung des Konfuzianismus jedoch von seinem Engagement für den Buddhismus, den er in einem umfangreichen Übersetzungsprojekt zu fördern versuchte. Eine große Attraktivität für viele buddhistische Mönche aus Zentralasien gewann dieses Projekt durch die Mitwirkung des bekannten nordindischen Gelehrten Kumārajīva,

7 Rogers (1968), S. 67.
8 Regierte als Kaiser Gaozu der Späteren Qin 後秦高祖 von 394–416.
9 Zhou (2002), S. 216ff. Zu einem Kurzüberblick über die Geschichte der Späteren Qin, siehe Kapitel 4.

den Yao Xing im Jahr 401 im Zuge einer militärischen Operation zur Eroberung der Späteren Liang in die Hauptstadt Chang'an bringen ließ.

Unter der Östlichen Jin stand das politische Geschehen in den Jahren 385 bis 403 hingegen ganz im Zeichen der Rivalität zwischen der kaiserlichen Familie unter der Führung von Sima Daozi und einem Verbund von Adelsfamilien unter Huan Xuan.[10] Dieser politische Konflikt eskalierte schließlich im Jahr 403 zum offenen Krieg zwischen beiden Fraktionen, aus dem die Seite von Huan Xuan siegreich hervorging. Huan Xuan nutzte seinen Sieg gegen das Kaiserhaus sogleich zum Umsturz desselben und gründete die Chu, seine eigene Dynastie. Er konnte die Chu jedoch nur drei Monate an der Macht halten und wurde bereits im Frühjahr des Jahres 404 durch den Militärgeneral Liu Yu gestürzt. Liu Yu setzte den von Huan Xuan abgesetzten und geflohenen Kaiser wieder ein und gab sich fortan als Schutzherr des Kaiserhauses der Östlichen Jin aus. Nach der Niederschlagung Huan Xuans und aufgrund seiner erfolgreichen Feldzüge gegen die großen Volksaufstände unter der Führung von Sun En und dessen Nachfolgern galt er als zwar umstrittener, aber zweifellos mächtigster wie einflussreichster militärischer Führer auf der politischen Bühne der Östlichen Jin.

In beiden Staaten befanden sich mit Yao Xing und Liu Yu im Jahr 405 somit Führungspersönlichkeiten an der Macht, die ihren Einfluss durch ihre militärischen und politischen Erfolge in den Krisen der vorhergehenden Jahrzehnte erfolgreich etablieren konnten. Doch während Yao Xing sich im Jahr 405 schon auf dem Zenit seiner Macht befand, war Liu Yu zu diesem Zeitpunkt noch mit der Konsolidierung und Ausdehnung seines Einflusses beschäftigt. Er hatte sich durch seinen Kampf gegen Huan Xuan viele Adelige zu Feinden gemacht und musste diesen inneren Widerstand auf politischer und militärischer Ebene brechen.[11] Die Notwendigkeit für innere Konsolidierungsprozesse und für politische Säuberungen ist daher wahrscheinlich der Grund, weshalb Liu Yu im Jahr 405 König Yao Xing ein Friedensangebot unterbreitete, um militärisch nicht mehr durch den Feind im Norden abgelenkt zu werden.[12] Yao Xing ging, so wird berichtet, entgegen dem Rat seiner Minister großzügig auf dieses Angebot ein und unterstrich seinen Friedenswillen sogar durch die Rückgabe zahlreicher Gebiete nördlich und östlich der Stadt Xiangyang.[13] Von da an sollen wieder „die Kuriere zwischen beiden Staaten verkehrt" sein.[14]

2.1.2 Der zeitliche Rahmen der Debatten um das *Dazhi du lun*

Der Frieden zwischen der Östlichen Jin und den Späteren Qin bildete den Hintergrund für intensive scholastische Debatten zwischen dem Schülerkreis um Kumārajīva und der Gemeinschaft um Huiyuan am Lushan. Diese Diskussionen hatten auch einen politischen Charakter, da Yao Xing selbst sowie Mitglieder seiner Familie unmittelbar in die Übersetzungstätigkeit mit einbezogen waren. Mit Wang Mi, aus der prominenten und

10 Zürcher (1959), S. 86.

11 Die Mitglieder der Familie Huan und deren Mitstreiter, die den darauffolgenden Hinrichtungen und Verfolgungen entgehen konnten, flüchteten in den Norden, auf das Gebiet der Späteren Qin, wo Yao Xing sie in seine Dienste nahm. Bielenstein (1996), S. 105.

12 Die wahre Motivation für diesen diplomatischen Zug ist aus den überlieferten Quellen nicht mehr ersichtlich.

13 *Jinshu* 117.2985.6.

14 *Jinshu* 117.2985.8.

einflussreichen Familie der Wang aus Langye, nahm auch auf Seiten der Östlichen Jin ein hoher Staatsbeamter an der Diskussion mit Kumārajīva teil. Diese Debatten konnten zudem auf der Basis von persönlichen Kontakten aufbauen, die aufgrund der gemeinsamen Schülerschaft zu Daoan bestanden. Daoan hatte unter der drohenden Eroberung der Stadt Xiangyang durch Fu Jians Truppen, im Jahr 379 seine Schülerschar aus der umkämpften Stadt fortgeschickt. Er selbst war mit einer kleinen Gruppe in Xiangyang zurückgeblieben und nach deren Einnahme in die Hauptstadt Chang'an verschleppt. Dort wurde er als Leiter einer Gruppe zentralasiatischer Mönche eingesetzt, die sich fortan auf die Übersetzung von Schriften der *Sarvāstivāda*-Scholastik spezialisierte.[15] Vor seiner Trennung von seinen Schülern hatte Daoan allerdings noch Huiyuan, den prominentesten unter ihnen, als seinen Nachfolger eingesetzt, der sich in den folgenden Jahren am Lushan niederließ und dort zusammen mit seinem Bruder Huichi das Donglin-Kloster gründete.[16] Trotz der räumlichen Trennung wurde die Verbindung zwischen den beiden Gemeinschaften aufrechterhalten. Hierbei spielte Tan Yong, ebenfalls ein Schüler Daoans, als Bote zwischen den beiden Gemeinschaften eine wichtige Rolle.[17] Auch nach dem Fall der Früheren Qin und dem Tod Daoans im Jahr 385 nahm Huiyuan viele der Mitarbeiter und Schüler seines Meisters bei sich auf. So suchte im Jahr 391 der Übersetzer *Saṃghadeva[18] vor den Unruhen im Norden bei Huiyuan Zuflucht. Beide arbeiteten anschließend gemeinsam an einer Fortführung des in Chang'an begonnenen Übersetzungsprojektes.[19]

Nach dem Tod Daoans und dem Übergang zur Späteren Qin wurde die Übersetzungstätigkeit in Chang'an auf Initiative von König Yao Xing wiederbelebt. Die Vorworte zum MBJ und zum DZDL erwähnen, dass hierbei Yao Xing selbst wichtigen Projekten vorstand.[20] Wie in Kapitel 4 noch genauer dargestellt wird, trug das Übersetzungsprojekt in Chang'an wegen dieser unmittelbaren Beteiligung des Herrschers und aufgrund von religiösen und legitimatorischen Gründen, einen deutlichen politischen Charakter. Wahrscheinlich ist dies auch als Grund dafür zu sehen, dass für den offiziellen Beginn der Debatten zwischen den Mönchen in Chang'an und den Schülern um Huiyuan erst ein „offizieller" Kontakt hergestellt werden musste.[21] So ließ im Jahr 405 Yao Xing über seinen Bruder Yao

15 Hurvitz (1957), S. 433 Fn. 4; Robinson (1968), S. 89.

16 Zürcher (1959), S. 197 und 200.

17 Tan Yong, ein ehemaliger Soldat Fu Jians und Schüler Daoans wird im GSZ als Bote zwischen Chang'an und dem Lushan erwähnt. Tan Yong ging nach dem Tod Daoans zu Huiyuan auf den Lushan und wurde zu dessen Schüler. Das GSZ sagt, dass Tan Yong „mehr als zehn Jahre" als Bote gewirkt haben soll und in dieser Funktion u.a. als Kurier zwischen Huiyuan und Kumārajīva fungierte. Er soll u.a. die Bitte Huiyuans um die Fortsetzung der Übersetzung des Sarvāstivādavinaya, die nach dem Tod des *Puṇyatara zum Erliegen gekommen war, vermittelt haben. T50.2059.362.c18–21. Tan Yong wurde später von Huiyuan aufgrund von Verstößen gegen die Mönchsregeln aus dem Donglin-Kloster verstoßen. Siehe Zürcher (1959), S. 210.

18 Der chinesische Name von *Saṃghadeva lautet Sengjiatipo 僧伽提婆. Bei der Sanskrit-Version handelt es sich um eine Rekonstruktion aus dem Chinesischen. Da in der Forschungsliteratur zu den ausländischen Mönchen und Übersetzern diese immer mit ihrem Sanskrit-Namen benannt werden, wurde diese Konvention in der vorliegenden Arbeit beibehalten, obwohl die Angabe des chinesischen Namens eigentlich richtiger wäre.

19 Zürcher (1959), S. 230.

20 Yao Xing hatte hierbei die Aufgabe, die neue Übertragung mit den bisherigen chinesischen Übersetzungen zu vergleichen. Siehe bspw. T45.1858.153.a18–19.

21 So weist Li Runsheng auch mit Recht darauf hin, dass man nicht davon reden könne, dass erst ab 405

Song Huiyuan ausrichten, dass Kumārajīva nach Chang'an gekommen war, der zu diesem Zeitpunkt allerdings schon über drei Jahre in Chang'an weilte und dort bereits die Übersetzung des MBJ und des DZDL abgeschlossen hatte.[22] Das GSZ berichtet zudem, dass Yao Xing Huiyuan nach dieser, wahrscheinlich „offiziell" zu nennenden, Kontaktaufnahme im Jahr 405 durch zahlreiche Geschenke ehren und ihm ungefähr zu Beginn des Jahres 406 das gerade übersetzte DZDL zusenden ließ – mit der Bitte ein Vorwort zu verfassen.[23] Dieser offizielle Kontakt mit der Zusendung des DZDL und der Aufforderung zur Mitarbeit Huiyuans waren der Beginn von umfangreichen dogmatischen Debatten zwischen den Anhängern der Mahāyāna-Scholastik und den Schülern des *Sarvāstivāda*, die sich zeitlich etwa auf die Jahre 406 bis 410 eingrenzen lassen.

Die exakte Datierung der Debatten zwischen dem Lushan und Chang'an ist jedoch mit einigen Schwierigkeiten verbunden, da hierfür keine exakten Angaben überliefert sind und sich eine ungefähre Datierung nur indirekt ableiten lässt.[24] Als einigermaßen gesichert kann hierbei jedoch gelten, dass ab 410 zumindest der offizielle Kontakt im Zuge des Waffenstillstandes zwischen Chang'an und dem *Saṃgha* am Lushan abbrach, weil in diesem Jahr der Frieden durch eine Militäroffensive Yao Xings gegen die Stadt Jiangling im achten Monat des Jahres 410 beendet wurde. Zudem gilt das Jahr 410 auch als eines der möglichen Todesdaten Kumārajīvas.[25]

„die Grenzen offen" gewesen seien, da es keine einheitliche, geschweige denn befestigte, Grenzlinie zwischen Süden und Norden gab. Der Grund für den Beginn der Debatten im Jahr 405 ist so höchstwahrscheinlich nicht militärischer oder diplomatischer Natur. Li (1989), S. 66.

22 T50.2059.359.b24–26. Nach dem Vorwort von Sengrui wurde die Übersetzung des DZDL am 27. Tag des 12. Monats im Jahr 405 beendet. T25.1509.756c.9–18. Eine Übersetzung des Vorwortes von Sengrui, s. Saigusa (1969), S. 9. Zur Rezeption des DZDL am Lushan argumentiert Leon Hurvitz, dass das DZDL „lieferungsweise" an Huiyuan verschickt worden sei, wobei sich der daran festmachende Briefwechsel auf die jeweils übersetzten Teile bezogen habe, mit dem Ziel, inhaltliche Unklarheiten zu beseitigen. Diese Annahme wird von Hurvitz jedoch nicht näher bewiesen. Siehe Hurvitz (1959), S. 67; Gegen Hurvitz' Annahme einer „lieferungsweisen" Zusendung des DZDL argumentiert Wagner (1969), S. 13f.

23 T25.1509.756c.9–18.

24 So ist auch die Datierung des Briefes von Yao Xing an Kumārajīva nur indirekt über einen Titel Yao Songs möglich. Für Yao Song ist der Titel „Armeegeneral zur Linken" (*zoujunshu* 左軍書) nämlich erst ab 406 nachweisbar, während er im Jahr 404 diesen Titel noch nicht trägt. Siehe Wagner (1969), S. 7. Dieser Rekonstruktion zufolge müsste der Brief an Kumārajīva etwa im Jahr 405, wahrscheinlich im Zuge des Friedens zwischen Yao Xing und der Östlichen Jin, bei Huiyuan eingetroffen sein. Zürcher erwähnt in seiner Übersetzung der Biographie von Huiyuan den Namen eines gewissen Huibao , von dem Huiyuan schon vor dem Brief Yao Songs von der Ankunft Kumārajīvas erfahren haben will. In einer Fußnote merkt Zürcher jedoch an, dass es unklar sei, ob mit Huibao ein Eigenname gemeint ist, da nichts über einen Mönch mit diesem Namen bekannt sei. Siehe Zürcher (1959), S. 247; S. 408 Fn. 77. Es soll an dieser Stelle trotzdem das von Wagner ermittelte Datum für den Brief Yao Songs gelten, da dieses den einzigen Hinweis für eine annähernde Datierung der Diskussionen zwischen Kumārajīva und Huiyuan bietet. Siehe Wagner (1969), S. 11. Barbara Reed gibt für die Korrespondenz abweichend davon die Jahre 406 bis 409 an, geht jedoch an keiner Stelle darauf ein, wie sie zu dieser Datierung kommt. Reed (1982), S. 8.

25 Das GSZ nennt drei verschiedene Todesdaten, wovon das früheste sogar das siebte Jahr der Regierungsdevise *Hongshi*, das Jahr 405 ist. T50.2059.333.a9–12. Zur Datierung des Todesdatums Kumārajīvas, s. Tsukamoto (1954), S. 575. Zum Angriff Yao Xings auf Jiangling, s. *Jinshu* 10.262.5.

Von den Debatten zwischen dem Lushan und Chang'an ist insgesamt das Quellenmaterial zu drei Diskussionen überliefert: die Debatte zwischen Kumārajīva und Huiyuan in Form von Briefen, die Debatte Kumārajīvas mit Wang Mi in Form eines Verzeichnisses der Fragen Wang Mis und der Briefwechsel zwischen Sengzhao und Liu Yimin. Die Debatte zwischen Huiyuan und Kumārajīva wurde wahrscheinlich unmittelbar folgend auf die Bitte Yao Xings zur Verfassung eines Vorworts geführt. Ein genauer Endpunkt dieser Debatte lässt sich jedoch nicht bestimmen, wobei als *Terminus ante quem* wohl das Jahr 410 in Frage kommt. Wohl fast zeitgleich fand auch die Briefdebatte zwischen Wang Mi und Kumārajīva statt. Wie Huiyuan, so sandte auch Wang Mi eine Reihe von Fragen an ihn, die von Kumārajīva beantwortet wurden. Heute ist von diesem Briefwechsel aber nur noch ein Verzeichnis der Titel der einzelnen Fragen überliefert. Als mögliches Ende dieser Korrespondenz kommt hierbei das Jahr 407 in Betracht, in dem Wang Mi verstarb.[26]

Die Datierung des BWZL und des Ausgangspunkts der Debatte zwischen Liu Yimin und Sengzhao ist ungewiss. Der früheste Zeitpunkt, an dem Sengzhao das BWZL verfasst haben könnte, ist der Beginn des Jahres 406, etwa zeitgleich mit der Zusendung des DZDL an Huiyuan. Allerdings ist es eher wahrscheinlich, dass dem BWZL der Briefwechsel zwischen Wang Mi und Kumārajīva vorausgegangen war. Dies legen die zahlreichen Fragen Wang Mis über die *prajñā* nahe. Es ist daher denkbar, dass Sengzhao im BWZL an noch offene oder ungeklärte Fragen aus Huiyuans und Wang Mis Briefen anknüpft. Denn einerseits befasst sich das BWZL mit der *prajñā* und beschäftigt sich hierbei sogar mit Fragen, die sich aus den Titeln der Briefe Wang Mis unmittelbar ableiten lassen. Andererseits wird darin aber auch das grundsätzliche Problem einer neuen religiösen Idee, dem *dharmakāya-bodhisattva*, diskutiert. Von daher ist denkbar, dass Sengzhao das BWZL nicht sofort nach der Fertigstellung der Übersetzung des MBJ im Jahr 406 verfasst hatte, sondern erst später, nach den Debatten Kumārajīvas mit Wang Mi und Huiyuan, im Zeitraum der Jahre 407 bis 408. Zudem ist denkbar, dass Sengzhao das BWZL sogar direkt für Wang Mi oder den ihn umgebenden Kreis aus buddhistisch interessierten Laien verfasst hatte. Hierfür könnte der sehr in der Gelehrtentradition der Wei-Jin-Zeit stehende Stil des BWZL sprechen. In diesem Fall jedoch erreichte das BWZL Wang Mi zu spät, da dieser bereits im Jahr 407 verstarb. In der folgenden Untersuchung gehe ich davon aus, dass Sengzhao das BWZL im Jahr 407 oder 408, noch vor Daoshengs Rückreise auf den Lushan verfasste. Daosheng brachte dieses dann, wie von Liu Yimin im Briefwechsel erzählt wird, „im Sommer" auf den Lushan – wahrscheinlich im Jahr 408.

Die Datierung der Korrespondenz zwischen Liu Yimin und Sengzhao lässt sich ungefähr über den Besuch Daoshengs in Chang'an ermitteln. So soll nach Yao Songs Nachricht von der Ankunft Kumārajīvas im Jahr 406 gleich eine ganze Gruppe von Mönchen den

26 Von dieser Zeit ist auch von Briefen Huiyuans bezüglich der Übersetzung des *Sifen lü* 四分律 (**Dharmaguptakavinaya*; T1428) in Chang'an die Rede. Der *Sifen lü* konnte aufgrund des frühen Todes von *Puṇyatara nicht mehr fortgesetzt werden. Doch als Huiyuan über die Ankunft *Dharmarucis, eines anderen *Vinaya*-Spezialisten, im Herbst des Jahres 405 in Chang'an informiert worden war, bat er diesen um die Fortsetzung der bereits begonnenen Übersetzung. T50.2059.360.a10–14; T50.2059.333.a28–b13. *Dharmaruci kam im Herbst des Jahres 405 nach Chang'an. Wann von ihm die Übersetzung des *Vinaya* fortgesetzt wurde, ist unbekannt, da sich Huiyuans Brief an *Dharmaruci nicht datieren lässt. Sengzhao unterrichtet Liu Yimin jedoch über den Fortschritt der Übersetzung, die damals noch nicht beendet worden war.

Lushan in Richtung Chang'an verlassen haben, unter denen der wohl prominenteste Doasheng war.[27] Daosheng hatte zuvor sieben Jahre in der Gemeinschaft um Huiyuan verbracht und soll nach seiner Ankunft in Chang'an zwei Jahre bei Kumārajīva geblieben und sich dort auch unmittelbar an den Übersetzungen beteiligt haben. Dies ist durch den von Sengzhao kompilierten Sammelkommentar zum *Vimalakīrtinirdeśasūtra* belegt, da darin auch Daoshengs Erklärungen Eingang fanden.[28] Bei seiner Rückkehr im Sommer des Jahres 408 brachte er laut des Fragebriefes von Liu Yimin das BWZL auf den Lushan mit, das auch prompt von Huiyuan und dessen Schülern eingehend studiert wurde.[29] Noch im zwölften Monat desselben Jahres sandte Liu Yimin seine Fragen und Einwände zum BWZL an Sengzhao nach Chang'an. Als Bote des Briefes soll ein gewisser Huiming fungiert haben, über den allerdings nichts Weitere in den Quellen vermerkt ist.[30] Sengzhao beantwortete erst acht Monate später den Fragebrief Liu Yimins und vermerkte in seinem Antwortbrief als Datum den „fünfzehnten Tag des achten Monats".[31] Seinem Antwortbrief fügte er zudem die neue Übersetzung des *Vimalakīrtinirdeśasūtra* und den von ihm verfasste Sammelkommentar bei, der seine eigenen Anmerkungen nebst denen von Kumārajīva und Daosheng vereinigt.[32] Somit lässt sich für die Debatten zwischen den Jahren 406 und 410 tentativ die folgende zeitliche Abfolge bestimmen.

Tabelle 1: Chronologie der Debatten um das Dazhi du lun

Debatte	**Daten**
Fragen Huiyuans; Antworten Kumārajīvas	ca. 406 bis ca. 410
Fragen Wang Mis; Antworten Kumārajīvas	ca. 406 bis 407
Datierung des BWZL	ca. 407/408
Rückkehr Daoans zum Lushan mit dem BWZL	Sommer 408
Fragebrief Liu Yimins	12. Monat 408
Antwortbrief Sengzhaos	8. Monat 409

27 Das Datum des Aufbruchs der Mönche um Daosheng nach Chang'an lässt sich nur ungefähr ermitteln. Die hier genannten Jahresangaben stützen sich auf Angaben in der Sekundärliteratur. Tang (1955b), S. 614; Liebenthal (1955), S. 66, Fn. 11. Die Begleiter Daoshengs waren Huiyan (463–443), Huirui (355–439) und Huiguan (?–443/447). Trotz des siebenjährigen Aufenthalts auf dem Lushan, findet sich in Daoshengs Biographie im GSZ kein Hinweis über eine Schülerschaft zu Huiyuan. Stattdessen wird erwähnt, dass Daosheng ein Schüler Zhu Fatais gewesen sei. Kim (1990), S. 16f.; Itano (1936), S. 164ff., 175ff.

28 T50.2059.366.c2–6.

29 Liu Yimin erwähnt in seinem Anschreiben zum Fragebrief, dass er von Daosheng, den er damals zum ersten Mal traf, das BWZL erhielt. Siehe T45.1858.155.a10–11; Tang (1955b), S. 329.

30 T45.1858.154.c27.

31 T45.1858.155.b26. Li (1989), S. 28. Die beiden Jahre 408 und 409 für den Frage- bzw. Antwortbrief sind nur annähernde Daten, da in beiden keine Jahresangabe vorkommt. Da sich die Korrespondenz zeitlich nur über die Ab- bzw. Rückreise Daoshengs von Chang'an zum Lushan einordnen lässt, über welche ebenfalls keine genaueren Daten bekannt sind, ist die Datierung des Briefwechsels zwischen Liu Yimin und Sengzhao sehr unsicher und nur annäherungsweise möglich.

32 *Vimalakīrtinirdeśasūtra* (*Zhu weimoji jing* 注維摩詰經; T1775). Über die Zusendung zusammen mit dem Antwortbrief: T45.1858.155.c27–156.a1.

Nach der Antwort Sengzhaos auf den Fragebrief Liu Yimins im Jahr 409 ist nichts mehr über weitere Debatten zwischen den beiden Gemeinschaften überliefert. Es ist anzunehmen, dass zumindest die offiziellen Debatten zwischen Chang'an und Lushan durch den Kriegsausbruch im Jahr 410 oder sogar schon früher, aufgrund des Todes von Kumārajīva, beendet wurden.

2.1.3 Der offizielle Beginn der Debatten

Am Anfang der Debatten um das DZDL steht die offizielle Bitte Yao Xings an Huiyuan, für dieses Grundlagenwerk mahayanistischer Scholastik ein Vorwort zu verfassen. Hierzu heißt es in der Biographie Huiyuans:

> Yao Xing, der Anführer der Qin, bewunderte die Tugend und den Ruhm Huiyuans und lobte dessen Talent. Besorgt sandte er ihm Briefe und Nachrichten, auch Geschenke kamen unaufhörlich. Er beschenkte ihn mit unterschiedlichen Stickbildern von Szenen aus den Sutren, die aus Kucha stammten, um damit seine Wertschätzung auszudrücken. Weiterhin befahl er Yao Song, ihm eine perlenbesetzte Statue zu schenken, die diesem gehörte. Gleich nachdem das *Shilun* [das DZDL, Anm. des Verf.] übersetzt worden war,[33] überstellte Yao Xing ihm das *Śāstra* und schrieb ihm einen Brief: „Die Übersetzung des *Dazhi lun* wurde soeben beendet. Da dieses von Nāgārjuna verfasst wurde und auch das weisende Prinzip für die *vaipulya* darstellt, ist es angemessen, dafür ein Vorwort zu verfassen, um den Sinn des Verfassers zu erklären. Die Mönche hier haben jedoch alle entschuldigend abgelehnt und es nicht gewagt, hierfür tätig zu werden. Möget Ihr, Dharma-Meister, doch nun dafür ein Vorwort verfassen, um es späteren Schülern zu hinterlassen!“[34]

Yao Xings Bitte an Huiyuan um ein einleitendes Vorwort für einen Lehrtext, der von Nāgārjuna selbst verfasst worden sein soll, lässt vor dem Hintergrund der Weigerung der Mönche in Chang'an an eine Szene aus dem *Vimalakīrtisūtra* denken: Die vor dem Buddha anwesenden Bodhisattva werden von diesem gebeten, den kranken Laien Vimalakīrti um seine Gesundheit zu befragen. Dies stellt sich jedoch als eine äußerst unbeliebte Aufgabe heraus, da Vimalkīrti als gewitzter und kenntnisreicher Redner berüchtigt ist, der seine Besucher früher schon in Diskussionen über den Dharma bloßgestellt hatte. All die vor dem Buddha anwesenden Schüler und Bodhisattva lehnen einen Besuch bei dem Kranken daher ab, da sie befürchten, öffentlich von einem Laien vor dem ganzen *Saṃgha* blamiert zu werden. Nur aufgrund der Hartnäckigkeit des Buddha in dieser Sache, bekommt schließlich der weiseste aus der Schar der Schüler, der Bodhisattva Mañjuśrī, diese unbeliebte Aufgabe übertragen. Ein großer Teil des *Vimalakīrtisūtra* handelt schließlich davon, wie sich Mañuśrī und die Schüler des Buddha in einer umfangreichen Diskussion über die „Nicht-zweiheit“ (*buer* 不二) von Vimalkīrti belehren lassen.[35] Da das *Vimalakīrtisūtra* während

33 Wörtlich heißt es hier eigentlich *chu* 出 „hervorkommen“, was im Zusammenhang der Übersetzungen eigentlich den ersten Schritt einer Übersetzung, nämlich die „Rezitation“ des Textes durch den nicht-chinesischen Informanten bedeutet.

34 T50.2059.360.a22–28. Dieselbe Stelle kommt ebenfalls im *Chu sanzang jiji* 出三藏記集 (CSZJJ) vor. Siehe T55.2145.110.b6–16; Das *Lidai sanbao ji* 歷代三寶記 erwähnt ebenfalls die Bitte Yao Xings, allerdings ohne den Wortlaut des Briefes von Huiyuan. T49.2034.72.c16–21.

35 In einer ähnlichen Inszenierung erscheint in der Darstellung Huijiaos auch die Debatte zwischen Liu

des chinesischen Mittelalters vor allem unter Adligen und Laien zu einem der bekanntesten und beliebtesten buddhistischen Sutren zählte, könnte man in der indirekten Anspielung auf diese Eingangsszene aus dem *Sūtra* gegenüber Huiyuan auch von einer bewussten Inszenierung durch Yao Xing sprechen. Der Brief Yao Xings an Huiyuan ließe sich so vor dem Hintergrund der Intention lesen, diesen über die Superiorität des Mahāyāna zu belehren.[36]

Huiyuan antwortet auf die herausfordernde Bitte Yao Xings dann auch sehr diplomatisch: Mit den üblichen Bescheidenheitsformeln weist er auf seine Inkompetenz bezüglich einer solch großen Verantwortung hin, erwähnt allerdings, er habe für das Vorwort nur „das, was mir auf dem Herzen lag, grob zusammengeschneidert“:

> Ihr wollt mich dazu bringen, das Vorwort für das *Dazhi lun* zu verfassen, um die Absicht des Verfassers zu erklären. Ich armer Mönch habe gehört, dass hinsichtlich seines Fassungsvermögens etwas Großes nicht von einem kleinen Stofffetzen umfasst werden, und dass beim Wasserschöpfen die Tiefe des Brunnens nicht von einem kurzen Seil ermessen werden könne. Am Tag, als ich euren Brief entrollte und las, war ich daher beschämt wegen eures Aufrufes. Mein Körper ist außerdem gerade sehr schwach, leidet an vielen Unpässlichkeiten und versagt, wenn ich irgendwelche Dinge anpacke. So habe ich schon lange nicht mehr meinen Sinn auf eine Sache hin konzentriert, doch aufgrund der Dringlichkeit eures Anliegens, habe ich nur eben rasch grob das zusammen geschneidert, was mir auf dem Herzen lag. Was aber die ästhetische Schönheit einer solchen Untersuchung angeht, so muss man auch weiterhin noch auf zukünftige Talente hoffen.[37]

Was es inhaltlich mit dem „grob Zusammengeschneiderten“ (*cuzhui* 粗綴) auf sich hatte, bleibt unklar, da Huiyuans Vorwort für das DZDL nicht mehr überliefert ist und das heute dem DZDL vorangestellte von Kumārajīvas Schüler Sengrui stammt. Bibliographisch wird zudem erst im Buchkatalog der *Tangshi* ein Vorwort Huiyuans zum DZDL erwähnt; Lu Chengs viel früherer Buchkatalog, das *Falun mulu* 法論目錄, führt dieses hingegen noch nicht.

2.2 *Sarvāstivāda*-Studien im Süden

2.2.1 Das Übersetzungsprojekt um Daoan

Ein auffälliges Merkmal des DZDL besteht darin, dass es an vielen Stellen mit Begriffen der *Sarvāstivāda*-Scholastik operiert, diese selbst jedoch einer grundlegenden Kritik unterwirft und sich deutlich davon abgrenzt. Es erhebt hierbei zudem den alleinigen Anspruch, das „Wahre Merkmal aller *dharma*, so wie es der Buddha erklärt hat“, zu verkünden.[38]

Yimin und Sengzhao: Letzterer begrüßt Liu Yimin in seinem Antwortbrief mit denselben Worten wie Vimalkīrti den Mañjuśrī.

36 Der Brief Yao Xings wird sowohl im GSZ, als auch im CSZJJ zitiert, von daher ist auszuschließen, dass es sich um eine nachträgliche Redigierung des Briefes von Yao Xing durch Huijiao handelt.

37 T50.2059.360.a28–b5.

38 T25.1509.57.c13.

Dieser Superioritätsanspruch wurde von dem im *Sarvāstivāda* wohl informierten Kreis aus Laien und Mönchen um Huiyuan sehr kritisch aufgenommen. Denn bereits zwanzig Jahre vor der Ankunft des DZDL, und mit ihm des ersten systematischen Werkes mahayanistischer Dogmatik, konnte sich das Kleine Fahrzeug in Form der Scholastik des *Sarvāstivāda* erfolgreich unter den Adeligen und Mönchen auf dem Staatsgebiet der Östlichen Jin verbreiten.

Ein Faktor, der diese Verbreitung in China unmittelbar von außen her beeinflusste, war die Dominanz des *Sarvāstivāda* in den angrenzenden Staaten entlang der Seidenstraße, die – außer Khotan – alle dem Buddhismus des Kleinen Fahrzeugs anhingen. Khotan war auf dem südlichen Zweig der Seidenstraße zunächst eine Hochburg des *Sarvāstivāda* gewesen, konvertierte aber gegen Ende des dritten Jahrhunderts zum Mahāyāna und war etwa um das Jahr 400 mehrheitlich dem Großen Fahrzeug zuzuordnen.[39] Die nördliche Route der Seidenstraße durch Kucha und die angrenzenden Oasenstaaten wie Yanqi und Shanshan waren hingegen sämtlich vom *Sarvāstivāda* dominiert.[40] Von beiden Richtungen des Buddhismus übte bis zum beginnenden fünften Jahrhundert das Kleine Fahrzeug daher den größeren Einfluss auf den *Saṃgha* in China aus. Dies zeigte sich deutlich in den bis dahin verfügbaren Schriften: Während die Werke der Abhidharma-Gelehrsamkeit in China nach 385 bereits durch mehrere umfangreiche Werke präsent waren, gab es von den *Prajñāpāramitā*-Sutren bis dato nur fragmentarische Ausgaben in nicht einheitlichen und oft nur schlechten Übersetzungen.[41] So schreibt das GSZ, dass in der zweiten Hälfte des vierten Jahrhunderts „die Werke des Großen Fahrzeugs noch nicht weit verbreitet waren, und das Studium des *dhyāna* und der Kategorien des Bewusstseins florierten."[42] Auch die Bemühungen Daoans um eine Rekonstruktion der „Großen *Prajñāpāramitā*" aus bisher verfügbaren Fragmenten und Versionen, spiegelt diese Situation wider.[43] Es lässt sich für die Zeit vor den Übersetzungen Kumārajīvas somit feststellen, dass in China noch keine systematische und fundierte Kenntnis mahayanistischer Lehrinhalte verfügbar war.[44]

Für die Rezeption der *Sarvāstivāda*-Scholastik hingegen war das Übersetzungsprojekt Daoans von entscheidender Bedeutung, da innerhalb von nur wenigen Jahren Werke aus allen drei *piṭaka* übersetzt wurden. Gefördert wurde dieses Projekt von einem Beamten Fu Jians, dem als gläubigen Buddhisten beschriebenen „Assistenten der Palastbibliothek" (*bishulang* 祕書郎) Zhao Zheng.[45] Dieser unterstellte Daoan mehrere zentralasiatische Mönche, die ab 382 mit ihrer Übersetzungsarbeit begannen.[46] Die Gruppe übersetzte in den

39 Tsukamoto (1985), S. 110.

40 Ebd. S. 150.

41 Zacchetti (2005), S. 32.

42 T50.2059.328.b3.

43 Tsukamoto (1985), S. 111.

44 Dies widerspricht dem von vielen westlichen Überblicksdarstellungen zum frühen Buddhismus vermittelten Eindruck, wonach das Studium der *Prajñāpāramitā*-Schriften aufgrund einer Nähe zu Konzepten der *Xuanxue* allgemein von der daoistisch gebildeten Literatenelite betrieben wurde. So schreibt Tsukamoto Zenryû zwar von einer „Goldenen Zeit" der *Prajñāpāramitā*-Studien zu Lebzeiten Daoans, gibt allerdings im selben Abschnitt zu, dass diese Texte nur sehr fragmentarisch und in schlechten Übersetzungen vorhanden gewesen seien und mitunter keine schlüssige Kenntnis mahayanistischer Dogmatik zuließen. Tsukamoto (1985), S. 111.

45 Zum Titel *bishulang* 必書郎, siehe Hucker (1985) 4592.

46 T50.2059.328.b4–7; T50.2059.328.b26–29.

Jahren 382–384 unter z.T. schwierigen Bedingungen (v.a. im Jahr 384, als Chang'an belagert wurde) zentrale Werke der *Sarvāstivāda*-Scholastik. Dabei fungierten die nichtchinesischen Mönche *Kumārabuddhi, *Saṃghadeva, *Saṃghabhūti und *Dharmanandi als diejenigen, die den memorierten Text „vortrugen" (*chu* 出), der dann zunächst niedergeschrieben und schließlich, zumeist von Zhu Fonian, aber auch *Buddharakṣa, ins Chinesische übersetzt wurde.[47] Daoan hatte in diesem Übersetzungsteam die leitende Position inne, der die Übersetzungen koordinierte und zu den meisten dieser Werke Vorworte verfasste.[48] In Tabelle 2 sind die von dieser Gruppe übersetzten Titel aufgeführt.

Tabelle 2: Übersetzer und Übersetzungen im Projekt von Daoan[49]

Jahr	Werk	Übersetzer
382	**Abhidharmahṛdayaśāstra* 阿毘曇心論 (T1550, erst 391 von Saṃghadeva vollendet)	*Kumārabuddhi
382	„Auszüge aus dem Abhidharma" *Apitan chao* 阿毗曇抄 (verloren)	*Kumārabuddhi
382	„Auszüge aus den vier Āgama" *Si Ahan chao* 四阿含抄 (verloren)	*Kumārabuddhi
383	**Abhidharmāṣṭagranthaśāstra* 阿毘曇八犍度論 (T1543)[50]	*Saṃghadeva
383	*Vinaya* 鼻奈耶 (T1464)	Zhu Fonian
383	*Vibhāṣā* 鞞婆沙論 (T1547)	*Saṃghabhūti
384	**Āryavasumitrasaṃgīti* 尊婆須蜜菩薩所集論 (T1549)	*Saṃghabhūti
384	„Das von *Saṃgharakṣa zusammengestellte Sūtra" 僧伽羅剎所集經 (T194)	*Saṃghabhūti
384	*Madhyamāgama* 中阿含經 (verloren)	*Dharmanandi
384	*Ekottarāgama* 增益阿含 (verloren)	*Dharmanandi
384	**Tridharmakaśāstra* 三法度論 (T1506)	*Dharmanandi

Eine große Errungenschaft der Übersetzergruppe um Daoan war hierbei nicht nur die erstmalige Übertragung der *Āgama* ins Chinesische, sondern auch die Übersetzung von umfangreichen Grundlagenwerken des *Sarvāstivāda* – allen voran das **Abhidharmāṣṭagranthaśāstra*.[51] Auf der Grundlage dieses Textes waren die zahlreichen Kommentare

47 Zu *Kumārabuddhi siehe FGDCD 5710; *Saṃghabhūti siehe FGDCD 5725; *Dharmanandi FGDCD 6238; *Buddharakṣa und Fohu siehe Tsukamoto (1985), S. 738f.

48 Über Daoans Rolle bei den Übersetzungen, siehe Tsukamoto (1985), S. 737; Zürcher (1959), S. 202.

49 Die folgende Auflistung basiert auf der Darstellung bei Tsukamoto Zenryu. Bei Willemen werden ebenfalls verschiedene Werke aus dem Übersetzungsprojekt genannt. Allerdings ist diese Auflistung unvollständig. Tsukamoto (1985), S. 738ff.; Willemen (1998), S. 131ff.

50 Über die Rekonstruktion dieses Titels aus dem Chinesischen, siehe Willemen (1998), S. 222, Fn. 247.

51 Siehe Willemen (1998), S. 222. Dieses Werk wird in den traditionellen Quellen unter zwei verschiedenen Titeln angegeben, die sich aber auf ein und dasselbe Originalwerk beziehen: Der Titel **Abhidharmāṣṭagranthaśāstra* ist der Titel der chinesischen Übersetzung unter Daoan, während der Titel **Jñānaprasthāna* (T1544) eine spätere Übersetzung von Xuanzang meint. Beide Werke unterschieden sich inhaltlich leicht voneinander, so dass man hierbei wahrscheinlich von zwei Ausgaben desselben Textes in der Überlieferung und Modifizierung zweier scholastischer Denkrichtungen auszugehen hat. Einer der Unterschiede der beiden Übersetzungen besteht außerdem darin, dass *Saṃghadeva bei der Rezitation des Werkes eine Sektion über „Ursachen und Bedingungen" (Skrt. *hetupratyaya*) im sechsten Kapitel nicht mehr in Erinnerung hatte – ein Umstand, der von Daoan in dessen Vorwort angemerkt wurde. T26.1543.771.b3.

verfasst worden, in dem sich auch unterschiedliche Denkströmungen innerhalb des *Sarvāstivāda* äußern.[52]

Beide Werke, das **Abhidharmāṣṭagranthaśāstra* und das **Vibhāsa* wurden unter Daoan das erste Mal ins Chinesische übertragen und stellten bis dato eine der umfangreichsten Werke der Abhidharma-Gelehrsamkeit dar.[53] In der Folgezeit besaß allerdings aufgrund des großen Umfangs des **Abhidharmāṣṭagranthaśāstra* und des **Vibhāsa* ein anderes Werk aus der *Sarvāstivāda*-Schule einen wesentlich größeren Einfluss: Das **Abhidharmahṛdaya-śāstra,* als „Herz des Abhidharma" betitelte *Śāstra*, ist eine auf die zentralen Prinzipien der *Sarvāstivāda*-Scholastik reduzierte Darstellung und somit besser und schneller zugänglich als die beiden anderen Kompendien. Ein anonymes chinesisches Vorwort zum **Abhidharmahṛdayaśāstra* erwähnt, dass selbiges auf die Initiative von Daoan durch *Kumārabodhi zur Übersetzung rezitiert werden sollte, was allerdings aufgrund mangelnder Sprachkenntnisse *Kumārabodhis nicht vollendet werden konnte.[54] Erst nach dem Fall Chang'ans wurde die Übersetzung des **Abhidharmahṛdayaśāstra* durch *Saṃghadeva in Luoyang fortgesetzt. *Saṃghadeva verbrachte dort einige Jahre und nahm währenddessen an den zahlreichen Übersetzungen aus dem Projekt in Chang'an Überarbeitungen und Verbesserungen vor.[55] Die Übersetzung des **Abhidharmahṛdayaśāstra* konnte *Saṃghadeva jedoch erst im Jahr 391 zusammen mit Huiyuan auf dem Lushan ganz abschließen. Dort wurde auch das **Tridharmakaśāstra* (*Sanfadu lun* 三法度論; T1506) übersetzt, mit dessen Inhalten sich Huiyuan in seiner „Abhandlung über die dreifache karmische Vergeltung" (*Sanbao lun* 三報論) auseinandersetzte.[56]

Wie sich aus seinem Vorwort zum **Abhidharmahṛdayaśāstra* erfahren lässt, wurde dieses Grundlagenwerk der Scholastik des *Sarvāstivāda* von Huiyuan hoch geschätzt. So würde es „die vielen Sūtren systematisieren und zu ihrer Vereinigung mit dem Ursprung hinführen"[57] und bei der Darstellung zuerst die „Grundlagen beschreiben und dann erst den Sinn breit darlegen" sowie „das Innenliegende verkünden und dann erst das Äußerliche erklären".[58] Es handelt sich nach Huiyuans Urteil somit, ganz anders als er später über das DZDL schreiben wird, um eine systematisierte und methodische Abhandlung zentraler buddhistischer Lehrinhalte, die in einer knappen und übersichtlichen Form präsentiert werden. Die Wirkung dieses scholastischen Grundlagenwerkes reichte in der Folgezeit dann auch weit über die Mönchsgemeinde hinaus und wurde auch von der Adelsschicht der Östlichen Jin eingehend studiert.

---

52 Die Bedeutung des *Jñānaprasthāna* für die Entstehung des Sarvāstivāda lag vor allem darin, dass dieser die Grundlage für die Entstehung der **Vibhāsa*-Kompendien bildete, die, soviel ist zumindest für die wenigen überlieferten Werke festzustellen, ursprünglich als Kommentare zum *Jñānaprasthāna* entstanden sind. Diese grenzten sich meist hochpolemisch gegeneinander ab und führten neue dogmatische Kategorien und Ideen ein. Ein Merkmal dieser Texte ist, dass sie versuchten, die Aussagen und Theorien im **Abhidharmāṣṭagranthaśāstra* argumentativ zu untermauern und durch Zitate aus den Āgama zu begründen. Willemen (1998), S. 229ff.

53 Ebd. S. 230.

54 T55.2145.72.b17–18.

55 T50.2059.329.a8–11.

56 T52.2102.34.b4–c25. Das *Sanbao lun* wurde von Walter Liebenthal (1952, S. 362–365) übersetzt.

57 T55.2145.72.c1–2.

58 T50.2145.72.c14–15.

2.2.2 Die Rezeption des *Sarvāstivāda* unter der Aristokratie der Östlichen Jin

Die Abhidharma-Gelehrsamkeit in Form des *Sarvāstivāda* gewann ab 391, beginnend mit dem Aufenthalt von *Saṃghadeva auf dem Lushan, unter buddhistisch interessierten Aristokraten viele Anhänger. Das GSZ spricht hierbei sogar von einer regelrechten „Blüte" (*xing* 興) im Studium des **Abhidharmahṛdayaśāstra* und des **Tridharmakaśāstra*.[59] Hierbei konzentrierte sich das Interesse vor allem auf das **Abhidharmahṛdayaśāstra,* wovon zahlreiche Ausgaben und Übersetzungen Zeugnis ablegen.[60] So wurden innerhalb von 50 Jahren, zwischen 385 und 434, insgesamt vier Übersetzungen ins Chinesische angefertigt, von denen heute jedoch nur noch eine Ausgabe erhalten ist, nämlich die Übersetzung von *Saṃghavarman aus dem Jahr 434.[61] Auf das Studium des **Abhidharmahṛdayaśāstra* gründete sich in der Liu-Song-Zeit dann auch eine „Abhidharma-Schule" (*Pitan zong* 毗曇宗), in deren Tradition eine rege Kommentartätigkeit stattfand, die nicht weniger als neunzehn Kommentare bis zum Beginn der Tang-Dynastie hervorbrachte.[62]

Die Studien des *Sarvāstivāda* wurden unmittelbar durch die örtliche Aristokratenelite unterstützt. So hielt schon *Saṃghadeva, als er den Lushan nach sechs Jahren Aufenthalt im Jahre 398 in Richtung Jiankang verließ, auf Einladung der mächtigen Familie der Wang aus Langye, Vorlesungen über den Abhidharma.[63] Vor allem Wang Xun soll ein eifriger Förderer des Buddhismus des Kleinen Fahrzeugs gewesen sein. So ist in der Biographie *Saṃghadevas zu lesen, dass Wang Xun diesen um eine Übersetzung des *Madhyamāgama* bat und das Projekt hierzu finanziell unterstützte.[64] Huiyuans Bruder Huichi, einer der Stipendiaten Wang Xuns, wirkte ebenfalls daran mit. Nach der Beendigung der Übersetzung des *Madhyamāgama* im Jahr 397, kehrte Huichi von Jiankang zu seinem Bruder auf den Lushan zurück.[65] Dort und im ganzen Bezirk Yuzhang hielt Huichi schließlich auf Einladung des Gouverneurs Fan Ning Vorlesungen zum Abhidharma. Fan Ning, der vor allem wegen seiner Polemik gegen den Neodaoismus und sein Eintreten für eine Erneuerung des Studiums des Konfuzianismus und der Ritenklassiker bekannt wurde, war ebenfalls ein bedeutender Förderer und Anhänger der Abhidharma-Studien. Er war mit Wang Xun zudem durch seine Heirat mit einer Frau aus der Familie der Wang aus Langye

59 T50.2059.359.b22–23.

60 Hierbei handelte es sich vor allem um das **Saṃyuktābhidharmahṛdaya*, einer etwas modifizierte und erweiterte Ausgabe des *Abhidharmahṛdaya*. Der Autor des **Saṃyuktābhidharmahṛdaya* soll *Dharmatrāta gewesen sein. Siehe hierzu Willemen (1998), S. 260ff.

61 Der chinesische Titel dieser Übersetzung lautet *Za Apitan xin* 雜阿毗曇心 (T1552). Übersetzt wurde dieses Werk im Jahr 434 im Changgan-Tempel in Jiankang. Der Rezitierende des Originaltextes war *Saṃghavarman, der diesen auch gemeinsam mit Huiguan, einem Schüler des bei Kumārajīva in Ungnade gefallenen *Buddhabhadra, übersetzte. Siehe Willemen (1998), S. 263.

62 Siehe hierzu Willemen (1975), S. XXVff.; Willemen (1998), S. 133, 266f.

63 T50.2059.329.a13–15. Das *Shishuo xinyu* berichtet zudem von der Vorlesung *Saṃghadevas und dem überraschenden Verständnis des Abhidharmas durch Wang Mi 王彌 (Lebensdaten unbekannt. Nicht zu verwechseln mit Wang Mi 王謐) und Wang Xun 王珣 (350–401). Siehe *Shishuo Xinyu* IV.65. Siehe auch Willemen (2006), S. 7.

64 T50.2059.329.a23–25. Es wird in diesem Zusammenhang noch ein weiterer Mönch aus Kucha erwähnt, nämlich *Saṃgharakṣa, der mit an der Übersetzung des *Madhyamāgama* (*Zhong Ahan jing* 中阿含經) beteiligt gewesen sein soll und durch Wang Xun gefördert wurde.

65 Tsukamoto (1985), S. 445.

verwandtschaftlich verbunden.[66] Diese, im Kreis Linyi (im heutigen Süd-Shandong) beheimatete Familie, hatte schon vor dem Fall der Westlichen Jin damit begonnen in den Süden überzusiedeln und konnte sich dort sowohl Ländereien als auch einflussreiche Verwaltungsposten sichern.[67] Wang Dao war es auch, der zum Initiator und Organisator der Flucht des Kaiserhofes und der Aristokratie in den Süden wurde.[68] Die Macht der Wang aus Langye blieb in Folge nicht nur unter der Dynastie der Jin bestehen, sondern setzte sich auch in den kommenden Jahrhunderten der südlichen Dynastien fort, in denen sich Mitglieder der Wangs durchgehend einflussreiche Posten sichern konnten.[69]

Als prominente Förderer des Buddhismus taten sich die Wangs bereits unter der Westlichen Jin hervor. Das Verhältnis der prominentesten Familie des chinesischen Mittelalters zum *Saṃgha* ging sogar so weit, dass Mitglieder der Wangs nicht nur zahlreiche Laienanhänger und Sponsoren für Tempel und Mönche stellten, sondern auch selbst in den Mönchsstand eintraten – eine Praxis, die sich bei keiner der anderen prominenten Familien der Südlichen Dynastien findet.[70] In der Generation von Wang Mi taten sich besonders Wang Xun und Wang Min als Förderer und Kenner des Buddhismus hervor, deren Kenntnis des Abhidharma besonders im *Shishuo xinyu* hervorgehoben wird.[71] Wang Mi selbst unterhielt auch zum *Saṃgha* am Lushan und zu Huiyuan beste Beziehungen. Hierzu berichtet die Biographie Huiyuans sogar von einem besonders engen, fast sogar herzlich zu nennenden Verhältnis zwischen dem Staatsmann und dem Mönch.[72] Auch stand Wang Mi in der Kontroverse über Kontrollen des *Saṃgha*, die 402 durch Huan Xuan wiederaufgegriffen wurde, auf der Seite des *Saṃgha*, indem er gegen dessen Forderungen nach einer Unterordnung der Mönche unter die Autorität des Kaisers sowie eine Ausdünnung der Mönchsgemeinschaft Partei ergriff.[73] Seine Argumente in dieser Kontroverse waren dann auch die Grundlage für Huiyuans „Traktat darüber, dass die Mönche nicht den Herrscher ehren“ (*Shamen bu jing wangzhe lun* 沙門不敬王者論).

Aus dieser Anhängerschaft des Kleinen Fahrzeugs im Süden soll sich später, beim Übergang der Östlichen Jin zur Liu-Song dann eine vehemente Gegnerschaft gegen die Lehren des Mahāyāna gebildet haben. So ist ein Brief Fan Tais (355–427), eines Neffen

66 T50.2059.361.b26–27; Tsukamoto (1985), S. 409.

67 Jansen (2000), S. 32.

68 Zürcher (1959), S. 85.

69 Dušanka Miščević zeigt in einer Studie, dass David T. Johnsons These von einer „Medieval Chinese Oligarchy“, als einer gleichbleibenden herrschenden Aristokratenelite während des chinesischen Mittelalters, nicht mehr haltbar ist. Miščević weist stattdessen nach, dass im Gegenteil von einer hohen sozialen Mobilität auszugehen ist. Als die wohl einzige Ausnahme betrachtet Miščević allerdings die Familie der Wang aus Langye: „The Lang-ya Wangs stood alone as a great medieval clan par excellence, and no other clan came near them in terms of status, power and endurance. Had the Lang-ya Wangs been joined by other clans, we could speak of a ‘medieval oligarchy’. But our study shows that although other clans vied for power, they managed to wrest it for only limited periods of time.“ Miščević (1993), S. 253.

70 Zürcher (1959), S. 97. Einer dieser Mönche war der jüngere Bruder von Wang Dao. Dieser zog sich bereits in jungen Jahren in den Mönchsstand zurück und nannte sich Shi Daobao 釋道寶. Auch Zhu Daoqian 竺道潛 stammte ursprünglich aus der Familie der Wang aus Langye. Siehe hierzu Zürcher (1959), S. 97f.

71 SSXY IV.64; T50.2059.329.a16–19, zu beiden Personen siehe Zürcher (1959), S. 97ff.

72 Zürcher (1959), S. 246.

73 Ebd. S. 231.

Fan Nings, überliefert, in dem dieser von der abschätzigen Einstellung der Mönche Huiyi und Huiguan gegenüber dem Mahāyāna und von deren kompromisslosem Festhalten an den Lehren des Kleinen Fahrzeugs und seiner Verhaltensregeln berichtet.[74] Die Unterstützung des Buddhismus des Kleinen Fahrzeugs wurde unter der Liu-Song-Dynastie zudem durch das Kaiserhaus gefördert, da Liu Yus Machtergreifung legitimatorisch durch den Mönch Huiyi und dessen Deutung einer Reihe von Omina und Prophezeiungen bekräftigt wurde.[75] Zum Dank erhielt das ursprünglich von Fan Tai der Gemeinschaft um Hui Yi gestiftete „Jetavana-Kloster" (*Qihuansi* 祇洹寺) in Jiankang kaiserliche Unterstützung und soll so zu einem der einflussreichsten und wohlhabendsten buddhistischen Zentren der Liu-Song-Zeit geworden sein.[76]

2.3 Dogmatischer Kontext: Grundannahmen des *Sarvāstivāda*

Der kurze Überblick zur Wirkungsgeschichte des Übersetzungsprojektes von Daoan zeigt, dass sich der Buddhismus des Kleinen Fahrzeugs in den beiden Jahrzehnten des ausgehenden vierten Jahrhunderts vor allem unter den Aristokraten der Östlichen Jin erfolgreich verbreiten konnte. Viele Jahre vor dem Übersetzungsprojekt unter Yao Xing hatte sich dort bereits eine über den Buddhismus des Kleinen Fahrzeugs wohl informierte Anhängerschaft herausgebildet, die sowohl Laien als auch Mönche umfasste. Durch die Übersetzung des *Abhidharmahṛdayaśāstra* verfügte diese Anhängerschaft über grundlegende scholastische Kenntnisse des *Sarvāstivāda*.

Von diesen Anhängern des *Sarvāstivāda* wurde dann schließlich das MBJ und das DZDL als erstes wahrgenommen. Von Huiyuan und seinem Schülerkreis sind so auch die ersten kritischen Reaktionen auf das DZDL überliefert. Sengzhaos BWZL steht damit im unmittelbaren Zusammenhang mit den Kontroversen zwischen den Anhängern des *Sarvāstivāda* und der durch die Übersetzung des DZDL erstmals nach China gelangten Mahāyāna-Scholastik.

In den folgenden Abschnitten sollen zunächst einige inhaltliche Grundannahmen des *Sarvāstivāda* überblicksartig zusammengestellt werden, um danach zu zeigen, wie diese im DZDL durch neue Ideen zum buddhistischen Übungsweg grundsätzlich in Frage gestellt wurden. Hierdurch sollen die zentralen Streitpunkte herausgehoben werden, die nicht nur innerhalb der Diskussion zwischen Huiyuan und Kumārajīva, sondern auch zwischen Liu Yimin und Sengzhao die entscheidende Rolle spielten.

2.3.1 Das Verhältnis zwischen Zeichen und Wirklichkeit

Der *Sarvāstivāda* wird, ganz im Gegensatz zum Mahāyāna, als eine „realistische" Denkrichtung innerhalb des Buddhismus bezeichnet.[77] So werden die wirklichkeitskonstituieren-

---

74 T52.2102.78.b19–21. Siehe auch Tsukamaoto (1985), S. 446.

75 T50.2059.368.c3–9. Die Rolle des Saṃgha bei der Legitimierung von Liu Yus Umsturz der Jin wird im Anhang zur Biographie Liu Yimins noch eingehender dargestellt.

76 Tsukamoto (1985), S. 446ff.

77 „Realistisch" soll hier bedeuten, dass die Sarvāstivādins von einer immerwährenden Existenz aller *dharma* zu allen Zeiten ausgehen und somit behaupten, dass die *dharma* in der Vergangenheit, der Gegenwart und der Zukunft bestehen bleiben. Siehe hierzu Willemen (1998), S. 19ff.

den „Daseinsfaktoren“ (*dharma*) grundsätzlich für objektiv existierend und sowohl sprachlich als auch kognitiv zugänglich betrachtet. Als positiv vorhandene Wirklichkeiten sind sie so der Erkenntnis des Bewusstseins unmittelbar zugänglich. Diese „Erkennbarkeit“ (*kezhi* 可知, *jñeya*) der positiv vorhandenen *dharma* bildet im *Sarvāstivāda* sowohl die Basis für umfangreiche Taxonomien als auch eine systematisierte, graduelle Ordnung des Übungsweges.[78] Die Taxonomie der *dharma* in einem scholastischen System wird zudem als eine Ordnung der Wirklichkeit gesehen, da angenommen wird, dass die begriffliche Erfassung und Einordnung in eine systematische Ordnung der Wirklichkeit entspreche. Diese Annahme über eine korrelative Beziehung zwischen Name und Wirklichkeit wird von Sengzhao sowohl im BWZL als auch im Antwortbrief an Liu Yimin mehrfach erwähnt und steht als eine der zentralen theoretischen Annahmen im Zentrum seiner Kritik. Sowohl Sengzhao als auch Liu Yimin benennen diese Position beide als die „Lehre der Namen“ (*mingjiao* 名教) – ein Begriff, der ursprünglich nicht den *Sarvāstivāda* meinte, sondern eine zeitgenössische Denkrichtung aus dem konfuzianischen Umfeld. Die „Lehre der Namen“ entwickelte sich nach John Makeham aus dem Konfuzianismus der Späteren Han-Zeit hin zu einer dominierenden Denkrichtung zur Zeit der Jin und der nachfolgenden Dynastien.[79] Dieser „Lehre“ soll es in Anlehnung an die von Konfuzius geäußerte „Richtigstellung der Bezeichnungen“ (*zhengming* 正名) um die Ordnung sozialer Bezeichnungen gegangen sein. Demnach könnten Chaos und Unordnung in der politischen und sozialen Sphäre beseitigt werden, indem soziale Positionen und Ämter wieder mit ihren „richtigen“ Bezeichnungen in Einklang gebracht werden. Der Kerngedanke der „Lehre der Namen“, nämlich das unzweideutige Verhältnis zwischen Name und Wirklichkeit, ist hierbei derselbe, auf dem auch die Scholastik des *Sarvāstivāda* ihre Taxonomien aufbaut. So steht im Kommentar des *Mahāvibhāṣaśāstra*, dass die Analyse der Wirklichkeit auf klarer und definitorischer Eindeutigkeit beruhen müsse, um den Geist nicht zu verwirren.[80] Eine Reinigung des Bewusstseins könne demnach nur auf der Basis einer konsequenten scholastischen Kenntnis und Einordnung mentaler Zustände gelingen. Es sei daher von entscheidender Wichtigkeit, dass die Analyse und die Erklärung der wirklichkeitskonstituierenden Elemente und Ordnungsstrukturen in inhaltlicher Eindeutigkeit auf Basis einer korrekten Zuordnung von Begriff und *dharma* beruhen müsse. Die Differenzierung und die systematische Einordnung der *dharma* sind somit sowohl für die konfuzianische „Lehre der Namen“, als auch für die Soteriologie des *Sarvāstivāda* – wenngleich jeweils zu einem anderen

78 Dhammajoti schreibt hierzu: „The very notion of *dharma*-s being *jñeya*-s spells out the fundamentally epistemological approach of the Sarvāstivāda orthodoxy in their *dharma-pravicaya* (*examination of Dharmas, Anm. des Autors*). […] In brief: all ultimate reals – *dharma*-s – are knowable, cognizable. There can be no exception to this. And these knowables, cognizables, have their objective existence which affects our perception of not only the phenomenal world, but also the domain of the unconditioned. This is then truly an ontological commitment derived from an epistemological consideration.“ Dhammajoti (2007), S. 317.

79 Über die „Lehre der Namen“ in ihrem konfuzianischen Kontext, wie sie sich in der Jin-Zeit ausgebildet hatte, ist noch viel zu wenig bekannt, als dass sich an dieser Stelle eine genaue Wiedergabe ihrer inhaltlichen Positionen darstellen ließe. Bei der Lektüre der Texte zur Debatte zwischen Kumārajīva, seinen Schülern und der Gemeinschaft am Lushan lässt sich jedoch durchgehend feststellen, dass inhaltlich als „Lehre der Namen“ die oben benannte Grundannahme von einer festen Korrelation zwischen „Namen“ (*ming* 名) und „Wirklichkeit“ (*shi* 實) verstanden wird. Makeham (1994), S. 102.

80 Dhammajoti (2007), S. 31.

Zweck – ein ganz entscheidender Gedanke.[81] Diese Ähnlichkeit zwischen zwei so unterschiedlichen Systemen könnte den Erfolg des *Sarvāstivāda* unter der chinesischen Aristokratenschicht zumindest teilweise erklären, da beide auf der Grundannahme der definitorischen Eindeutigkeit von Begriffen und korrespondierenden Bedeutungen beharren. Wie in Teil 3 dieser Arbeit noch eingehender anhand von Textbeispielen erläutert wird, ist es die „Lehre der Namen", die als theoretische Grundannahme die Debatten am Laufen hält.

2.3.2 Bewusstsein und Bewusstseinsfaktoren – das epistemologische Modell des *Sarvāstivāda*

Der *Sarvāstivāda* baut die Taxonomie der *dharma* auf der bereits angesprochenen Korrelation zwischen Benennung und Benanntem auf. Die einzelnen Elemente dieses Systems interagieren jedoch als Gruppen von *dharma* miteinander und unterliegen dem Gesetz der Kausalität, das alle karmischen Prozesse steuert. Denn als Ziel des Übens gilt es letztendlich, einen *dharma* hervorzubringen, welcher selbst nicht mehr dem als Leiden wahrgenommenen Kreislauf der Kausalitäten und der Wiedergeburten unterworfen ist. Auf dem Weg des Übens sollen somit bestimmte als „zuträglich" (*kuśala*) und „unverunreinigt" (*anāsrava*) bezeichnete Gruppen von Handlungen und Geisteszuständen gefördert werden, die beide dadurch gekennzeichnet sind, dass sie sich nicht mehr durch die *kleśa*, die „Leidenschaften", beeinflussen lassen. Da Leidenschaften immer eine Bindung des Bewusstseins an die kausale Sphäre bedeuten, müssen diese letztlich überwunden und das Bewusstsein hiervon gereinigt werden. Um sich von den *kleśa* zu befreien und um die zuträglichen Handlungen und Geisteszustände hervorzubringen, soll der Übende die *dharma*, insbesondere die *dharma* der *kleśa*, in ihrem grundlegenden Charakter als „vergänglich", „ichlos" und „leidhaft" durchschauen. Diese werden, gemäß der Botschaft des Buddha, von den „Vier Edlen Wahrheiten" als „Wahres Merkmal" der *dharma* selbst gesehen, das es letztendlich in allen Formationen zu erkennen gilt. Das **Abhidharmahṛdayaśāstra* betont die Bedeutung dieses zentralen Charakteristikums der *dharma*, indem es die Forderung nach der Erkenntnis des „Merkmals der *dharma*" gleich ganz an den Anfang seiner Ausführungen stellt.[82] Denn durch das Durchschauen der Wirklichkeit soll die Ablösung von den Leidenschaften geschehen und hierdurch letztendlich der „unverunreinigte" *dharma* des Nirvāṇa erlangt werden. Nirvāṇa bedeutet hierbei das „Auslöschen" des Bewusstseins aus dem leidbehafteten Daseinskreislauf aus karmisch bedingten Formationen, worin ein unreiner Geist durch die Anwesenheit der Leidenschaften gebunden ist.[83]

Als soteriologische Grundannahme des *Sarvāstivāda* lässt sich somit festhalten, dass die Erlösung aus dem leidhaften Kreislauf der Kausalitäten grundsätzlich durch einen Erkenntnisprozess geschieht. Denn erst die Einsicht in das „wahre" (ichlose, vergängliche und leidhafte) Merkmal der *dharma* soll die „wahre" Sicht auf die Wirklichkeit bewirken und so die Erlösung aus dem leidhaften Raum kausaler Abhängigkeiten ermöglichen.

Zur Erklärung der epistemischen Prozesse, welche die Erlösung hervorbringen, hat der *Sarvāstivāda* daher eine komplexe Epistemologie hervorgebracht. Grundlage dieser Erkenntnislehre ist das „Bewusstsein", welches in Sanskrit *citta* und im Chinesischen *xin* 心

81 Dhammajoti (2007), S. 30; Cox (1992), S. 91.

82 T28.1550.809.a11. Siehe hierzu auch Cox (1992), S. 91.

83 Ryose (1987), S. 74; Dhammajoti (2007), S. 419f.

(wörtlich „Herz“) genannt wird. Doch Bewusstsein wird hier nicht, wie in der westlichen Philosophie, als eine für sich stehende Entität gesehen, die der „Welt“ gegenübersteht. Das Bewusstsein tritt vielmehr im Verbund mit einer Vielzahl an mentalen Faktoren auf, die alle am Erkenntnisprozess mitbeteiligt sind. Diese „Bewusstseinsfunktionen“, im Sanskrit *caitta* und im Chinesischen *xinshu* 心數 (auch *xinshu fa* 心數法) genannt, kommen nur in der festen Verbindung mit dem Bewusstsein zur Wirkung und übernehmen im Erkenntnisprozess verschiedenste Funktionen.[84] Das Bewusstsein selbst besitzt hierbei bloß die Funktion einer reinen Objektintentionalität, indem es sich an das „[Erkenntnis-] Objekt anhängt“ (*panyuan* 攀緣). Hierdurch findet allerdings noch kein Erkennen, geschweige denn ein „wahres Erkennen“ des jeweiligen Objektes bzw. *dharma* statt. Erst die „Bewusstseinsfunktionen“ bewirken das spezifische Erkennen eines Objektes.[85] Bewusstsein und Bewusstseinsfunktionen werden im *Sarvāstivāda* somit als komplementäre Instanzen betrachtet, die erst im gemeinsamen Zusammenwirken die Erkenntnis der *dharma* ermöglichen:[86]

> Einerseits stützt sich das Bewusstsein auf etwas, hat ein Objekt und entsteht zu einem bestimmten Augenblick, andererseits entsteht gemeinsam mit dem Bewusstsein auch die Vielzahl der Bewusstseinsfunktionen.[87]

Das **Abhidharmahṛdayaśāstra* betont hier deutlich das notwendige komplementäre Verhältnis zwischen Bewusstsein und Bewusstseinsfunktionen, da beide stets gemeinsam in Hinblick auf ein Erkenntnisobjekt entstehen. Das „Erkennen“ (*zhi* 知) eines spezifischen *dharma* beruht im *Sarvāstivāda* somit auf drei Bedingungen: dem Vorhandensein eines Objektes, der Objektintentionalität des Bewusstseins selbst und der spezifische Objekterkenntnis durch die Bewusstseinsfunktionen.[88] Im epistemologischen Modell des *Sarvāstivāda* zeigt sich damit auch die generelle Tendenz, Prozesse in einzelne Konstituenten aufzulösen und als kausal miteinander interagierende Bestandteile zu betrachten. Diese, in Gruppen und Untergruppen von *dharma* geordneten Teile, bilden die komplexen Taxonomien des scholastischen Systems, wie es in den verschiedenen Kompendien der Abhidharma-Scholastik dargestellt wird.[89] So unterscheidet das *Abhidharmahṛdayaśāstra*

84 *Shu* 數 wird im Folgenden mit „Bewusstseinsfunktionen“ übersetzt, obwohl es eigentlich wörtlich „Zahl“ bzw. *xinshu* „Zahlen des Bewusstseins“ bedeutet. Da die *caitta* in unterschiedlichen Kategorien zählbar klassifiziert werden, jedoch für grundsätzliche erkennende „Funktionen“ des Bewusstseins stehen, erscheint mir hier eine Übersetzung als „Funktionen“ sinnvoller und im Deutschen besser handhabbar, als wenn man von „Zahlen des Bewusstseins“ reden würde.

85 Zum Verhältnis Bewusstsein – Bewusstseinsfunktionen gibt es innerhalb des scholastischen Buddhismus verschiedene Theorien, die vor allem die Zahl der Bewusstseinsfunktionen betreffen und die Frage nach dem ursprünglichen Zustand des Bewusstseins (Reinheit des Bewusstseins) diskutieren. Allen Richtungen ist jedoch gemeinsam, dass sie von einem komplementär-funktionalen Verhältnis zwischen Bewusstsein und Bewusstseinsfunktionen ausgehen. Zu den unterschiedlichen Theorien, s. Dhammajoti (2007), S. 294ff.

86 Dhammajoti (2007), S. 293.

87 T28.1550.810.b26–29. T28.1550.830.c4–5. Willemen (2006), S. 265.

88 Dhammajoti (2007), S. 294.

89 Zwischen diesen besteht allerdings keine Übereinstimmung hinsichtlich der genauen Anzahl der Bewusstseinsfunktionen. So geht man im *Abhidharmakośa* von 46 verschiedenen Funktionen in sechs

bei der Zahl der Bewusstseinsfunktionen einundzwanzig einzelne *dharma*, die auf zwei unterschiedliche Gruppen aufgeteilt werden. Hierbei werden in die eine Gruppe elf Funktionen eingeordnet, denen gemeinsam ist, dass sie nur situativ und gelegentlich entstehen, während die Funktionen der der zweiten Gruppe bei jeglicher Erkenntnistätigkeit mitbeteiligt sind.[90] Auch im *Abhidharmakośa* werden dieselben Bewusstseinsfunktionen unter einer gleichnamigen Gruppe subsummiert.[91] Diese zehn Funktionen werden wegen ihrer Allgegenwart im Erkenntnisprozess auch „universale Bewusstseinsfunktionen" (*da difa* 大地法, *mahābhūmikā*) genannt. Im **Abhidharmahṛdayaśāstra* sind dies folgende zehn *dharma*:[92]

1. „Vorstellung" (*xiang* 想, *saṃjñā*)
2. „Verlangen" (*yu* 欲, *chandas*)
3. „Kontakt" (*gengle* 更樂, *sparśa*)[93]
4. „Einsicht" (*hui* 慧, *prajñā*)
5. „Erinnerung" (*nian* 念, *smṛti*)
6. „Sehnen" (*si* 思, *cetanā*)
7. „Freisetzung" (*jietuo* 解脫, *adhimukti*)[94]
8. „Beabsichtigen" (*zuoyi* 作意, *manaskāra*)[95]
9. „Konzentration" (*ding* 定, *samādhi*)
10. „Erleiden" (*tong* 痛, *vedanā*)[96]

Alle zehn Bewusstseinsfunktionen dieser Gruppe sind in jedem Augenblick, in dem eine Bewusstseinstätigkeit erfolgt, konstitutiv am Erkenntnisprozess beteiligt, wobei es das Kennzeichen des unerwachten Geistes ist, dass sein Erkennen von den Leidenschaften, den

---

unterschiedlichen Gruppen aus, während das *Mahāvibhāṣaśāstra* 58 einzelne Bewusstsseinsfunktionen nennt. Dhammajoti (2007), S. 279.

90 T28.1550.810.c12–13.

91 Dhammajoti (2007), S. 281.

92 T28.1550.810.c4–9, Übersetzung nach Willemen (1975).

93 T28.1550.810.c5. Willemen übersetzt *gengle* 更樂 hier mit „Kontakt". Dies scheint auch die bessere Übersetzung gemäß der Erklärung für *gengle* zu sein. In einer Fußnote merkt Willemen an, dass es sich hierbei wahrscheinlich um eine fehlerhafte chinesische Übersetzung handelt. Willemen (1975), S. 202 Fn. 11. Siehe auch Dhammajoti (2007), S. 283.

94 „Wenn man in Bezug auf ein Objekt, bei dessen Vorstellung sicher ist, dass jenes so sein muß." 於緣中受想時彼必有是. (T28.1550.810.c7). Der chinesische Ausdruck *jietuo* 解脫 für diesen *caitta* meint hier nicht die „Befreiung" im üblichen Sinne, d.h. die Befreiung von den *kleśa*. Vielmehr ist hier die ungehinderte Erkenntnis in Bezug auf ein bestimmtes *dharma* gemeint, welches so vollkommen erkannt werden könne. Willemen merkt hierzu an, dass das „Freisein" sich hier auf das Denken bezieht, das von Unwissenheit befreit ein Objekt erkennen soll. Willemen (1975), S. 202 Fn. 17. Siehe auch Dhammajoti (2007), S. 286.

95 „Wenn man in Bezug auf ein Objekt tapfer und entschlossen aktiv wird." 於緣中勇猛發動. (T28.1550. 810.c8). Willemen übersetzt hier „Attention" (Aufmerksamkeit). Die deutsche Übersetzung „Beabsichtigen" erscheint mir aber sinnvoller, da die chinesische Erklärung eine eher aktive Geistestätigkeit meint. Willemen (1975), S. 13; Dhammajoti (2007), S. 285.

96 „Wenn ein Objekt erfahren wird, das freudvoll, nicht freudvoll oder gänzlich von beidem unterschieden ist." 樂不樂俱相違緣受. (T28.1550. 810.c9). Die chinesische Übersetzung für *vedanā* ist eigentlich *shou* 受. Willemen übersetzt hier „feeling", was aber mit dem chinesischen Wort wenig zu tun hat. Dieses hat als „erleiden" in der vorliegenden Stelle eine stärker wertende Bedeutung, als *shou*. Siehe Willemen (1975), S. 13; Dhammajoti (2007), S. 282.

kleśa, getrübt ist.[97] Erst durch die „rechte Erkenntnis" soll eine Reinigung und Beendigung dieser karmisch wirksamen Verunreinigungen erfolgen und somit eine „wahre Sicht" auf die Wirklichkeit ermöglichen. Auch hierbei spielen die Bewusstseinsfunktionen eine entscheidende Rolle.

2.3.3 Erlösung durch Erkenntnis – die zentrale Funktion der *prajñā*

Unter die zehn Bewusstseinsfunktionen ist auch die Funktion der „rechten Erkenntnis" gefasst, eine Funktion, die hierbei der „Einsicht" *prajñā* zukommt. *Prajñā* wird im **Abhidharmahṛdayaśāstra* somit beschrieben als diejenige Funktion, welche eine „unvereinigte" und „wahre" Objekterkenntnis erst ermögliche, so dass das Bewusstsein „von einem Erkenntnisobjekt sicher die Wahrheit erkenne".[98] Das unumschränkte Wirken von *prajñā* stellt demnach das Ziel dar, auf das alle Bemühungen des Übenden ausgerichtet ist. Denn erst durch die Einsicht der *prajñā* geschieht graduell die Erlösung aus dem leidhaften Kreislauf der Kausalitäten.[99] Aus diesem Grund stellt das **Abhidharmahṛdayaśāstra* ganz an den Anfang alles Strebens nach Befreiung die Forderung nach der „Untersuchung der Dharma-Merkmale":

> Die Merkmale der *dharma* müssen erkannt werden! […]
> Frage: Oben wurde gesagt, dass man die Merkmale der *dharma* erkennen müsse – welche *dharma* sind das?
> Antwort: Als er die Merkmale aller *dharma* erkannte, öffnete sich dem Ganz-Erwachten das Auge der Weisheit. Und er machte dies den anderen Menschen offenbar. Dies ist es, was ich euch nun erklären werde.
> Frage: Welche *dharma* erkannte der Buddha?
> Antwort: Was dauerhaft, ichhaft, freudvoll, rein ist, ist fern von allen unreinen Formationen. Alle unreinen Formationen werden von wechselhaften Merkmalen hervorgebracht, deshalb sind sie fern von Dauerhaftigkeit. Da sie nicht aus sich selbst heraus bestehen, sind sie fern von einem Ich. Da sie zerstört werden, sind sie fern vom Freudvollen. Da sie von der Weisheit nicht gemocht werden, sind sie fern vom Reinen.[100]

---

97 Zur Allgegenwart der *mahābhūmikā* in jedem Erkenntnisprozess schreibt Dhammajoti: „They are the distinct forces which together make possible the operation of consciousness. However, within the early Sarvāstivāda lineage itself, the acceptance of the doctrine of the *mahābhūmikā*-s is far from being unanimous." Dhammajoti (2007), S. 282. Für eine ausführliche Schilderung des Erkenntnisaktes gemäß dem *citta/caitta*-Konzeptes, siehe Dhammajoti (2007), S. 294.

98 T28.1550.810.c5–6. Dhammajoti (2007), S. 284.

99 Es wird außerdem zwischen verschiedenen Arten von *prajñā* unterschieden. In ihrer reinsten Form jedoch kommt *prajñā* die o.g. Funktion der erlösenden Erkenntnis zu. Hierzu schreibt Dhammajoti: „[*Prajñā*], defined as the investigation of dharma-s (dharma-pravicaya), is one of the most important caitta-s. For the Abhidharmikas, 'apart from dharma-pravicaya (= *prajñā*), there is no proper means for the appeasement of defilements on account of which the world wanders in the ocean of existence'. In its pure form, it is abhidharma per se. […] It is through this that absolute cessation of a defilement, and finally Nirvāṇa (= pratisamkhya-nirodha), is acquired. In other words, when fully perfected, *prajñā* is the perfect wisdom of a Buddha." Dhammajoti (2007), S. 284.

100 T28.1550.809.a11, a25–b4.

Die Einsicht, dass allen „unreinen Formationen" keine inhärente Ichhaftigkeit, Freude und Reinheit zukommt, soll das Bewusstsein von diesen Illusionen befreien und damit zur Reinigung von den *kleśa* führen. Der Erkenntnisprozess richtet sich allerdings auf eine Vielzahl von *dharma* und es muss in der Folge auch von verschiedenen Formen von *prajñā* ausgegangen werden.[101] Allen diesen ist jedoch die Grunddefinition von *prajñā* gemeinsam, das Erkennen der „Wahrheit" hinsichtlich der „Merkmale der *dharma*" (*faxiang* 法相, *dharmalakṣaṇa*). Je nach Bereich, in dem eine solche Erkenntnis stattfindet, eignet sich der Übende eine Einsicht in die Wahrheit des jeweiligen *dharma* an. Aus diesem Grund spricht der *Sarvāstivāda* zwar von einer generellen Bewusstseinsfunktion der *prajñā*, bezieht diese Erkenntnis aber auf die jeweiligen *dharma* und ordnet sie innerhalb des Übungsweges in einer bestimmten Abfolge an.[102] *Prajñā* ist nach diesem Verständnis daher immer partikular und auf ein ganz spezifisches Erkenntnisobjekt oder eine Gruppe von *dharma* bezogen.

Die Verbindung von Bewusstsein und Bewusstseinsfunktionen und die Ausrichtung des Übens auf die Einsicht in die Merkmale der *dharma* werden auch von Huiyuan als zentrale Anliegen des Weges hervorgehoben. In seinem Vorwort zum **Abhidharmahṛdayaśāstra* betont er drei grundlegende Merkmale, die ihm für den „Mittleren Weg" des Buddha von entscheidender Bedeutung erscheinen, wobei er gleichzeitig die wesentlichen Prinzipien der *Sarvāstivāda*-Scholastik umreißt:

> Beim Aufbruch auf den Mittleren Weg sind drei Punkte entscheidend: Der erste heißt das Offenlegen der Dharma-Merkmale, um die Grundlagen zu klären; der zweite die Versenkung des eigenen Wesens in die Natur der *dharma*;[103] der dritte, dass beim Entstehen von Bewusstsein und Bewusstseinsfunktionen diese stets gemeinsam einhergehen und zusammen empfinden.[104]

In deutlicher Weise hebt Huiyuan hier sowohl das komplementäre Verhältnis von Bewusstsein und Bewusstseinsfunktionen als auch das „Offenlegen der Dharma-Merkmale" hervor. Erwähnt wird jedoch noch eine weitere Bewusstseinsfunktion, die bei der Befreiung von den *kleśa* von entscheidender Bedeutung ist, nämlich die „Versenkung" (*ding* 定, *samādhi*).[105] Auch dieser Bereich ist in das epistemologische Modell von Bewusstsein und Bewusstseinsfunktionen integriert, denn es ist die Funktion der „Versenkung", welche dem Bewusstsein die Fähigkeit verleihen soll, sich auf ein einziges Objekt hin zu konzentrieren und bei dessen Betrachtung nicht abzuschweifen. *Samādhi* kontrolliert somit das zerstreute

101 Dhammajoti (2007), S. 317.

102 So listet Dhammajoti als Modi der *prajñā* insgesamt zehn verschiedene Einsichten (*jñāna*) auf. Dhammajoti (2007), S. 319.

103 Die genauere Bedeutung des Satzes „Versenkung des eigenen Wesens in der Natur [der *dharma*]" ist unklar, da letztendlich unsicher ist, was Huiyuan unter dem „eigenen Wesen" (*jixing* 己性) genau meint. Der Begriff für „Dharma-Natur" (*ziran* 自然) ist innerhalb der chinesischen Philosophie, vor allem in der *Xuanxue* in der Richtung von Guo Xiang, ein höchst aufgeladener Begriff. Hermann Josef Röllicke schreibt in seiner Monographie zu dem Begriff *ziran*, daß es sich hierbei um einen Kunstbegriff handele, den der frühe chinesische Buddhismus vor allem in den Übersetzungen von Zhiqian 支謙 (223–252) für den Sanskrit-Begriff *svabhāva*, gewählt habe. Vor allem im Sarvāstivāda sei der Begriff *ziran* dann für „Dharma-Natur" verwendet worden. Röllicke (1996), S. 36. S. a. FGDCD 3436.

104 T55.2145.72.c17–18.

105 Cox (1992), S. 83f.

Bewusstsein und hält es auf das jeweilige *dharma* ausgerichtet, damit dieses durch *prajñā* in seinem „Wahren Merkmal" erkannt werden kann.[106] Das Zusammenspiel der Bewusstseinsfunktionen „Einsicht" (*prajñā*) und „Versenkung" (*samādhi*) wird im **Abhidharmahṛdayaśāstra* mit dem funktionalen Verhältnis zwischen einer Lampe und deren Öl verglichen:

> Die Tatsache, dass sich die Einsichten (*prajñā*) auf alle Versenkungen (*samādhi*) stützen und ungehindert ihre Tätigkeit entfalten, ist mit einer Lampe vergleichbar, die aufgrund des Öls und weit entfernt von einem zugigen Ort ihr Licht umso heller entfachen kann. Genauso stützt sich die Einsicht (*prajñā*) auf einen konzentrierten Geist und entfernt sich von allen Störungen. Der Glanz der Einsicht scheint heller, fixiert und ungehindert entfaltet er sicher seine Aktivität in einem Objekt.[107]

Die Zusammengehörigkeit von „Einsicht" und „Versenkung" verhält sich demnach wie das Öl zur Lampe: Je mehr Öl vorhanden ist, desto heller kann das Licht der Lampe auf die Dinge scheinen. Die Wirkung der *prajñā* wird somit unmittelbar durch die Tiefe des *samādhi* beeinflusst.[108] Auch Huiyuan bekräftigt in seinem Vorwort zum **Dharmatara dhyānasūtra* (*Damoduoluo chan jing* 達摩多羅禪經; T618), einer Abhandlung über Meditationsmethoden, diesen Zusammenhang zwischen *samādhi* und *prajñā*:

> Ich versuche es kurz zu fassen: Die Meditation hat ohne die Einsicht nichts, um ihre Stille auszuschöpfen. Die Einsicht hat ohne die Meditation nichts, um ihr Erhellen zu vertiefen.
>
> Somit ist als das Wichtigste an der Meditation und der Einsicht zu nennen, dass Stille und Erhellen sich gegenseitig helfen. Das Erhellen lässt sich nicht von der Stille und die Stille nicht vom Erhellen trennen. Empfinden sie, dann gehen sie gemeinsam einher. Antworten sie, dann müssen sie sich in die gemeinsame Richtung begeben. Verdienste sind verborgen in ihrem Wirken und gegenseitig nähren sie sich unter den zehntausend *dharma*.[109]

Den Zusammenhang zwischen Meditation und *prajñā* sieht Huiyuan hier durch die Funktionen von beiden, von „Stille" (*ji* 寂) und „Erhellen" (*zhao* 照) beschrieben. Beide werden, genau wie beim Verhältnis zwischen der Helligkeit einer Lampe und dem Öl als absolut komplementär hervorgehoben.[110] Huiyuans Erwähnung dieser zentralen Konzepte

---

106 Über *samādhi* s. Dhammajoti (2007), S. 287. In Gedichten und in der Literatur wird als Metapher für das Bewusstsein auch der Affe genannt, der sich von Baum zu Baum schwingt. Der „Geistesaffe" (*xinyuan* 心猿) als eine Allegorie für den Geist und dessen Zähmung erlangt später vor allem in der „Aufzeichnung über die Reise in den Westen" (*Xiyou ji* 西遊記) von Wu Chengen 吳承恩 Berühmtheit. Siehe hierzu Plaks (1977), S. 183.

107 T28.1550.823.a28–b5.

108 Auch der Dichter Xie Lingyun schreibt in gleicher Weise im „Preisgedicht an den Bodhisattva" (*Pusa zan* 菩薩讚) davon, dass die „Versenkung die Einsicht nähren" würde. T52.2103.200.a19.

109 T55.2145.65.b27–c1.

110 Sengrui spricht in seinem Vorwort zum *Zuochan sanmei jing* 坐禪三昧經, das Kumārajīva im Jahr 402 auf seine Bitte hin übersetzte, von der komplementären Beziehung zwischen *dhyāna* und *prajñā*: „Ohne *dhyāna* findet die Einsicht nicht statt, ohne Einsicht findet das *dhyāna* nicht statt. Von daher erhellt das *dhyāna* ohne die Einsicht nicht, und das Erhellen gelingt ohne das *dhyāna* nicht. Wie groß

aus der Epistemologie des *Sarvāstivāda* bezeugen zudem sein fundiertes Verständnis dieser zentralen Prinzipien des *Sarvāstivāda*-Abhidharma.

Die Erkenntnis der Dharma-Merkmale mittels *prajñā* ist ein langwieriger und mühsamer Prozess, der graduell verläuft und sich über viele Existenzen hin erstreckt. Denn nach dem Verständnis des *Sarvāstivāda* kann die Einsicht in die Dharma-Merkmale immer nur partikular, niemals universal im Sinne eines „plötzlichen Erwachens" (*dunwu* 頓悟) erfolgen.[111] So soll dieser Weg der allmählichen Einsicht in die Merkmale der *dharma* bis hin zur vollkommenen Weisheit eines Buddha, sich über „drei unzählbare *kalpa*" (*asamkhyeya-kalpa),* also eine unvorstellbar lange Zeit, hin erstrecken. Dieser Weg ist in verschiedene Stadien eingeteilt, die der graduellen Befreiung von den *kleśa* entsprechen. Am Ende steht dann die letzte Einsicht, die „Einsicht in das Nicht-Entstehen [der Leidenschaften]" (*wushengzhi* 無生智, *anutpādajñāna*), aus welcher schließlich der Eingang in das Nirvāṇa resultiert. Diese letzte Einsicht markiert somit das Ziel des unvorstellbar langen Weges zur Vernichtung der *kleśa.*[112]

Dieser kurze Überblick zu zentralen dogmatischen Grundannahmen des *Sarvāstivāda* sollte nur einige Merkmale hervorheben, welche innerhalb der Diskussion zwischen dem Lushan und Chang'an kontrovers behandelt wurden. Die nun folgende Übersicht soll zeigen, wie diese durch die Mahāyāna-Scholastik des DZDL grundsätzlich in Frage gestellt wurden. Hierfür war eine Neufassung des Übungsweges und seiner unterschiedlichen Phasen von entscheidender Bedeutung.

2.4 Die Neufassung des Übungsweges durch die Mahāyāna-Scholastik des *Dazhi du lun*

Die Unterteilung des Übungsweges in differenzierte Etappen und Phasen, denen bestimmte Erkenntnisse zugeordnet sind, war eine sehr frühe Tendenz bei der Ausformung des „Edlen achtgliedrigen Pfades" (*bazheng dao* 八正道), von dem bereits in den *Āgama* gesprochen wird.[113] Die Systematisierung des Weges im *Sarvāstivāda* stellt in seiner Komplexität durchaus einen der Höhepunkte in der Abhidharma-Scholastik dar. Doch auch in der Mahāyāna-Scholastik ist dem Übungsweg eine komplexe Systematik zugrunde gelegt, die sich, vor allem im DZDL, in vielen Teilen an der des *Sarvāstivāda* orientiert. Im Mahāyāna

---

ist doch das Verdienst von *dhyāna* und Einsicht, als dass man nicht daran arbeiten sollte?" T55.2145.65.b16–18.

111 Dhammajoti (2007), S. 565.

112 Makransky (1997), S. 28; Dhammajoti (2007), S. 566.

113 Ein Beispiel für die komplexe und detaillierte Analyse des scholastischen Buddhismus ist die Klassifikation der *kleśa*, die mit bestimmten Stadien und Bewusstseinszuständen korreliert werden. So schreibt Cox über dieses System: „The taxonomic classification of defilements also reached an apex in the Sarvāstivādin schema of ninety-eight contaminants, which is not attested in the sūtra. Rather than reflecting any intrinsic difference among the contaminants themselves, this elaborate schema was assembled in accordance with the edifice of cosmic realms and cognitive stages, and mirrors the gradual process through which contaminants are to be abandoned." Cox (1992), S. 74; siehe hierzu auch Heinemann (1979), S. 6ff.

spielen jedoch die sechs „Tugenden“ (*boluomi* 波羅蜜, *pāramitā*) des Bodhisattva eine zentrale Rolle, welche ursprünglich auf sieben „Stufen“ (*di* 地, *bhūmi*) verteilt wurden, zu denen später noch drei hinzukamen, so dass dann im DZDL von insgesamt zehn Stufen die Rede ist.[114]

Die zehn Stufen des Heilsweges führen den Bodhisattva allerdings nicht wie den Arhat geradewegs auf das Verlöschen hin. Denn als letztendliches Heilsziel gilt nicht mehr das individuelle Verlöschen durch Vernichtung der *kleśa*, sondern die Rettung aller Wesen vom Leiden im Daseinskreislauf. Die Idee des Bodhisattva, der sich neben der persönlichen Befreiung von den eigenen Leidenschaften und karmischen Verstrickungen auch für die Erlösung aller übrigen Lebewesen einsetzt, ja sogar seinen Eingang ins Nirvāṇa diesem Heilsziel unterordnet, stellt eine spätere Entwicklung dar, die sich nach Har Dayal aus einer älteren Systematik des buddhistischen Übungsweges herausgebildet haben soll. So zeigt sich diese Entwicklung u.a. an der Einteilung des Übungsweges mit zunächst nur sieben Stufen, von denen beispielsweise im *Laṅkāvatārasūtra* gesprochen wird, hin zu einer Systematik von insgesamt zehn Stufen. Die ursprüngliche Anzahl von sieben ist allerdings innerhalb der späteren Anzahl der zehn noch deutlich erkennbar, da hier das ursprüngliche Ende des Weges sich durch einen Höhepunkt an Einsichten und Fertigkeiten zeigt, die dem Bodhisattva zukommen. Gemäß diesen Errungenschaften würde der Weg des Bodhisattva nun mit dem Eingang ins Nirvāṇa enden. Doch anstatt wie der Arhat aus dem Daseinskreislauf zu verschwinden, setzt sich der Bodhisattva an dieser Stelle verstärkt zur Rettung der Lebewesen ein.[115] Auf diesem Übungsweg des Mahāyāna ist das Streben somit nicht mehr klar auf das eine Ziel der Selbsterlösung hin ausgerichtet, da es nun in einer zweifachen Richtung erfolgt: Zum einen auf die Beendigung der eigenen *kleśa* und die Ablösung von der Welt, zum anderen in die Welt hinein, nämlich zur Übung des Mitleids und zum Engagement für die Erlösung der leidenden Wesen. Doch wie sind diese gegensätzlichen Ziele gewichtet? Stehen die erlösende Einsicht in die Dharma-Merkmale und das Mitleid mit den Wesen in einem temporalen Vorher-Nachher Verhältnis, so dass zuerst die Einsicht in die Merkmale der *dharma* im Mittelpunkt des Übungsweges steht und erst danach, nach der eigenen Rettung, das „Mitleid“ und die Rettung aller Lebewesen angestrebt wird?[116]

Im DZDL wird die Frage nach der Gewichtung ganz klar im Sinne eines Vorher-Nachher beantwortet. So soll sich der Bodhisattva bis zur siebten Stufe vor allem auf die Einsicht in die Merkmale der *dharma* konzentrieren. Als Ziel dieser ersten Etappe gilt schließ-

---

114 Schlingloff (1962/63) Bd. II, S. 78; siehe auch: Heinemann (1979), S. 21. Den sechs Tugenden wurden ursprünglich sechs Stufen zugeordnet, wobei auf der siebten Stufe alle Tugenden auf einmal praktiziert werden. Siehe Dayal (1932), S. 271.

115 Chun (1993), S. 268, 270; Dayal (1932), S. 271.

116 Makransky (1997), S. 3; Heinemann (1979), S. 167; s. a. Dayal (1932), S. 43. Über die Spannung und das Verhältnis der gegenläufigen Pole „Mitleid“ und „Leerheit“ im *Mādhyamaka*, s. a. die Arbeit von Viévard (2002), S. 197ff., sowie Schmithausen (2000), S. 437; So stellt, nach Robert Klaus Heinemann der späte indische Mahāyāna-Buddhismus klar das „Mitleid“ über die „Leerheit“ und lässt die Praxis zu einem umfassenden Wirken zum Heile der anderen werden, während im chinesischen Chan-Buddhismus die Gewichtung in Richtung der „Leerheit“ verschoben und der graduelle Aufstieg innerhalb der Bodhisattva-Stufen verworfen wird. Lambert Schmithausen schreibt bezüglich „Leerheit“ und „Mitleid“ in den *Prajñāpāramitā*-Sutren, dass diese „zwei Pole darstellen, die beide für die Buddhaschaft unerlässlich sind, aber durchaus in einer gewissen Spannung zueinander stehen und gegenseitig ausbalanciert werden müssen.“ Schmidthausen (2000), S. 444.

lich die Einsicht in das „Wahre Merkmal aller *dharma*" (*zhufa shixiang* 諸法實相, *dharmatā*). Diese Einsicht soll durch die Realisierung der „*pāramitā* der Einsicht", der *prajñāpāramitā*, geschehen. Die Verwirklichung der Einsicht in das Merkmal aller *dharma* hat mit dem Vollenden der siebten Stufe dann allerdings auch die Ablösung von der Welt zur Folge, als ein Resultat aus der Beendigung der eigenen *kleśa*. Hieraus folgt aber nicht das individuelle Verlöschen, sondern im Gegenteil die erhöhte Anstrengung zur Rettung aller Lebewesen in der Welt. Hierauf konzentriert der Bodhisattva nach dem Meistern der siebten Stufe sein ganzes Tun.[117]

In den folgenden Abschnitten wird die Natur dieses Bruches innerhalb des Bodhisattva-Weges eingehender untersucht. Es wird gezeigt, wie sich anhand dieser paradox und widersprüchlich anmutenden Konzeption der zentrale Stein des Anstoßes für die Anhänger des *Sarvāstivāda* herausbildete, der, mit seinen zahlreichen dogmatischen Zusammenhängen, als treibendes Thema die Debatten zwischen dem Lushan und Chang'an beherrschte.

2.4.1 Verlöschen im Diesseits: die *anutpattikadharmakṣānti*

Im DZDL basiert die Systematik des Heilsweges auf der Darstellung im *Daśabhūmikasūtra* (DS), die es in großen Teilen sogar wörtlich übernimmt.[118] Das DS wurde bereits im Jahr 297 von *Dharmarakṣa ins Chinesische übertragen, der ihm den Titel „*Sūtra* über die allmähliche Aneignung aller Einsichten und Tugenden" (*Jianbei yiqie zhide jing* 漸備一切智德經; T285) gab.[119] Erich Zürcher merkt hierzu allerdings an, dass diese Version aufgrund zahlreicher Mängel bei der Übersetzung und schwer verständlicher Passagen in China nicht besonders populär gewesen sein soll.[120] Auch Kumārajīva soll bei seiner Neuübersetzung große Schwierigkeiten gehabt haben, die jedoch vor allem die vollständige Kenntnis des Ursprungstextes betrafen, so dass das DS erst durch die Hilfe seines ehemaligen Schülers *Buddhayaśas[121] im Jahre 408 vollständig ins Chinesische übertragen werden konnte.[122] Somit war das DZDL bis dahin in China das wohl einzige systematische Kompendium, das eine systematische Erklärung des Bodhisattva-Weges und einer Systematik seiner Stufen und Phasen lieferte.

Der eingangs skizzierte Wechsel in der Gewichtung des Heilszieles wird innerhalb der Systematik des Bodhisattvaweges im DS und im DZDL in Form eines folgenreichen Übergangs verdeutlicht: Beim Übertritt von der siebten auf die achte Stufe erkennt der Bodhisattva das „Wahre Merkmal aller *dharma*" – er erfüllt somit alle Kriterien, die ihn eigentlich zum „Erwachen" und zum Eingang ins Nirvāṇa qualifizieren würden. Das DS beschreibt diesen Übergang daher auch durch ganz ähnliche Gleichnisse wie das Erwachen selbst: Wie ein Mann, der im Schlaf träumend unter großen Anstrengungen einen Fluss durchquert und erst nachdem er aufgewacht ist, sein Bemühen aufgibt; wie ein Mönch, der

117 Die Erklärungen des DZDL zur Einsicht des Bodhisattva in die Leerheit aller *dharma* einerseits und dessen innerweltliches Engagement andererseits, werden im folgenden Abschnitt eingehender dargestellt.

118 Saigusa (1969), S. 25f., S. 44ff.; T08.223.256c–259c.

119 *Dharmarakṣa siehe FGDCD 3488.

120 Zürcher schreibt außerdem, dass viele Übersetzungen von *Dharmarakṣa teils sehr schwer verständlich und stilistisch ungenügend empfunden wurden. Zürcher (1959), S. 69.

121 *Buddhayaśas siehe FGDCD 2640.

122 T50.2059.334.b9–11.

in den *samādhi* eingetreten ist und in diesem Zustand keinerlei mentale Anstrengung bei der Übung mehr verspürt.[123] Diese Errungenschaft wird mit dem Erlangen einer für dieses Stadium zentralen Qualität bezeichnet, die als „Erduldung des Nicht-Entstehens der *dharma*" (*wushengfa ren* 無生法忍, *anutpattikadharmakṣānti*) bezeichnet wird.[124] Diese steht qualitativ auf derselben Ebene wie die „Einsicht in das Nicht-Entstehen [der Leidenschaften]" (*wushengzhi* 無生智, *anutpādajñāna*), die letzte Einsicht eines Arhats, welche unmittelbar das Verlöschen im Nirvāṇa zur Folge hat. Durch die *anutpattikadharmakṣānti*, soll die vollkommene Erkenntnis aller Dharma-Merkmal stattfinden. Sie steht gleichbedeutend mit der Einsicht in das „Wahre Merkmal aller *dharma*" (*zhufa shixiang* 諸法實相).[125] Im 20. Kapitel des MBJ werden für das Erfüllen der siebten Stufe deshalb auch 20 *dharma* aufgezählt worunter das *anutpādajñāna,* die *anutpattikadharmakṣānti* und die Erkenntnis des „Wahren Merkmals" als diejenigen Errungenschaften bezeichnet werden, die ein Bodhisattva mit dem Meistern der siebten Stufe vollendet:

> Weiterhin gibt es zwanzig *dharma*, die erfüllt werden müssen. Welche zwanzig sind das? […] Das achte: Die Erkenntnis des „Wahren Merkmals", ohne eine Vorstellung hiervon zu haben; das neunte: Die *anutpattikadharmakṣānti*; das zehnte: Das *anutpādajñāna*; das elfte: Er erklärt das eine Merkmal aller *dharma*; […] Subhūti, dazu sagt man, dass der Bodhisattva-mahāsattva auf der siebten Stufe weilt und diese zwanzig *dharma* erfüllen muss.[126]

Im Kommentartext des DZDL zu dieser Stelle werden *anutpādajñāna* und *anutpattikadharmakṣānti* jedoch in eine Abfolge gesetzt, wonach sich die *kṣānti* hin zum *jñāna* hin entwickeln und auf diese Weise eine „Verfeinerung" stattfinden würde, da die *anutpattikadharmakṣānti* erst den „groben" Beginn dieser Entwicklung darstelle.[127] Auch Sengzhao beschreibt im Kommentar zum *Vimalakīrtinirdeśasūtra* (*Zhu Weimoji jing* 注維摩詰經; VK) das Verhältnis zwischen *kṣānti* und *jñāna*, indem er die *anutpattikadharmakṣānti* als das „Wesen" (*xing* 性) bezeichnet, aus dem die „Einsicht" letztlich hervorgehe.[128] Beide Bodhisattva-Qualitäten stehen somit in einem engen, kausalen Zusammenhang, indem sich die eine zunächst aus der anderen entwickelt, aber beim Übergang zur achten Stufe voll verwirklicht seien.

Es ist im DZDL jedoch auffällig, dass für die „Einsicht in das Merkmal aller *dharma*" stets die *anutpattikadharmakṣānti* genannt wird, so dass diese die eigentliche Errungenschaft der Ablösung von den *kleśa* darstellt, während das *anutpādajñāna* als Errungenschaft des Arhats gilt. Die Auslöschung des Nirvāṇa wird vom Bodhisattva jedoch aufgrund seines stetigen Mitleids mit den leidenden Wesen der Welt zurückgewiesen. Stattdessen engagiert er sich nun in seinem befreiten Zustand ganz für die Befreiung aller Wesen. Diese

123 T10.286.520.c23–521.a4.

124 T10.286.520.c17–19.

125 Es fällt auch eine deutliche Ähnlichkeit zwischen dem *anutpādajñāna* und der *anutpattikadharmakṣānti* auf. Das *Buddhist Hybrid Sanskrit Dictionary* erklärt den Begriff *kṣānti* mit „intellectual receptivity; the being ready in advance to accept knowledge" als ein vorläufiges Stadium, das zum „Erkennen" *jñāna* hinführe. Siehe Edgerton (1972), S. 199.

126 T25.1509.410.b23–c4.

127 T25.1509.417.c5–7.

128 T38.1775.338.b20–23.

Wende wird im DZDL durch Bezeichnungen verdeutlicht, die zeigen dass nun eine neue Phase des Weges begonnen hat: Als Weg der „Mühelosigkeit" und des „ohne Lernens" (*wuxue* 無學, *aśaikṣa*) – ebenfalls Bezeichnungen, die im Hīnayāna nur im Zusammenhang der „Arhatfrucht" verwendet werden.[129] So kümmert sich der Bodhisattva nach der Erlangung der *anutpattikadharmakṣānti* ganz um das Heil der Wesen im Daseinskreislauf:

> Wenn er das stille und ausgelöschte Herz der *anutpattikadharmakṣānti* erlangt hat, dann sollte der Bodhisattva eigentlich die Freuden des Nirvāṇa erhalten. Er aber gibt die Freuden der Stille und der Auslöschung auf, geht mitten unter die zahlreichen Lebewesen und erhält viele Arten von Körpern. Unter anderem wird er manchmal als Bettler, manchmal als Tier geboren.[130]

Nach der siebten Bodhisattva-Stufe folgen somit die drei letzten Stufen, in denen sich der Bodhisattva kraft seiner gewonnenen Freiheit von den Fesseln der *kleśa*, nunmehr konzentriert für das Heil und die Erlösung aller leidenden Lebewesen engagiert.[131]

2.4.2 Erkenntnis ohne Bewusstseinsfaktoren: die *prajñāpāramitā*

Für den *Sarvāstivāda* besteht der Prozess der Erlösung im graduellen Hervorbringen von *prajñā* in Bezug auf jeweils spezifische Erkenntnisobjekte oder Gruppen von *dharma*. Im DZDL wird hingegen betont, dass die Einsicht in das „eine Wahre Merkmal aller *dharma*" ohne die spezifische Bindung an ein Erkenntnisobjekt erfolgen würde. Darüber hinaus soll diese Erkenntnis ganz ohne die Erkenntnis erst ermöglichenden Bewusstseinsfunktionen stattfinden:

> Das *Śāstra* sagt, dass bei der Erlangung dieser *kṣānti* alle *dharma* als vollkommen leer betrachtet werden, das objektbezogene Bewusstsein davon abgetrennt ist und die Bewusstseinsfaktoren nicht mehr entstehen. Dies nennt es die *anutpattikadharmakṣānti*.[132]

An anderer Stelle heißt es:

> Weiterhin sind alles Bewusstsein, alle Bewusstseinsfaktoren, alles reflektierende Unterscheiden sowie das Ergreifen von Merkmalen sämtlich an Objekten festgebunden. Wenn der [Bodhisattva] in das Wahre Merkmal aller *dharma* eintritt, dann erkennt er, dass dies alles leer und irrig ist. So wie im oberen Abschnitt erklärt wurde: „Das klare und reine Bewusstsein ist gänzlich ohne Merkmale des Bewusstseins".[133]

Das DZDL betont somit, dass die Einsicht in das Wahre Merkmal bei Erreichen der *anutpattikadharmakṣānti* nicht im herkömmlichen Sinne das Erkennen eines Erkenntnisobjektes qua Bewusstseinsfunktionen sei. Denn selbst im **Abhidharmahṛdayaśāstra* wird

---

129 T25.1509.594.c17–18.

130 T25.1509.675.a6–9.

131 T25.1509.419, b17–20; T25.1509.753.c21–23. Das DZDL teilt daher den gesamten Weg in die Etappen eins bis sieben und acht bis zehn ein. In der ersten Etappe stehe die Beendigung der eigenen *kleśa* im Mittelpunkt, während die zweite Etappe vornehmlich der Rettung aller Lebewesen gewidmet sei.

132 T25.1509.662.c1–4. Andere Stellen, an denen die Auslöschung von *citta* und *caitta* betont wird, sind beispielsweise: T25.1509.643.b19–29; T25.1509.643.c23–28.

133 T25.1509.504.c17–19.

das Erkennen des *anutpādajñāna* noch als Erkennen eines partikularen *dharma* beschrieben. Mit diesem Verständnis bricht das DZDL, denn das im *Sarvāstivāda* so zentrale epistemologische Modell vom Zusammenwirken des Bewusstseins, des Erkenntnisobjektes und der Bewusstseinsfaktoren soll für die Einsicht in das „Wahre Merkmal aller *dharma*" keine Gültigkeit mehr besitzen. Diese Einsicht soll nunmehr durch die *prajñāpāramitā* geschehen, die sich von jeglicher Objektgebundenheit und Einsicht in partikulare Dharma-Merkmale abgelöst hat. Denn da das „Wahre Merkmal" selbst „ohne Merkmale" sei, könne es auch nicht über partikulare Merkmale erkannt werden. Das DZDL setzt sich in dieser Konzeption somit bewusst von der Dogmatik des *Sarvāstivāda* ab, indem es unter anderem betont, dass „diese Sache im Abhidharma erklärt werden würde, aber nicht die Bedeutung des Großen Fahrzeugs" umfasse und dass es deshalb „zwischen dem Großen und den Kleinen Fahrzeugen zahlreiche Unterschiede" gäbe.[134]

Dieser Bruch des DZDL mit den zentralen Prinzipien der *Sarvāstivāda*-Epistemologie wird außerdem dadurch deutlich, dass die *prajñā* nun nicht mehr in einer Reihe von vielen Bewusstseinsfunktionen gesehen wird, sondern als *prajñāpāramitā* aus der Reihe von insgesamt sechs *pāramitā* als die zentrale „Tugend" herausgehoben wird, die sich der Bodhisattva auf seinem Übungsweg aneignet.[135] Ihre Verwirklichung wird mit der Erlangung der *anutpattikadharmakṣānti* vervollkommnet. Hierzu steht im DZDL:

> Frage: Was heißt *prajñāpāramitā*? Antwort: Alle Bodhisattva streben von Anfang an, wenn sie den Gedanken nach *bodhi* hervorbringen, nach dem Allwissen eines Buddha. In der Mitte des Weges erkennen sie das „Wahre Merkmal aller *dharma*". Diese Weisheit ist die *prajñāpāramitā*.[136]

Gemäß dieser Erklärung ist die *prajñāpāramitā* eine Qualität, die der Bodhisattva „in der Mitte" seines Weges erkennt. Die vorliegende Stelle eröffnet hierbei die ganze Spannweite des Übungsweges, der sich von seinem Anfang, dem „Hervorbringen des Bodhi-Gedankens" (*bodhicitta*) bis hin zu seinem Ziel erstreckt, der Weisheit des Buddhas selbst.[137] Hier findet „in der Mitte" die Einsicht in das „Wahre Merkmal" statt, wobei diese Einsicht mit der *prajñāpāramitā* selbst identifiziert wird.[138] Doch auch bei der *anutpattikadharmakṣānti* steht, wie bereits angesprochen, die Einsicht in das „Wahre Merkmal" ganz im Zentrum, wobei das DZDL hier scheinbar bewusst unscharf differenziert, da auch diese mit der *prajñāpāramitā* identifiziert wird:

---

134 T25.1509.643.b24–25.

135 Zur Übersetzung des Wortes *pāramitā*, siehe Saigusa (1962), S. 60. Zur Anzahl der Tugenden, siehe Dayal (1932), S. 168ff.

136 T25.1509.190.a16–18.

137 Die „All-Einsicht" zeichnet einen Buddha aus und wird erst mit der Buddha-Werdung verwirklicht. Siehe hierzu FGDCD 19 (dieser Eintrag nimmt die Erklärung des DZDL zur Grundlage).

138 Der enge Zusammenhang zwischen der Erkenntnis des „Wahren Merkmals" und der Erlangung der *prajñāpāramitā* wird an zahlreichen Stellen im DZDL betont. Siehe hierzu T25.1509.190.a25–26; T25.1509.195.c15–16; T25.1509.196.c27–29; T25.1509.262.c13–14; T25.1509.285.c9–10; T25.1509.328.a28–29.

> Danach erlangt der Bodhisattva das Wahre Merkmal. Zu diesem Zeitpunkt erlangt der Übende in seinem Bewusstsein die *anutpattikadharmakṣānti*. Dies ist nichts anderes als die *prajnāpāramitā*.[139]

Doch auch mit einem weiteren zentralen Begriff wird die *prajñāpāramitā* im Verbund (wenn nicht gar in Identität) gesehen, nämlich mit der Idee des „nützlichen Mittels" (*fangbian* 方便, *upāya*). Das Konzept des *upāya* ist eine zentrale Idee im Mahāyāna-Buddhismus, die nach Michael Pye als eine Art Korrektiv innerhalb der Polarität zwischen „Leerheit" und „Mitleid" wirken soll.[140] Denn einerseits soll der *upāya* auf das Lehren und Transformieren der Lebewesen gerichtet sein, andererseits aber ist sie auch ein Mittel, das den Bodhisattva selbst vor dem Abgleiten in extreme Sichtweisen bewahrt. Der *upāya* ist sowohl nach innen, zur Wahrung der Leerheit im eigenen Bewusstsein, als auch nach außen gerichtet, um als Mittel und Werkzeug zur Erkenntnis der Leerheit auf das Bewusstsein anderer Lebewesen hin zu wirken. Im DZDL werden *upāya* und *prajñāpāramitā* als zwei komplementäre Fähigkeiten des Bodhisattva geschildert, die immer gemeinsam geübt werden. Dies zeigt sich in der häufigen Kombination beider Ausdrücke zu einem Begriff als *boreboluomi fangbian* 般若波羅蜜無方便 (*prajñāpāramitā-upāya*). Auch macht das DZDL klar, dass einer der Gründe für die Zurückweisung des Nirvāṇa durch den Bodhisattva die „harmonische Verbindung" (*hehe* 和合) zwischen *prajñāpāramitā* und *upāya* sei, da letztere korrigierend auf eine Anhaftung gegenüber dem Nirvāṇa wirke.[141] An anderer Stelle werden beide als „dem Wesen nach" dasselbe bezeichnet, welche im konkreten Gebrauch aber unterschiedlich zur Wirkung gelangen und daher zwei verschiedene Namen tragen würden:

> Der Weg des Bodhisattva ist zweifach: Erstens ist er der Weg der *prajñāpāramitā*, zweitens ist er der Weg des *upāya*. [...] Obwohl inmitten der *prajñāpāramitā* der *upāya* ist und inmitten des *upāya* die *prajñāpāramitā*, so erhalten sie doch aufgrund ihrer Vielheit einen Namen. Die *prajñā* und der *upāya* sind im Grunde ihres Wesens eines, aber in dem wie sie zum Gebrauch gelangen, herrscht ein kleiner Unterschied und deshalb werden sie gesondert erklärt.[142]

Zusammenfassend lässt sich zur Epistemologie des DZDL sagen, dass diese sich bewusst gegenüber dem *Sarvāstivāda* abgrenzt, indem mit zentralen Prinzipien gebrochen wird. Die *prajñāpāramitā* steht zudem im Verbund und in bewusst unscharfer begrifflicher Abgrenzung zum Konzept der *anutpattikadharmakṣānti*, zur Einsicht in das Wahre Merkmal selbst und zum *upāya*, der das Element des Handelns beinhaltet. Die *prajñāpāramitā*, so wie sie im DZDL dargestellt wird, ist damit als ein Gegenkonzept zur Epistemologie des

139 T25.1509. 632.a1–3. Derselbe Zusammenhang zwischen dem „Wahren Merkmal" und der *anutpattikadharmakṣānti* wird in den folgenden Passagen aufgezeigt: T25.1509.246.a7–9; T25.1509.261.b18–19; T25.1509.262.a18–20; T25.1509.275.a16–17; T25.1509.417.c4–7; T25.1509.632, a1–3.

140 Pye (1978), S. 107.

141 T25.1509.319.a27–b4.

142 T25.1509.754.b28–c6. Diese Passage, in der von der „Einheit" (*yi* 一) von *prajñāpāramitā* und *upāya* gesprochen wird, ist innerhalb des DZDL eine Ausnahme. Beide Begriffe erscheinen an anderen Stellen zwar immer zusammen, jedoch ist meines Wissens diese Passage die einzige, in der in so expliziter Weise die Gleichheit bzw. Verschiedenheit von *upāya* und *prajñāpāramitā* diskutiert wird.

Sarvāstivāda zu verstehen. Dies wird dadurch deutlich gemacht, indem in vielen Stellen betont wird, dass die *prajñāpāramitā* „nichts erkenne“, „nicht unterscheide“ und „ohne Bewusstsein sei“.

2.4.3 Entstehung ohne Ursache: der *dharmakāyabodhisattva*

Die Ausmerzung der *kleśa* auf der siebten Stufe beinhaltet für den Bodhisattva auch eine gravierende „körperliche“ Konsequenz. Durch die Beendigung der individuellen karmischen Bindungen ist es ihm nun möglich, sich ganz und gar auf die Rettung der Lebewesen zu konzentrieren. Allerdings bedeutet der Abbruch des individuellen Karmas auch, dass er keinen physischen Leib mehr im Daseinskreislauf besitzt, in dem er den Wesen erscheinen könnte und in dem er sich für deren Rettung einsetzt. Hier setzt das DZDL mit einer widersprüchlichen Erklärung an, die in der Debatte zwischen Huiyuan und Kumārajīva aufgegriffen und an zentraler Stelle kontrovers diskutiert wird.

Gemäß dieser Erklärung würde der Bodhisattva seinen „Fleischesleib“ (*roushen* 肉身) abwerfen und nunmehr einen anderen Leib besitzen, den „Leib, geboren aus dem *dharmadhātu*“ (*faxingsheng shen* 法性生身, **dharmadhātujakāya*) oder „Dharma-Leib“ *fashen* 法身 (*dharmakāya*).[143] Die Bodhisattva nach der siebten Stufe werden im DZDL daher auch als „*dharmakāyabodhisattva*“ (*fashenpusa* 法身菩薩), an manchen Stellen auch als „große Bodhisattva“ (*dapusa* 大菩薩, *Bodhisattva-mahāsattva*) bezeichnet. Das Konzept des Dharma-Leibes veranschaulicht somit den Einschnitt, der mit dem Erreichen der siebten Stufe eintritt, wohl am deutlichsten, da dieser fortan auch „körperlich“ ganz aus dem Kreislauf der Wiedergeburten herausgenommen und so den Beschränkungen eines Leibes in Raum und Zeit nicht mehr unterworfen ist. Im DZDL ist daher die Rede davon, dass der *dharmakāyabodhisattva* aus den „drei Welten hinaustrete“ (*chu san shi* 出三世) und fortan bei der Rettung der Wesen nicht mehr den Begrenzungen eines individuellen Fleischesleibes unterworfen sei, da er nun die Macht besäße, unzählige „Erscheinungskörper“ (*bianhuashen* 變化身, *nirmāṇakāya*) in die Welt hinein zu projizieren und in dieser Gestalt den leidenden Kreaturen zu helfen. [144] Diese Erscheinungskörper würden sich in ihrem Aussehen ganz nach den jeweiligen Heilsbedürfnissen und partikularen Erkenntnisfähigkeiten der Lebewesen richten.[145] Das folgende Zitat schildert diese Fähigkeit:

> Mit seinem Götterauge betrachtet er das Leben und das Sterben der Lebewesen in den zehn Richtungen. Er erkennt zudem das Bewusstsein der Wesen und erklärt

143 Für den Dharma-Leib werden im DZDL verschiedene Begriffe verwendet, z.B. „Körper der Dharma-Natur“ *faxingshen* 法性身, oder „Dharma-Leib“ *fashen* 法身. Letzterer Begriff wird zudem auch für den Dharma-Leib des Buddha verwendet, von dem ebenfalls gesagt wird, er habe einen *dharmakāya*. Das DZDL unterscheidet zwischen dem *dharmakāya* des Buddha und des Bodhisattva nur unscharf. Allerdings heißt es auch, dass sich der *dharmakāya* des Bodhisattva vor allem hinsichtlich der „Gewohnheitsreste“ (*vasanā*) von dem des Buddhas unterscheide. Bei der Auswahl der Zitate und Belege wurde darauf geachtet, dass sich die jeweiligen Stellen alle auf den *dharmakāya* des Bodhisattva und nicht des Buddha beziehen.

144 T25.1509.347.c23–24; T25.1509.438.a11–12; T25.1509.485.c19. Im Gegensatz hierzu wird gesagt, dass der Arhat und der Pratyekabuddha innerhalb der drei Welten verbleiben würden. T25.1509.420.b3–4. Die „drei Welten“ entsprechen drei Bereichen von Bewusstseinszuständen, in denen die Wesen im Daseinskreislauf gefangen sind. Siehe hierzu FGDCD 584.

145 T25.1509.146.b23–25. Siehe auch: T25.1509.178.a14–16; T25.1509.602.a14–15.

ihrem Sinn entsprechend den Dharma. In seiner kunstvollen Ausübung der Geistesdurchdringungen erhält er für die Lebewesen einen Körper und wird dennoch nicht durch Leiden und Freuden verunreinigt. Dieser Bodhisattva ist unter den Lebewesen manchmal ein Vater, manchmal ein Sohn, manchmal ein Lehrer, manchmal ein Schüler. Manchmal ist er ein Herrscher, manchmal ein Sklave. Manchmal ist er ein Elefant oder Pferd, manchmal ein Reittier und manchmal der, der das Tier reitet. Zu manchen Zeiten ist er ein Reicher, ein Adliger oder ein Machthaber, zu manchen Zeiten ein Bettler oder armer Mensch. Und von all diesem Treiben wird er nicht verunreinigt.[146]

Zur Angleichung an das partikulare Bewusstsein der erlösungsbedürftigen Wesen nimmt der Bodhisattva somit eine Erscheinungsform an in der er diese am besten zum Heil führen kann. Diese Angleichung soll sogar so weit gehen, dass der *dharmakāyabodhisattva* die „fünf Begierden" (*wu yu* 五欲, *pañca kāmāḥ*) annimmt – sinnliche und sexuelle Leidenschaften, die über die körperlichen Sinne im Bewusstsein geweckt werden.[147] Hierbei betont das DZDL jedoch, dass sich der *dharmakāyabodhisattva* nicht von diesen Begierden verunreinigen ließe und sich ihrer lediglich als eines Werkzeugs bediene, mit dessen Hilfe er sich ganz der verblendeten Natur der Wesen anpassen könne. Denn ein von allen Begierden und karmischen Bindungen freier Arhat könne aufgrund seiner Distanz zur Welt den Lebewesen nicht als ein ihnen nahes Vorbild dienen und würde so nur Zweifel und Unglauben wecken.[148]

Die Fähigkeit zur radikalen Anpassung an die Lebewesen und zur Einsicht in das partikulare Bewusstsein ist eine von sechs Gaben, die im DZDL die „sechs Geistesdurchdringungen" (*liu shentong* 六神通, *ṣaḍ abhijñāḥ*) genannt werden. Die Fähigkeit zur Projektion von Erscheinungskörpern ist eine davon und wird als „Durchdringung der Leiber" (*shentong* 身通) bezeichnet.[149] Die „sechs Geistesdurchdringungen" sind allerdings keine Erfindung des DZDL, da diese bereits im Abhidharma des Kleinen Fahrzeugs erwähnt werden, wo sie als Kräfte beschrieben sind, die in der meditativen Versenkung auftreten. Sie sind daher nicht wie beim *dharmakāyabodhisattva* ein Dauerzustand, und Sengzhao kritisiert im VK, dass die Geistesdurchdringungen des *śrāvaka* stets abhängig vom Eintritt in einen speziellen Versenkungszustand seien.[150] Dieser Zustand müsse nämlich für weltliche Verrichtungen, beispielsweise um „zu essen", wieder verlassen werden. Der *dharmakāyabodhisattva* hingegen sei im Dharma-Leib diesen Begrenzungen nicht mehr unterworfen und könne die „Geistesdurchdringungen" jederzeit und an vielen Orten gleichzeitig ausüben.[151]

Es ist anzunehmen, dass der Gedanke des Dharma-Leibes bis zur Übersetzungstätigkeit Kumārajīvas in China kaum bekannt gewesen war, da er lediglich bei Daoan in einem seiner Vorworte erwähnt wird. Daoan geht an besagter Stelle jedoch nicht näher darauf ein, weshalb anzunehmen ist, dass er keine systematische Kenntnis der mit diesem Begriff zu-

146 T25.1509.717.b26–c3.
147 FGDCD 1149.
148 T25.1509.317.c4–7; T25.1509.736.a28–b1; T25.1509.85.a2–6.
149 FGDCD 1290.
150 T28.1550.826.a19–26.
151 T38.1775.327.c18–19; T38.1775.349.a22–24.

sammenhängenden Dogmatik besaß.[152] Darüber hinaus wird der Begriff *fashen* sonst in keiner anderen Schrift eines chinesischen Buddhisten vor Kumārajīva erwähnt. Die Annahme liegt daher nahe, dass erst durch die Übersetzung des DZDL die Idee des Dharma-Leibes in einer systematischen Form in China bekannt wurde.[153]

Mit dem Konzept des *dharmakāyabodhisattva* konzentriert sich der Bruch, den das DZDL mit der Dogmatik des *Sarvāstivāda* vollzieht, in der religiösen Idee von einem erleuchteten Wesen, das heilsbringend direkt in der Welt wirkt. Die Erklärung dieser Idee ist jedoch auch mit zahlreichen Widersprüchen und logischen Inkonsequenzen verbunden. Hierauf und auf damit verbundene Teilaspekte zielte nach Bekanntwerden des DZDL im Süden somit auch die Kritik der Laien und Mönche um Huiyuan.

2.4.4 Zur Funktion von Sprache im *Dazhi du lun*

Bevor auf die logischen Unstimmigkeiten und Inkonsequenzen bei der Konzeption des *dharmakāyabodhisattva* eingegangen werden kann, müssen noch einige Dinge zur Rolle und zur Funktion von Sprache im DZDL gesagt werden. Das DZDL bedient sich für jegliche Vorgänge, vor allem der Bewusstseinsprozesse jenseits der siebten Stufe einer betont apophatischen Sprache. Diese soll jedoch keinesfalls die Annahme nahelegen, dass es sich, beispielsweise bei der Auslöschung der Bewustseinsfaktoren, um wirklich stattfindende Vollzüge handelt und das DZDL hierbei den Standpunkt eines einseitigen Annihilismus bzw. Essentialismus einnimmt. Diesem Missverständnis entgegnet das DZDL indem es betont, dass es sich hierbei nicht um positiv feststellende Aussagen handele. Denn es werden die von der *Sarvāstivāda*-Scholastik für wahrhaft existierend postulierten Erkenntnisprozesse verneint als auch die Wirklichkeit einer Auslöschung. Das DZDL bezieht in die Negation der positiven Aussagen des *Sarvāstivāda* daher immer auch das eigene Sprechen mit ein und kritisiert den im Akt des Sprechens mit implizierten Verweis auf eine wirkliche Existenz des Gesagten als einseitige und irrige Sichtweise. Diese sei eine „Sprachspielerei" (*xilun* 戲論, *prapañca*) und könnte niemals die Wirklichkeit auf höchster Ebene widerspiegeln. Sie geschehe lediglich aus Unwissenheit oder würde von einem erleuchteten Bewusstsein gezielt für einen ganz bestimmten, auf die Erlösung der Wesen gerichteten Zweck hin angewandt. Das DZDL negiert hiermit den in der *Sarvāstivāda*-Scholastik inhärenten Realitätsanspruch von Sprache, indem es auf die Gefahr hinweist, dass mit jeder Äußerung ein verblendetes Bewusstsein in die Gefahr laufe, die Dinge mit einer einseitigen Aussage zu identifizieren. Im folgenden Zitat wird dies beispielhaft an den Aussagen zur „Existenz" bzw. „Nichtexistenz" des Buddhas verdeutlicht. So soll die Aussage „es gibt keinen Buddha" (*wufo* 無佛) vom Buddha selbst aufgestellt worden sein, um die Anhaftung an die einseitige Sichtweise „es gibt einen Buddha" (*youfo* 有佛) aufzulösen:

> Frage: Wenn es keinen Buddha geben soll, so ist dies eine missgeleitete Sichtweise! Weshalb soll der Bodhisattva dann das Bewusstsein für die Buddha-Werdung hervorbringen?
> Antwort: Sagte ich hier, dass es keinen Buddha gäbe, dann um die Anhaftung an den Gedanken von einem Buddha zu zerschlagen. Ich sagte nicht, dass man den

152 T55.2145.48.a25–28.
153 Zürcher (1959), S. 225.

> Gedanken „es gibt keinen Buddha" ergreifen solle. Wenn ein Buddha existiert, so gebiete man nicht ihn zu ergreifen, um wie viel mehr soll man da die missgeleitete Ansicht vom nichtexistierenden Buddha ergreifen? Weiterhin ist der Buddha ewig still und ausgelöscht, ohne die Merkmale von Sprachspielereien. Denn wenn die unterscheidenden Sprachspielereien der Menschen die Tatsache von der Auslöschung des Buddhas annehmen, so verfallen diese Menschen ebenso in eine irregeleitete Sichtweise. Das Verlassen des zweifachen Gebietes von „Vorhandensein" und „Nichtvorhandensein" ist das Verweilen auf dem Mittleren Weg und ist nichts anderes als das „Wahre Merkmal", und das „Wahre Merkmal" ist nichts anderes als der Buddha.[154]

Was hier für die Aussagen zur „Existenz" des Buddhas gelten soll, solle in gleicher Weise für das „Wahre Merkmal" gelten, welches sogar als identisch mit dem Buddha selbst gesehen wird. Wie oben bereits kurz erwähnt, werden vom DZDL die Begriffe „Wahres Merkmal", *anutpattikadharmakṣānti*, *prajñāpāramitā* und *upāya* als fast identische Termini verwendet und bewusst unscharf gegeneinander abgegrenzt, um die „Sprachspielerei" der Abhidharma-Scholastik zu durchbrechen, die ihrerseits auf scharfe Abgrenzungen von Begriffen und Konzepten beharrt. Sprache soll so lediglich ein soteriologisches Werkzeug und kein Zeichensystem zur Repräsentation realer Wirklichkeiten sein.

An die Stelle der sich mit Konzepten und Vorstellungen identifizierenden „Sprachspielerei" setzt das DZDL – und hierauf basierend auch Sengzhao – die Negierung aller sich einseitig positionierenden Standpunkte, die explizit auch die Verneinung der eigenen Verneinung mit einbezieht. Deutlich wird dies im DZDL und im MBJ durch die zahlreichen Passagen apophatischen Sprechens, in denen die *prajñāpāramitā* oder das „Wahre Merkmal" durch eine lange Reihe von Negationen „bezeichnet" wird. So soll eine solche Verneinung jeglicher benennbarer partikularer negativer wie positiver Kategorien letztendlich die Verwirklichung einer universalen Erkenntnis ermöglichen. Denn während im *Sarvāstivāda* die Partikularität von *prajñā* durch die Untersuchung der *dharma* betont wird, wird im DZDL deren Universalität hervorgehoben, die darin bestehen soll, von allen Partikularitäten frei zu sein. Die Erkenntnis des „Wahren Merkmals" oder der „Leerheit" der *dharma* würde so als ein Bewusstseinsprozess selbst nämlich auch „leer" sein, sich also jeglicher partikularer Stellungnahme enthalten. Das DZDL sieht damit die Verblendung des Bewusstseins letztendlich als ein Problem des differenzierenden Denkens, des Einordnens der *dharma* in Kategorien und deren anschließende Bewertung. Im Verweis der Sprache auf einseitige Standpunkte und Ansichten kristallisiert sich so die Verblendung des Bewusstseins, die das DZDL im Denken des Abhidharma als nicht überwunden sieht.

2.4.5 Logische Probleme und Unstimmigkeiten

Mit der Idee des *dharmakāyabodhisattva* und den damit zusammenhängenden Implikationen stellen sich nicht nur für die Anhänger der *Sarvāstivāda*-Scholastik, sondern auch für die Vernunft zahlreiche logische Probleme. Die Kritik konzentrierte sich hierbei vor allem auf die Konzeption des Dharma-Leibes, als „fassbarste", aber auch widerspruchsvollste Idee im DZDL. So lassen sich gerade beim Gedanken von der Angleichung des

154 T25.1509.746.c25–747.a3.

dharmakāyabodhisattva an die Heilsbedürfnisse der Wesen Widersprüche ausmachen. Denn einerseits wird gesagt, dass der Bodhisattva mit dem Erlangen der *anutpattikadharmakṣānti* die letzten Bindungen an die stoffliche und sinnliche Welt überwunden habe. Andererseits solle er aber auch in der Lage sein, sich vollkommen den Lebewesen anzugleichen. Wie sind daher die Behauptungen des DZDL rational zu erklären, in denen es davon spricht, dass der Bodhisattva einerseits restlos aus dem Daseinskreislauf verschwände, andererseits aber wieder vollkommen darin aufgehe und sich sogar in den „fünf Begierden" (*wuyu* 五欲) den Lebewesen anpassen würde? Huiyuan sah diese Widersprüchlichkeit vor allem in der Frage nach der fehlenden karmischen Basis für die Entstehung des Dharma-Leibes konzentriert.

Im DZDL selbst ist von einem Problembewusstsein hinsichtlich dieser Fragen nur sehr wenig zu spüren, ja selbst in den auf die Explikation des Sutrentextes in der Regel folgenden Fragen und Antworten werden diese Probleme so gut wie nicht diskutiert. Lediglich an zwei Stellen wird eine Erklärung vorgelegt, die auf die Frage nach der karmischen Basis für die Entstehung des Dharma-Leibes eingeht. Hierfür wird der schon in den scholastischen Schulen des Abhidharma und in der Pali-Tradition vorkommende Begriff der „Gewohnheitsreste" (*xi* 習, *vasanā*) herangezogen. Diese sind letzte Spuren der *kleśa* aus der Zeit aller vorherigen Wiedergeburten, die in Abgrenzung zu dem der *kleśa* selbst als moralisch neutral und nicht retributiv gelten.[155] In einem Gleichnis veranschaulicht das DZDL die *vasanā* mit den Fußfesseln eines Gefangenen, die diesen auch noch lange nach dem Durchtrennen der Stricke behindern, da seine Beine das freie Laufen nicht mehr gewohnt seien.[156] Im Abhidharma dient das Konzept der *vasanā* als ein Unterscheidungsmerkmal zwischen einem Arhat und einem Buddha. So soll der Arhat zwar alle Leidenschaften und karmischen Bindungen abgebrochen haben, ist in gewisser Weise jedoch immer noch von den Nachwirkungen der *kleśa* betroffen, die ihn daran hindern das „höchste und vollkommene Erwachen" (*anuttarā samyak-sambodhi*) eines Buddha zu erlangen. Denn diese letzten Spuren der Verblendung gelten nur bei einem Buddha als ausgelöscht.[157] Das DZDL behält den Aspekt des Unterscheidungsmerkmals bei den *vasanā* zwar bei, verwischt allerdings eine exakte Unterscheidung zwischen Buddha und Bodhisattva hinsichtlich des Weisheitsgrades, indem es sagt, dass auch der Bodhisattva das „höchste und vollkommene Erwachen" erreicht habe, sein Abstand zur Weisheit eines Buddha allerdings nur ein geringfügig gradueller sei, ähnlich dem des kaum sichtbaren Unterschiedes am „Vollmond des vierzehnten und des fünfzehnten Tages". So könnten im Gegensatz zum Arhat die *vasanā* die vollkommene Einsicht des Bodhisattva nicht mehr behindern, hielten ihn aber dennoch davon ab, in den Buddha-Stand einzutreten.[158]

Neben dieser Unterscheidung dienen die *vasanā* im DZDL auch als einzige Erklärungsgrundlage für die Entstehung des Dharma-Leibes, nach welcher der Bodhisattva nach der Erlangung der *anutpattikadharmakṣānti* einen „wirklichen Körper" (*shishen* 實身) besitzen müsse, um als Subjekt der Erlösungstätigkeit in der Welt anwesend zu sein.[159] Es ist auffäl-

155 T25.1509.264.b4–7; S. a. Dhammajoti (2007), S. 464f.

156 T25.1509.260.c5–11.

157 Dhammajoti (2007), S. 470–473.

158 T25.1509.106.b17–c15.

159 T25.1509.261.c6–11.

lig, dass in Anbetracht der sonst so radikalen Rhetorik des DZDL vom Abbruch sämtlicher Bindungen, an dieser Stelle trotzdem noch eine letzte Kausalkette bestehen bleibt, über die die Verbindung zur Welt aufrechterhalten werden soll. Es ist somit denkbar, dass die Integration des Gedankens der *vasanā* bei der Konzeption des *dharmakāyabodhisattva* neben seiner herkömmlichen Funktion, nämlich die Grenzlinie zur Buddhaschaft aufzuzeigen, auch als ein Eingeständnis gegenüber dem *Sarvāstivāda* diente. Denn ohne diese „Brücke“, welche die *vasanā* zwischen dem kausalen und dem akausalen Bereich schafft, stünden die beiden Körper des Bodhisattva – Fleischesleib und Dharma-Leib – unverbunden nebeneinander, das Konzept des *dharmakāyabodhisattva* wäre den Sarvastivadins daher nicht einsichtig zu vermitteln. Über die *vasanā* wird damit versucht, eine Diskontinuität nach der siebten Stufe des Übungsweges zu überwinden, was allerdings auch zu weiteren Problemen und kritischen Anfragen, vor allem bei der Rezeption dieser Idee in China führte. Im Briefwechsel zwischen Kumārajīva und Huiyuan stehen daher vor allem die Probleme hinsichtlich der stofflichen Basis und des Entstehens des Dharma-Leibes im Mittelpunkt. In der Diskussion zwischen Sengzhao und Liu Yimin ist es, wie im dritten Teil dieser Arbeit noch eingehend gezeigt wird, vor allem die Frage nach dem Erkennen und Handeln des Bodhisattva in der Welt angesichts seiner Auslöschung aus dem Daseinskreislauf.

2.5 Die Debatten um das *Dazhi du lun*

2.5.1 Der Briefwechsel zwischen Huiyuan und Kumārajīva

Die Korrespondenz zwischen Huiyuan und Kumārajīva umfasst insgesamt achtzehn Paare von Briefen, die jeweils aus einer Frage Huiyuans und einer Antwort Kumārajīvas bestehen. Nur im siebzehnten Brief sind zehn Fragen und die dazugehörigen Antworten gebündelt enthalten. Da zu den einzelnen Briefen jedoch keine Anschreiben existieren, ist unklar, wie viele Fragen pro Sendung ursprünglich an Kumārajīva verschickt wurden. So lässt sich insgesamt von siebenundzwanzig Frage- und Antwortpaaren ausgehen.[160] Diese Korrespondenz ist im *Dazang jing* unter dem Titel „Die bedeutende Lehrmeinung des Dharma-Meisters Kumārajīva“ (*Jiumoluoshi fashi dayi* 鳩摩羅什法師大義; T1856) überliefert, heute jedoch eher unter dem Titel „Schriften über die Lehrmeinung des großen Fahrzeugs“

160 Da die Briefe Huiyuans und Kumārajīvas teilweise Bezug aufeinander nehmen, lässt sich zumindest für einige wenige eine zeitliche Reihenfolge aufstellen. Rudolf Wagner hat in seiner Doktorarbeit aus dem Jahr 1969 versucht, hieraus die ursprüngliche Form der Korrespondenz zu rekonstruieren und kommt zu dem Schluss, dass nur zwei Serien von Fragen bzw. Antworten zwischen dem Lushan und Chang'an wechselten. Wagner (1969), S. 36f. Dieser Rekonstruktionsansatz fand allerdings keine große Zustimmung, denn, so schreibt Barbara Reed in ihrer Doktorarbeit: „There is no external evidence which sheds light on the original structure of the correspondence between Hui-yüan and Kumārajīva.“ Reed (1982), S. 48. Da die Briefe schon sechzig Jahre später, zwischen 465 und 472 in Lu Chengs *Falun mulu*, in der heute überlieferten Form ediert wurden, muss der Versuch zu einer Rekonstruktion sich allein auf sehr wenige textinterne Hinweise stützen und ist daher als äußerst schwierig zu betrachten. Eine Rekonstruktion ist deshalb als beinahe unmöglich, wenn nicht sogar als irrelevant zu erachten.

(*Dacheng dayi zhang* 大乘大義章) bekannt.[161] Das Konzept des Dharma-Leibes des Bodhisattva, aber auch des Buddha, nimmt darin eine zentrale Position ein.[162]

Inhaltlich lässt sich bei den Fragen Huiyuans die Konzentration auf drei Schwerpunkte ausmachen. So ist vor allem auffällig, dass Huiyuan an der Anwendbarkeit einer Reihe von scholastischen Konzepten auf die Idee des Dharma-Leibes interessiert zu sein scheint. Er stellt so u.a. Fragen hinsichtlich der Beendigung der *vasanā* und über die Kultivierung der „zweiunddreißig Merkmale" (*mahāpuruṣalakṣaṇāni*), über die Wirksamkeit der Geistesdurchdringungen und über die Weissagung der Buddhaschaft durch einen Buddha des vorherigen Zeitalters. So speziell diese Fragen auch anmuten, so ist in ihnen doch vor allem Huiyuans Unbehagen spürbar, dass das Konzept des Dharma-Leibes sich nicht mehr in das „realistische" Verständnis des *Sarvāstivāda* hinsichtlich eines „wahren" Vorhandenseins der *dharma* und der Allgültigkeit des Kausalitätsprinzips fügt. Denn neben den direkten Fragen zur Gestalt (Frage 3), zur Entstehung (Frage 2), zur Wahrnehmung des Dharma-Leibes durch die Sinnesorgane (Frage 1) und zur Frage nach dessen Lebensdauer (Frage 18), betreffen diese vor allem den Unterschied zwischen dem Fleischesleib und dem Dharma-Leib und ob die betreffenden scholastischen Konzepte in dem einen oder dem anderen zum Vorschein kommen bzw. wirksam werden.

So befasst sich Huiyuan in der ersten Frage mit einem Widerspruch, der darin besteht, dass im DZDL die Rede davon ist, dass der Buddha im Dharma-Leib von den Boddhisattva jenseits der siebten Stufe wahrgenommen werden könne und diesen sogar den Dharma predige. Huiyuan weist nach, dass eine Wahrnehmung desselben nur auf der Basis der „fünf Sinnesorgane" geschehen könne. Ein Dharma-Leib müsse daher in stofflicher Weise aus „vier Elementen" bestehen, damit er von den Sinnen wahrgenommen werden könne. Er kommt zu dem Schluss, dass, wenn die Stelle im DZDL über die Predigt des Buddha für die Bodhisattva jenseits der siebten Stufe gültig sein soll, in dieser Hinsicht zwischen dem Dharma-Leib und dem Fleischesleib kein Unterschied bestehe. Er schließt seine Frage mit den Worten:

> … ist dem so, dann hat dieser (der *dharmakāya*) die vier Elemente und die fünf Sinnesorgane. Ist er so geartet, welchen Unterschied gibt es dann wiederum zwischen ihm und dem *rūpakāya*, so dass man ihn einen *dharmakāya* nennt? [163]

In der achtzehnten Frage erkundigt sich Huiyuan nach dem Problem, in welcher Weise der *dharmakāyabodhisattva* in der Welt wirkt. Denn da das DZDL vom Abbruch aller Bewusstseinsaktivität spricht und da jegliche körperliche Gestalt der Zeit unterworfen ist, gäbe es somit keine Form mehr, worin der Bodhisattva in unzähligen Existenzen in der Welt vertreten sei:

> Worüber ich nun Zweifel hege ist, dass ich nicht erkenne, woher die Grundlage für das Leben die Langlebigkeit bekommt. Stützt es sich auf das Bewusstsein? Stützt es sich auf die körperliche Form? Oder stützt es sich auf beide, Form und Bewusstsein?

---

161 Zur Kompilierung des *Dacheng dayi zhang*, siehe Wagner (1969), S. 16ff.

162 Zur textlichen Beziehung zwischen dem Briefwechsel und dem DZDL: Robinson kann in Huiyuans Briefen zehn direkte Zitate aus dem DZDL und fünf aus dem MBJ nachweisen. Robinson (1967), S. 89; Zürcher (1959), S. 229.

163 T45.1856.122.c7–8.

> Wenn es sich auf das Bewusstsein stützt, dann hätte es, wenn alle Merkmale des Bewusstseins ausgelöscht sind, nichts, worauf es sich stützen könnte. Wenn es sich auf die Gestalt stützt, so kann man, da die Gestalt der Zeit unterworfen ist, die Zeit nicht zurückhalten. Doch wie vermag es dann anzudauern?[164]

Auch die Fragen zur Anwendbarkeit scholastischer Konzepte befassen sich mit der Unterscheidung zwischen Dharma-Leib und Fleischesleib. Huiyuan weist hier ebenfalls auf das Fehlen einer körperlichen Ausgangsbasis hin, beispielsweise bei der Kultivierung der „zweiunddreißig Merkmale". Gemäß dem DZDL können diese lediglich jenseits der siebten Stufe kultiviert werden, wo jedoch keine körperliche Form und kein Karma mehr vorhanden ist, durch welche die „zweiunddreißig Merkmale" bewirkt werden bzw. sich zeigen können:

> Worin kultiviert [der Bodhisattva] die „zweiunddreißig Merkmale"? Kultiviert er sie in der karma-gebundenen Form oder kultiviert er sie im *dharmakāya*? Wenn er sie in der karma-gebundenen Form kultiviert, so ist dies doch nichts, was die unteren *bhūmi* vermögen. Wenn er sie im *dharmakāya* kultiviert, so hat dieser doch kein und- und Körper-Karma, in welchem er sie kultivieren könnte.[165]

Dasselbe Argument verwendet Huiyuan in seiner Frage nach den Geistesdurchdringungen, die im *Sarvāstivāda*, beispielsweise im **Abhidharmahṛdayaśāstra*, als Steigerung der Sinnesleistungen verstanden werden. Doch da der *dharmakāyabodhisattva* keine stoffliche und sinnliche Basis mehr habe, könnten diese auch nicht zur Wirkung gelangen:

> Bei der Wahrnehmung des Himmels und der körperlichen Formen [der Erde] ist nichts besser als alle [fünf] Sinnesorgane. Beim Wirksamwerden ist nichts subtiler als die Geistesdurchdringungen. Deshalb heißt es: Ein Bodhisattva ohne Geistesdurchdringung ist wie ein Vogel ohne Flügel. [Der Vogel] würde es nicht vermögen hoch hinaus zu fliegen und weit fort zu reisen. [Der Bodhisattva] hätte keine Grundlage, um weit und breit die vielen Lebewesen zu erziehen und die Buddhaländer zu reinigen. Hieraus schließend muss man sagen, dass, wenn man nach der Quelle und dem Ursprung sucht, dies auf der Grundlage der vier Elemente geschehen muss. Haben die vier Elemente eine Form angenommen, so erschließt sie sich durch die fünf Sinnesorgane. Die fünf Sinnesorgane werden im Wirken durch die Geistesdurchdringungen erweitert. Wurden die Geistesdurchdringungen erweitert, so antworten sie gemäß den Eindrücken. Der *dharmakāyabodhisattva* aber hat keine vier Elemente und keine fünf Sinnesorgane. Hat er diese nicht, so besitzt die Feinheit der Geistesdurchdringungen nichts, worauf sie sich stützen könnte.[166]

Neben dem Drängen Huiyuans auf eine „realistische" Erklärung des Dharma-Leibes, zielen seine Fragen hier auch auf den Nachweis von Widersprüchen, um die Idee des *dharmakāya* einerseits hinsichtlich bekannter scholastischer Konzepte, andererseits auch bezüglich widersprechender Äußerungen im DZDL zu dekonstruieren. Die Fragen

164 T45.1856.142.c9–12.
165 T45.1856.127.a14–17.
166 T45.1856.129.c21–27.

Huiyuans tragen somit nicht den Charakter einer interessierten Nachfrage nach unbekannten Konzepten, wie beispielsweise Zürcher meinte, sondern sind als deutliche Kritik an der neuen Lehre aus dem Norden zu verstehen.[167] Gerade in Huiyuans Beharren auf einer rationalen Erklärung wird seine grundsätzliche Verwurzelung in der Lehre des *Sarvāstivāda* deutlich. Es ist somit wohl richtiger zu behaupten, dass Huiyuan sich mit dem DZDL von einem *Sarvāstivāda*-scholastischen Standpunkt aus mit dem DZDL auseinandersetzt und nicht, wie immer wieder in der Sekundärliteratur behauptet wird, aus einer genuin chinesischen Position der *Xuanxue* und eines hiermit begründeten *faxing*-Gedankens, der sich im Einzelnen sowieso nicht nachweisen lässt.[168] So ist der Briefwechsel mit Kumārajīva, was den Stil und die Terminologie angeht, auch weitgehend frei von Anspielungen auf die Referenzwerke der *Xuanxue*, dem *Laozi*, *Zhuangzi* und dem *Yijing*.[169]

Doch Huiyuan begrenzte seine Kritik am DZDL nicht nur auf inhaltliche Aspekte und Themen. So ist von ihm auch ein Vorwort zu einer von ihm selbst zusammengestellten Sammlung von Exzerpten dieses Werkes überliefert.[170] Die deutlich kritischen Worte, die Huiyuan darin findet, lassen darauf schließen, dass diese Sammlung nur für seinen unmittelbaren Schülerkreis und nicht zur allgemeinen Verbreitung bestimmt war. Das Werk trägt den Titel „Vorwort zu den Auszügen aus dem *śāstra* der großen Einsicht“ (*Dazhi lun chao xu* 大智論鈔序).[171] Hierin konzentriert Huiyuan, nach einer kurzen Bezugnahme auf Inhalt, Autor und Übersetzung, seine Kritik vor allem auf stilistische Aspekte des DZDL, in denen er zahlreiche Mängel nachweist. Diese würden nämlich nur dazu führen, dass zentrale inhaltliche Aussagen des Śāstra verdeckt und im bloßen Umfang des Werkes verloren gingen. Hierdurch würde es durch „seine Breite alle ermüden und nur Wenige beim Wirklichen ankommen lassen“.[172] Die „rechte Überlieferung“ sei somit „verborgen unter Weitschweifigkeit und Ausschmückungen“ und könnte nur „zu wenigen Verdiensten hin führen“.[173] Bei der Zusammenstellung seines Exzerptes habe Huiyuan dann auch ein Ziel, das DZDL wesentlich abzukürzen, thematisch zu ordnen, zu strukturieren, und hierdurch für den Leser zugänglicher zu gestalten. So soll diese Version nach seiner Redaktion nur noch 20 Kapitel (*juan* 卷) umfasst haben – lediglich ein Fünftel von Kumārajīvas Übersetzung von rund 100 Kapiteln.[174]

Das DZDL wurde somit nicht nur aufgrund von inhaltlichen und dogmatischen Differenzen, sondern auch wegen stilistischer Mängel äußerst kritisch von Huiyuan und dessen Anhängern aufgenommen. So verdeutlicht die Kritik am Stil auch das Anliegen Huiyuans nach Klarheit und Direktheit der Aussagen und bringt hiermit die zentrale Forderung des *Sarvāstivāda* nach rationaler Erklärbarkeit und definitorischer Eindeutigkeit zum Ausdruck. Gegenüber vielen Aussagen des DZDL und den Antworten Kumārajīvas, fordert

167 Zürcher (1959), S. 226f.

168 Lai (2000), S. 353; Wagner (1969), S. 198.

169 Eine Ausnahme besteht in der siebten Frage, in der Huiyuan kurz auf die „Himmelsorgel“ im Qiwulun-Kapitel des *Zhuangzi* anspielt.

170 Huiyuans Auszüge aus dem DZDL sind noch bis in die späte Tangzeit in den Buchkatalogen nachweisbar, gingen dann aber verloren. Zürcher (1959), S. 410, Fn. 97.

171 T55.2145.75.b19–76.b18.

172 T55.2145.76.b2–3.

173 T55.2145.76.b5–6.

174 T55.2145.76.b2.

Huiyuan die begriffliche und inhaltliche Klarheit. Denn erst die so geklärten Begriffe und Zusammenhänge könnten die Basis für den „Glauben“ (*xin* 信) abgeben. Er lässt seine zehnte Frage an Kumārajīva mit den Worten enden:

> Über diese drei Punkte bin ich mir am ärgsten im Zweifel. Obgleich ihr sagt, dass man den Glauben habe, so muss das Erwachen doch von den Prinzipien herkommen. Sind die Prinzipien aber noch nicht durchdrungen, wie soll man sie da glauben?[175]

In deutlicher Weise spricht sich Huiyuan hier für die Notwendigkeit einer rationalen Durchdringung dogmatischer Prinzipien aus. Doch auch hier besteht zwischen beiden Diskussionspartnern eine tiefe Kluft. So antwortet Kumārajīva auf den Vorwurf Huiyuans mit dem Argument, dass sich der Bereich jenseits der *anutpattikadharmakṣānti* jeglichem Ausdruck durch Sprache entziehe. Denn da auch Sprache ein *dharma* darstelle, könne die Einsicht in das „Wahre Merkmal aller *dharma*“ nicht durch Worte und Reden erfasst werden:

> Aus diesen Gründen spricht der Buddha davon, dass alle *dharma* nicht entstehen und nicht vergehen und bricht mit dem Weg der Worte und der Rede, vernichtet alle Regungen des Bewusstseins und ist gleich mit dem Merkmal des Nirvāṇa. Wer dieses subtile Prinzip versteht, der verwirklicht die *anutpattikadharmakṣānti*.[176]

Diese Äußerung hält Kumārajīva selbst allerdings nicht davon ab, scholastische Erklärungen für die von Huiyuan aufgewiesenen Probleme zu finden. Wie Barbara Reed in ihrer Doktorarbeit festgestellt hat, legt Kumārajīva bei der Beantwortung von Huiyuans Fragen zur stofflichen Basis des Dharma-Leibes zahlreiche, oft widersprüchliche Theorien vor. Denn nachdem dieser Huiyuan beispielsweise erklärt hat, dass der Dharma-Leib wie eine Illusion keinerlei materielle Grundlage habe, sagt er im siebten Brief, dass der Bodhisattva trotzdem die „vier Elemente und fünf Sinnesorgane“ besitze, allerdings in einer „verborgen-subtilen“ (*weixi* 微細) Weise, die nicht durch die Wesen der drei Welten erkennbar sei.[177]

Solche Widersprüche und die Vielzahl an Theorien tragen zu keiner Klärung der Differenzen bei. Die Diskussion gelangt in der Korrespondenz daher zu keiner Einigung oder gar zu einer Klärung. So scheinen die beiden Gesprächspartner, wie Erik Zürcher ebenfalls beobachtet, nur aneinander vorbei zu reden.[178] Für Kumārajīva selbst ist sowohl die Vielzahl an Theorien als auch die Relativierung dogmatischer Aussagen jedoch unproblematisch, da er hierbei, wie er Huiyuan gegenüber auch erwähnt, von den zwei Ebenen des Verständnisses im Philosophem der „zwei Urteile“ (*erti* 二諦) ausgeht. Die scholastischen Aussagen des DZDL über den Dharma-Leib würden somit nur auf der vorläufigen, konventionellen Ebene zutreffen, von der absoluten Ebene des „Wahren Merkmals aller *dharma*“ hingegen keinerlei Gültigkeit besitzen.[179] Kumārajīvas Verweis auf die „zwei Urteile“ mag wie ein intellektueller Taschenspielertrick erscheinen, da er hierdurch den

175 T45.1856.133.b6–7.

176 T45.1856.135.c12–14.

177 T45.1856.130.a18–22.

178 Zürcher (1959), S. 229.

179 Kumārajīva spricht hier vom „konventionellen Urteil“ (*suti* 俗諦, *saṃvṛtisatya*) und vom „wahren Urteil“ (*zhenti* 真諦, *paramārthasatya*). Zur näheren Erläuterung der „zwei Urteile“, siehe Kapitel 5, sowie: Reed (1982), S. 94.

strittigen Bereich einfach dem Zugriff durch Sprache entzieht und somit jegliche Diskussion darüber von vornherein beendet. Doch verdeutlicht gerade Kumārajīvas Verweis auf die „zwei Urteile“ auch die tiefe Kluft zwischen beiden Gesprächspartnern, die darin erkennbar wird, dass beide von einem gänzlich unterschiedlichen Verständnis vom Verhältnis zwischen Sprache und Wirklichkeit ausgehen.[180] Dieses unterschiedliche Verständnis von Wirklichkeit bezieht somit auch den Charakter und die Fähigkeit von Sprache ein – als ein abbildendes Zeichensystem oder als eine nur vorläufige Konvention ohne Anspruch auf absolute Gültigkeit. Es ist auffällig, dass dieses Problem innerhalb der Korrespondenz nie deutlich in den Mittelpunkt der Diskussion gerückt wird, obwohl Kumārajīva direkt den Bezug seiner Aussagen auf das Theorem der „zwei Urteile“ erwähnt. Über die kontroversen Gegenstände und Aussagen des DZDL gelangen beide daher zu keiner Einigung, es werden stattdessen ständig neue Fragen und Probleme erzeugt.

2.5.2 Der Briefwechsel zwischen Wang Mi und Kumārajīva

Während sich am Kumārajīva-Huiyuan-Briefwechsel die dogmatische Debatte inhaltlich nachvollziehen lässt, kann man sich bei der Korrespondenz von Wang Mi mit Kumārajīva nur auf die überlieferten Titel der Fragen stützen. Denn die Briefe Wang Mis an Kumārajīva sind im Buchkatalog des *Falun mulu* 法論目錄 von Lu Cheng nur noch als Titel überliefert, während die Fragen und die Antworten selbst verloren gingen. Lu Cheng verzeichnet insgesamt siebenundzwanzig Fragen.[181] Wie auch beim Briefwechsel zwischen Huiyuan an Kumārajīva, bleibt es letztlich unklar, ob es sich bei den einzelnen Fragen um siebenundzwanzig einzelne Briefe handelte, oder ob diese ursprünglich als einige wenige Briefe gebündelt an Kumārajīva versandt wurden. Das Fehlen eines, wie bei zeitgenössischen Briefen damals üblich, persönlichen Anschreibens, lässt vermuten, dass die Fragen Huiyuans bzw. Wang Mis aus der ursprünglichen Fassung getrennt und einzeln ediert wurden, was dann wahrscheinlich die Basis für die spätere bibliographische Aufnahme darstellte.[182]

Stilistisch ist an den Titeln der Fragen Wang Mis allerdings auffällig, dass hierin die für den literarischen Stil der Aristokratie des Mittelalters üblichen Anspielungen und Zitate auf die chinesischen Klassiker vollkommen fehlen. Im Gegenteil erwecken die Brieftitel eher den Eindruck einer gelehrten Diskussion ganz innerhalb der Abhidharma-Gelehrsamkeit.

---

180 Wie Barbara Reed zeigt, betrifft dies auch das jeweilige Verständnis des Begriffs „Illusion“ (*bianhua* 變化), denn Kumārajīva verwendet diesen für die Natur des Dharma-Leibes, der in seiner fassbaren Realität vergleichbar mit einer Spiegelung des Mondes im Wasser sei. Huiyuan hingegen versteht die Metapher der Illusion als eine Beschreibung für das wirkliche Verhältnis zwischen dem Dharma-Leib und dem Fleischesleib: Wenn der Mond am Himmel die materielle Ursache für sein Spiegelbild im Wasser sei, so müsse analog dazu auch der Dharma-Leib, der ja den Fleischesleib projiziert, eine materielle Grundlage besitzen. Beide Auffassungen gehen somit von einem gänzlich unterschiedlichen Verständnis von Wirklichkeit aus: Während Huiyuan darin ein wirkliches Verhältnis zwischen Dharma-Leib und Fleischesleib sieht, versteht Kumārajīva darunter vielmehr den grundsätzlich illusionären Charakter von Wirklichkeit. Die *dharma* würden demnach nicht real existieren, sondern nur in Erscheinung treten, von der absoluten Ebene des „Wahren Merkmals“ allerdings leer und damit frei von einer „wirklichen“ Substanz sein. T45.1856.122.c20–21; T45.1856.131.b21–22; Reed (1982), S. 108.

181 T55.2145.82.c22ff.

182 T50.2059.359.b25–c13.

Obgleich jedoch anzunehmen ist, dass die Fragen erst später bei ihrer bibliographischen Aufnahme mit den heute überlieferten Titeln versehen wurden, lässt zumindest die Erwähnung zahlreicher Fachbegriffe aus dem Abhidharma Rückschlüsse auf die in Frage gestellten Themen der Diskussion zu.

In der folgenden Tabelle 3 sind sämtliche der im *Falun mulu* einzeln als Titel aufgeführten Fragen von Wang Mi an Kumārajīva dargestellt (in der Übersetzung von Erik Zürcher aufgelistet). Bei der Durchsicht der Fragen fällt auf, dass der Schwerpunkt der Debatte auf dem Thema der *prajñāpāramitā* zu liegen scheint.[183] Insgesamt stellt Wang Mi hierzu sieben Fragen, die eine eingehende Beschäftigung mit dem DZDL nahelegen: Zum Erkennen, Benennen, Verehren der *prajñā*, ihren Unterschied zum „Wahren Merkmal“ und zur „Allwissenheit“ (*sarvajñatā*) des Buddha. Schließlich befasst sich auch Frage 11 mit der Beziehung der *prajñā* zur *anutpattikadharmakṣānti*.

Tabelle 3: Die Fragen von Wang Mi an Kumārajīva (s. Zürcher (1957), S. 396-397)

	Frage	Übersetzung
1	問實相	On the true nature (of all *dharmas*)
2	問涅槃有神不	Does the Spirit exist in Nirvāṇa?
3	問滅度權實	Does Nirvāṇa belong to expediency or to Truth?[184]
4	問清淨國	On the Pure Realm (of the Buddha)
5	問佛成道時何用	By means of what does the Buddha realize the Way?
6	問般若法	About the method (or: „doctrine”) of *prajñā*
7	問般若稱	About the appelation „*Prajñā*“
8	問般若知	About the knowing of *Prajñā*
9	問般若是實相智非	Is *Prajñā* the wisdom (which realizes) the true nature (of *dharmas*)?
10	問般若薩婆若同異	What is the difference between *prajñā* and *sarvajñatā* (omniscience)?
11	問無生法忍般若同異	What is the difference between equanimity towards the non-origination of *dharmas* (*anutpattikadharmakṣānti*) and *Prajñā*?[185]
12	問禮事般若	About matters of Ritual and *prajñā*
13	問佛慧	About the Buddha-Wisdom
14	問權智同異	What is the difference between Expedience and Wisdom?
15	問菩薩發意成佛	About the decision of the Bodhisattva to realize Buddhahood
16	問法身	About the *Dharmakāya*
17	問成佛時斷何累	What fetters are broken at the moment of the realization of Buddhahood?
18	問得三乘	About grasping (?) the Three Vehicles
19	問三歸	About the *triśaraṇa*
20	問辟支佛	About the Pratyekabuddha

183 Fragen 6–12 handeln direkt von der *prajñāpāramitā*, während in Frage 13 von „Weisheit“ (*hui* 慧) und in Frage 14 von „Einsicht“ (*zhi* 智) gesprochen wird. Beides sind Termini, die als gleichbedeutend mit der *prajñā* gesehen werden können. Siehe hierzu Kapitel 3.

184 FGDCD 6894.

185 FGDCD 5079.

	Frage	Übersetzung
21	問菩薩生五道中	About the Bodhisattva being born in the five spheres of existence
22	問七佛	About the seven Buddhas
23	問不見彌勒不見千佛	About not perceiving Maitreya and not perceiving a thousand Buddhas (in *buddhānusmṛtisamādhi*)
24	問佛法不老	About the *Buddha-dharma(s)* not being subjected to old age (?)[186]
25	問神識	About the (faculty of) cognition (or consciousness) of the Spirit
26	問精神心意識	About the mind, thought and cognition of the Spirit[187]
27	問十數法	About the ten numerical dharmas (?)[188]

In allen diesen Fragen scheint es somit über den Inhalt und die Bedeutung der *prajñāpāramitā* selbst zu gehen.[189] Zwei Fragen handeln darüber hinaus vom „Wahren Merkmal", während zwei weitere das „Hilfsmittel" (*upāya*) zum Gegenstand haben.[190] Weitere Themen sind das „Hervorbringen des Erleuchtungsgedankens" (Frage 15) und der „Dharma-Leib" (Frage 16).[191] Wang Mi scheint damit seine Fragen auf die inhaltliche Eingrenzung und Bedeutung der *prajñāpāramitā* zu konzentrieren. Denn, wie oben bereits festgestellt wurde, legt das DZDL für die *prajñāpāramitā* keine fest umgrenzte Definition fest, sondern verschmilzt diese bisweilen sogar mit anderen Konzepten.

Auch die Fragen 16 und 17 sowie 21 betreffen diesen Bereich: Der Dharma-Leib (Frage 16) und die sehr strittige, von Huiyuan auch in seinen Briefen problematisierte Frage, welche Bindungen innerhalb der achten bis zehnten Stufe bestehen bleiben und erst bei der Buddha-Werdung abgebrochen werden (Frage 17). In diesen Bereich lassen sich ebenfalls die Fragen 2, 3, 14 und 21 einordnen. Es sind Fragen, die die Fortexistenz einer geistigen Substanz im Bereich des Nirvāṇa betreffen (Frage 2), bzw. umgekehrt das Weiterbestehen des Bodhisattva innerhalb des weltlichen Bereichs und der „fünf Schicksale" (Frage 21). Auch wird hierin die *prajñā* des Bodhisattva in ihrer komplementären Beziehung zum *upāya* (Frage 3 und 14) thematisiert.[192]

Letztendlich bleibt die Zuordnung der Fragen Wang Mis zu strittigen Themenbereichen aus dem DZDL bis zu einem gewissen Grad Spekulation. Allerdings lässt sich schon von den Titeln der deutliche Bezug zu den kontroversen Themen im DZDL herstellen. Diese Hinweise legen somit die Verortung der Fragen Wang Mis in den Kontext der Debatten um das DZDL nahe. Es ist sogar denkbar, dass Sengzhao das BWZL hauptsächlich aus der

186 An dieser Stelle erscheint mir folgende Übersetzung adäquater: „Über das Nichtaltern des Buddha-Dharma". Es ist möglich, dass Wang Mi sich hierbei auf den Gedanken des *mofa* 末法 bezieht.

187 FGDCD 1407.

188 Es mag sein, dass Wang Mi sich hiermit auf die zehn universalen *caitta*, die *mahābhūmikā* bezieht.

189 Genaueres hierzu wird noch im dritten Kapitel anhand von Liu Yimins Fragen gezeigt.

190 Mit dem *upāya* befassen sich die Fragen 3 und 14; Über das „Wahre Merkmal": Fragen 1 und 9.

191 Außer den „zehn *dharma*" *shishufa* 十數法 in der letzten Frage, kommen sämtliche in Wang Mis Fragen verwendeten Begriffe im DZDL vor.

192 Eine Frage schließlich befasst sich auch mit dem „Altern des Buddhadharma" (Frage 24). Dies ist ein Thema, das im Zusammenhang mit dem Übersetzungsprojekt in Chang'an selbst gesehen werden kann, da dieses vor dem Hintergrund der endzeitlichen Erwartung des „Ende des Dharma" (*mofa* 末法) von Yao Xing initiiert wurde. Genaueres hierzu wird noch in Teil 4 der vorliegenden Arbeit gezeigt werden.

Rezeption der Fragen Wang Mis an Kumārajīva verfasst hatte, denn die in den Brieftiteln angedeuteten Themen über die *prajñāpāramitā*, ihre Benennung, ihr Erkennen, ihre Beziehung zum *upāya*, sind die zentralen Themen in dieser Streitschrift. Außerdem wurde das BWZL im typischen Gelehrtenstil der Wei-Jin-Zeit verfasst und scheint sich damit stilistisch direkt an ein Publikum aus dem Kreis der literarisch gebildeten Aristokraten der Östlichen Jin zu richten.

2.6 Kapitelzusammenfassung

Wie in diesem Kapitel gezeigt wurde, stellt das DZDL den gemeinsamen Bezugspunkt sowohl der Debatten mit Kumārajīva als auch des BWZL dar. Aus inhaltlicher aber auch stilistischer Sicht wurde dieses Kompendium der Mahāyāna-Scholastik äußerst kritisch im Süden aufgenommen. Diese Kritik fand vor dem Hintergrund einer Etablierung der *Sarvāstivāda*-Scholastik seit den frühen neunziger Jahren des vierten Jahrhunderts statt. Gefestigt wurde diese durch die Tatsache, dass sie von Huiyuans Meister Daoan und dessen Übersetzungstätigkeit in Chang'an ausgegangen war und den Rückhalt wie das Interesse der literarisch gebildeten Aristokraten der Östlichen Jin fand.

Inhaltlich ging es in den Debatten zwischen 405 und 410 vor allem um den Bruch mit zentralen Prinzipien der *Sarvāstivāda*-Scholastik. Dieser Bruch konzentriert sich im DZDL in der Heilsidee des *dharmakāyabodhisattva*, welcher als Gegenkonzept zum Arhat zwar wie dieser über Qualitäten verfügt, die ihn zum sofortigen Eingang ins Nirvāṇa befähigen, was von ihm jedoch zurückgewiesen wird, um stattdessen wieder in den samsarischen Kreislauf einzutreten und dort die leidenden Wesen zu retten. Der *Sarvāstivāda* bezieht seine Kritik hierbei vor allem auf das Konzept des Dharma-Leibes, der von der Welt abgelöst, aber über seine Erscheinungskörper zugleich mit höchster Potentialität in ihr wirksam ist. Dieses „sowohl-als-auch" ist mit dem Wirklichkeitsverständnis des *Sarvāstivāda* wie auch mit seinem Verständnis über die Signifikanz von Bezeichnungen nicht vereinbar.

3. Die Diskussion um das *Bore wuzhi lun*

Zwischen dem Briefwechsel Huiyuans mit Kumārajīva und der Korrespondenz von Liu Yimin mit Sengzhao scheinen auf den ersten Blick keine Gemeinsamkeiten zu bestehen. Zu unterschiedlich sind Sprache, Stil und Terminologie dieser beiden Briefserien. Die Briefe zwischen Huiyuan und Kumārajīva sind durchweg in der Fachsprache des Abhidharma verfasst und zitieren fast ausschließlich rein buddhistische Quellen. Anders hingegen der Briefwechsel zwischen Sengzhao und Liu Yimin: Die Autoren schreiben im Stil der Gelehrten der Wei-Jin-Zeit, für den eine reiche Verwendung von Zitaten und Anspielungen aus klassischen chinesischen Werken sowie eine besondere Form der Komposition kennzeichnend ist. Zitate aus buddhistischen Texten werden bei Sengzhao und bei Liu Yimin immer explizit unter Angabe der Quelle kenntlich gemacht, was im Vergleich zu der im selben Text ausschließlich impliziten Zitierweise der chinesischen Klassiker den Eindruck erweckt, dass sich die Autoren nicht in der buddhistischen Tradition befinden und lediglich von einem Standpunkt außerhalb ihre Exegese der Sutren betreiben. Von diesem ersten Eindruck her ist es plausibel, dass beide Debatten von der Forschungsliteratur bisher noch nicht in einem gemeinsamen Zusammenhang betrachtet wurden.[1]

Doch nicht nur die mangelnde stilistische Kohärenz beider Briefserien, sondern auch zahlreiche Schwierigkeiten beim inhaltlichen Verständnis haben in der Forschung eine Aufarbeitung des dogmatischen Kontextes verhindert. So ist es vor allem unsere zeitliche und kulturelle Distanz zur Zeit des beginnenden fünften Jahrhunderts in China, die den modernen westlichen Leser vor die Frage stellt, was die verwendeten Fachtermini denn inhaltlich bedeuten mögen und woher sie damals ihre inhaltliche Relevanz bezogen. Gerade weil es sich dabei nicht um eine Diskussion in der Terminologie des scholastischen Buddhismus handelt, lassen sich viele dieser Begriffe auch kaum in den einschlägigen Lexika finden. Wenn Sengzhao nämlich von „Geist" (*shen* 神), „Bewusstsein" (*xin* 心), „Erhellen" (*zhao* 照) oder „Stille" (*ji* 寂) spricht, ist nicht klar, in welchem Zusammenhang diese Begriffe stehen, weil sich ihre inhaltliche Relevanz aus der deutschen Übersetzung heraus nicht erschließt. Doch auch die vorhandenen begrifflichen Verbindungslinien zur *Xuanxue* tragen nicht viel zur inhaltlichen Klärung bei – zu esoterisch und dunkel erscheint das hierbei verwendete Vokabular, das sich zumeist auch nicht in den einschlägig bekannten Werken dieser Denkrichtung findet. Zur terminologischen Unklarheit kommt vor allem im BWZL und passagenweise auch im Briefwechsel das Problem hinzu, dass Sengzhao in einem schwer zu durchdringenden Argumentationsstil schreibt, der durch zahlreiche Widersprüche und inhaltliche Unklarheiten gekennzeichnet ist.

1 „Bodde-Feng" schreibt daher: „Some Buddhist exponents, in fact, used all these Taoist concepts, for which reason their brand of 'Buddhism' might really be described as a branch of the 'Mysterious Learning', i.e., of Neo-Taoism. […] Seng-chao (384–414), despite his short life, was one of the most gifted of these men, and his writings on such topics as the immutability of things, and the emptiness of the unreal, are outstanding products of this branch of the 'Mysterious Learning'." Feng (1952) Bd.2, S. 258f. Tang Yongtong kommt zu einer ähnlichen Einschätzung. Siehe Tang (1955b), S. 334.

Diesen hermeneutischen Schwierigkeiten soll in dem vorliegenden 3. Kapitel und später auch im 5. Kapitel, durch zwei Ansätze begegnet werden. So bietet sich vor allem für das BWZL eine Analyse seiner rhetorischen Strukturen an, da neben der Widersprüchlichkeit der Aussagen auch die kompositorische Strenge dieses Textes auffällt. Der Eindruck liegt nahe, dass Sengzhao hier bewusst eine durchgehende Argumentationstechnik zur Stützung seiner inhaltlichen Aussagen verwendet. Geleitet von der Annahme, dass die strukturelle Anordnung bestimmter Begriffe somit auch das inhaltliche Verständnis der jeweiligen Termini erschließt, könnten durch die Analyse der Struktur des BWZL viele Verständnisprobleme gelöst werden. Diese Methode soll im vorliegenden Teil im geringen Umfang auf ausgewählte Passagen aus dem Briefwechsel angewandt werden. Erst im 5. Kapitel soll dann eine eingehendere Analyse der rhetorisch-argumentativen Strukturen des BWZL erfolgen.

Die überlieferten Briefe und Fragmente der Debatte zwischen dem Lushan und Chang'an, das DZDL sowie bestimmte Sutren aus dem Übersetzungsprojekt um Kumārajīva wurden bisher noch nicht in einem gemeinsamen Zusammenhang betrachtet. Doch bieten sich diese Sichtweise zur Klärung der terminologischen Schwierigkeiten geradezu an, da durch den gemeinsamen Kontext inhaltliche und begriffliche Querverbindungen geschlagen werden können. Das wichtigste Werk ist hierbei der Kommentar zum *Vimalakīrtisūtra*, der von Sengzhao selbst bei der Übersetzung angefertigt wurde und den er sogar Liu Yimin zur Klärung seiner Fragen zum BWZL empfiehlt.[2] Darin finden sich nicht nur zahlreiche Begriffserklärungen, sondern auch direkte inhaltliche Parallelen zum BWZL und dem Briefwechsel. Dies macht den *Vimalakīrti*-Kommentar zum wichtigsten Referenztext in der folgenden Untersuchung.

Durch diese beiden Herangehensweisen soll im Folgenden gezeigt werden, dass der Grundkonflikt zwischen der Scholastik des *Sarvāstivāda* und der des Mahāyāna auch bestimmend für die Diskussion zwischen Liu Yimin und Sengzhao war, wobei der gemeinsame Bezugspunkt der Debatte dort wie hier aus demselben Problem über den *dharmakāyabodhisattva* besteht. Hierzu soll im folgenden Abschnitt 3.1 zunächst die erste Reaktion des Lushan auf das BWZL untersucht und gezeigt werden, wie die dogmatische Kontroverse über den *dharmakāyabodhisattva* noch zusätzlich durch die Gegnerschaft der chinesischen Anhänger des *Sarvāstivāda* gegenüber der *Xuanxue* angeheizt wurde.

3.1 Die ersten Reaktionen auf das *Bore wuzhi lun*

3.1.1 Huiyuans und Liu Yimins Kritik im Anschreiben des Fragebriefs

Das BWZL und der Briefwechsel wurden im Rahmen des Waffenstillstandes zwischen der Späteren Qin und der Östlichen Jin durch eine Gruppe von Mönchen des Donglin-Klosters zum Lushan gebracht. Diese waren etwa zwei Jahre vorher, gleich nach der Ankunft des DZDL auf dem Lushan, nach Chang'an zu Kumārajīva gewandert, wo sie eine Zeitlang an den dortigen Übersetzungen mitwirkten. Der wohl berühmteste Mönch aus dieser Gruppe war Daosheng, der das BWZL etwa im Sommer des Jahres 408 zum Lushan mitbrachte.

2 T45.1858.155.c27–156.a1.

Wie Liu Yimin im Fragebrief schreibt, wurde das BWZL sofort von ihm und Huiyuan aufmerksam studiert. Doch schon diese erste Schilderung von seiner und Huiyuans Reaktionen auf dieses Traktat, deutet auf grundsätzliche Meinungsverschiedenheiten hin:

> Am Tag als eure Abhandlung eintraf, habe ich sie gleich gemeinsam mit dem Dharma-Meister Huiyuan studiert. Auch der Dharma-Meister hieß sie für gut, und gegenseitig haben wir uns zu einem Verständnis geführt. Es zeigte sich aber, dass unsere Standpunkte jeweils einen eigenen Ausgangspunkt haben und wir uns in unseren Prinzipien bisweilen nicht ganz einig sind! Kürzlich haben wir eure Abhandlung auch vervielfältigt, um sie an alle Interessierten zu verteilen. Immer wieder gab es da jemanden, der einen Absatz darin angriff und es bedauerte, dass er nicht bei euch sein könne.[3]

Liu Yimin weist in dieser ersten Schilderung der Reaktionen auf die Lektüre des BWZL auf die unterschiedlichen „Ausgangspunkte“ (*ben* 本) hin, welche die Differenzen zwischen ihm und Sengzhao ausmachen würden. Zudem schreibt er von den ebenfalls kontroversen Reaktionen der interessierten Laien und Mönche am Lushan. In einer anderen Passage des Fragebriefs bezeichnet Liu Yimin Sengzhaos Standpunkt zudem als „einsam“ (*du* 獨), als eine Position, die nicht konsensfähig erscheint, da es nur wenige gäbe, die darauf „antworten“ (*ying* 應) könnten.[4] Hierbei mag auch Huiyuans Kritik im Briefwechsel mit Kumārajīva anklingen, wonach es auf eine Ordnung der Prinzipien ankäme, damit eine Sache verstanden und geglaubt werden könne. Denn, so schreibt Liu Yimin in der folgenden Passage, die Botschaft des BWZL sei aufgrund der „feinen“ (*wei* 微) Prinzipien nur schwer in Worte zu fassen und würde daher in Gefahr laufen, „im Irrtum anzukommen“ (*zhiguai* 致乖).[5] Immer wieder lässt Liu Yimin in seinen Fragen durchblicken, dass er Sengzhaos Standpunkt für „nicht klar“ (*buming* 不明) und „dunkel“ (*xuan* 玄) hält und verlangt, dass diese „Missverständnisse ausgeräumt werden“.[6] So bringt Liu Yimin gerade in der ersten Frage an Sengzhao seine Kritik am BWZL auf den Punkt, indem er auf den grundlegenden Widerspruch bei der Idee des *dharmakāyabodhisattva* hinweist, einerseits der Welt enthoben, andererseits trotzdem in der Welt wirksam zu sein. Er endet seine Frage mit der Bemerkung, dass ihm „die Dunkelheit eines solchen Prinzips immer undurchschaubarer“ erscheinen würde.[7]

Doch die Differenzen um das BWZL kommen auch aus einer anderen Richtung. Hierüber gibt Huijiao in der Biographie Huiyuans Auskunft, in der er die ersten Reaktionen des Lushan auf das BWZL folgendermaßen beschreibt:

> Als Liu Yimin, ein Eremit am Lushan, die Abhandlung Sengzhaos sah, seufzte er und sagte: „Nie hätte ich gedacht, dass es unter den Mönchen einen Pingshu gibt!“ Daher legte er diese dem Meister [Hui] Yuan vor. [Hui] Yuan seufzte aufgebracht und sprach: „Das gab es noch nie!“ Weil beide nun gemeinsam die Schriftrolle weit aufgeschlagen, die Nuancen des Textes prüfend, immer wieder dabei verweilten,

3 T45.1858.155.b18–21.
4 T45.1858.155.a15–17.
5 T45.1858.155.a15–17.
6 T45.1858.155.b10–11; T45.1858.155.b17–18.
7 T45.1858.155.a26–27.

fortgingen und wieder darauf zurückkamen, schrieb [Liu] Yimin Sengzhao schließlich einen Brief.[8]

In dieser Schilderung werden zunächst das Erstaunen und die Verwunderung deutlich, die das BWZL in der Gemeinschaft am Lushan auslöste. Der Ausruf Huiyuans „Das gab es noch nie!" könnte zwar als ein Lob auf das Genie und die außergewöhnliche Begabung Sengzhaos gewertet werden, ist aber wohl eher als Kritik zu verstehen, da im China des beginnenden fünften Jahrhunderts neue Gedanken, um anerkannt zu werden, immer aus der Tradition heraus legitimiert werden mussten. „Das gab es noch nie!" ist daher eher so zu verstehen, dass sich das BWZL nicht mit traditionellen Schriften und Lehrmeinungen vereinbaren lässt. Zudem steht dieser Ausruf Huiyuans mit der vorhergehenden Äußerung Liu Yimins im Zusammenhang, in der dieser Sengzhao als einen „Pingshu unter den Mönchen" bezeichnet. Pingshu ist der persönliche Name von He Yan, einem der kontroversesten Persönlichkeiten der Dynastie der Wei. He Yan gilt zusammen mit Wang Bi 王弼 (226–249) als einer der Begründer der als die „Lehre vom Dunklen" (*Xuanxue* 玄學) bezeichneten philosophischen Denkrichtung, welche ab der *zhengshi*-Ära für die kommenden Jahrhunderte nachhaltig den Lebensstil und das Denken der Literaten beeinflusste. Die ersten *Xuanxue*-Denker waren während der *zhengshi*-Ära noch tief in die Politik am Kaiserhof verwickelt, welche sie durch äußerst kontroverse Reformen in ihrem Sinne umzugestalten versuchten. Als einer der prominentesten Persönlichkeiten dieser Gruppe wurde He Yan bei den Gegnern der *Xuanxue* später zur Symbolfigur für alle charakterlichen und politischen Negativeigenschaften dieser Geistesströmung. Indem Liu Yimin Sengzhao als einen „He Yan unter den Mönchen" bezeichnet und Huiyuan diese Äußerung empört aufnimmt, beziehen sich beide auf dieses Negativbild, welches von den Gegnern der *Xuanxue* in der späteren Geschichtsschreibung propagiert wurde. Auch wenn durch die *Xuanxue* beeinflusste nonkonformistische Persönlichkeiten wie die „sieben Weisen aus dem Bambushain" (*zhulin qixian* 竹林七賢) später vor allem als Vorbilder für Eremiten Bedeutung erlangten, war diese Bewegung auch von Anfang an einer massiven Kritik ausgesetzt.

3.1.2 He Yan und die *Xuanxue*

Der Personenkreis, auf den das Denken der *Xuanxue* zurückgeht, ist eine Interessengruppe, die sich aus einer Generation alter Aristokratenfamilien der Späteren Han und sozialen Aufsteigern aus der frühen Wei-Zeit zusammensetzte. Diese sollen, so Rudolf G. Wagner, in „Studentenverbindungen und Herrenclubs" einem extravaganten und luxuriösen Lebensstil gefrönt und eine politische Gruppierung gebildet haben, in der ähnliche philosophische Ansichten kursierten.[9] Die politischen Ambitionen dieses Personenkreises richteten sich hierbei auf eine Beschränkung der Macht der Zentralregierung zur Stärkung ihrer eigenen sozialen Schicht der Lokalmagnaten. Für ihren privaten Lebensstil forderten die *Xuanxue*-Denker eine Befreiung von bindenden Gesellschaftsriten und philosophisch legitimierten sie diese Befreiung unter anderem durch den Rückgriff auf Gedanken im *Laozi*, worin die Idee des „Nichteingreifens" (*wuwei* 無為) als höchstes Ideal des Herrschers betrachtet

8 T50.2059.365.a24–29.

9 Wagner (2000), S. 17; Eine detaillierte Studie zum Lebensstil, siehe Morimitsu (1949), S. 122–201; Wagner (1973), S. 79–179.

wird.[10] Von dieser Idee des Rückzugs rührt die in den philosophischen Texten und Kommentaren der *Xuanxue* vorkommende Rede vom „Dunklen" (*xuan* 玄), vom „Schweigen" (*mo* 默) und vom „Ruhenden" (*jing* 靜), als deren höchste Verkörperung das Dao selbst gesehen wurde.[11]

Diese Interessenpartei, die für eine Beschneidung der Macht der Zentralregierung und eine Reduzierung des Zugriffs der Gesellschaftsriten eintrat, wurde von Kaiser Mingdi als eine Gefahr für den Kaiserthron betrachtet: Im Jahr 232 verfügte er daher einen Bann, wonach die Anhänger der *Xuanxue*-Gruppierungen nicht mehr in Ämter befördert werden durften. Nach dem Tod Mingdis gelangten diese durch den Regenten Cao Shuang jedoch wieder in politische Ämter und eine Krankheit des Mitregenten Sima Yi wurde dazu genutzt, um radikale administrative Reformen einzuleiten und den kompletten Beamtenapparat auszutauschen. Hierbei war He Yan, ein Intimus Cao Shuangs, als „Minister der Personalabteilung" (*libu shangshu* 吏部尚書) verantwortlich für die Ernennung Gleichgesinnter in politisch einflussreiche Positionen.[12]

Die so in hohe Ämter gelangten Mitglieder des *Xuanxue*-Kreises wurden von späteren Quellen als „talentiert, aber gierig nach Reichtum und Ansehen" geschildert.[13] Fu Jia, ein ehemaliger Freund He Yans, der sich noch vor der Machtergreifung Cao Shuangs von diesem entfremdet hatte, warnte in einem Schreiben Cao Xi vor seinem verderblichen Einfluss, den He Yan auf die Beamten des Hofes ausüben würde:

> He Pingshu ist nur nach außen hin ein „Ruhender". Innerlich ist er aber gerissen und auf seinen Vorteil hin bedacht. Er kümmert sich nicht um die Hauptpflichten. Ich befürchte, dass er zu allererst euch und eure Brüder verderben wird, so dass sich anständige Menschen fern halten und die Angelegenheiten des Hofes vernachlässigt werden.[14]

Der Personenkreis um Cao Shuang konnte sich so während der Regierungsperiode *zhengshi* die Macht sichern und in einflussreiche Positionen gelangen, war unter sich jedoch zerstritten und gespalten. Daher war die Zeit, in der sich die *Xuanxue*-Anhänger ihren Einfluss bewahren konnten, nur sehr begrenzt. Bereits im Herbst 248 genas Sima Yi von seiner Erkrankung, ergriff durch einen Militärputsch wieder die Macht und ließ diese als „Clique" (*dang* 黨) bezeichnete Gruppe bis zum dritten Verwandtschaftsgrad hinrichten, unter ihnen auch He Yan. Der junge Wang Bi starb ebenfalls im selben Jahr, allerdings nicht auf dem Schafott, sondern durch eine Krankheit. Durch die Ausschaltung seiner politischen Feinde gelangte Sima Yi in der Folgezeit in immer mächtigere Positionen – ein Aufstieg, der von seinem Sohn Sima Yan fortgesetzt wurde, der im Jahr 265 schließlich die Dynastie der Westlichen Jin gründete.[15]

---

10 Wagner (2003a), S. 83ff.

11 Diese wurden auch Grundlage für private Namensgebungen der *Xuanxue*-Anhänger. So nannte sich Wang Chen beispielsweise Chujing 處靜 („in Ruhe weilend") und Wang Hun gab sich den Namen Xuanchong 玄沖 („zum Dunklen schweifend"). Wagner (1973), S. 97.

12 Hucker (1985) 3630; Mather (1976), S. 524.

13 ZZTJ 74.2346.10.

14 SGZ 21.624.5–6.

15 Wagner (1973), S. 103f.; Wang (1996), S. 343ff.

Obwohl unter Wudi, dem ersten Kaiser der Jin, die Ächtung der *Xuanxue* aufrechterhalten wurde, kam es bereits unter der folgenden Regierung Huidis zu einer Lockerung des intellektuellen Klimas, in deren Folge sich die Philosophie und der Lebensstil der „berühmten Gelehrten von Luo" wieder durchsetzten konnten.[16] Dieser Einfluss erfasste jedoch nicht mehr den Bereich des Politischen, sondern beschränkte sich nunmehr auf Bereiche der privaten Lebensführung, wo er sich vor allem bestimmend für die Selbststilisierung von Eremiten zeigte. So gilt, nach Charles Holcombe, die Zeit der Jin-Dynastie auch als die „Goldene Ära" des chinesischen Eremitentums.[17]

Trotz dieses tiefgreifenden Einflusses der *Xuanxue* auf den Lebensstil der Literaten der Südlichen Dynastien, stießen deren politische und philosophische Gedanken bei nachfolgenden Gelehrtengenerationen auf harsche Kritik. Auch war die Historiographie der Wei-Zeit von den politischen Gegnern der *Xuanxue* dominiert. Nach Wang Baoxuan sind die zahlreichen negativen Urteile über Wang Bi und He Yan in den zeitgenössischen Quellen des *Sanguo zhi* 三國志 und des *Weilüe* 魏略 bis hin zu Sima Guangs *Zizhi tongjian* 資治通鑒 auf Diffamierungen durch ihre politischen Gegner zurückzuführen.[18] Ihnen wurde darin stets Cliquenwirtschaft und Korruption vorgeworfen und ihr ausschweifender Lebensstil als „frivole Oberflächlichkeit" (*fuhua* 浮華) gebrandmarkt – ein Begriff, der sich als Hinweis auf die Lasterhaftigkeit und Oberflächlichkeit der *Xuanxue* insgesamt durchsetzte.[19] Der Begriff *fuhua* hatte zunächst aber seinen Ursprung bei Dong Zhao, der durch eine Throneingabe den Bann Mingdis gegen die „frivolen Gecken" der *Xuanxue* bewirkte. Darin wurden die Anhänger der *Xuanxue* nicht nur der „Oberflächlichkeit", sondern auch der „Falschheit" (*wei* 偽) bezichtigt und ihnen insgesamt vorgeworfen, die „gesellschaftlichen Lehren zu zerrütten" (*huijiao* 毀教) und die „Ordnung durcheinanderzubringen" (*luanzhi* 亂治), weil es ihnen nur um persönliche Macht und Reichtum gehen würde.[20] Als Verkörperung der charakterlichen Laster und eines gegen Riten und gesellschaftliche Konventionen verstoßenden Verhaltens sah Dong Zhao vor allem He Yan, der zu seiner Zeit noch als „Trendsetter" für einen privaten, luxuriösen und kulturell verfeinerten Lebensstil galt.

Vor diesem Hintergrund der äußerst kontroversen Rezeption der *Xuanxue* unter der Westlichen und Östlichen Jin, lässt Liu Yimins Bezeichnung für Sengzhao als „He Yan

---

16 Rudolf G. Wagner führt für diesen Erfolg vor allem ökonomische Gründe an: „Obwohl mit Recht gesagt werden kann, daß die Hinrichtung des Ts'ao Shuang und seiner Gruppe den Weg für die Legalisierung der *de facto* bereits zu dieser Zeit vorgenommenen Machtübernahme der Sima ebnete, d.h. für die Gründung der Chin, setzte sich gleichwohl die Philosophie und der Lebensstil der ‚berühmten Gelehrten am Lo' endgültig durch, da diese auf der prinzipiell gleichen ökonomischen Basis und Interessenlage aufgebaut waren. Die politische Theorie des Wang Pi und Ho Yen beschränkte die Funktionen des Herrschers und legitimierte die faktische Machtausübung durch die großen Klans; dieser Zustand wurde während der Chin von eben der Gruppe von Nachkommen der großen Klans, die in der *cheng-shih* Ära von Ho Yen in mittlere Positionen befördert worden waren, hergestellt. Der Lebensstil und das kulturelle und wissenschaftliche Niveau der *cheng-shih* Ära wurden zum normativen Vorbild für die herrschende Klasse der Chin." Wagner (1973), S. 105; s. a. Declerq (1998), S. 261f.; Tang (1955a), S. 311–350.

17 Holcombe (1989), S. 95.

18 Wang (1996), S. 120ff.

19 Wagner (1973), S. 94.

20 ZZTJ 71.2260.5ff.

unter den Mönchen", diesen in keinem sehr positiven Licht erscheinen. Denn es sind gerade Eigenschaften wie „Cliquentum", „Oberflächlichkeit", „Geschwätzigkeit" und „Gerissenheit" sowie „politische Verantwortungslosigkeit", welche die Gegner der *Xuanxue* mit He Yan und der Gruppe um Cao Shuang in Verbindung brachten. Liu Yimins Negativurteil über Sengzhao muss zudem vor dem Hintergrund eines konservativen und gegen die *Xuanxue* gerichteten Trends in den Bezirken um den Lushan betrachtet werden, welcher von Huiyuan und dem ihn umgebenden Kreis aus Mönchen und einflussreichen Aristokraten maßgeblich gefördert wurde.

3.1.3 Konservative Gelehrsamkeit in den Bezirken Xunyang und Yuzhang

Ein besonders schwerwiegender Vorwurf, den die Gegner der *Xuanxue* ins Feld führten, bestand in der Kritik an deren „ausschweifenden" und „antiritualistischen" Einstellung, in der die direkte Ursache für den Verlust des Nordens und der Hauptstädte gesehen wurde. Diese Haltung soll vor allem durch das Studium des *Laozi* und des *Zhuangzi* gefördert worden sein. Ein besonders lautstarker Vertreter einer solchen Kritik war hierbei Fan Ning, der zu seiner Zeit massiv die „oberflächlich-nihilistischen" (*fuxu* 浮虛) Tendenzen im *Xuanxue*-Denken und deren libertinistischen, gegen die Riten gerichteten Lebensstil anprangerte:

> Wang Bi und He Yan warfen die Klassiker fort und missachteten die rituellen Gesellschaftsregeln. Mit weitschweifigen Worten und oberflächlichem Geschwätz verwirrten sie die Nachgeborenen. Sie putzten ihre Worte auf, um die Wirklichkeit zu verdecken und schmückten ihre Texte aus, um ihre Generation zu verderben. Beamten in offiziellen Positionen änderten plötzlich ihren Kurs, und der Geist der Gegend bei den Shu und Xiu Flüssen[21] ging unter. Das Ergebnis war, dass „Menschlichkeit" und „Prinzipienfestigkeit" in Unbekanntheit versanken, konfuzianische Eleganz in den Schmutz gezogen wurde, die Riten beschädigt und die höfische Musik pervertiert wurden und schließlich sogar die Zentralebene verloren ging.[22]

Die Gelehrten in der Nachfolge von He Yan und Wang Bi hätten, so Fan Ning, durch ihre „Geschwätzigkeit" einer verantwortungslosen Haltung Ausdruck verliehen, die einen verderblichen Einfluss auf die junge Generation ausübte. Dies hätte nichts Geringeres als die Korrumpierung der gesellschaftlichen Ordnung und der Riten zur Folge gehabt, welche letztendlich zum Verlust der „Zentralebene", dem Norden Chinas mit den Hauptstädten Chang'an und Luoyang, geführt. Sehr deutlich tritt hier die Kritik an der *Xuanxue* als eine Kritik am literarischen Stil zu Tage: So sieht Fan Ning unter anderem das Übel schon in der Tatsache, dass die Anhänger der *Xuanxue* durch „weitschweifige Worte" (*youci* 游辭) und „oberflächliches Geschwätz" (*fushuo* 浮說) das rechte Verhältnis zwischen „Wirklichkeit" (*shi* 實) und „Worten" (*yan* 言) durcheinandergebracht hätten.[23] Hierdurch würden die jungen Leute verführt werden, so dass Beamte in einflussreichen Positionen verantwor-

21 Die Flüsse Shu und der Xiu stehen für die Herkunftsgegend des Konfuzius. Beide sind zentrale Flüsse im Staat Lu während der Zeit der Streitenden Reiche (475–221).

22 *Jinshu* 75.1987.13–1988.14.

23 *Jinshu* 75.1987.14.

tungslos handeln und die traditionellen, staatstragenden konfuzianischen Werte missachtet würden. Fan Ning hatte jedoch keinen Erfolg mit seiner Kritik gegen die dominierende Literatenkultur. Er hatte sich durch seine harsche Kritik sogar ins gesellschaftliche Abseits manövriert, so dass er seinen Hofposten schließlich aufgeben musste.[24] Ihm gelang jedoch als Gouverneur (*taishou* 太守) von Yuzhang und Yuhang auf lokaler Ebene ein nachhaltiger Erfolg, da er während seiner Amtszeit in diesen Kommandanturen zahlreiche Schulen zum Studium der Klassiker einrichtete. Seine Biographie erwähnt zudem, dass durch sein Engagement in der gesamten Provinz Jiangzhou die Studien der konfuzianischen Klassiker wieder „aufgeblüht" seien und die „alten Werte wieder gelebt" wurden.[25]

Zwischen Huiyuan und Fan Ning bestanden darüberhinaus enge Verbindungen, da Fan Ning aus einer Familie stammte, die dem Buddhismus sehr zugetan war und er selbst auch als Gouverneur von Yuzhang Sutren-Lesungen und Vorträge ausländischer Mönche organisierte. Fan Ning war durch verwandtschaftliche Verhältnisse zudem eng mit den mächtigen Wangs aus Langye verbunden – ebenfalls eifrige Förderer des Buddhismus.[26] Zu beiden Familien, den Fans und den Wangs, unterhielt Huiyuan beste Kontakte. So ist im GSZ beispielsweise eine Stelle überliefert, welche die Wertschätzung Wang Xuns und Fan Nings gegenüber Huiyuan und dessen Bruder Huichi zum Ausdruck bringt:

> Nach einiger Zeit bat Fan Ning, der Gouverneur von Yuzhang, Huichi um Vorlesungen zum *Saddharmapuṇḍarīka* und zum *Abhidharma*. Daraufhin versammelten sich die Zuhörer wie die Wolken aus den vier Richtungen und aus 1000 Meilen Entfernung. Wang Xun schrieb an Fan Ning einen Brief, in dem er fragte: „Wer von beiden ist der Bessere – Meister Huiyuan oder Meister Huichi?" Fan Ning antwortete in einem Brief: „Wahrlich sind sie zwei tugendhafte Brüder!" Und Wang Chong schrieb in einem Brief: „Bloß so aufrichtig zu sein wie der Ältere ist nicht leicht – um wie viel mehr noch ist das angesichts der Tugendhaftigkeit des Jüngeren?"[27]

Die Unterstützung durch Fan Ning erwiderte Huiyuan durch Mithilfe bei der Förderung des Studiums der Riten. So betrieb Huiyuan am Lushan neben dem Kloster auch eine Schule, in der er selbst unterrichtete und die sich auf die Ausbildung in den Ritenklassikern spezialisiert hatte. Denn auch Huiyuan hatte vor seinem Eintritt in den *Saṃgha* eine konfuzianische Bildung genossen und soll sich hierbei vor allem auf die Ritenbücher sowie das „Buch der Lieder" (*Shijing* 詩經) spezialisiert haben, worin er sogar so kenntnisreich gewesen sein soll, dass einige seiner Schüler später bei Hof zu gefragten Spezialisten wurden.[28]

Diesem konservativen Gelehrtenmilieu, das Buddhisten und Konfuzianer gleichermaßen vereinte, ist auch eine andere einflussreiche Persönlichkeit zuzuordnen, nämlich der Eremit Fan Xuan. Dieser hatte sich in der Präfektur Yuzhang bei Fan Ning niedergelassen und stand schon Mitte des vierten Jahrhunderts im Ruf, gegenüber dem Studium des *Laozi* und des *Zhuangzi* eine unnachgiebige Haltung zu pflegen und stattdessen die Riten zu

24 *Jinshu* 75.1988.3ff.
25 *Jinshu* 91.2360.12.
26 Mather (1976), S. 518.
27 T50.2059.361.b26–c3.
28 Siehe hierzu den Anhang zur Biographie Liu Yimins.

propagieren.[29] Diesem Vertreter eines konservativen Konfuzianismus war Huiyuan seit seiner Jugend sehr zugetan, da er sich vor seinem Eintritt in den *Saṃgha* eigentlich Fan Xuan als Schüler anschließen wollte, dann aber durch die politischen Unruhen im Norden an seinem Vorhaben gehindert wurde.[30] Letztendlich ließ sich Huiyuan nachdem Daoan seine Schülerschar in den beginnenden achtziger Jahren des ausgehenden vierten Jahrhunderts geteilt hatte, dann doch noch ganz in der Nähe seines Jugendidols am Lushan nieder. Es ist daher durchaus möglich, dass zwischen den beiden Männern noch weiterhin persönliche Kontakte bestanden.

Die konservative Einstellung Huiyuans und des ihn umgebenden Zirkels lässt sich auch in anderen Bereichen seines Lebens beobachten. In Bezug auf die Einhaltung der Mönchsregeln und der allgemeinen Disziplin im Donglin-Kloster schreibt Erik Zürcher, habe Huiyuan ein strenges Regime geführt und hätte keinerlei Regelverletzungen geduldet – sowohl bei seinen Schülern, als auch bei sich selbst.[31] Letzterer Aspekt ist auch in einer kurzen Anekdote über Huiyuans Tod festgehalten, die am Ende seiner Biographie erzählt wird. Demnach habe Huiyuan kurz vor seinem Tod trotz schwerer Krankheit die Einnahme eines Stärkungstrankes auf Alkoholbasis verweigert, der ihm zur Genesung von seinen Ärzten verschrieben worden sei:

> Zu Beginn des achten Monats im zwölften Jahr der Regierungsdevise *yixi* (416) verwendete Huiyuan ein Medizinpulver. Am sechsten Tag wurde er schwer krank. Alle ehrwürdigen Alten verbeugten sich mit dem Kopf bis auf den Boden und baten ihn, doch Bohnenwein zu trinken, doch er ließ es nicht zu. Dann forderten sie ihn dazu auf, Reiswein zu trinken, aber er lehnte ab. Schließlich baten sie ihn darum, einen Sirup aus Honig und Wasser zu trinken, woraufhin sie den Vinaya-Meister herbestellten, die Schriftrolle aufzuschlagen und den Text danach zu untersuchen, ob er dies trinken dürfe oder nicht. Die Schriftrolle war noch nicht halb geöffnet, da verstarb er auch schon.[32]

Dieser Schilderung nach verstarb Huiyuan am kompromisslosen Festhalten an einer Klosterregel, die für ihn selbst sogar noch Gültigkeit besaß, als deren Befolgung schon zur Bedrohung für sein eigenes Leben geworden war. So heben auch andere Schilderungen vom Charakter Huiyuans stets dessen „Reinheit" (*qing* 清) hervor, das Ideal eines Eremiten, sich aus den Verstrickungen der Welt zurückzuziehen, um die eigene moralische

29 *Jinshu* 91.2360.7. Zu Fan Xuan, siehe Tsukamoto (1985), S. 920 Fn. bf.

30 T50.2059.357.c27–28.

31 Zürcher (1959), S. 229.

32 T50.2059.361.a29–b4. Der Tod Huiyuans scheint hier durch die Einnahme eines „[Medizin]-Pulvers" verursacht worden sein. Erik Zürcher übersetzt an dieser Stelle ohne weitere Erläuterung *dongsan* 動散 mit „he took a purgative" („er nahm ein Abführmittel"). Um welche Substanz es sich bei dem Pulver nun wirklich handelte, ist unbekannt. Es könnte sein, dass hiermit das berüchtigte *Hanshi san* 寒食散 gemeint ist, die Droge, die den luxuriösen Lebensstil der chinesischen Aristokraten stark geprägt hatte. Es war allerdings für den Konsum des Drogenpulvers absolut notwendig, es mit heißem Wein zu sich zu nehmen, der dann auch während der Zeit, in der der Konsument unter der Wirkung des Pulvers stand, ständig getrunken werden musste. Da in der vorliegenden Textstelle deutlich gesagt wird, dass Huiyuan als Buddhist den Konsum von Alkohol ablehnte, ist es fraglich, dass es sich bei dem erwähnten Pulver um das *Hanshi san* handelte. Siehe hierzu Wagner (1973), S. 79–179.

Integrität zu bewahren.[33] Dieses Ideal passt zur Linie, auf die Huiyuan die Mönchsgemeinschaft am Lushan hin ausrichtete, nämlich innerhalb einer „reinen“ Sphäre sich dem Treiben der Welt und ihren Lustbarkeiten zu entziehen und an der eigenen Vervollkommnung zu arbeiten. Verdichtet findet sich dies in Huiyuans Schrift „Traktat darüber, dass ein *śramaṇa* nicht den König ehrt“ (*Shamen bujing wangzhe lun* 沙門不敬王者論), in der die strikte Trennung zwischen den Mönchen, die „das Haus verlassen haben“ (*chujia* 出家) und den Laien, „die im Haus verbleiben“ (*zaijia* 在家) und damit in der Welt und ihren Verstrickungen bleiben, programmatisch ausgesprochen wird.[34]

3.2 Die Diskussion zwischen Sengzhao und Liu Yimin über die Erkenntnis des *dharmakāyabodhisattva*

Nicht nur in der zeitgenössischen Literatur, sondern auch in modernen Forschungsarbeiten des 20. Jahrhunderts wird Sengzhao zumeist als ein Anhänger der *Xuanxue* betrachtet, der wesentlich zur „Sinisierung des indischen Buddhismus“ beigetragen habe. Diese Einordnung wird einerseits natürlich durch die offensichtlichen stilistischen Merkmale und durch die von ihm zitierten Werke bestätigt, liegt aber wohl auch an der im vorigen Abschnitt beschriebenen zeitgenössischen Einordnung durch seine Gegner. Von daher ist schon in gewisser Weise eine Richtung vorgegeben, die eine Untersuchung nahelegt, welchen „chinesischen“ und welchen „indischen“ Gehalt sein Denken aufweist. Wie aber bereits in der Einleitung dargestellt wurde, werden durch diese deduktive Fragerichtung nach der „Sinisierung“ wichtige, ja essentielle Aspekte ausgeblendet, die sowohl das Verständnis des BWZL selbst, als auch seine dogmatische Relevanz innerhalb eines buddhistischen Kontextes erst ermöglichen.

Nach der Erörterung des Hintergrundes der Debatte im zweiten Teil dieser Arbeit und der Untersuchung der ersten Reaktionen auf das BWZL im vorherigen Abschnitt, soll in den folgenden Kapiteln die Einordnung des Briefwechsels zwischen Liu Yimin und Sengzhao in diesen Kontext erfolgen. Hierbei wird die wichtige Frage nach der Funktion des *Xuanxue*-Denkens bezüglich der Debatte um den *dharmakāyabodhisattva* in den Mittelpunkt gestellt. Zunächst wird hierzu im folgenden Kapitel die Problematik in Liu Yimins ersten beiden Fragen herausgearbeitet, in denen sich die Problemstellung in besonderer Weise konzentriert. Hierauf wird in den in 3.2.2 folgenden Punkten Sengzhaos Antwort auf die Kritik Liu Yimins dargestellt und gezeigt, wie er die dogmatischen Probleme um den *dharmakāyabodhisattva* durch eine Übersetzung in Denkstrukturen der *Xuanxue* zu lösen versuchte.

3.2.1 Die Kritik Liu Yimins an Sengzhaos Konzeption des „Weisen Bewusstseins“

Die Antwort auf Liu Yimins zweite Frage nimmt in Sengzhaos Antwortbrief die wohl prominenteste Stellung ein. Ihre Besonderheit liegt nicht nur in ihrer Länge, sondern auch, dass sie sich nicht unmittelbar auf das BWZL bezieht. So wird in den drei anderen Fragen

33 Siehe Holcombe (1989), S. 121.

34 Siehe hierzu im Anhang den Abschnitt zur Biographie Liu Yimins.

jeweils ein direkter Textbezug entweder durch Zitate (Frage 1 und 4) oder durch das Aufgreifen von Begriffen (Frage 3) hergestellt. Die zweite Frage knüpft jedoch an die erste Frage an, indem dort zunächst das Grundproblem skizziert wird:

> Von daher verwirft das Erkennen nicht die Stille und die Stille verwirft nicht das Erkennen – niemals war es nicht still und niemals erkennt es nicht. Deshalb weilt sein Weg, durch den es sich unter den Dingen bewegt, Verdienste schafft und die Zeitalter erzieht, zwar inmitten dessen, was Namen hat, soll aber dennoch weit entfernt davon mit dem Namenlosen gleich sein – Die Dunkelheit eines solchen Prinzips ist etwas, was mir immer undurchschaubarer erscheint![35]

Liu Yimin eröffnet den Frageteil seines Briefes, indem er auf einen zentralen Widerspruch hinweist, welchen er im BWZL ausmacht. So soll sich das „Weise Bewusstsein“ (*shengxin* 聖心), das erleuchtete Bewusstsein eines Bodhisattva, durch den Abbruch der *kleśa* zwar von allen weltlichen Verstrickungen gelöst haben. Doch analog zum kontroversen Konzept des Dharma-Leibes sieht Liu Yimin das Problem, wie sich ein solches Bewusstsein zwar „inmitten dessen“ befinde, „was Namen hat“, trotzdem aber fern von den Dingen „mit dem Namenlosen“ gleich sein könne. Es handelt sich damit um dasselbe Problem wie bei der Diskussion um den Dharma-Leib, wobei Frage 2 den Bereich der Epistemologie thematisiert. Denn auch hier besteht der Widerspruch aufgrund der Ausführungen im DZDL indem einerseits gesagt wird, dass im „Weisen Bewusstsein“ die Dichotomien zwischen Bewusstsein und Bewusstseinsfunktionen, zwischen Bewusstsein und Erkenntnisobjekt, nicht mehr bestehen würden, andererseits aber behauptet wird, dass das Bewusstsein hierdurch erst die volle Potentialität seiner Erkenntnismöglichkeiten verwirkliche. So bezeichnet Liu Yimin die dichotomen Verhältnisse in der *Sarvāstivāda*-Epistemologie auch als „Unterschiede im Weisen Bewusstsein“ (*shengxin zhi yi* 聖心之異), worüber seiner Meinung nach im BWZL zwei sich widersprechende Aussagen bestehen würden:

> Was aber nun die Weisungen in eurer Abhandlung betreffen, die von denjenigen angezweifelt werden, die [hierüber] reden: Wenn man nach den Unterschieden im Weisen Bewusstsein sucht, sagt ihr da, dass das Ergründen des Geistes und die äußerste Grenze der Bewusstseinsfunktionen sich subtil erschöpfen und dunkel ineinander passen würden? Oder meint ihr, dass das Bewusstsein die Dharma-Natur erfahren und auf wunderbare Weise achtsam ganz für sich alleine wahrnehmen würde?[36]

Inhaltlich gesehen wirft Liu Yimins zweite Frage aufgrund der darin verwendeten Begriffe zahlreiche Verständnisschwierigkeiten auf, wofür sich allerdings aus der formalen Struktur Hinweise für ein inhaltliches Verständnis gewinnen lassen. So präsentiert Liu Yimin das Problem zunächst in einer rhetorischen Form, die auch schon Huiyuan in seinen Briefen an Kumārajīva verwendet hatte. Diese, nach Rudolf G. Wagner „aporetische Frageform“, besteht aus zwei gleichzeitigen und gleichrangigen Prädikationen über ein und denselben Gegenstand, die jeweils nach einer Ableitungsreihe zueinander in Widerspruch

35 T45.1858.155.a25–27.
36 T45.1858.155.a28–b1.

gebracht werden. Beide Zuschreibungen zu demselben Objekt entstehen hierbei aus einer Reihe, die aus zwei, eingangs jeweils durch *wei* 為 … *wei* 為… („Ist es so, dass … oder so, dass …") aufgestellten Optionen und den sich hieraus ergebenden Folgerungen bestehen.[37] Die beiden Ableitungsreihen sind hierbei:

> *Erste Ableitungsreihe:* „Sagt ihr, dass das Ergründen des Geistes und die äußerste Grenze der Bewusstseinsfunktionen sich subtil erschöpfen und dunkel ineinander passen würden?"
> *Zweite Ableitungsreihe:* Meint ihr, dass das Bewusstsein die Dharma-Natur erfahren und auf wunderbare Weise achtsam ganz für sich alleine wahrnehmen würde?

Durch diese Aufspaltung gelangt Liu Yimin im weiteren Verlauf schließlich zu zwei gegenteiligen Aussagen über das Weise Bewusstsein. Doch vor dem Aufzeigen des Widerspruches durch die Kombination beider Ableitungssreihen entwickelt er die Argumentation zunächst getrennt voneinander. Im Folgenden werden daher beide Reihen gesondert betrachtet.

In der ersten Ableitungsreihe und der daraus resultierenden Folgerung geht es um die Frage, wie die von Sengzhao im BWZL geforderte höchste Erkenntnis des Weisen Bewusstseins denn erklärt werden könne. Liu Yimin verweist hierbei auf die Epistemologie des *Sarvāstivāda*, welche das Zusammenwirken der beiden Bewusstseinsfunktionen *prajñā* und *samādhi* als zentral für die Erkenntnis der Dharma-Merkmal betrachtet. Hierdurch erst, durch *prajñā* und *sāmadhi*, würde das Bewusstsein seine höchste Erkenntnisleistung verwirklichen:[38]

> Wenn das Ergründen des Geistes und die äußerste Grenze der Bewusstseinsfunktionen sich subtil erschöpfen und dunkel ineinander passen, dann ist doch der Name für die Stille und das Erhellen doch bloß das Wesen von *samādhi* und *prajñā*![39]
> 若窮靈極數妙盡冥符則寂照之名故是定慧之體耳

Es ist möglich, dass Liu Yimin sich an dieser Stelle auf ein Problem aus der Korrespondenz zwischen Wang Mi und Kumārajīva bezieht, denn bei den beiden Ausdrücken *qiongling* 窮靈 und *jishu* 極數 handelt es sich um dunkle und nur schwer zugängliche Begriffe, die so weder im BWZL noch in anderen buddhistischen Texten zu finden sind. Auch die Kommentare widersprechen sich an dieser Stelle und liefern keine einheitliche Erklärung.[40] Es lassen sich allerdings aus der strukturellen Anordnung der in dieser Reihe

37 Siehe Wagner (1969), S. 112ff.; Auch Lai Pengju stellt die Ähnlichkeit der Fragen Huiyuans und Liu Yimins bezüglich der „aporetischen Form" fest. Lai (2000), S. 351ff.

38 Auch Yuan Kang 元康 (ca. 627–649) unterscheidet im *Zhaolun shu* 肇論疏 (T1859) zwischen den beiden Optionsreihen und ordnet die erste der Position des „Erkennens" (*youzhi* 有知) und die zweite derjenigen des „ohne Erkennens" (*wuzhi* 無知) zu. T45.1859.183.b20–23.

39 T45.1858.155.b1–2.

40 Über die Bedeutung dieser Stelle herrscht auch unter den späteren Kommentatoren Uneinigkeit. So verstehen verschiedene Kommentatoren die strittigen Begriffe in durchaus unterschiedlicher Weise. Yuan Kang glossiert den Ausdruck *qiongling* 窮靈 mit das „wirkmächtige Erleuchten der *prajñā* ganz ausschöpfen" (*qiong bore zhi lingzhao* 窮般若之靈照, T45.1859.183.b19–22), während der Song bzw.

vorkommenden Begriffe Hinweise zum Verständnis gewinnen. So stehen beide innerhalb einer Ableitungsreihe, durch die sich inhaltliche Bezüge feststellen lassen, da am Ende der Folgerung durch *ze* 則 die beiden Bewusstseinsfunktionen *prajñā* und *samādhi*, bzw. *hui* 慧 und *ding* 定 stehen:

„Die Ergründung des Geistes“ (*qionling* 窮靈)	„Die äußerste Grenze der Bewusstseinsfunktionen“ (*jishu* 極數)
↓	↓
„Stille“ (*ji* 寂)	„erhellen“ (*zhao* 照)
↓	↓
„Konzentration“ (*ding* 定, *samādhi*)	„Weisheit“ (*hui* 慧, *prajñā*)

Hieraus lässt sich erkennen, dass Liu Yimin *qiongling* bzw. *jishu* im Bedeutungsumfeld von *prajñā* und *samādhi* verortet, deren wesenhafte Funktion in der „Stille“ und dem „Erhellen“ bestehen sollen.[41] Auch spielt er hierbei auf die bereits bekannte gegenseitige Durchdringung beider Bewusstseinsfunktionen an, indem er schreibt, dass beide sich „subtil erschöpfen und dunkel ineinanderpassen“ (*miaojin mingfu* 妙盡冥符) würden. Liu Yimin scheint in der ersten Ableitungsreihe somit zwischen *qiongling* und *jishu* von einem funktional aufeinander gerichteten Verhältnis dieser beiden Eigenschaften des Weisen Bewusstseins auszugehen, wobei er unter „Stille“ und „erhellen“ die Kernfunktionen von *samādhi* und *prajñā* versteht.[42]

Yuan-zeitliche Kommentator, Wen Cai 文才 (1241–1302), an dieser Stelle eine Modifikation vornimmt und sagt, „wirkmächtig“ (*ling* 靈) bedeute eigentlich „leer“ (*xu* 虛) (T45.1860.222.a6–8). *Jishu* 極數 wird bei Yuan Kang als „die Bewusstseinsfunktionen des Weisen Herzen zur äußersten Entfaltung bringen“ (*ji shengzhi zhi xinshu* 極聖智之心數) verstanden, während Wen Cai schreibt, damit sei „das Zählbare des konventionellen Urteils“ (*suti zhi shu* 俗諦之數) gemeint (T45.1860.222.a9–10). Hui Da, der früheste Kommentator zum *Zhaolun* schreibt, dass *jishu* hier eigentlich *wushu* 無數 (*asaṃkhya*) bedeute (X54.866.70.c6). Ich folge in meiner Diskussion der Annahme Yuan Kangs, der *jishu* als „Bewusstseinsfunktionen“ *xinshu* 心數 begreift.

41 Siehe Kapitel 2.

42 Es ist möglich, dass Liu Yimin mit den „Zahlen“ (*shu* 數) die Bewusstseinsfunktionen meint, wobei die auf die Wahrheit eines *dharma* gerichtete *prajñā* deren „höchste Entfaltung“ oder „Firstbalken“ (*ji* 極) darstellt. *Qiongling* wäre auf *samādhi* bezogen dann die Ergründung des Geistes in der konzentrierten Meditation. Zudem wird der chinesische Begriff *ling* 靈 auch dazu gebraucht, die magische Wirksamkeit eines Dinges zu bezeichnen. Da dem *samādhi* im Buddhismus übernatürliche Kräfte zugeschrieben wurden, könnte sich die Verwendung des Begriffs *ling* hier auf diese Kräfte der Geistesdurchdringung beziehen, die dem im *samādhi* Versunkenen zukommen. Doch gerade auch die Beschreibung von *qiongling* und *jishu* als einerseits „ergründen“ (*qiong* 窮) und andererseits „zur äußersten Entfaltung bringen“ (*ji* 極), zwei Begriffe für entgegengesetzte Richtungen der Ausdehnung, deutet auf eine gegenteilige Ausrichtung von *ling* bzw. *shu* hin. Denn *prajñā* erkennt im Außen und *samādhi* zieht sich nach Innen, in die Stille zurück. Das HDCD zitiert hierzu Cao Zhi, der *qiongji* im Sinne von „Ende“, „Begrenzung“ begreift: „Himmel und Erde sind ohne Erschöpfung und ohne äußersten Punkt.“ HDCD 8.469.

Inhaltlich gesehen verweist Liu Yimin somit auf das Verständnis des *Sarvāstivāda* von der Erkenntnis der Dharma-Merkmale. Die eigentliche Problematik wird allerdings erst durch die zweite Ableitungsreihe hergestellt, in der Liu Yimin auf die Aufhebung der „Unterschiede im Weisen Bewusstsein" eingeht, der Ablösung des Bewusstseins *xin* 心 von den Bewusstseinsfunktionen:

> Wenn das Bewusstsein die Dharma-Natur erfahren und auf wunderbare Weise achtsam ganz für sich alleine wahrnehmen soll, dann muss doch die Reaktion der vielen Bewusstseinsfunktionen hierdurch ganz zum Erliegen kommen!
> 若心體自然靈怕獨感則群數之應固以幾乎息矣[43]

Gemäß dem Verständnis des *Sarvāstivāda* „reagieren" (*ying* 應) die Bewusstseinsfunktionen des Bewusstseins, das sich in einer Beziehung zum Bewusstseinsobjekt befindet.[44] Allerdings geht Liu Yimin hier auf Sengzhaos Theorie von der Erkenntnis des Weisen Bewusstseins im BWZL ein, da dort die Bewusstseinsfunktionen nicht wirksam werden und das Bewusstsein vielmehr „alleine erkennt" (*dugan* 獨感). In dem durch *ruo* 若 und *ze* 則 gebildeten Konditionalsatz verdeutlicht Liu Yimin diesen Widerspruch außerdem durch die Gegensätze in den hier vorkommenden Begriffen:

„einzeln" (*du* 獨)	↔	„viele" (*qun* 群)
„wahrnehmen" (*gan* 感)	↔	„reagieren" (*ying* 應)

Die Bedingung des Folgerungssatzes besteht hierbei in der Aussage, dass das Bewusstsein die „Dharma-Natur" (*ziran* 自然) ganz „alleine für sich empfinde" (*dugan* 獨感), während die Folgerung darin besteht, dass die „vielen Bewusstseinsfunktionen" (*qunshu* 群數) durch die Abtrennung vom Bewusstsein nicht mehr „reagieren" (*ying* 應) könnten: Ein Erkennen könne, so Liu Yimin, ohne die Bewusstseinsfunktionen nicht mehr stattfinden, ein Erkennen alleine über das Bewusstsein sei nämlich nicht möglich.

Nach der gesonderten Behandlung beider Teile kombiniert Liu Yimin diese in dem folgenden Absatz, wobei beide Reihen miteinander kombiniert werden und der daraus entstehende Widerspruch in einer abschließenden Bemerkung rhetorisch zugespitzt wird:

> Nun: Haben sich die Bewusstseinsfunktionen verdunkelt, so soll sich trotzdem noch einzig ihr Erhellen [in der Welt] bewegen. Und hat sich die Reinheit der Geisteskraft ins Jenseitige hinein transformiert, so soll trotzdem noch alleine die Klarheit der Weisheit [in der Welt] vorhanden sein! Es muss doch [hierfür] noch einen profunderen Beweis geben und ihr solltet versuchen uns einen solchen zu erörtern.
> 夫心數既玄而孤運其照神淳化表而慧明獨存當有深證可試為辨之[45]

Nach der Einleitung durch die beiden Ableitungsreihen, bringt Liu Yimin erst hier seine grundlegende Kritik vor: Wie kann der Bewusstseinsmodus der *prajñā* noch in seiner „erhellenden" (*zhao* 照) und „klärenden" (*ming* 明) Funktion wirken, da die Bewusstseinsfunktionen doch „dunkel" (*xuan* 玄) sind? Rhetorisch verdeutlicht Liu Yimin die Widersprüchlichkeit dieser Aussage wieder durch die in diesen Begriffen enthaltenen Gegensätze.

43 T45.1858.155.b2–3.
44 Siehe z.B. T28.1550.810.c20ff.
45 T45.1858.155.b2–5.

Verstärkt wird diese gegensätzliche Rhetorik jeweils auch durch das Wort „einsam“ (*gu* 孤) bzw. „alleine“ (*du* 獨), das sich auf das Übrigbleiben der erkennenden Funktion des Bewusstseins bezieht:

„dunkel“ (*xuan* 玄)	↔	„erhellen“ (*zhao* 照)
„jenseits“ (*biao* 表)	↔	„[in der Welt] vorhanden sein“ (*cun* 存)

Indem Liu Yimin in Frage 2 die beiden Verständnisweisen des Weisen Bewusstseins – einerseits als erkennend durch die Bewusstseinsfunktionen, andererseits abgelöst von diesen – hervorhebt, verdeutlicht er auch die grundlegenden Unterschiede in der Epistemologie des *Sarvāstivāda* und des DZDL. Denn für Liu Yimin ist eine erkennende Funktion des Weisen Bewusstseins nur aufgrund der Bewusstseinsfunktionen und vor allem durch *prajñā* und *samādhi* möglich. Eine Absonderung des Bewusstseins von seinen erkennenden Funktionen, wie in der zweiten Ableitungsreihe dargestellt, ist für ihn nicht plausibel. Liu Yimin zweifelt so grundsätzlich daran, wie ein von den Funktionen getrenntes Bewusstsein trotzdem die von Sengzhao postulierte „Erhellung“ durch *prajñā* leisten könne. Wie bereits zu Beginn des Fragebriefs angesprochen, sieht Liu Yimin hier grundsätzliche Widersprüche und Unklarheiten, die er Sengzhao bittet aufzuklären.[46]

Allerdings stehen hinter den dogmatischen Differenzen auch zwei gänzlich differente Auffassungen von Sprache, die in diesem Fall jeweils die Basis für verschiedene hierauf aufbauende Epistemologien bilden. Dieses Thema wird von Sengzhao in seiner Antwort auf Liu Yimins zweite Frage aufgenommen und als ein grundsätzliches Problem in den Mittelpunkt der Diskussion gerückt.

3.2.2 Das Problem des *vikalpa* und die Einschränkung der *prajñā*

Der *Sarvāstivāda* fordert eine „Erkenntnis der Dharma-Merkmale“, wodurch die „Wahre Natur“ der *dharma* (als leidhaft, selbstlos, etc.) erkannt werden und diese Erkenntnis wiederum zur Freiheit von den *kleśa* führen soll. Das Verhältnis zwischen Bewusstsein und Bewusstseinsfunktionen sowie die Objektbezogenheit des Bewusstseins ist hierbei eine theoretische Grundlage mit Wirklichkeitsanspruch. Das bedeutet, dass die *dharma*, deren Eigenschaften, deren Verhältnisse und die diesem Modell zugrundeliegenden Dichotomien grundsätzlich als real-existierend angenommen werden. Sprache hat hierbei die Funktion „wirkliche“ Realitäten abzubilden, auf deren Basis dann die Erkenntnis der Dharma-Merkmale stattfinden soll. Wie im vorigen Abschnitt gezeigt wurde, setzt Liu Yimin das Funktionieren und das Wirken der Bewusstseinsfunktionen für die Erkenntnisleistungen des Weisen Bewusstseins voraus. Diese sind als *dharma* des Bewusstseins jedoch auch sprachlich benennbare „Dinge“, auf denen der *Sarvāstivāda* gemäß dem Verständnis vom festen Verhältnis zwischen „Wort“ und „Wirklichkeit“ seine Epistemologie aufbaut. In seiner Antwort auf Liu Yimins Kritik setzt Sengzhao genau hier an und stellt damit die Möglichkeit des Sprechens über das „Weise Bewusstsein“ grundsätzlich in Frage:

> Ich meine nun, dass man die Tatsache, dass das Weise Bewusstsein „subtil erschöpft und sich dunkel einpasst“ nicht als *prajñā* und *samādhi* bezeichnen kann. Und dazu, dass der Geist „achtsam ganz für sich alleine wahrnimmt“ kann man nicht sagen,

46 T45.1858.155.b4–5.

dass die vielen Bewusstseinsfunktionen hiermit zu einem Ende gebracht würden. Obgleich verschieden sind beide Aussagen in ihrer subtilen Wirkung doch immer eines. Das Ich und die äußeren Spuren vervielfältigen sich, sind im Weisen Bewusstsein aber nicht unterschieden. [...] Denn der Name für *samādhi* und *prajñā* ist keine Bezeichnung, die gleich mit [etwas] in der Außenwelt wäre. Wenn die Bezeichnungen in Übereinstimmung mit der Innenwelt entstehen würden, dann würde mit den Bezeichnungen des Vorhandenen keine Übereinstimmung bestehen. Wenn die Bezeichnungen in Übereinstimmung mit der Außenwelt entstehen würden, dann wären die Bezeichnungen ohne das Ich.[47]

Der Einwand, den Sengzhao hier Liu Yimin entgegenhält, ist somit eine grundlegende Kritik an der Möglichkeit des Sprechens, da aufgrund der Dichotomie zwischen „Innenwelt" (*nei* 内) und „Außenwelt" (*wai* 外), zwischen „Ich" (*wo* 我) und „äußeren Spuren" (*ji* 迹) ein Zusammenkommen von „Benennung" (*cheng* 稱) und „Vorhandenem" (*you* 有) gänzlich unmöglich sei. Beide Bereiche würden damit ohne Verbindung zueinander stehen, weshalb eine Benennung, die von der „Innenwelt" des „Ich" her ausgeht, nicht mit etwas im „Außen" übereinstimmen könne. Sengzhao folgt hier einem Gedanken, der schon im *Zhuangzi* angedeutet und von der *Xuanxue* wiederaufgenommen wurde. So erwidert dort im ersten Kapitel Xu You 許由 dem Angebot Yaos 堯, an seiner Stelle das Reich zu regieren, indem er sagt, dass er dies nicht „für einen Namen" täte, da „der Name immer nur der Gast der Wirklichkeit" sei.[48] Guo Xiang kommentiert diese Stelle, indem er hervorhebt, dass das Verhältnis zwischen „Name" (*ming* 名) und „Wirklichkeit" (*shi* 實) analog zum Verhältnis des Herrschers zu den Dingen sei. Denn einer, der „nur für sich selbst ein Amt übernehme, steht den Dingen gegenüber, während derjenige, der im Einklang mit den Dingen steht, den Dingen kein Gegenüber sei."[49] So wie sich ein Herrscher gegenüber dem Volk absetze, unterscheide sich auch ein Begriff von der Wirklichkeit. Denn das Problem der Benennungen beruhe auf einer grundlegenden Dichotomie zwischen der Benennung und dem Benannten – das eine eine menschliche Konvention, das andere eine Gegebenheit in der Welt. Diese Ansicht Sengzhaos zum Realitätsanspruch von Sprache, findet sich auch im DZDL und im *Vimalakīrtisūtra*. So unterzieht Sengzhao im VK die Epistemologie des *Sarvāstivāda* einer grundlegenden Kritik, indem er das auf der Basis von Differenzierungen erkennende Bewusstsein als „irriges Vorstellen" (*wangxiang* 妄想, *vikalpa*) bezeichnet. Im berühmten neunten Kapitel vom Schweigen Vimalakīrtis über den Eingang in das „Tor der Nichtzweiheit" (*buer men* 不二門), wird ein solches „Differenzieren" (*fenbie* 分別) als hauptsächlicher Hinderungsgrund für die Einsicht in das Wahre Merkmal dargestellt.[50]

Sengzhao erwähnt im Briefwechsel den Begriff *vikalpa* nie, wobei sich seine Entgegnung zu Liu Yimins Kritik aber mit Passagen im VK deckt, in denen er das differenzierende Denken des Bewusstseins beschreibt und dies sogar als das zentrale Thema des *Sūtra* in den Mittelpunkt rückt. Auch erklärt Sengzhao im VK wesentlich deutlicher als im

---

47 T45.1858.156.a10–16.

48 „Hsü Yu said, ‚You govern the world and the world is already governed. Now, if I take your place, will I be doing it for a name? But name is only the guest of reality – will I be doing it so I can play the part of a guest?'" Watson (1968), S. 32; ZYD 1.2.34–25.

49 GX 59.22.54.

50 T38.1775.399.a24–28.

Briefwechsel und zudem nicht in der Terminologie der *Xuanxue*, um was es sich bei *vikalpa* genau handelt. „Irriges Vorstellen" meint demnach die differenzierende Bewusstseinstätigkeit an sich, die Scheidung zwischen „Bewusstsein" (*xin* 心) und „Erkenntnisobjekt" (*yuan* 緣), die Unterscheidung von Dharma-Merkmalen und generell alle hierauf beruhenden Dichotomien. Hierzu sagt Sengzhao im VK:

> „Am Objekt festklammern" heißt die subtile Aktivität des irrigen Vorstellens (*vikalpa*) und das Festklammern an allen *dharma*. Ist das verblendete Denken als Ursache da, dann sind Gut und Schlecht bereits geschieden. Sind Gut und Schlecht unterschieden, so lodern gleichzeitig schon Abneigungen und Leidenschaften. Hierdurch quälen uns alle Leidenschaften im Inneren und die vielen Krankheiten entstehen im Äußeren.[51]

Vikalpa wird hier von Sengzhao als ein Problem geschildert, dessen Grundtendenz darin bestehe, als Bewusstseinstätigkeit („subtile Aktivität" *weidong* 微動) die Beziehung zu einem Objekt aufzubauen und sich daran „festzuklammern" (*pan* 攀). Das Bewusstsein „ergreife" damit partikulare „Merkmale" (*quxiang* 取相) und beziehe hieraus sein „Erkennen" (*zhi* 知). Doch gilt die Unterscheidung zwischen Subjekt und Objekt und das Ergreifen von Merkmalen deshalb als „irrig" (*wang* 妄), da die *dharma*, von denen Merkmale bezogen werden, „ursprünglich ohne Merkmale" (*ben wuxiang* 本無相) seien.[52] Ein auf Merkmalen basierendes Erkennen verkenne so deren grundlegenden Charakter der Leerheit und die Abwesenheit aller definitorischer Wesensbeschreibungen. Denn das Denken des *vikalpa* ist durch die Dichotomien, die es für den Erkenntnisprozess voraussetzt, karmisch aktiv und gibt diese als Differenzierungen, z.B. als „gut" und „böse", an die Außenwelt weiter. Es ist zudem selbst aus dem Karma vergangener Leben entstanden und muss, um *bodhi* zu erlangen, gänzlich überwunden werden.[53]

Neben dieser eher generellen Kritik am *vikalpa* konzentriert Sengzhao seine Auseinandersetzung im VK jedoch vor allem auf die Partikularität des objektgebundenen Erkennens. Dessen Problem besteht darin, dass das auf partikulare Merkmale fixierte Bewusstsein beim Erkennen der *dharma* diese immer nur partiell erkennt, anstatt die universale Leerheit aller *dharma* im „Wahren Merkmal aller *dharma*" zu realisieren. So könne aus der *prajñā*, so wie sie die Anhänger des *Sarvāstivāda* verstehen, aufgrund der trennenden und scheidenden Aktivität des Bewusstseins niemals die vollkommene Einsicht erfolgen.

3.2.3 *You* und *wu* – die Partikularität des *vikalpa*

Die Partikularität des *vikalpa*, und damit auch die Partikularität der „Untersuchung der Dharma-Merkmale", spielt in der Diskussion mit Liu Yimin eine zentrale Rolle. So unternimmt Sengzhao in der Antwort zur zweiten Frage hierzu einen längeren Exkurs. Die Dichotomien des *vikalpa* und dessen Partikularität erklärt Sengzhao dabei durch das aus der chinesischen Philosophie stammende und von den Autoren der *Xuanxue* gern verwendete Gegensatzpaar („vorhanden" *you* 有) und „nichtvorhanden" (*wu* 無), das für die Einseitigkeit in der Erkenntnis des verblendeten Bewusstseins stehen soll. Denn positives, also

51 T38.1775.377.c9–11.
52 T38.1775.377.c20–22; T38.1775.345.c24; T38.1775.377.c14–16.
53 T38.1775.363.a3.

„vorhandenes" Erkennen fände demnach immer nur partiell innerhalb des positiven Teils des Gegensatzpaares statt und würde dabei dessen negatives Gegenteil verneinen. Zudem impliziere ein Teil des Gegensatzpaares immer auch dessen Gegenteil, denn beide partikulare Erkenntnisbereiche verweisen aufeinander und gehen auseinander hervor. Dies meint Sengzhao, wenn er im BWZL sagt, dass „wenn etwas vorhanden ist, was erkannt wird, auch etwas vorhanden ist, was nicht erkannt wird".[54] Im VK erklärt Sengzhao diese gegenseitige Abhängigkeit in einer längeren Passage, wobei es um die Frage geht, ob die *dharma* nun „vorhanden" oder „nichtvorhanden" sind:

> Will man von ihrem Vorhandensein sprechen, so ist ihr Vorhandensein nicht aus sich selbst heraus entstanden. Will man aber von ihrem Nichtvorhandensein sprechen, so sind trotzdem Ursachen zusammengekommen und haben eine Form angenommen. Da Ursachen zusammengekommen und eine Form angenommen haben, kann man hierzu nicht Nichtvorhanden sagen. Da sie nicht aus sich selbst heraus entstanden sind, sagt man nicht, sie seien vorhanden. Weiterhin: Aus dem Grund, da es das Vorhandene gibt, gibt es auch das Nichtvorhandene. Gibt es kein Vorhandenes – woher dann das, was nicht vorhanden ist? Aus dem Grund, da es das Nichtvorhandene gibt, gibt es auch das Vorhandene. Gibt es kein Nichtvorhandenes – woher dann das, was vorhanden ist? Ist es so, dann gilt: Vom Vorhandensein her sind die *dharma* folglich nicht vorhanden. Vom Nichtvorhandensein her sind sie folglich nicht nichtvorhanden. Dies ist die rechte Rede des Königs des Dharma![55]

Die polaren Teile des Gegensatzpaares *you* und *wu* erklären sich somit immer gegenseitig und eine einseitige Sichtweise hierauf bedingt immer auch ihr Gegenteil. Das Bewusstsein nimmt durch die Annahme von „vorhandenen" Dharma-Merkmalen so immer partiell Stellung, wobei diese Erkenntnis immer partikular, nie universal ist. Das erwachte Bewusstsein erkennt hingegen diese gegenseitige Abhängigkeit und lässt sich nicht auf einen einseitigen Standpunkt ein.

Bisher wurden *you* und *wu* immer als „Vorhandensein", bzw. „Nichtvorhandensein" ins Deutsche übersetzt. Diese Übersetzung von *you* im Sinne eines „Vorhanden-Seins" ist allerdings nicht unproblematisch, da es Sengzhao nicht um eine Ontologie oder gar um eine Genese des Seins geht.[56] Denn wie Passagen aus dem VK zeigen, meint Sengzhao mit *you* zunächst das „Haben von Merkmalen" (*you xiang* 有相). Er erklärt in einer Passage des Kommentars, dass das Bewusstsein der Ort sei, an dem die „unheilvollen Merkmale"

54 T45.1858.153.a27.

55 T38.1775.332.c27–333.a2.

56 Die Wahl der Übersetzung „vorhanden" für *you* scheint mir der beste Kompromiss zu sein, zwischen einer ontologisierenden Übersetzung als „Sein" und einer streng bei der ursprünglichen chinesischen Bedeutung bleibenden Übertragung mit „haben". Zu einer kritischen Betrachtung von *you* als „Sein" innerhalb der chinesischen Philosophie, s. Graham (1990), S. 331ff. Jörg Plassen begründet in seiner Doktorarbeit seine Übersetzung von *you* mit „haben" damit, dass sich *you* bzw. *wu* beziehen würden „auf die zwei Erfahrungsbereiche der durch das Vorhandensein von Eigenschaften in sich differenzierten Erscheinungswelt der Dinge und des vollkommen eigenschaftslosen Leeren". Er merkt hierzu allerdings an, es solle „nicht unbeachtet bleiben, dass alles, was [differenzierende Merkmale bzw. Eigenschaften] hat, natürlich gleichzeitig auch existiert, insofern es sich nämlich aus dem Unbestimmten heraus abgrenzt." Plassen (2002), S. 24 Fn. 1.8.

(*huoxiang* 惑相) hervorgebracht werden, wodurch das Bewusstsein dann selbst solche „Merkmale habe“ (*xin youxiang* 心有相).[57] Der chinesische Begriff (*xiang* 相) steht dabei für Sanskrit *lakṣaṇa*, womit wahrnehmbare Charakteristika eines real vorhandenen Gegenstandes gemeint sind.[58] Objekterkenntnis heißt demnach, dass das Bewusstsein ein sinnlich wahrnehmbares Merkmal eines Bewusstseinsobjektes erkennt.[59] Mit der Wahrnehmung eines Objektes geht somit auch die Präsenz von Merkmalen im Bewusstsein einher. *You,* „haben“, meint so zunächst zweierlei: Erstens die Intentionalität des Bewusstsein und zweitens eine Bewusstseinstätigkeit des „Ergreifens von Merkmalen“ (*quxiang* 取相), über die das Erkennen des Objektes stattfindet. „Haben“ impliziert damit auch die Epistemologie des *Sarvāstivāda*, die ganz auf der Objektintenionalität des Bewusstseins und dem Erkennen von Dharma-Merkmalen durch die Bewusstseinsfunktionen beruht. Allerdings spricht Sengzhao in diesem Zusammenhang auch vom Vorhandensein des Bewusstseins, da die Wahrnehmung von „vorhandenen“ Merkmalen immer auch sein eigenes „Vorhandensein“ voraussetzt. Sengzhao illustriert die Zusammengehörigkeit eines „Merkmals“ mit dem „Vorhandensein“ des Bewusstseins analog zu einem Gegenstand und dessen Schattenwurf:

> Ist eine körperliche Form vorhanden, dann muss auch einen Schatten da sein; ist ein Merkmal vorhanden, dann muss auch ein Bewusstsein vorhanden sein.[60]

Die verblendete Bewusstseinstätigkeit begrenzt sich somit nicht bloß auf das „Ergreifen“ von Merkmalen, sondern beinhaltet auch die Zuschreibung eines als dauerhaft erachteten „Selbst-Seins“. Das „Haben von Merkmalen“ verdichtet sich so zur illusorischen Wahrnehmung einer stabilen Existenz des Erkenntnisobjektes und des erkennenden Subjektes.[61] Es ist vor allem diese Tätigkeit des Bewusstseins, die es in Konflikt mit der als vergänglich erachteten Wirklichkeit kommen lässt und die Erfahrung des Leides hervorruft.[62] *Vikalpa* oder die differenzierende Bewusstseinstätigkeit an sich werden daher von Sengzhao und Kumārajīva übereinstimmend als der „Ursprung der Krankheit“ (*bingben* 病本) betrachtet.[63]

Im Antwortbrief an Liu Yimin kritisiert Sengzhao eine solche „irrige Vorstellung“ von einem „Sein“ des Bewusstseins. Die betreffende Passage ist darüber hinaus rhetorisch so gestaltet, dass der Eindruck einer Mehrdeutigkeit von „Vorhandensein“ und „Nichtvorhandensein“ entsteht, wodurch eine exakte definitorische Eingrenzung beider Begriffe erschwert wird. So lassen sich auch in der Übersetzung *you* und *wu* mal verbal, mal substantivisch und bisweilen auch adverbial übersetzen. Dem Leser wird so rhetorisch das schillernde Wesen dieser Begriffe selbst vor Augen geführt, welche das verblendete Bewusstsein irrigerweise für statisch, mit einer fest umgrenzten Identität des Seins erachtet. Die folgende Übersetzung ist daher nur eine von vielen Möglichkeiten. Der besseren Übersichtlichkeit halber, wurden die einzelnen Argumentationsschritte nummeriert:

---

57 T38.1775.353.b28–c11.

58 Edgerton beschreibt *lakṣaṇa* als „external mark, manifest aspect of the *vijñāna*“. Edgerton (1970), S. 458. Eine sehr gute Einführung in die Theorie der Sinne findet sich bei Matsunaga (1971), S. 22ff.

59 T38.1775.353.c5–6.

60 T38.1775.353.c4–5.

61 T38.1775.333.a6–9.

62 T38.1775.328.a15–22.

63 T38.1775.377.c7–12.

1: Was außerdem das Vorhandensein des Bewusstseins angeht, so ist es dadurch vorhanden, dass es sich selbst für vorhanden nimmt.[64]
2: Aus dem Grund, da es ein Vorhandensein nicht von sich selbst her hat, nimmt das Weise Bewusstsein das Vorhandensein nicht für vorhanden.
3: Aus dem Grund, da es das Vorhandensein nicht für vorhanden nimmt, hat es kein Vorhandensein.
4: Aus dem Grund, da es kein Vorhandensein hat, hat es folglich auch kein Nichtvorhandensein.
5: Da es kein Nichtvorhandensein hat, hält das Weise Bewusstsein [ein Objekt] weder für vorhanden, noch für nichtvorhanden.
6: Da es weder für vorhanden, noch für nichtvorhanden hält, ist sein Geist folglich leer.

Das Vorhandensein des Bewusstseins kommt demnach zustande, dass es sich sein „Sein" selbst zuschreibt und irrtümlich annimmt, es würde aus sich selbst heraus bestehen. Wie oben gezeigt wurde, findet dieser Vorgang immer auch zusammen mit der Erkenntnis von „vorhandenen" Objekten statt. In Satz 1 wurde *you* daher putativ als „für vorhanden halten" übersetzt. Da diese Zuschreibung aber die Wirklichkeit der Leerheit verkennt und ein Symptom der Verblendung ist, enthält sich das Weise Bewusstsein einer solchen Stellungnahme. Dies wird ab Satz 4 auch bezüglich des Gegenteils von *you*, nämlich *wu*, dem „Nichtvorhandensein" expliziert. Denn da die Seins- bzw. Nichtseins- Annahmen immer gegenseitig aufeinander verweisen, enthält sich das Weise Bewusstsein dieser Geistesaktivität – sein „Geist" ist daher „leer" (*xu* 虛). Diese Leerheit des Geistes, die Sengzhao auch „Keinbewusstsein" (*wuxin* 無心) nennt, soll hingegen die Bindung an ein Erkenntnisobjekt und damit an alle partikularen Stellungnahmen überhaupt aufgeben.[65] So erklärt Sengzhao die Universalität des Keinbewusstseins, die durch die Aufgabe der Objektbindung entsteht, dass dadurch im Bewusstsein keine Begrenzung auf partikulare, also „vorhandene" Merkmale mehr bestehe.[66] Erst so werde eine „universale Erhellung" (*puzhao* 普照) realisiert:

> Ist ein Bewusstsein vorhanden, dann gibt es ein umgrenztes Gebiet. Ist ein umgrenztes Gebiet vorhanden, dann gibt es eine Grenze. Haben Grenze und umgrenztes Gebiet eine Form angenommen, dann hat die Einsicht des Bewusstseins einen Horizont. Hat seine Einsicht einen Horizont, dann ist das, was erhellt wird, nicht universal. Der vollkommene Mensch hat kein Bewusstsein – das Keinbewusstsein hat kein umgrenztes Gebiet, ohne umgrenztes Gebiet hat es keine Grenze. Sind Grenze und

64 Die reflexive Übersetzung mit „sich selbst für vorhanden halten" sehe ich durch das weiter oben gegebene Zitat gerechtfertigt, in dem das verblendete Bewusstsein sein Vorhandensein als ein „selbst entstandenes" (*zisheng* 自生) interpretiert.

65 *Wuxin* 無心 heißt eigentlich „ohne Bewusstsein". Da eine solche Übersetzung im Deutschen aber eher im Sinne von „bewusstlos" verstanden wird, wurde die Übersetzung „Keinbewusstsein" gewählt. Denn Sengzhao betont vor allem im BWZL, dass Keinbewusstsein nicht bedeute, dass das Weise Bewusstsein sämtliche Bewusstseinsprozesse negiere und damit bewusstlos wie „Holz und Stein" werde. T45.1858.153.b26–28.

66 T38.1775.346.b10–11.

> umgrenztes Gebiet nicht vorhanden, dann hat seine Einsicht keinen Horizont. Ist seine Einsicht ohne Horizont, dann ist das, was es erhellt, grenzenlos. Deshalb vermag es mit einem einzigen Gedanken, in einem einzigen Moment vollkommen alle *dharma* zu erkennen.[67]

Der partikularen, graduellen Einsicht in die Merkmale der *dharma*, die der *Sarvāstivāda* fordert, hält Sengzhao hier die „universale, vollkommene Erkenntnis" aller *dharma* entgegen, die in einem einzigen Augenblick stattfinden soll. Das Verhältnis von Partikularität und Universalität, mit dem Sengzhao hier argumentiert, ist ein Gedanke, der wiederum aus dem *Zhuangzi*-Kommentar von Guo Xiang stammt. Denn auch bei *Zhuangzi*, vor allem im zweiten Kapitel, der „Abhandlung über die Angleichung der Dinge" (*Qiwulun* 齊物論), geht es um das Problem von partikularen Standpunkten, die durch ihr bloßes Vorhandensein schon ihre eigenen Gegensätze hervorbringen.[68] An einer anderen Stelle im *Zhuangzi* werden diese partikularen Gegensätzen von „hier" (*shi* 是) und „dort" (*bi* 彼) als Kreis oder Rad beschrieben, das sich in einem ewigen Kreislauf befindet.[69] Der Kommentator Guo Xiang bezeichnet die „Mitte des Kreises" als eine „leere" (*kong* 空) Position, die selbst nicht in den Kreislauf von „verneinen" und „bejahen" verwickelt sei. Erst aus dieser Nullposition heraus sei es möglich, den partikularen Positionen gegenüber „ohne Ende" (*wuqiong* 無窮) zu „antworten" (*ying* 應). Diese Nullposition sei zudem das Keinbewusstsein des Weisen, das sich jeglicher partikularer Stellungnahme enthalte.[70]

Der Ausdruck des Keinbewusstseins ist auch bei Guo Xiang einer der zentralen Begriffe, der die Enthaltung hinsichtlich partikularer Gegensätze ausdrücken soll. Sengzhao übernimmt diesen Gedanken, um ihn als ein Gegenmodell zum *vikalpa* einzusetzen. So sagt er in Anlehnung an Guo Xiang, dass nur derjenige, der es vermöge, beide Extrempositionen „ihrer Bedeutung zu entleeren" (*kongxu qi huai* 空虛其懷) und in „der Mitte des Kreises zu verharren" (*cun huanzhong* 存環中) aus der Dynamik der Gegensätze herausgehoben werde und fähig sei, umfassend zu erkennen.[71]

Sengzhaos grundsätzliche Kritik an Liu Yimins Einwand in der zweiten Frage konzentriert sich somit in dem Vorwurf, dass es sich hierbei um verblendetes Denken handele. So führe die Verblendung durch den *vikalpa* nur dazu, dass sich die Diskutierenden am Lushan bloß mit „Worten" und „Zeichen" und nicht mit der Wirklichkeit selbst beschäftigen würden:

> Nun identifiziert ihr Diskutierenden euch aber immer mit den Worten, um den Sinn festzulegen, sucht nach dem „großen Viereck" und wollt dessen Ecken beweisen. Ihr hegt Vorurteile und schreibt sie dem Dunklen auf die Fahnen. Ihr meint in den

67 T38.1775.365.a11–18. Vergleiche auch: T38.1775.333.b29–c1.

68 Siehe bspw: ZYD 2.4.26ff.

69 ZYD 2.4.30–31.

70 GX 1.24.3. Guo Xiang merkt hierzu an: „Nun kehren ‚Bejahen' und ‚Verneinen' immer wieder, gegenseitig suchen sie sich, ohne Ende. Deshalb werden sie Kreis genannt. Die Mitte des Kreises ist leer! Nun ist derjenige, der ‚Bejahen' und ‚Verneinen' für einen Kreis hält und dessen Mitte erreicht ohne Bejahen und ohne Verneinen. Ohne Bejahen und ohne Verneinen vermag er nun auf das Bejahen und Verneinen hin zu antworten. Da Bejahen und Verneinen ohne Ende sind, ist die Antwort darauf auch ohne Ende."

71 T38.1775.372.c17–29.

> Worten eine notwendige Entsprechung dessen zu behalten, was ihr für existierend haltet. Wenn ihr von daher hört, dass das Weise Bewusstsein ein Erkennen hat, dann sagt ihr, es existiere ein Bewusstsein. Und hört ihr, dass das Weise Bewusstsein ohne Erkennen sei, dann nennt ihr es „die große Leere“. Der Bereich des Vorhandenseins und des Nichtvorhandenseins ist das, worin die einseitigen Sichtweisen bestehen – wie könnte dies denn der Mittlere, der Weg der Nichtzweiheit sein?[72]

Sprache und zeichenhafte Repräsentationen würden so die Verblendung durch den *vikalpa* aufrechterhalten, indem hierdurch immer eine Trennung zwischen Ich und Welt vorausgesetzt und die Erkenntnis partikular beschränkt wird. Der wahre Weg sei, so Sengzhao, der Mittlere Weg der Nichtzweiheit. Hier wiederholt Sengzhao das zentrale Thema im *Vimalakīrtinirdeśasūtra*, in welchem es um das Thema der „Nichtzweiheit“ (*buer* 不二) geht. Als Gegenentwürfe zum Denken des *vikalpa* benutzt Sengzhao in seinem Kommentar auch verschiedene Begriffe, die alle miteinander gemeinsam haben, dass hierin der Versuch anklingt, die Trennung von antagonistischen Standpunkten zu durchbrechen. Dies sind zum einen die eben genannte „Nichtzweiheit“ und das „Keinbewusstsein“. Im VK ist aber auch von der „Unvorstellbarkeit“ (*busiyi* 不思議) die Rede. Diese wird dort ganz am Anfang des Kommentars sogar als „Freiheit der Unvorstellbarkeit“ (*busiyijietuo* 不思議解脫) von den Kommentatoren als der „Dharma-Name“ (*faming* 法名) des *Sūtra* hervorgehoben, in dem dessen Inhalt vollkommen zusammengefasst sei.[73]

Mit der „Unvorstellbarkeit“ ist allerdings nicht nur die Leerheit der Natur der *dharma* selbst gemeint, sondern auch das Wirken von Wundern, die Vimalakīrti durch die Geistesdurchdringungen vollbringt, indem er bspw. die zahllosen Anhänger des Buddhas alle auf einmal in seiner kleinen Kammer unterbringt.[74] Wie schon im DZDL bei den Begriffen *prajñāpāramitā*, *anutpattikadharmakṣānti* und *upāya*, so stehen hier Unvorstellbarkeit, „Keinbewusstsein“ und Nichtzweiheit zwar als diffus unterschiedene, letztendlich jedoch als dasselbe Gegenkonzept zum differenzierenden und definierenden Denken des *vikalpa*.

3.2.4 *You* und *wu* – über die Allmacht des *dharmakāyabodhisattva*

Die Überwindung von *vikalpa* bedeutet das Freiwerden der Erkenntnis von ihrer partikularen Beschränktheit. Diese Freiheit beinhaltet allerdings auch die Befreiung des Handelns, da der *dharmakāyabodhisattva* mit der Einsicht in das „Wahre Merkmal“ sich von allen hindernden karmischen Bindungen befreit hat. Sengzhao schreibt in der Einleitung zum VK, dass die „Befreiung“ (*jietuo* 解脫) bedeute, dass alles, was der Bodhisattva täte, er von

---

72 T45.1858.156.b5–8.

73 „Die Unvorstellbarkeit ist das Arkane, Weit-Entfernte, Obskure, Tiefe, was die zwei Fahrzeuge nicht ermessen können. […] Was dieses *Sūtra* von Anfang an, vom Kapitel über die Reinen Länder, bis zum Ende mit der Darbietung des Dharmas klarmacht, ist obgleich verschieden, vereint jedoch in der Unvorstellbarkeit. Deshalb kann man [das *Sūtra*] hierdurch zusammenfassen und benennen. Oben wurde das *Sūtra* nach einem Mensch (Vimalakīrti) benannt. Hier nun wird es mit dem Dharma benannt. Mit dem Dharma wird es benannt, um die Weisungen offenzulegen. Mit dem Menschen wird es benannt, um auf den Menschen basierend den Dharma zu verkünden.“ T38.1775.327.c25–328.a1.

74 Sengrui bezeichnet in einem weiteren Vorwort zum *Vimalakīrtisūtra* die Wunder als „unvorstellbar“ und zählt gleich eine ganze Reihe davon auf. Siehe T55.2145.58.c16–18. Siehe hierüber auch Daosheng in T55.2145.58.c16-18.

nun an „ohne Hindernisse" (*wuhe* 無閡) in der „Außenwelt" (*wai* 外) durchführen könne.[75] Dies sei die direkte Konsequenz aus der Einsicht in das Wahre Merkmal und der Erlangung des Dharma-Leibes. Im BWZL und im VK wird für das konkrete „Wirken" in der Welt zumeist der Begriff *yong* 用 verwendet, der sich nicht nur auf das konkrete Erkennen, sondern auch auf das Handeln mithilfe der „Geistesdurchdringungen" (*shentong* 神通) bezieht.[76] Es besteht hier somit kein Unterschied zwischen Geist und körperlichem Handeln, da die Geistesdurchdringungen als wundertätige Kräfte des Bewusstseins gesehen werden, die eine konkret manifeste Wirkung in der Außenwelt besitzen. Diese sind zudem wesentlich wirksamer als die des Arhat. So würde der Körper eines Arhat beim Eintritt in das Nirvāṇa wie ein „vertrockneter Baum" (*kumu* 枯木) werden und besitze fortan „kein Wirken" (*wuyong* 無用) mehr in der Welt. Der *dharmakāyabodhisattva* hingegen könne sich mittels des Erscheinungsleibes weiterhin innerhalb des Daseinskreislaufes für die Erlösung der Wesen einsetzen.[77] Die Weisheit eines Bodhisattva sei somit auch eine viel größere als die des Arhat, dessen Erkennen immer einem bestimmten Bereich verhaftet sei, während der Bodhisattva „beim Eintritt in den *samādhi* des Wahren Merkmals die Einsicht des Bewusstseins für immer auslöscht, dennoch aber in einer körperlichen Form an den Enden der Welt festhält."[78] Aus der Auslöschung des differenzierenden Geistes und seiner partikularen Verhaftungen realisiere sich so die „Ausführung von Tugenden" in der Welt:

> Obwohl das Tun fälschlich ist, so bliebe doch, wenn er es abtun würde, das große Werk unvollendet. Und obwohl das Nichttun wirklich ist, so würde doch, wenn er darin verharren würde, das Bewusstsein der Weisheit nichts erhellen. Von daher bringt der Bodhisattva das Tun nicht zur Wirkung und gerade deshalb gibt es keine Tugend, die er nicht meistert. Er verharrt nicht im Nichttun und gerade deshalb wird das Dao nicht verdeckt. Das bringt ihn dazu, dass er es vermag, in Leben und Tod ein- und auszugehen, den Dingen zu begegnen und aktiv für sie zu werden. Er ist unter den Reinen ein Reiner, nimmt dies aber nicht zum Anlass der Freude. Er weilt als Unreiner unter den Unreinen, macht sich aber damit nicht vertraut. Er antwortet auf jenes, wird als ein Ich aber nicht aktiv. Dies ist der Weg der Unvorstellbarkeit, der Gleichheit aller Buddhas![79]

Dieser Aspekt des konkreten, weltlichen Wirkens macht das Wesen des *dharmakāyabodhisattva* zutiefst widersprüchlich.[80] Auch hier verwendet Sengzhao das Gegensatzpaar *you* und *wu* zur Erklärung. In der Argumentation gegen den *vikalpa* stehen diese für die

75 T38.1775. 382.b13-16.

76 T38.1775.403.c27-404.a2.

77 „Wenn [die vom] Kleinen Fahrzeug ins *samādhi* der Auslöschung eintreten, dann ist deren körperliche Form wie ein vertrockneter Baum und ohne Vermögen, sie in Gebrauch zu nehmen. Tritt der Bodhisattva ein in den *samādhi* des ‚wahren Merkmals', so ist die *prajñā* des Bewusstseins für immer ausgelöscht. Seine körperliche Form aber hält fest an den Enden der Welt, und in Harmonie mit den essentiellen Gelegenheiten erschafft er und antwortet auf die Gegebenheiten ohne Begrenzung." T38.1775.344.c13–21. Siehe auch: T38.1775.349.a22–24; T38.1775.352.c26–353. a4.

78 Ebd. Aus diesem Grund, so steht im DZDL, sei die Weisheit des Arhat geringer als die des Bodhisattvas, denn jener könne aufgrund seiner begrenzten Einsicht niemals die letztendliche Befreiung erreichen. Siehe hierzu bspw.: T25.1509.85.a13–14; T25.1509.191.a14–15; S. a.T38.1775.327.a15–18.

79 T38.1775.406.a27–b7.

80 T25.1509.93.a7–10; T25.1509.299.c14–17.

Begrenztheiten, für partikular umgrenzte Erkenntnisbereiche, die vom Keinbewusstsein aufgegeben werden. Die Dynamik zwischen *you* und *wu*, deren Hervorgehen auseinander, verwendet Sengzhao allerdings nicht bloß zur Beschreibung des verblendeten Geistes. Sie dienen ihm auch dazu, das Grundproblem bei der Konzeption des *dharmakāyabodhisattva* zu lösen, nämlich die Verbindung zwischen der weltlichen Existenz im Daseinskreislauf und dem jenseitigen Bereich nach dem Abbruch der *kleśa*. Kumārajīva war es gegenüber Huiyuan letztendlich nicht gelungen, eine plausible und erschöpfende Erklärung für die Differenz von Fleischesleib und Dharma-Leib, für scholastische Konzepte der Übung oder für die stoffliche Basis des Dharma-Leibes zu liefern. Denn da Huiyuan gemäß dem *Sarvāstivāda* immer die Wirklichkeitsbasis realer *dharma* voraussetzte, konnte ihm Kumārajīva die Kontinuität zwischen dem weltlichen und dem außerweltlichen Bereich nach dem Abbruch der *kleśa* nicht plausibel erklären. Lediglich über das im DZDL nur an wenigen Stellen und von Kumārajīva voller Widersprüche verwendete Konzept der *vasanā* wurde eine Lösung dieser Fragen versucht. Doch auch hier führte die Überbrückung beider Bereiche durch die *vasanā* zu Widersprüchen und Unklarheiten, da immer noch Kausalketten aus dem Daseinskreislauf vorausgesetzt werden, die in den außerweltlichen Bereich des Dharma-Leibes hineinragen.

Im VK und vor allem im BWZL kann Sengzhao diese Schwierigkeiten jedoch umgehen, indem er die Beziehung beider Bereiche mithilfe der Kategorien *you* und *wu* aus der chinesischen Philosophie erklärt. Diese haben den unmittelbaren Vorteil, dass damit keine Kausalketten wie beim scholastischen Buddhismus zusammenhängen, sondern nur das gegenseitige Verhältnis zweier konträrer Bereiche ausgedrückt wird. Sengzhaos Argumentation ist hier allerdings eine etwas andere als bei der Beschreibung des *vikalpa*, da die beiden Kategorien *you* und *wu* sich nun nicht mehr als gleichrangige Bereiche gegenüber stehen und in ihrer Partikularität aufeinander verweisen. Sengzhao setzt beide nunmehr in ein kausales Verhältnis, indem er den Bereich des *you* „Vorhanden" unmittelbar aus dem Bereich des *wu* „Nichtvorhanden" hervorgehen lässt. Rhetorisch-argumentativ werden hier zwei Aussagen über *you* bzw. *wu* so miteinander verknüpft, dass eine Aussage, die dem negativen *wu*-Bereich zuzuordnen ist, unmittelbar eine Aussage über den positiven *you*-Bereich begründet. Dies geschieht bspw. in den folgenden Aussagen über das Weise Bewusstsein aus dem VK und dem BWZL:

> Die Einsicht des Bewusstseins ist still und ausgelöscht. Weil das Bewusstsein nichts tut, deshalb gibt es keine Tugend, die es nicht täte.
> 心智寂滅以心無為故無德不為[81]
>
> Indem das Weise Bewusstsein aber ohne Erkennen ist, deshalb ist es auch ohne etwas, was es nicht erkennt. Das Erkennen, das nicht erkennt, heißt so das Erkennen von allem.
> 以聖心無知故無所不知不知之知乃曰一切知[82]

In beiden Sätzen meint Sengzhao mit dem negativen Teil, mit „Nichttun des Bewusstseins" (*xin wuwei* 心無為) und „Nichterkennen des Bewusstseins" (*xin wuzhi* 心無知), die

81 T38.1775.329.b12–13.
82 T45.1858.153.a27–28.

Enthaltung vor einer partikularen Stellungnahme wie sie im Keinbewusstsein ausgedrückt ist. Die argumentative Dynamik beider Sätze ist so, dass der negative Teil der Aussage die Begründung für den positiven, innerweltlichen Bereich des „Vorhandenen“ *you* darstellt. Diese Verbindung schafft Sengzhao durch die Konstruktion *yi* 以 … *gu* 故 … („Weil … deshalb …“), wodurch beide Teile kausal miteinander verknüpft werden. Formal gesehen ist es somit der negative Pol, der den positiven begründen soll. Das Ergebnis wird dann von Sengzhao meist in Form einer Kombination beider Aussageteile am Schluss hervorgehoben, im zweiten Zitat bspw. durch das „nichterkennende Erkennen“ (*buzhi zhi zhi* 不知之知).[83] Inhaltlich betrachtet sieht Sengzhao hier die Stille, die Leere, die Auslöschung der Bewusstseinsfunktionen als Basis und Begründung für die Ausführung von „Tugenden“ (*de* 德) oder für das „Erkennen“ (*zhi* 知). *Prajñā* wird somit nicht wie im *Sarvāstivāda* im komplexen Verhältnis von Bewusstsein, Bewusstseinsfunktionen und Erkenntnisobjekt als ein quasi real-existierender Prozess gesehen, sondern realisiert sich umgekehrt aus der Auslöschung all dieser *dharma*, deren Annahme Sengzhao als ein Zeichen von Verblendung sieht. Erst die Verneinung und Vernichtung aller *dharma* im Bewusstsein schafft so die Basis für das allumfassende Erkennen und Handeln der *dharmakāyabodhisattva* in der Welt. In dieser Argumentation findet sich Sengzhaos Fortführung seiner Kritik am *vikalpa*, durch dessen Überwindung erst die vollkommene Erkenntnis der *dharma* und das allmächtige Wirken kraft der Geistesdurchdringungen geschaffen wird. Formal gesehen argumentiert Sengzhao hier allerdings anders, da sich *you* und *wu* nun nicht mehr als gleichrangige Kategorien gegenüberstehen, sondern nunmehr von einem Vorherrschen des „Nichtvorhandenseins“ auszugehen ist, das die Allmacht über das *you* begründet.

Die abstrakten Kategorien *you* und *wu* schaffen in dieser Argumentation die Möglichkeit, einerseits die Abhängigkeit von den Kausalketten des scholastischen Buddhismus zu überwinden, andererseits können sie aber auch aufgrund ihrer abstrakten Unbestimmtheit auf die unterschiedlichsten Bereiche angewandt werden. So stehen *you* und *wu* jeweils für einen entgegengesetzten Bereich, der je nach Thema variiert werden kann. Diese Abstrahierung der beiden Bereiche gestattet damit eine analoge Kategorisierung ähnlicher Begriffe und Aussagen, die sich jeweils den beiden Polen zuordnen lassen. Man kann damit die Begriffe „Erkennen“ (*zhi* 知) und „Wirken“ (*yong* 用) sowie das „Tun“ (*wei* 為) unter der Kategorie *you* einordnen, während das „Erhellen“ (*zhao* 照), die „Stille“ (*ji* 寂) und das „Nichttun“ (*wuwei* 無為) unter die Kategorie *wu* fallen. Unter *you* und *wu* können auf diese Weise ganz verschiedene Begriffe subsumiert werden, die sich inhaltlich auf die unterschiedlichsten Themenbereiche anwenden lassen.

Dieser Lösungsversuch des Problems einer rationalen Begründung für das Wirken des *dharmakāyabodhisattva* ist zugleich auch als ein Übersetzungsprozess zu betrachten, bei dem die komplexe *Sarvāstivāda*-Scholastik in Kategorien der chinesischen Philosophie übertragen wird. Deutlich wird dies vor allem in Sengzhaos Antwort auf Liu Yimins zweite Frage, die zunächst mit einer Kritik am *vikalpa* und an der Möglichkeit des Sprechens eingeleitet wurde. Auch hier verwendet Sengzhao dieselbe argumentative Operation, indem er die höchste Funktion von *prajna* und *samādhi* durch das Keinbewusstsein begründet. Die

83 Siehe hierzu Kapitel 5.

Voraussetzung hierfür soll im folgenden Zitat aus dem Briefwechsel die Beendigung von *vikalpa,* des „Schattens und des Echos", im Bewusstsein sein:

> Nun, das Vorhandensein und das Nichtvorhandensein: Sie sind der Schatten und das Echo des Bewusstseins. Die Worte und die Abbilder: Sie sind das, was der Schatten und das Echo als Objekt ergreifen.[84] Sind das Vorhandensein und das Nichtvorhandensein abgetan, dann ist das Bewusstsein ohne Schatten und ohne Echo. Sind der Schatten und das Echo untergegangen, dann gibt es keinen mehr, der die Worte und die Abbilder ermisst. Gibt es keinen mehr, der die Worte und die Abbilder ermisst, dann wird der Weg von den mannigfachen Richtungen abgeschnitten. Ist der Weg nun von den mannigfachen Richtungen abgeschnitten, so ist das Bewusstsein fähig, den Geist ganz zu ergründen und die Bewusstseinsfunktionen zur höchsten Entfaltung zu bringen. Von der Ergründung des Geistes und der Bewusstseinsfunktionen an der äußersten Grenze sagt ihr nun, dass sie sich „subtil zur Wirkung bringen" würden. Doch der Weg der subtilen Wirkung gründet eben darin, ohne Abhängigkeit zu sein.[85]

Oben wurde bereits festgestellt, dass die beiden dunklen und schwierigen Begriffe „Ergründung des Geistes" *qiongling* (= *samādhi*) und „die Bewusstseinsfunktion zur höchsten Entfaltung bringen" *jishu* (= *prajñā*) sich jeweils zu *prajñā* und *samādhi* ableiten lassen. Die „Ergründung des Geistes" und die „höchste Entfaltung der Bewusstseinsfunktionen" sollen so erst durch die Verwirklichung des Keinbewusstseins ermöglicht werden. Dies drückt Sengzhao hier durch den Begriff „ohne Abhängigkeit" (*wuji* 無寄) aus, den er in einer parallelen Stelle im VK als Ausdruck für die Abwesenheit ursächlicher Prozesse erklärt.[86] Sengzhao erkennt daher die Wirksamkeit der Funktionen *prajñā* und *samādhi* an, allerdings unter der Voraussetzung, dass vorher *vikalpa* überwunden und die Abhängigkeit der Erkenntnis von Erkenntnisobjekten und Bewusstseinsfunktionen abgebrochen wurde.[87] Die Entgegnung Sengzhaos auf die Kritik Liu Yimins besteht somit darin, den Widerspruch aufzulösen, den letzterer in der „Dunkelheit" und dem „Erkennen" des „Weisen Bewusstseins" einerseits und der Bewahrung der Bewusstseinsfunktionen andererseits erkennt. Denn es sei, so Sengzhao, gerade die Leerheit des „Weisen Bewusstseins", seine „dunkle Stille", sein Weilen „außerhalb der Namen", welche die positive Erkenntnisfunktion begründen. Die Wahrnehmung als Widerspruch sei daher nur ein Symptom des *vikalpa* zu werten, da es sich hierbei um keine wirklichen, also „vorhandenen" Prozesse handele. Im Anschluss bezeichnet Sengzhao seine Erklärung daher auch als „aufgezwungene Rede" (*qian wei* 強謂), die keinesfalls den Anspruch besäße, eine existierende Wirklichkeit zu

---

84 Zur Bedeutung von *panyuan* 攀緣, siehe VK T38.1775.363.b8–9; T38.1775.377.c9–13.

85 T45.1858.156.a22–26.

86 „Alle *dharma* kommen von vielerlei Ursachen her zusammen und bilden einen Körper. Kommen aber keine Ursachen zusammen, dann haben die dharma nichts, wovon sie abhängen. Ohne etwas, wovon sie abhängen, sind sie ohne eine Bleibe, ohne Bleibe gibt es keine *dharma*. Weil sich das [Weise Bewusstsein] keine *dharma* zur Grundlage nimmt, deshalb vermag es alle *dharma* zu etablieren." T38.1775.386.c9–12.

87 Ein Einwand im Dialogteil des BWZL beschäftigt sich mit der Frage, ob es sich hierbei um einen Prozess des Vorher-Nachher handelt, was Sengzhao in der Antwort verneint, da die Überwindung von *vikalpa* gleichzeitig die Einsicht in das Wahre Merkmal bedeuten würde. T45.1858.154.a27–b2.

repräsentieren.[88] Jede Rede, auch seine eigene, sei damit nur eine Sprachspielerei, die als Ausdruck der Verblendung keinerlei Realitätsgültigkeit besäße, jedoch als ein therapeutisches Mittel eingesetzt werden könne, um die Verblendung durch den *vikalpa* aufzulösen.[89]

In seiner Antwort zur zweiten Frage reduziert Sengzhao somit die komplexe Epistemologie des *Sarvāstivāda* auf das einfache polare Verhältnis zwischen *you* und *wu,* welches ihm in Anlehnung an Guo Xiang und Wang Bi sowohl zur Beschreibung des *vikalpa*, als auch zur Begründung der Allmacht des *dharmakāyabodhisattva* dient. Wie bereits angedeutet, wird hierdurch auch der Übersetzungsprozess sichtbar, in dem Sengzhao das kausal argumentierende und zwischen Bewusstsein und Bewusstseinsfunktionen unterscheidende Denken des *Sarvāstivāda* in das einfache polare Verhältnis zwischen *you* und *wu* aus der chinesischen Philosophie überführt. Doch woher gewinnt diese Argumentation ihre Plausibilität? Wie ist die – durchaus paradox zu nennende – Wendung von einer Vernichtung der Erkenntnis hin zu ihrer äußersten Perfektion nicht bloß formal, sondern auch inhaltlich begreifbar?

3.2.5 Die Begründung durch die *Xuanxue*

Bei Sengzhaos Begründung für das universale Wirken des *dharmakāyabodhisattva* unter Verwendung der abstrakten Kategorien *you* und *wu* handelt es sich um ein essentielles Argumentationsschema aus der *Xuanxue*. Im BWZL macht Sengzhao die Herkunft dieses argumentativen Versatzstückes gleich zu Beginn deutlich. Hier begründet er das „Keinbewusstsein“ und dessen Allerkenntnis durch eine an Anspielungen und Zitaten reiche Passage, in der es um den „Weisen“ (*shengren* 聖人) geht, den idealen Herrscher und zentralen Bezugspunkt der Vor-Qin Philosophen wie der Nach-Han zeitlichen Philosophie der *Xuanxue*. In keiner anderen Textstelle innerhalb des BWZL findet ein solcher Verweis auf die Referenzwerke der *Xuanxue* so deutlich und so konzentriert statt, wie in dieser Passage:

> Von daher „leert der Weise sein Bewusstsein und macht wirklich“ sein Erhellen. Er erkennt „immerzu und hat doch niemals“ je erkannt. Deshalb vermag er seinen „Ruhm zu verbergen“ und seinen „Glanz zu verschweigen“. Mit leerem Bewusstsein, mit dunklem Reflektieren, mit „verschlossener Einsicht“ und „blockiertem Verstehen“ erwacht er ganz „alleine zum dunkelsten Dunklen“!
> 是以聖人虛其心而實其照。終日知而未嘗知也。故能默耀韜光。虛心玄鑒。閉智塞聰。而獨覺冥冥者矣。[90]

Viele Passagen im Briefwechsel und im BWZL beinhalten implizite Anspielungen und Zitate aus Klassikern der chinesischen Tradition. Doch die vorliegende Stelle ragt unter diesen Abschnitten, was die Dichte der zitierten Stellen anbelangt, deutlich hervor. Um die zahlreichen Verweise auf die beiden zentralen Texte der *Xuanxue*-Denker, den *Laozi* und den *Zhuangzi,* hervorzuheben, wurden diese in der folgenden Tabelle gesammelt aufgeführt. Es handelt sich hierbei allerdings oftmals auch um Anspielungen von lediglich ein

88 T45.1858.156.b1–2.
89 Zu *qiangwei*, s. *Laozi* 25: „I [Laozi] do not know its name. I give it the style ‘Way.’ [Only] if forced to make up a name for it, I would say ‘[it is] great.’“ Wagner (2003b), S. 201f.
90 T45.1858.153.a29–b2.

oder zwei Schriftzeichen. Auffällig ist bei allen Zitaten jedoch die argumentative Parallele, die im BWZL rhetorisch bestimmend ist:

Tabelle 4: Zitate und Anspielungen des BWZL auf den Laozi und Zhuangzi

Zitatauschnitte aus dem BWZL	**Zitatstellen aus *Laozi* und *Zhuangzi* (übersetzt von Watson und Wagner)**
Von daher „leert der Weise sein Bewusstsein und macht wirklich" sein Erhellen. 是以聖人虛其心而實其照	That is why the governing [technique] of the Sage consists in emptying their [the people's] hearts and filling their bellies. 是以聖人 之治也虛其心實其腹[91] Therefore, the emperor, the king, the sage rest in them. Resting, they may be empty; empty they may be full; and fullness is completion. 故帝王聖人休焉休則虛虛則實實者倫矣[92]
Er erkennt „immerzu und hat doch niemals" je erkannt. 終日知而未嘗知也	With words that are no-words, you may speak all your life long and you will never have said anything. Or you may go through your whole life without speaking them, in which case you will never have stopped speaking. 言無言終身言未嘗不言終身不言未嘗不言[93]
Deshalb vermag er seinen „Ruhm zu verbergen" und seinen „Glanz zu verschweigen". 故能默耀韜光	If the gentleman can in truth keep from rending apart his five vital organs, from tearing out his eyesight and hearing, then he will command corpse-like stillness and dragon vision, the silence of the deep pools and the voice of thunder. 故君子苟能無解其五藏無擢其聰明尸居而龍見淵默而 雷聲[94] Then is it true that the Perfect Man can command corpse-like stillness and dragon vision, the voice of thunder and the silence of deep pools; that he breaks forth into movement like Heaven and earth? If only I too could get to see him! 然則人固有尸居而龍見雷聲而淵默發動 如天地者乎賜亦可得而觀乎[95] A man of light, he does not shine. 光矣而不耀[96] He enlightens but does not investigate. 光而不燿[97] Bright Dazzlement asked Non-Existence, 'Sir, do you exist or do you not exist?' 光曜問乎無有曰夫子有乎其無有乎[98]

91 *Laozi* 3.2; Übersetzung aus: Wagner (2003b), S. 129.
92 ZYD 33.13.5; Übersetzung aus: Watson (1958), S. 142.
93 ZYD 75.27.6; Übersetzung aus: Ebd. S. 304.
94 ZYD 26.11.15; Übersetzung aus: Ebd. S. 116.
95 ZYD 39.14.63; Übersetzung aus: Ebd. S. 163.
96 ZYD 40.15.12; Übersetzung aus: Ebd. S. 168.
97 *Laozi* 58.10; Übersetzung aus: Wagner (2003b), S. 318.

Zitatauschnitte aus dem BWZL	**Zitatstellen aus *Laozi* und *Zhuangzi* (übersetzt von Watson und Wagner)**
	Therefore understanding that rests in what it does not understand is the finest. Who can understand discriminations that are not spoken, the Way that is not a way? If he can understand this, he may be called the Reservoir of Heaven. Pour into it and it is never full, dip from it and it never runs dry, and yet it does not know where the supply comes from. This is called the Shaded Light. 故知止其所不知至矣孰知不言之辯不道之道若有能知此之謂天府注焉而不滿酌焉而 不竭而不知其所由來此之謂葆光[99]
Von leerem Bewusstsein, mit einem dunklem Reflektieren, mit „verschlossener Einsicht“ und „blockiertem Verstehen“ erwacht er ganz „alleine zum dunkelsten Dunklen“! 虛心玄鑒閉智塞聰而獨覺冥冥者矣	Master Kuang Ch’eng sat up with a start. ‘Excellent, this question of yours! Come, I will tell you about the Perfect Way. The essence of the Perfect Way is deep and darkly shrouded; the extreme of the Perfect Way is mysterious and hushed in silence. Let there be no seeing, no hearing; enfold the spirit in quietude and the body will right itself. Be still, be pure, do not labor your body, do not churn up your essence, and then you can live a long life. When the eye does not see, the ear does not hear, and the mind does not know, then your spirit will protect the body, and the body will enjoy long life. Be cautious of what is within you; block off what is outside you, for much knowledge will do you harm. 廣成子蹶然而起曰善哉問乎來吾 語女至道至道之精窈窈冥冥至道之極昏昏默默無視無聽抱神以靜形將 自正必靜心清無勞女形無搖女精乃可以長生目無所見耳無所聞心無所知女神將守形形乃長生慎女內閉女外多知為敗[100] He sees in the darkest dark, hears where there is no sound. In the midst of darkness, he alone sees the dawn; in the midst of the soundless, he alone hears harmony. Therefore, in depth piled upon depth he can spy out the thing; in spirituality piled upon spirituality he can discover the essence. So in his dealings with the ten thousand things he supplies all their wants out of total nothingness. Racing with the hour, he seeks lodgings for a night, in the great, the small, the long, the short, the near, the far. 視乎冥冥聽乎無聲冥冥之中獨見曉焉無聲之中獨聞和焉故深之又深而能物焉神之 又神而能精焉故其與萬物接也至無而供其求時騁而要其宿大小長短修遠[101]

98 ZYD 60.22.65; Übersetzung aus: Watson (1968), S. 244.

99 ZYD 6.2.62; Übersetzung aus: Watson (1968), S. 45. Siehe auch Chen (1983), S. 47.

100 ZYD 27.11.35; Übersetzung aus: Ebd. S. 119.

101 ZYD 29.12.16; Übersetzung aus: Ebd. S. 128.

Es fällt auf, dass sowohl bei Sengzhao als auch bei den Textstellen aus dem *Laozi* und dem *Zhuangzi* dieselbe argumentative Grundspannung vorherrscht: Der Rückzug aus dem Bereich des weltlich-konventionellen verwirklicht direkt die höchste Potentialität der Erkenntnis. Diese negativ-positiv-Verknüpfung ist zudem, so A.C. Graham, die „charakteristischste Geste" des *Laozi* und wurde von den Anhängern der *Xuanxue* als ein zentrales Argument ausgearbeitet.[102] Im *Laozi* und im *Zhuangzi* wird hierdurch allerdings nicht die Erkenntnis eines *dharmakāyabodhisattva* begründet, sondern die Verwirklichung des Dao durch den Herrscher und hiermit den Weg zur Realisierung der perfekten Regierung. So rät der *Laozi* nach der Deutung der *Xuanxue* dem Herrscher keine Priorität auf eine Politik der Stärke zu legen, sondern stattdessen eine Strategie des Rückzugs und der Nichteinmischung zu verfolgen. Die für das Denken des *Laozi* wohl charakteristischste Aussage ist daher: „Nicht zu handeln und dennoch zu ordnen" (*wuwei er zhi* 無為而治). Im *Laozi* wird dies in folgenden Passagen beispielhaft ausgedrückt:

> [A ruler] who is in favor of study has everyday more. [A ruler] who is in favor of the Way reduces everyday more. He reduces and reduces again until he gets to non-interference. *[Only when] non-interference [is achieved], then nothing will remain undone.* His getting hold of All-under-Heaven is due to [his] eternally not engaging in [government] activity. Once it would come to his engaging in [government] affairs, he would also not qualify for getting hold of All-under-Heaven.[103]

> Those, however, who have knowledge he prompts into not daring to act, so that there is nothing that is not well-ordered.[104]

> The Eternal of the Way is without interference, and still leaves nothing undone.[105]

> He with the highest receipt/capacity *does not make anything of [his] receipt/capacity. That is why he is in possession of the [highest] receipt/capacity.* He with the inferior receipt/capacity does not let go of the receipt/capacity. That is why he is without receipt/capacity. He with the highest receipt/capacity *does not interfere and still nothing remains undone.* He with the inferior receipt/capacity interferes with them [the other entities], but has no ulterior motive.[106]

> That is why the Sage does not interfere and thus does not destroy, does not hold fast, and thus does not lose [...].[107]

Nach Wang Bi soll sich alles Streben des weisen Herrschers auf eine Nachahmung des Dao richten, das dieser zum alleinigen Modell seines Handelns erhebt. So soll er durch sein Nichteingreifen in die Welt das Wesen des Dao abbilden, das sich ebenfalls eines konkreten

---

102 Graham (1989), S. 223.
103 *Laozi* 48.1; Übersetzung aus: Wagner (2003a), S. 280. Eigene Hervorhebungen.
104 *Laozi* 3.5; Übersetzung aus: Ebd. S. 130. Eigene Hervorhebungen.
105 *Laozi* 37.1; Übersetzung aus: Ebd. S. 236. Eigene Hervorhebungen.
106 *Laozi* 38.1; Übersetzung aus: Ebd. S. 240f. Eigene Hervorhebungen.
107 *Laozi* 64.6; Übersetzung aus: Ebd. S. 341f. Eigene Hervorhebungen.

Eingreifens in die Natur enthält. Das Dao steht den mannigfaltigen, formhaft-seienden Entitäten gegenüber und begründet und unterhält diese dadurch, dass es nicht in einer Sache partikular Stellung bezieht. Abstrakt formuliert Wang Bi dies als die Beziehung zwischen dem „Seienden" (*you*) und dem „Nichtseienden" (*wu*), wobei dem Nichtseienden innerhalb dieser Polarität oberste Priorität eingeräumt wird, da es durch sein Nichtsein das Dasein des Merkmalhaften erst ermöglicht. Erst der Rückzug und die Aufgabe jeglicher Positionierung innerhalb der Sphäre eines partikularen und merkmalhaften Seienden soll so in universaler Weise die harmonische Ordnung aller Dinge in der Natur begründen. Wang Bi hebt daher die Eigenschaftslosigkeit, die „Dunkelheit" (*xuan* 玄) des Dao als dasjenige Charakteristikum hervor, welches es ermögliche, dass die mannigfaltigen Dinge mit ihren partikularen Eigenschaften entstehen und existieren können. Denn hätte das Dao selbst Eigenschaften, so würde es sich auf die Ebene der partikularen Entitäten begeben und in Widerspruch zu anderen, gegenteiligen Eigenschaften stehen. Erst in der „Mitte des Kreises" wird eine partikulare Stellungnahme vermieden, wo die Gegensätzlichkeiten von „hier" und „dort", von „Vorhandensein" und „Nichtvorhandensein" aufhören.[108] Dies ist die von Graham im *Laozi* beobachtete „Umkehr der Priorität", die eben nicht am naheliegenden Positiven, sondern am Negativen ansetzt, wodurch der weise Herrscher nach dem Vorbild des Dao zur höchsten Verwirklichung seines Handelns gelangen soll. Dieses abstrakte Verhältnis zwischen *you* und *wu* unter der Vorherrschaft des *wu*-Pols, bildet daher das argumentative Versatzstück, das Sengzhao aus dem *Laozi* und aus Wang Bis *Laozi*-Kommentar verwendet, um es als Lösung zur Begründung der Allmacht des *dharmakāyabodhisattva* einzusetzen. Die Plausibilität dieses Arguments im BWZL wird durch die in der zitierten Stelle gehäuft auftretenden Verweise auf den *Laozi* und den *Zhuangzi* gestützt und hierdurch auch mit den Werken der *Xuanxue*-Philosophen in Verbindung gebracht.

3.3 Kapitelzusammenfassung

Wie seine Biographen aufzeigen, soll Sengzhao aufgrund seiner Arbeit als Kopist klassischer Werke, ein ausgezeichneter Kenner der *Xuanxue* gewesen sein.[109] Dieser Hintergrund erklärt seine Expertise allerdings nur biographisch und sollte nicht so verstanden werden, als habe Sengzhao etwa buddhistische Zusammenhänge durch Gleichsetzungen mit Konzepten der *Xuanxue* verstanden. Denn wie in diesem Kapitel gezeigt wurde, handelt es sich bei den mit dem *dharmakāyabodhisattva* verbundenen Widersprüchen um grundlegende buddhistische Probleme innerhalb der Mahāyāna-Scholastik des DZDL. Wie der fünfte Teil dieser Arbeit noch durch genauere Textanalysen zeigen wird, geht es Sengzhao nämlich nicht darum, Inhalte der *Xuanxue* zu vermitteln, sondern um die Klärung genuin buddhistischer Fragestellungen. Die Übersetzung in Denkstrukturen und Begriffe der *Xuanxue* soll daher nicht, wie oft angenommen, deren Themen und Inhalte fortsetzen, sondern der Lösung von Problemen der buddhistischen Scholastik dienen. Sengzhaos Rückgriff auf das Denken der *Xuanxue* ist daher wohl als ein vollkommen bewusster Übersetzungsakt zu

108 Siehe hierzu Wagner (2003a), S. 177f.
109 T50.2059.365.a9–12.

verstehen, durch den die im DZDL und im Konzept des *dharmakāyabodhisattva* inhärenten dogmatischen Probleme gegenüber der *Sarvāstivāda*-Scholastik gelöst werden sollen.

Allerdings besitzt Sengzhaos Interpretation des *dharmakāyabodhisattva* auch einen politischen Beiklang, da vor allem der *Laozi* in China immer auch unter einem politischen Blickwinkel betrachtet wurde und sich mit seiner Botschaft an den Herrscher richtete. Dies zeigen in deutlicher Weise die Negativeinschätzung der *Xuanxue* durch ihre Gegner, die die bloße Beschäftigung mit dem *Laozi* und dem *Zhuangzi* als politische Verantwortungslosigkeit brandmarken und die Anhänger der *Xuanxue* sogar für den Verlust des Nordens verantwortlich machten. Es ist daher anzunehmen, dass Liu Yimin und Huiyuan im BWZL neben Sengzhaos direktem Beitrag zur Debatte um den *dharmakāyabodhisattva* auch eine politische Botschaft wahrnahmen, der sie aufgrund ihrer konservativen Einstellung bezüglich dem Studium der Riten eher ablehnend gegenüberstanden. Denn die Idee des universal herrschenden und handelnden Bodhisattva fällt im BWZL in der Verbindung von buddhistischer Scholastik und *Xuanxue* mit der chinesischen Konzeption des idealen Herrschers zusammen. Im BWZL besteht der Rat an den Herrscher allerdings nicht wie im *Laozi* in einer Ermahnung zum Rückzug. Denn der *dharmakāyabodhisattva* hat ja bereits einen Punkt ohne Wiederkehr jenseits der siebten Stufe erlangt und kann so sein volles Handlungspotential innerhalb der Welt verwirklichen. Die politische Botschaft im BWZL ließe sich daher nicht als eine Handlungsanweisung für den Herrscher bewerten, sondern vielmehr als die religiöse Legitimierung einer bereits existierenden Herrschaft. Um diesen Aspekt noch eingehender darzustellen, sollen im folgenden Kapitel politische und religiöse Zusammenhänge herausgearbeitet werden, die diesen politischen Gehalt des BWZL genauer belegen.

4. Das Übersetzungsprojekt zur „Erleuchtung des Nordens"

Für eine Untersuchung der politischen und religiösen Zusammenhänge, unter denen Sengzhao das BWZL verfasste, müssen die höchst unterschiedlichen Rahmenbedingungen im Süden und im Norden in Betracht gezogen werden. So war im Süden die Adelsgesellschaft der Östlichen Jin politisch zersplittert und dezentralisiert, was sich in der Konkurrenz der Adelshäuser untereinander zeigte und immer wieder zu offenen Konflikten um die Zentralherrschaft führte (z.B. Huan Xuans Versuch zur Gründung der Chu-Dynastie). Trotz dieser Tendenzen zur politischen Zersplitterung herrschte unter allen politischen Akteuren ein gemeinsames Verständnis, wie sich politische Macht legitimieren müsse. Denn das Scheitern von Huan Xuans Chu-Dynastie lässt sich unter anderem auch dadurch erklären, dass dieser weitgehend auf legitimatorische Akte verzichtete, während sein Widersacher Liu Yu fast fünfzehn Jahre lang immer wieder Maßnahmen unternahm, um sich die Legitimation zum Dynastiewechsel schon im Vorfeld zu sichern: die Protegierung des Jin-Kaiserhauses, ein Feldzug nach Luoyang zur Restaurierung der Kaisergräber, die Deutung von Vorzeichen und Omina (u.a. durch Angehörige des *Saṃgha*) und der Nachweis illustrer Ahnen aus dem Kaiserhaus der Früheren Han.[1] Die politische Vielstimmigkeit unter der Östlichen Jin hatte einen erheblichen Einfluss auf die Rolle des *Saṃgha* im Süden. Dort wurde der Buddhismus vor allem von Aristokraten, zeitweise auch von buddhistisch interessierten Kaisern aufgenommen, prägte jedoch nie das politische Denken oder wurde gar als Legitimationsinstrument gebraucht. Anders die von zentralasiatischen Völkerschaften dominierten Reiche des Nordens: Hier griffen zwar viele Herrscher auf traditionelle chinesische Verwaltungsinstitutionen zurück, mussten ihre Herrschaft allerdings gegenüber einer ethnisch durchmischteren Bevölkerung weitaus vielfältiger legitimieren. Hierzu bot sich der Buddhismus als vereinigende kulturell-religiöse Kraft in besonderer Weise an und wurde daher auch stärker von der Zentralmacht instrumentalisiert als dies im Süden der Fall war.

Die Diskussionen zwischen den beiden Gemeinschaften in Chang'an und am Lushan fanden somit unter sehr verschiedenen politischen und kulturellen Rahmenbedingungen statt, die bei einer Betrachtung und Einschätzung der Diskussionen um den *dharmakāyabodhisattva* mit in Betracht gezogen werden müssen. So beinhalten die Ideen Sengzhaos zum *dharmakāyabodhisattva* nicht nur einen rein dogmatisch-religiösen Gehalt, sondern beziehen sich direkt auf politisch-legitimatorische Zusammenhänge, die unmittelbar mit der Initiierung des Übersetzungsprojektes durch Yao Xing in Verbindung stehen. In den nächsten Abschnitten folgt nach einem Überblick über die Geschichte der Späteren Qin eine Untersuchung dieses politischen Kontextes.

---

1 Chittnick (1998), S. 22; zu Huan Xuan und Liu Yu, s. den Abschnitt über die Biographie von Liu Yimin im Anhang.

4.1 Die Spätere Qin – ein kurzer geschichtlicher Überblick

Die Spätere Qin war aus der durch Fu Jian gegründeten Früheren Qin hervorgegangen.[2] Beide Dynastien waren zur Zeit der zweiten Hälfte des vierten bzw. Anfang des fünften Jahrhunderts für kurze Zeit die bestimmenden Reiche nördlich des Yangzi. Gemäß dem *Jinshu* wurde das Ende der Früheren Qin durch die entscheidende Schlacht am Feishui im Jahr 383 eingeleitet, bei der die auf das Gebiet der Jin vordringenden Truppen Fu Jians von denen der Östlichen Jin zurückgedrängt wurden.[3] Fortan waren die Konflikte der Früheren Qin durch innere Spaltungen und die Angriffe umgebender Völker bestimmt. Der Gründer der Späteren Qin, Yao Chang, hatte Fu Jian ursprünglich als General gedient und mehrere erfolgreiche Feldzüge im Gebiet des Bezirks Longxi (südwestlich von Lanzhou in der heutigen Provinz Gansu), angeführt. Dort siedelten mehrere Gruppen des Qiang-Volkes (*qiang* 羌), dem auch Yao Chang selbst angehörte. Für seine Verdienste wurde Yao Chang von Fu Jian zum Gouverneur (*taishou* 太守) der Kommandantur Longdong (auf dem Gebiet der heutigen autonomen Region Ningxia) ernannt. Die anfänglich gute Beziehung zu Fu Jian fand jedoch nach einer militärischen Niederlage Yao Changs, bei der ein Verwandter Fu Jians zu Tode kam, ein jähes Ende. Erzürnt über dessen vermeintliche Unfähigkeit wollte Fu Jian Yao Chang hinrichten lassen. Yao Chang jedoch floh in das Siedlungsgebiet seines Volkes, sagte sich von Fu Jian los, ernannte sich selbst zum König und gründete eine Allianz lokaler Völker unter der Führung der Qiang.[4] Schon im Jahr 385 konnte Yao Chang die Stadt Chang'an einnehmen und Fu Jian selbst gefangen nehmen. Das *Jinshu* berichtet hierüber, dass Fu Jian, als er von Yao Chang zur Herausgabe des Staatssiegels der Qin gezwungen wurde, diesem sämtliche Legitimität unter Hinweis auf dessen Volkszugehörigkeit absprach.[5] Yao Chang ließ den gefangenen Fu Jian daraufhin seinem Sohn Yao Xing überstellen, der ihn schließlich in einem buddhistischen Tempel erdrosseln ließ. Nach der Eroberung Chang'ans ernannte sich Yao Xing zum Kaiser der Späteren Qin. Das *Jinshu* berichtet, dass er alle Maßnahmen einer Dynastiegründung ergriff: Die Wahl Chang'ans als Hauptstadt der Dynastie, die Wahl der dynastischen Farben sowie der rituellen Kleidervorschriften und Gebräuche, in denen er der Han-Dynastie folgte, als deren legitimer Erbe er sich wähnte.[6]

Die Anfangsjahre der jungen Dynastie waren bestimmt durch die Niederschlagung des letzten Widerstandes durch Fu Deng, eines Großneffen Fu Jians, der sich als dessen

---

2 Fu Jian, der Gründer der Früheren Qin war der Onkel von Fu Jian, dem bedeutenden Herrscher und Feldherr der Qin.

3 Die Schlacht am Feishui wird vor allem in der chinesisch-national geprägten Forschung als kriegerische Eskalation eines kulturellen Konfliktes zwischen „chinesischer" und „barbarischer" Kultur, aber auch als eine Auseinandersetzung zwischen verschiedenen politischen Kulturen gesehen: auf der einen Seite die der klassischen chinesischen Tradition verpflichtete Exilaristokratie im Süden und auf der anderen Seite die des durch den Buddhismus beeinflussten Herrscher des Nordens. Siehe hierzu Liu (1964), S. 105–107; Lei (1936), S. 478. Eine kritische Untersuchung zur Schlacht am Feishui bietet Rogers (1968), S. 15ff., 69ff.

4 Zhou (2002), S. 214.

5 *Jinshu* 114.2928.14–15.

6 *Jinshu* 116.2967.2–4; Zhou (2002), S. 215.

rechtmäßiger Nachfolger betrachtete.[7] Yao Changs ältestem Sohn Yao Xing kam hierbei die militärische Aufgabe zu, die eroberten Gebiete zu konsolidieren, während sein Vater die Feldzüge gegen Fu Deng durchführte. In einer Schlacht gegen Fu Deng verlor dann auch Yao Chang sein Leben. Das *Jinshu* berichtet, dass Yao Xing seinen Tod solange geheim hielt, bis er Fu Deng endgültig im Jahr 393 besiegen konnte. Erst nach dem Sieg über den letzten Widerstand der Früheren Qin führte Yao Xing die vorgeschriebenen Begräbnisrituale für seinen Vater durch und bestieg den Kaiserthron.[8] Die folgenden Jahre waren gekennzeichnet durch zahlreiche militärische Erfolge Yao Xings, der die Gebietsgrenzen der Späteren Qin vor allem nach Westen und nach Norden hin ausdehnen konnte. So erfolgten in den Jahren 401 bis 403 siegreiche Feldzüge gegen die Reiche der Liang im heutigen Nordwest-Gansu, was sich in der Folge als entscheidend für die Entwicklung des Buddhismus in China erwies, da Yao Xing nach der Belagerung der Stadt Gucang dort Kumārajīva traf und nach Chang'an bringen ließ. Dessen Biographie im GSZ berichtet, dass er zu diesem Zeitpunkt in Gucang bereits 17 Jahre als prominenter Gefangener und Berater Lü Guangs 呂光, eines früheren Generals von Fu Jian, gedient hatte.[9] Ursprünglich war Lü Guang im Jahr 382 von Fu Jian entsandt worden, die westlichen Seidenstraßen unter seine Kontrolle zu bringen. Seine Feldzüge waren so erfolgreich, dass sich die Einflusssphäre der Früheren Qin bis weit nach Zentralasien hinein ausdehnte und im Jahr 384 schließlich sogar Kucha erobert werden konnte. Dort brachte Lü Guang dann auch Kumārajīva in seine Gewalt und verschleppte ihn in seine Hauptstadt Gucang.[10] Lü Guang ernannte sich im Jahr 396 sagte sich von Fu Jian los und ernannte sich selbst zum „Himmelskönig" *tianwang* 天王 der Späteren Liang. Nachdem er schon drei Jahre später verstorben war, ermordeten seine Söhne Lü Zuan und Lü Long den von ihrem Vater eingesetzten Thronerben, was einen Nachfolgestreit zur Folge hatte, durch den die Spätere Liang in mehrere Gebiete aufgespalten wurde: die Südliche Liang, Nördliche Liang und die Westliche Liang. Durch seine Feldzüge gegen die zersplitterten Reiche der Liang sicherte sich Yao Xing den Zugang zu profitablen Handelsstraßen, die die Hauptstadt Chang'an mit Zentralasien verbanden. Hierdurch konnte der Kontakt zum *Saṃgha* in den angrenzenden buddhistischen Königreichen aufrechterhalten werden, was sich anschließend als eine wichtige Voraussetzung für die Durchführung des Übersetzungsprojektes in Chang'an erwies, das dann offiziell mit der Ankunft Kumārajīvas im Jahr 401 begann.

In den ersten Jahren des Übersetzungsprojektes war die Dynastie der Späteren Qin somit die bestimmende Macht an der Nordgrenze der Östlichen Jin. Allerdings konnte Yao Xing trotz seiner Gebietsgewinne sein Reich nie zu der ganzen Größe ausdehnen, die es noch zurzeit von Fu Jian abdeckte. So wurde dieses durch die Südlichen Yan nach Osten hin begrenzt, mit denen Yao Xing nach anfänglich erfolglosen Kriegen ein Bündnis eingehen musste.[11] Die konzentrierten Feldzüge in den Norden und Westen, nach Zentralasien hinein, scheinen außerdem nahezulegen, dass sein militärisches Interesse eher in diesen

7 *Jinshu* 115.2950.12; Bielenstein (1996), S. 281.

8 Zhou (2002), S. 216.

9 T50.2059.331.c3–26.

10 T50.2059.365.a19–21; Zhou (2002), S. 215. Über Sengzhao wird im GSZ kurz erwähnt, dass er aufgrund der Bekanntheit des zentralasiatischen Gelehrten von Chang'an nach Gucang gereist sein soll, um dort von Kumārajīva zu lernen. Siehe T50.2059.365.a19–20.

11 Zhou (2002), S. 219.

Gebieten lag. Das Jahr 407 stellte einen Wendepunkt für das Reich der Späteren Qin dar, da sich das ursprünglich mit Yao Xing verbündete Volk der Xiongnu 匈奴 unter Helian Bobo abspaltete und das Reich der Daxia im Norden der heutigen Provinz Shaanxi gründete.[12] Bis zu seinem Tod im Jahr 416 war Yao Xing dann mit der Bekämpfung der Daxia beschäftigt, was nach und nach die Kräfte und Ressourcen seines Reiches aufzehrte.

Im Süden waren die Beziehungen zu den Östlichen Jin nach verschiedenen Grenzkriegen ab dem Jahr 405 bis zum Jahr 410 durch einen Frieden bestimmt, der von Liu Yu wahrscheinlich deshalb initiiert worden war, um bei der Verfolgung seiner innenpolitischen Gegner nicht durch Konflikte an der Nordgrenze abgelenkt zu werden. Die internen Konflikte der Östlichen Jin waren auch für Yao Xing während dieser Zeit von Vorteil, da viele Aristokraten unter den Feinden Liu Yus an seinen Hof flohen, wo sie mit Besitz und Ämtern belohnt wurden.[13] So befanden sich unter den Flüchtlingen oftmals sogar wichtige Generäle und Beamte, und im Jahr 415 liefen sogar einige Mitglieder der Kaiserfamilie zu Yao Xing über.[14] Erst im Jahr 410 wurde die Waffenruhe zwischen Qin und Jin durch die Angriffe Liu Yus gegen die Südliche Yan in der Gegend von Pengcheng und den folgenden Feldzug Yao Xings gegen Jiangling beendet.

Der Konflikt mit den Östlichen Jin und die aufreibenden Kämpfe gegen die Da Xia führten schließlich zum Niedergang der Späteren Qin, der mit der Eroberung Chang'ans durch Liu Yu im Jahr 417 schließlich besiegelt wurde. Nach Yao Xings Tod im Jahr 416 folgte ihm sein Sohn Yao Hong auf den Kaiserthron. Dieser zeigte sich politisch und militärisch weniger fähig als sein Vater und war zudem in Nachfolgestreitigkeiten mit seinen Brüdern verstrickt. Bei der Belagerung Chang'ans durch Liu Yu ergab sich Yao Hong den angreifenden Truppen und wurde als Gefangener nach Jiankang überstellt, wo er mitsamt seiner Familie öffentlich hingerichtet wurde.[15]

4.2 Yao Xing, Kumārajīva und das Ende des Dharma

4.2.1 Der „Himmelskönig" der Späteren Qin

Yao Xing verbrachte seine Jugend in einem buddhistischen Umfeld, als ein Sekretär in der Funktion einer prominenten Geisel für sein im Dienste von Fu Jian stehendes Volk. Am Hof Fu Jians in Chang'an waren während dieser Zeit zahlreiche ausländische Mönche zur Übersetzung der *Āgama* und der theoretischen Texte des *Sarvāstivāda* beschäftigt. Wie im zweiten Kapitel bereits gezeigt wurde, konnten die dort tätigen Mönche unter der Führung Daoans innerhalb von fünf Jahren einen vollständigen Kanon des *Sarvāstivāda* übersetzen, der Schriften aus allen drei *piṭaka* umfasste. Daoans Biographie berichtet zudem über sein Engagement bei der Rekonstruktion der *Großen Prajñāpāramitā* und von seinen turnusmäßig zweimal jährlich stattfindenden öffentlichen Rezitationen und Predigten über das *Fang guang jing* 放光經 (T221).[16] Die Präsenz des *Saṃgha* am Hof und die unermüdliche

12 Über Helian Bobo, siehe Bielenstein (1996), S. 109.

13 Bielenstein (1996), S. 103.

14 Ebd. S. 114.

15 *Jinshu* 119.3017.13.

16 Zürcher (1959), S. 191.

Übersetzungstätigkeit unter Daoan dürften bei Yao Xing wohl eine gewisse buddhistische Prägung hinterlassen haben, die sich später in seinem Engagement für das Übersetzungsprojekt manifestierte.

In Chang'an, dem Schnittpunkt zwischen der chinesischen Welt und den zentralasiatischen Kulturen, kam Yao Xing mit unterschiedlichen Herrschaftsideen in Kontakt. So hatten sich bereits Fu Jian und Lü Guang den Titel „Himmelskönig“ *tianwang* 天王, einen von den buddhistischen Reichen Zentralasiens her inspirierten Titel, verliehen. Auch Yao Xing verlieh sich im Jahr 399 denselben Titel, worüber allerdings zahlreiche Unklarheiten bestehen. Denn während für Fu Jian die Ernennung zum Himmelskönig noch vor der Annahme des Kaisertitels *huangdi* 皇帝 stand, nahm Yao Xing diesen Titel an, als er schon Kaiser war. Nach dem Urteil des *Jinshu* soll es sich daher um eine „Rückstufung“ gehandelt haben, was nicht nur damalige Zeitgenossen, sondern auch die spätere Geschichtsschreibung irritierte:

> Wegen einer Sonnenfinsternis und dem vermehrten Auftreten von Naturkatastrophen, stufte Yao Xing sich in seiner Herrschaftsbezeichnung herab und nannte sich „König“. Er erließ ein Edikt und befahl alle Herzöge, hohen Beamte, Generäle, Provinzmagistrate und Gouverneure jeweils um einen Rang herabzustufen. Hierauf reichten der Militärgouverneur Zhao Gongmin und 53 andere eine Throneingabe ein, in der sie sagten: „Eure Untergebenen meinen, dass Verdienste sich am Himmel messen und Erfolge sich bis zu den Meeren hin erstrecken. So erschüttert eure Macht die verschiedenen Gebiete und die heiligen Lehren dringen bis in fernste Gegenden. Obgleich die Großartigkeit des Tang die Basis für die Yin [Dynastie] und die Größe von König Wu ein Verdienst für die Zhou [Dynastie] darstellten, sind diese doch nicht mit Euch zu vergleichen. Ihr müsst nur noch ins Gebiet von Wu und an den Yangzi vordringen, dann könnt ihr verkünden, dass ihr die Mittleren Berge (China) erlangt habt. Ist es da nun angemessen, das Mandat des Himmels zu verletzen?“
> Yao Xing sagte: „Tang von der Yin [Dynastie] und Yu von der Xia [Dynastie] – ihre Tugend krönte die hundert Könige, jedoch fügten sie sich immer in Bescheidenheit und ließen sich nicht als die Größten verehren. Um wieviel mehr könnte ich, arm und machtlos, da ihren Platz einnehmen?“
> Hierauf entsandte er Zhao Gongmin, dies an den Altären des Getreides und der Erde und im Ahnentempel zu verkünden. Er erließ eine Generalamnestie und änderte die Regierungsdevise in „Beginn der Verbreitung“. Er beschenkte die Witwen und Waisen mit Getreide und mit Stoff von minderer Qualität. Denjenigen über siebzig Jahren gab er Kleider und einen Stab dazu. [...] Yao Xu und Yao Shuode, wollten wegen Yao Xings Herabstufung ihren Königstitel aufgeben, was Yao Xing jedoch nicht zuließ.[17]

Die genauen Gründe, weshalb Yao Xing diese „Rückstufung“ vornahm, sind heute nicht mehr nachzuvollziehen. Es ist zudem unklar, weshalb Yao Xings engste Verwandte, Yao Xu und Yao Shuode, trotz der kollektiven Herabstufung aller anderen Würdenträger, ihren Königstitel noch behalten durften. Das *Jinshu* nennt zudem nicht Yao Xings neuen Titel,

---

17 *Jinshu* 117.2979.11–2980.3.

der im buddhistischen Kontext vielleicht einen viel höheren Rang beansprucht als ein einfacher „König".[18] So werden im *Jinshu* als unmittelbare Gründe nur eine „Sonnenfinsternis" (*boshi* 薄蝕) und mehrere nicht benannte „Naturkatastrophen" (*zaisheng* 災眚) genannt. Diese Naturereignisse waren in der chinesischen Geschichte oft Ursachen für einschneidende politische Maßnahmen, da Natur- und vor allem Himmelsereignisse in direktem Zusammenhang mit dem Verhalten des Herrschers gesehen und als Zeichen des Himmels gedeutet wurden. Es gibt in der chinesischen Geschichte allerdings keinen vergleichbaren Fall, bei dem, wie in der vorliegenden Stelle, ein Kaiser seinen Titel aufgab und einen „niedrigeren" Rang annahm. Zhou Bokan stellt in seiner Untersuchung der Umtitelung von 399 deshalb fest, dass die genannten Omina nicht hinreichend für eine Erklärung eines solch schwerwiegenden Eingriffs in das dynastische Selbstverständnis seien. Yao Xing selbst erklärt in der vorliegenden Stelle sein Vorgehen lediglich als eine Geste der Bescheidenheit gegenüber den vorbildlichen Herrschern aus dem Altertum, während die Hofbeamten im Einklang mit dem *Jinshu* darin ein Verzicht auf das Himmelsmandat und somit auf den Herrschaftsanspruch über ganz China sehen.[19] Bei der Darstellung des *Jinshu* muss allerdings in Betracht gezogen werden, dass es sich hierbei um keine unvoreingenommene Schilderung handelt. Denn die Erklärung der Umtitelung von 399 impliziert, dass eigentlich der Kaiser der Jin der einzige rechtmäßige Inhaber des Himmelsmandats sei und Yao Xing sich mit seiner Aufgabe des Kaisertitels diesem Anspruch füge. In der Wahrnehmung der Chronisten des *Jinshu* handelte es sich bei Yao Xings Annahme des Titels „Himmelskönig" daher um einen Akt der Unterwerfung. Es trifft wohl zu, dass sich dieser Titel, wie Zhou Bokan schreibt, nicht von der chinesischen Tradition her erklären lässt, sondern vielmehr aus dem buddhistischen Kontext stammt.[20] Mit „Himmelskönig" sei nämlich, so Zhou, der Götterherrscher und vedische Gott Indra gemeint, der die Götter und Menschen regiert und in einem Palast auf der Spitze des Weltenberges Sumeru im höchsten Paradies residiert.[21] Indra wird in buddhistischen Quellen zudem als ein Schutzherr über den Dharma dargestellt, der sich im Krieg mit den dämonischen Horden unter Asura befindet.[22] Indra hat in der buddhistischen Kosmologie daher zwar die Herrschaft über Menschen und Götter inne, befindet sich an seiner Kenntnis des Dharma gemessen jedoch im Stand eines mit der Welt verhafteten Laien und besitzt dadurch sogar einen niedrigeren Status als ein Mönch.[23] Als Gesprächspartner des Buddha kommt Indra daher auch als weltlicher Herrscher mit einem sehr beschränkten Verständnis des Dharma in zahlreichen Sutren vor. Die Umtitelung zum Himmelskönig lässt sich wohl so interpretieren, dass Yao Xing als Herrscher über verschiedene Völkerschaften auch verschiedene Herrschaftslegitimationen und die entsprechenden Titel auf sich vereinigte. Aus buddhistischer Sicht nahm Yao Xing als Indra allerdings keinesfalls den höchsten Platz im Kosmos ein. Diesen hat nämlich nur der Buddha inne, der über den Menschen und Göttern steht und einer Hierarchie von Bodhisattvas vorsteht, für deren Status einzig ihr Fortschritt auf dem Übungsweg

18 *Weishu* 83.2082.9.

19 Zhou (2002), S. 220.

20 Auch Fu Jian 苻健 und Fu Jian 苻堅 nannten sich „Himmelskönige". *Jinshu* 112.2869.12, 113.2884.10.

21 Zhou (2002), S. 221.

22 So sieht Zhou Bokan als ein Indiz für die Annahme dieser Rolle bspw. den Bau eines Modells des Weltenberges Sumeru inmitten des Palastes in Chang'an. Zhou (2002), S. 233.

23 Sarkisyanz (1965), S. 87f.; Tambiah (1976), S. 41.

entscheidend ist. Aus buddhistischer Sicht handelt es sich bei einem Kaiser und bei dem Gott Indra daher um unerleuchtete Existenzen, die mit ihrem Verständnis des Dharma noch nicht weit vorgedrungen und daher immer noch dem Kreislauf des Lebens und Sterbens verhaftet sind.

Es ist in zeitgenössischen Darstellungen Yao Xings jedoch auffällig, dass dieser dort in höchstem Maße als erleuchtet beschrieben wird – eine Tatsache, die mit dem beschränkten Verständnishorizont eines Indra oder chinesischen „Kaisers“ nicht zusammenpasst. Denn vor allem die Vorworte der übersetzten Sutren aus dem Projekt um Kumārajīva bezeichnen Yao Xing zwar als Himmelskönig, in seinem Verständnis des Dharma allerdings wesentlich kenntnisreicher als Indra. In den folgenden Abschnitten werden diese Darstellungen Yao Xings, wie sie von zeitgenössischen Autoren bspw. von Sengzhao und Sengrui gegeben werden, näher untersucht, um so sein Herrschaftsverständnis und damit zusammenhängend auch die Bedeutung für das Übersetzungsprojekt näher zu beleuchten.

4.2.2 Quellen zu zeitgenössischen Darstellungen Yao Xings

In den Vorworten zu den Sutrenübersetzungen der am Übersetzungsprojekt beteiligten Mönche finden sich zahlreiche Darstellungen Yao Xings, der darin sowohl als der Initiator und Patron als auch als ein Herrscher gepriesen wird, der in ganz besonderer Weise den Dharma in China förderte. Im Gegensatz zur Umtitelung von 399, die das *Jinshu* aus seiner konfuzianischen Perspektive her schildert, lässt sich über die Vorworte das Selbstverständnis und die Rolle feststellen, die Yao Xing innerhalb des Übersetzungsprojektes einnahm.

Von Sengzhao sind hierzu insgesamt vier Texte überliefert, die alle als „Vorworte“ (*xu* 序) bezeichnet werden und worin die Gründe für die Aufnahme des Übersetzungsprojektes in Chang’an beschrieben werden. Von diesen Vorworten gilt allerdings eines, das „Vorwort zum *Brahmapālasūtra*“ (*Fanwang jing xu* 梵網經序), als apokryph.[24] Sengzhaos „Vorwort zum *śāstra* in einhundert Versen“ (*Bailun xu* 百論序) enthält zudem keine Erwähnung Yao Xings, da Sengzhao hier als Sponsor Yao Xings jüngeren Bruder Yao Song nennt.[25] Somit kommen für eine Untersuchung der Darstellung Yao Xings durch Sengzhao nur zwei weitere Vorworte in Betracht, nämlich das Vorwort zum „Kommentar des *Vimalakīrtisūtra*“ (*Zhu Weimoji jing* 注維摩詰經) und das „Vorwort zum *Dirgāgama*“ (*Chang Ahan jing xu* 長阿含經序).[26] Darüber hinaus enthalten der Einleitungsteil des BWZL und der Antwortbrief an Liu Yimin jeweils eine Textpassage, in der Sengzhao über Yao Xings Rolle in dem Übersetzungsprojekt berichtet.

Auch die Vorworte von Sengrui enthalten Beschreibungen Yao Xings. Allerdings ist dies in nur zwei von zehn der heute noch überlieferten Vorworte der Fall. Die übrigen Texte sind meist einem anderen Sponsor der Übersetzung gewidmet oder erwähnen einen solchen erst gar nicht. Die Vorworte, in denen Sengrui über Yao Xing schreibt sind hierbei die zum MBBJ und zum DZDL. Von Sengrui stammen somit die Vorworte zu den wohl wichtigsten Texten des Übersetzungsprojektes. Eine weitere Beschreibung Yao Xings findet sich in einem von Daobiao verfassten Vorwort.[27] Wie in Tabelle 5 dargestellt, lassen

24 Groner (1990), S. 253; Li (1989), S. 43f.
25 T30.1569.168.a6–11.
26 Li (1989), S. 31.
27 Lebensdaten unbekannt. Schmidt-Glintzer (1976), S. 71ff. Im *Hongming ji* 弘明集 ist eine Diskussion

sich zur Untersuchung der Frage nach Yao Xings Rolle als Herrscher somit insgesamt sieben Texte ausmachen.

An den von Sengzhao verfassten Vorworten und Einleitungsabschnitten fällt eine stets ähnliche Gliederung auf: Diese beginnen zunächst mit einer generalisierenden Aussage, an die sich eine Reflexion über die Möglichkeiten von Sprache anschließt.[28]

Tabelle 5: Texte mit Darstellungen Yao Xings

Vorworte:	
Zhu Weimoji jing xu 注維摩詰經序 (T38.1775.327.a14–b18)	Sengzhao
Chang Ahan jing xu 長阿含經序 (T55.2145.63.b20–c20)	Sengzhao
Dazhi dulun xu 大智度論序 (T25.1509.57.a6-c2)	Sengrui
Dapin jing xu 大品經序 (T55.2145.52.c28–53.b27)	Sengrui
Shelifu Apitan lunxu 舍利弗阿毘曇論序 (T28.1548.525.a6–b23)	Daobiao

Weitere Texte:	
Bore wuzhi lun 般若無知論 (T45.1858.153.a8-23)	Sengzhao
Da Liu Yimin shu 答劉遺民書 (T45.1858.155.b23–156.a4)	Sengzhao

Auf diesen eher generellen Teil folgt eine Bezugnahme auf den Hintergrund der Übersetzung des Werkes. Darin wird jeweils die herausragende Rolle Yao Xings hervorgehoben, dessen „heilvolles Tun“ es erst ermöglicht habe, dass das Übersetzungsprojekt überhaupt zustande kam. Wie die entsprechenden Passagen allerdings zeigen, geht diese Lobrede über die bloße Erwähnung Yao Xings als kaiserlicher Patron und Sponsor des Projektes weit hinaus.

Denn Sengzhao beschreibt Yao Xing nicht nur als einen nach chinesischen Maßstäben idealen Herrscher, sondern auch als einen Verbreiter des Dharma, der selbst auch die Merkmale eines Erleuchteten besitzt. In Sengruis Vorworten ist die Schilderung Yao Xings etwas sachlicher. Allerdings wird diesem auch hier die zentrale Rolle als Initiator des Übersetzungsprojekts zugeschrieben, der Kumārajīva aus seiner Gefangenschaft in Liang rettete, nach Chang'an holte und dessen Fähigkeiten im Übersetzungsprojekt erst zur Geltung brachte.

---

zwischen Daobiao, seinem Mitbruder Daoheng und Yao Xing überliefert, in der sich die beiden Mönche gegen einen Laisierungsversuch Yao Xings verteidigen.

28 Alle drei „Vorworte“ beginnen mit dem Thema der „Dunkelheit“ der tieferliegenden Prinzipien des jeweiligen Textes. Sie reflektieren auf die Unmöglichkeit von Sprache, diese Inhalte positiv fassbar zu machen. Insofern beziehen sich alle drei Vorworte auf das Problem des *vikalpa*. Im VK schreibt Sengzhao: „Das *Sūtra* der Nichtvorstellung des Vimalakīrti erschöpft das Subtile und bringt ganz zur Geltung die Erziehung [durch den Dharma]. Es ist eine Rede vom Abgetrennten und Subtilen.“ T38.1775.327.a14–15. In der Einleitung zum BWZL schreibt Sengzhao: „Nun: Die Leerheit und Dunkelheit der *prajñā* ist der Anfang und der Endpunkt der Drei Fahrzeuge.“ T45.1858.153.a8. Im Vorwort zum *Dirghāgama* schreibt Sengzhao: „Nun: Der Anfang und das Ende hören auf im Sagen und Nennen. Die Tüchtigen und Weisen waren daher ganz ausgefüllt von Schweigen. Da die dunklen Worte nicht tradiert werden können, hat Śhākya dies zu seiner Lehre gemacht.“ T01.1.1.a5–6.

Als ein alle drei Autoren verbindendes Element ist allerdings auffällig, dass diese das Übersetzungsprojekt im Zusammenhang mit Endzeitvorstellungen sehen und davon ausgehen, dass das „Ende des Dharma" (*mofa* 末法) bevorstehe.

4.2.3 Die „Erleuchtung des Nordens"

Endzeiterwartungen waren im China des ausgehenden vierten und beginnenden fünften Jahrhunderts durchaus gang und gäbe. Hierzu gaben nicht nur die chaotischen gesellschaftlichen, sozialen und politischen Umstände deutlichen Anlass, sondern auch religiöse Vorstellungen, die durch den Buddhismus nach China kamen und die chinesische religiöse Kultur beeinflussten.[29] Begünstigend auf die Entwicklung von Endzeitvorstellungen wirkten vor allem zwei Elemente aus dem indischen Buddhismus. Dies war zum einen der Gedanke von Kalpa-Zyklen, zum anderen der vom Ende des Dharma.

Nach dem Konzept der Kalpa-Zyklen wandelt sich der Zustand der Welt phasenweise von einer idealen Gesellschaft, in der die Menschen im harmonischen Einklang miteinander und mit der Natur leben, hin zu einer Zeit des moralischen, gesellschaftlichen und religiösen Zerfalls. In den scholastischen Traditionen des indischen Buddhismus wurde diese Vorstellung in einem größeren zeitlichen Rahmen gesehen, die von einer Sequenz „guter" Kalpa ausgeht, in der die Lebenszeit der Menschen noch achtzigtausend Jahre betrage, während in den Kalpa des Niedergangs diese Zeit dann auf zehn Jahre zusammenschrumpfe. Im strengen Sinne gibt es nach dieser Vorstellung keine „Endzeit" gemäß der linearen Vorstellung der jüdisch-christlichen Religionen, da der Zustand der Welt auf ewig zwischen Phasen des Aufstiegs und des Niedergangs oszilliert, wobei der Übergang von einem Zeitalter in das nächste mit der gänzlichen Zerstörung der physischen Welt und ihrer vollständigen Neuentstehung verbunden ist.[30]

Ebenso wie auf kosmischer Ebene eine zeitliche Abfolge zwischen den Kalpa des Aufstiegs und des Niedergangs erfolgt, so gibt es auch die Vorstellung, nach welcher der Dharma in den Zeiten der Blüte und der Degeneration unterschiedlich verstanden werde. Hiernach durchläuft der Dharma drei Phasen: In der Zeit des „korrekten Dharma" (*zhengfa* 正法), kurz nach dem Nirvāṇa des Buddha, besitzen die Menschen noch das rechte Verständnis der Lehre, was mit einem idealen gesellschaftlichen Zustand einhergeht. In der hierauf folgenden Phase des „scheinbaren Dharma" (*xiangfa* 像法) degenerieren die harmonischen Zustände des vorigen Zeitalters. Die Gesellschaft zeigt Anzeichen des beginnenden Niedergangs und der Buddhadharma wird von den Menschen nicht mehr recht verstanden. Die letzte Phase, das „Ende des Dharma" (*mofa* 末法), entspricht schließlich dem Kalpa-Ende, an dem sich nicht nur Chaos in der Welt verbreitet, sondern auch das

29 Unter der Östlichen Jin gab es mehrere daoistisch inspirierte Aufstandsbewegungen, die sich an den Machtkämpfen zwischen dem Kaiserhof und den Großgrundbesitzern der oberen Yangzi-Region beteiligten. Diese sollen nach Hubert Seiwert allerdings nicht messianisch bzw. millenialistisch inspiriert gewesen sein. Allerdings seien solche Vorstellungen innerhalb des volkstümlichen Daoismus schon seit der Späten Han-Dynastie nachweisbar. Wurden diese „heterodoxen" Traditionen damals noch unterdrückt und staatlich genau beobachtet, so konnten sie sich nach dem Zusammenbruch der Han und der folgenden politischen Zersplitterung weiter verbreiten. Gerade das zu dieser Zeit herrschende politische und gesellschaftliche Chaos nährte Vorstellungen vom Ende eines Zeitalters und vom Kommen einer neuen Welt. Seiwert (2003), S. 80, s.a. S. 78f.; Über den Tod Sun Ens, siehe Bielenstein (1996), S. 103.

30 Nattier (1991), S. 15–19; Seiwert (2003), S. 128; Siehe auch *Dirghāgama* T01.1.41.b19–20.

rechte Verständnis des Dharma verloren geht und durch heterodoxe Lehren korrumpiert wird.[31] Jan Nattier hat über die chinesische Entwicklung einer Vorstellung vom Kalpa-Ende und vom Ende des Dharma gezeigt, dass diese sich wohl erst durch fehlerhafte Interpretationen bei der Übersetzung buddhistischer Schriften ins Chinesische und als eine Reaktion auf das politische und kulturelle Chaos der Nördlichen und Südlichen Dynastien herausgebildet habe. So solle es in den indischen Traditionen den Gedanken vom gegenwärtig bevorstehenden Ende des Kalpa noch nicht gegeben haben. Dieser habe sich erst durch volkstümliche Sekten in China, vor allem ab der Mitte des sechsten Jahrhunderts, in einer systematischen Form entwickelt.[32] Es lassen sich allerdings schon vor dem von Nattier angegebenen Zeitraum Hinweise erkennen, dass Vorstellungen von einer Endzeit und den drei Phasen des Dharma im chinesischen *Saṃgha* kursierten. So findet sich der Gedanke vom Ende des Dharma in beiden Textfamilien der *Prajñāpāramitā*-Sutren, der „Großen" und der „Kleinen" *Prajñāpāramitā*, die seit der Westlichen Jinzeit in China kursierten.[33]

In der „Kleinen *Prajñāpāramitā*", in der Übersetzung von *Lokakṣema mit dem chinesischen Titel *Daoxing jing* 道行經, ist von einer Abfolge die Rede, in der sich der Dharma in Form der *prajñāpāramitā* phasenweise in Indien verbreiten würde, wobei es erst im „letzten Zeitalter" (*zuihoushi* 最後世), nachdem der Osten, Süden und Westen Indiens erleuchtet wurde, in Nordindien ankomme.[34] Ist in diesem Text noch von der Verbreitung der *prajñāpāramitā* in „Nordindien" (*Bei Tianzhu* 北天竺) die Rede, so spricht das *Fang guang jing* 放光經, eine Version der „Großen *Prajñāpāramitā*", geographisch unbestimmter von „Norden". Auch ist dort nur von „späteren Zeitaltern" (*houshi* 後世) die Rede. Dieser Text war bereits seit der Westlichen Jin aus dem Jahr 291 in der Übersetzung von Wuluocha 無羅叉 (*Mokṣala) aus Khotan in China bekannt.[35] Darin ist auch die Rede davon, dass sich der Dharma in Form der *prajñāpāramitā* in den verschiedenen Gegenden in einer festen Abfolge verbreiten würde, wobei erst ganz am Ende die „Erleuchtung des Nordens" geschehe. Folgend die relevanten Auszüge aus beiden Texten:

Daoxing jing 道行經 T224 (übersetzt ca. 178–189 von *Lokaṣema):

> Der Buddha sprach zu Sariputra: [...] „Diese *prajñāpāramitā* wird in Südindien sein. Wenn dort ihr Studium zu einem Ende gelangt sein wird, wird sie sich von

---

31 Nattier (1991), S. 65f.

32 Siehe Seiwert (2003), S. 128; Zürcher (1982), S. 6ff.; Nattier (1991), S. 65–118.

33 Zur Bezeichung dieser beiden Textgruppen als „Textfamilien", s. Zacchetti (2005), S. 36. Die ins Chinesische übersetzten Version der „Kleinen" *Prajñāpāramitā* waren *Aṣṭasāhasrikā Prajñāpāramitā* in der Übersetzung von *Lokakṣema mit dem chinesischen Titel *Daoxing jing* 道行經. Die „Große" *Prajñāpāramitā* trug den Titel *Fang guang jing* 放光經 und war von *Mokṣala, Wuluochao 無羅叉aus der Zeit der Westlichen Jin. Beide waren vor der Ankunft Kumārajīvas in China verbreitet. Allerdings zeigen die Bemühungen von Dao An um eine Übersetzung und Redaktion vor allem der „Großen" *Prajñāpāramitā*, dass diese Versionen inhaltlich und textlich noch viele Ungereimtheiten aufwiesen. Siehe hierzu Zacchetti (2005), S. 51ff.

34 Watanabe Shôgo (2009) hat in seinem Artikel „'Destruction of the Dharma' and 'Predictions'" bereits die Idee vom „Ende des Dharma" und der sukzessiven Verbreitung der *prajñāpāramitā* innerhalb verschiedener *Prajñāpāramitā*-Sutren herausgestellt. Er weist hierbei besonders auf die zentrale Rolle von „Großen Bodhisattvas" hin, die diese Verkündigung in der Endzeit vorantreiben. Watanabe (2009), S. 96f.

35 Über diese Version, siehe Zacchetti (2005), S. 30.

> Südindien nach Westindien wenden. Wenn [dort] ihr Studium zu einem Ende gelangt sein wird, wird sie von Westindien nach Nordindien gelangen. Dort werden die Studierenden sie erlernen [...].“ Sariputra sprach zum Buddha: „Erst zur Zeit des allerletzten Zeitalters soll die *prajñāpāramitā* nach Nordindien kommen?“ Der Buddha sagte: „Sie wird in Nordindien ankommen. Diejenigen, die dort sein werden, werden von der *prajñāpāramitā* hören und auch werden sie Fragen darüber stellen. Sie werden wissen, dass die Bodhisattva-mahāsattva sie bereits vor langer Zeit in großem Maßstabe verbreitet haben. Aus diesem Grunde werden sie wieder die *prajñāpāramitā* empfangen.“[36]

Fang guang jing 放光經 T221 (übersetzt ca. 291 von *Mokṣala):

> Sariputra sagte zum Buddha: „Weltverehrter, wird sich diese *prajñāpāramitā* dann überall im Norden verbreiten?“ Der Buddha sprach: „Es ist, wie du sagst. Es werden in späteren Zeitaltern gute Männer und gute Frauen die Lehre und die Bücher erhalten und am Praktizieren der *prajñāpāramitā* festhalten. Du sollst wissen, dass diese Menschen schon lange die Idee des großen Fahrzeugs hervorgebracht haben und weiterhin auch verschiedene Buddhas verehrt und alle guten Wurzeln gebildet haben.“ Sariputra sagte zum Buddha: „Weltverehrter, wie viele gute Männer und Frauen wird es später im Norden geben, die den Weg des Bodhisattva praktizieren, die *prajñāpāramitā* erlangen und daran festhalten, sie rezitieren und erklären?“ Der Buddha sagte zu Sariputra: „Obgleich es im letzten Zeitalter im Norden viele gute Männer und gute Frauen geben wird, die die *prajñāpāramitā* empfangen und daran festhalten, so werden trotzdem bloß wenige das große Fahrzeug vollenden.“[37]

In beiden Passagen aus den älteren Übersetzungen der „Großen“ und der „Kleinen“ *Prajñāpāramitā* findet sich somit dieselbe Prophezeiung des Buddha zur Verbreitung der *prajñāpāramitā* in der Welt. In beiden ist zunächst die Rede davon, dass sich die *prajñāpāramitā* nach dem Nirvāṇa des Buddha nach und nach in allen Himmelsrichtungen verbreiten wird. Diese Verbreitung solle in vier Phasen stattfinden, die sich am Weg der Sonne über den Himmel orientieren und so in einer Ost-Nord-Richtung verlaufen würden. Die hierbei zugrundeliegende Geographie ist jedoch eine kosmisch-religiöse, worin der Weltenberg Sumeru den Mittelpunkt des Kontinents Jambudvīpa darstellt, auf dem der Buddha den Menschen erschienen ist.[38] Siehe dazu Abbildung 2.

Die Sonne kreist in diesem Weltmodell in einer Ost-West Bewegung um den Sumeru. An dieser Bewegung der Sonne orientiert sich auch die Prophezeiung von der Verbreitung der *prajñāpāramitā* und beschreibt die Ausbreitung des Dharma innerhalb einer kosmischen Geographie, in der die Menschen des Nordens als letzte erleuchtet werden. Diese Prophezeiung gilt in beiden Schriften zudem als von höchster Stelle autorisiert, da sie Worte des Buddha selbst sind. Vergleicht man die im DXJ und im FGJ enthaltenen Versionen der Prophezeiung des Buddha mit derjenigen Version, die sich in Kumārajīvas Übersetzung des MBJ findet, so fällt auf, dass diese Textstelle einen wesentlich größeren Raum

36 T08.224.446.b6–9.
37 T08.221.72.a26–b5.
38 Klötzli (1983), S. 25f.

einnimmt, als in den beiden früheren Texten. Vor allem im DZDL wird diese Passage dann eingehend kommentiert. Im Kommentartext wird zudem genauestens auf die partikularen Zeitumstände eingegangen, unter denen der Dharma im Norden verbreitet wird:

> Frage: Im Norden, am Ende des Dharma, werden die Wesen ihre üblen Einflüsse noch nicht beendet haben. Aus welchem Grund lässt der Buddha diese bösen und sündigen Menschen den Dharma erkennen und erinnern?
> Antwort: Das Merkmal des Großen Buddha-Mitleides dringt bis in die Knochen und das Mark – so vermag der Bodhisattva für die Wesen den Geist des unübertroffenen Weges hervorzubringen. Da der Buddha sah, dass dieser Dharma nach seinem Ende blühen werde und „diese Menschen nach meinem Nirvāṇa den Buddhadharma unterstützen werden", deshalb lässt er sie den Dharma erkennen und erinnern. Später werden im Norden, nach dem Ende des Buddhas, Menschen in einem abgelegenen Gebiet und während eines üblen Zeitalters geboren. Die drei Gifte werden lodern, Waffen und Soldaten wird es im Überfluss geben und die Weisen und Tüchtigen werden in diesem Kalpa nur sehr wenige sein. Diese Menschen werden die Gründe für alle Sünden und alles Glück von sich aus nicht mehr erkennen, sondern sie von anderen Menschen hören. Wenn sie in den Sutren lesen, so werden sie fähig zu Glaube, Freude und Verehrung des Dharma sein und sich rasch dem unübertroffenen Weg nähern. Nicht viel später wird diese Sache dann schwerer werden, denn als der Buddha noch in der Welt weilte, war es noch nicht unbedingt schwer, ein Nicht-Wiederkehrer zu werden und gläubig die *prajñāpāramitā* zu praktizieren. Wegen dieser vielfachen und unermesslichen Gründe wird der Buddha [die sündigen Wesen im Norden den Dharma] erkennen und erinnern lassen.[39]

An der Kommentierung des DZDL fällt auf, dass die an sich neutrale Schilderung von der Verbreitung der *prajñāpāramitā* der beiden anderen Texte nun in einem sehr endzeitlichen Sinne dargestellt wird. Deutlich wird dies u.a. an den Unterschieden in allen vier Ausgaben bezüglich der Angaben zur Zeit und zum Ort der Ausbreitung. Während im DXJ noch von „Nordindien" die Rede ist, geben alle anderen Ausgaben den Ort der Ausbreitung undeutlicher an, indem sie nur von „Norden" sprechen. Am deutlichsten sind diese Unterschiede jedoch bezüglich der Zeit der Ausbreitung. Das DXJ ist auch hierin präziser, indem es vom „letzten Zeitalter" spricht, während das FGJ und das MBBJ nur „spätere Zeiten" bzw. „spätere Zeitalter" nennen. Im DZDL hingegen wird der Begriff „Ende des Dharma" gebraucht. Das DZDL deutet diese Passage somit als einzige in einem endzeitlichen Sinne. Es ist daher anzunehmen, dass es sich hierbei um eine relativ späte Kommentierung dieser Passage handelt, da zwischen dem FGJ, dem DXJ und dem MBBJ bezüglich der Ungenauigkeiten über den Ort und die Zeit der letzten Ausbreitung weitgehende Übereinstimmung herrscht. Das DZDL gibt von der Zeit am „Ende des Dharma" zudem eine eingehende Schilderung der spezifischen Zeitumstände während der Ausbreitung: In der Zeit, in der die *prajñāpāramitā* in die nördlichen Weltgegenden kommt, seien die Menschen dort „sündig und böse". Zudem würden sie in einem „abgelegenen Gebiet" und unter schlechten Zeitumständen leben, in denen Kriege und Waffengewalt an der Tagesordnung seien und es nur

39 T25.1509.530.b9–19.

wenig weise und edle Menschen gäbe. Das größte Merkmal der Verblendung und der Sündhaftigkeit der Menschen des Nordens sei zudem ihre Unkenntnis des Dharma. Hierüber müssten die Menschen des Nordens erst „von anderen hören“, wobei die Sutren eine zentrale Rolle spielen, denn durch diese kämen sie zum Glauben an den Dharma und an die *prajñāpāramitā*.

Eine solche recht spezifische Beschreibung der Umstände, unter denen die Erleuchtung des Nordens durch die *prajñāpāramitā* stattfinden solle, mochte einem chinesischen Buddhisten des beginnenden fünften Jahrhunderts als sehr zutreffend erscheinen. Denn in der Prophezeiung finden sich mehrere Elemente, die die Situation in China deutlich umreißen: die geographische Lage, weit entfernt von den Ursprungsgegenden des Buddhismus und seiner Kultstätten sowie das gesellschaftliche Chaos und die Kriege nach dem Zerfall des Han-Reiches. In den „wenigen Weisen und Tüchtigen“ mag man die Situation des *Saṃgha* der damaligen Zeit wiedererkennen, der durch kein einheitliches Regelwerk zur Lebensführung strukturiert war und zahlreiche Vorwürfe über die moralische Dekadenz der Mönche hinnehmen musste.[40] Ein besonders treffender Zeitumstand wird auch durch die Aussage angedeutet, dass die Menschen des Nordens „die Gründe für alle Sünden und alle Freuden“ nicht „von sich aus erkennen“ würden. Über die zentralen Inhalte der buddhistischen Lehre müssten die „Menschen des Nordens“ somit erst von „anderen“ erfahren – den aus dem Westen kommenden buddhistischen Mönchen, wo die „Erleuchtung“ bereits stattgefunden habe.

Doch auch über den genaueren Ort der Verbreitung finden sich im DZDL spezifische Angaben und Deutungen. In einer anderen Passage beschreibt das DZDL den Kontinent Jambudvīpa, der sich demnach in vier Gegenden gliedert, die jeweils durch große Flüsse aus der realen Geographie beherrscht werden – den Ganges, den Indus, den Amu-darya und den Jarkant. Diese vier Flüsse fließen jeweils in das den Kontinent umringende Meer. Der große Fluß des Nordens ist hierbei der Jarkant, der am Karakorum-Pass in Nord-Kashmir entspringt, dann zunächst nach Norden fließt, um sich schließlich südlich der heutigen Stadt Aksu mit zwei weiteren Flüssen zu vereinigen, die nach Westen hin den Tarim-Fluß bilden.[41] Der „Norden“ in der mythischen Geographie lässt sich somit mit der realen Geographie des westlichen Teils der Wüste Taklamakan in Verbindung bringen, in der die Stadt Kashgar liegt, die vor der Eroberung durch Yao Xing zur Früheren Liang gehörte. Diese Gegend war auch das Gebiet, in dem Kumārajīva aufwuchs und seine Jugendzeit verbrachte.[42]

4.2.4 Yao Xings Funktion für die „Erleuchtung des Nordens“

Wie in den Versionen der Prophezeiung im FGJ und im DXJ betont wird, besitzt die Verbreitung von Sutren und buddhistischen Schriften für die „Erleuchtung des Nordens“ eine zentrale Bedeutung. Hiermit sind jedoch nicht die Abhidharmaschulen gemeint, da diese im DZDL einer eingehenden Kritik unterworfen werden und hierdurch der deutliche Anspruch erhoben wird, dass einzig das Mahāyāna die wahre Lehre des Buddha darstelle.

40 Schmidt-Glintzer (1976), S. 56f.; Zürcher (1959), S. 281f.

41 T25.1509.114.a13–25. Über den Yarkand bzw. Sitā, s. FGDCD 1714. Zur geographischen Lage siehe Karte 2.

42 T50.2059.330.a14–16.

Die „Erleuchtung des Nordens“ soll nämlich einzig durch die Lehre des Mahāyāna stattfinden, wie sie im DZDL dargelegt ist, während andere Richtungen heterodoxe Abweichungen von der „wahren Lehre“ darstellen.

Es lässt sich somit sagen, dass die Prophezeiung über die Ausbreitung der Lehre des Großen Fahrzeugs durch die Deutung des DZDL in China in einem endzeitlichen Sinne verstanden wurde. Denn auf die eben skizzierten Merkmale der Verbreitung finden sich bei Kumārajīvas Schülern Sengzhao und Sengrui deutliche Referenzen. Sengrui etwa, der die beiden Vorworte für das DZDL und das MBJ verfasste, verbindet die Ankunft Kumārajīvas und den Beginn des Übersetzungsprojekts in Chang'an mit einer „Restauration am Ende des Dharma“:

> Der König von Qin erspürte [Kumārajīvas] kommendes Erscheinen, und zur rechten Zeit bewahrte er ihn vor dem Untergang. Im dritten Jahr der Regierungsdevise „Beginn der Verbreitung“ (401), im Winter des 12. Monats, am 12. Tag kam [Kumārajīva] nach Chang'an. Der König von Qin machte seine Verbindung in die Leerheit fest und wie Schreiner Jiang[43] kultivierte er dessen tiefschürfende Ambitionen. Nachdem die Verbindungen zur Leerheit hergestellt waren, korrigierte [Kumārajīva] die Worte dieses Textes, und nachdem die tiefschürfenden Ambitionen propagiert waren, brachte er das kommentierende *Śāstra* heraus. In den Flüssen Wei und Bin[44] fließt die Kultur des Jetavana vihāra[45], aus der Helle des Westens leuchtet das Herz des Tathāgata, im Zhaoyao [Tempel] sammeln sich die tugendhaften und pflichtbewussten Mönche und die Stadtmauern der Hauptstadt fließen über von den Gesängen des Dao – Die Restauration am Ende des Dharma, wird sie nicht hiermit beginnen?[46]

Für Sengrui beginnt die „Restauration am Ende des Dharma“ mit der Ankunft Kumārajīvas in Chang'an und auch Sengzhao erwähnt dies an mehreren Stellen. So schreibt er im Einleitungsteil des BWZL, dass sich das „Schicksal des nördlichen Himmels erfüllt“ habe, nachdem Kumarājīva von Yao Xing nach Chang'an geholt worden war. Auch im Vorwort zum VK sieht er das „Schicksal des nördlichen Himmels nun erfüllt“.[47] Die wichtige Funktion, die Yao Xing in dieser Zeit der Erneuerung einnehme, sei „als Himmel für die Wesen im letzten Zeitalter“ zu fungieren und eine „Stütze für den von Buddha Shakya hinterlassene Dharma“ zu sein.[48] Der Antwortbrief an Liu Yimin enthält zudem eine längere Passage, in welcher Sengzhao begeistert die Aktivitäten schildert, die in Chang'an zur Verbreitung des Dharma unternommen wurden: Zahlreiche Meister, die mit der Übersetzung wichtiger Werke befasst sind, hunderte von Schülern, die sich Meditationsübungen

---

43 ZYD 11.4.65.

44 Beide Flüsse fließen in der Gegend von Chang'an.

45 Mit dem Jetavana vihāra ist das erste buddhistische Kloster gemeint, das von Anāthapiṇḍika, einem reichen Kaufmann, für den Buddha und seine Schüler gebaut worden sein soll. Dieser Ort wird als das überhaupt erste monastische Zentrum angesehen, das noch zu Lebzeiten des Buddha für diesen und den Saṃgha erreichtet wurde. Siehe Tarthang (1994), S. 99; auch Faxian besuchte das Jetavana-Kloster auf seiner Reise. Siehe Deeg (2005), S. 54.

46 T55.2145.53.a22–28.

47 T45.1858.153.a14–15; T38.1775.327.b9.

48 T45.1858.153.a16–17.

und die stetig neue Ankunft von Mönchen aus dem Westen.[49] Sengzhao schließt mit der Bemerkung, dass sich der „Wind des Geiergipfels nun an diesem Ort", nämlich Chang'an, sammele.[50]

Die Prophezeiung von der letzten Ausbreitung des Dharma in China ist der religiös-kosmologische Hintergrund für das Übersetzungsprojekt in Chang'an. Da Kumārajīvas Ankunft und der Beginn der Übersetzungen als die Erfüllung einer Prophezeiung des Buddha selbst betrachtet wurden, ist denkbar, dass das ganze Vorhaben zur „Erleuchtung des Nordens" mit endzeitlichen und missionarischen Erwartungen einherging. Denn die Missionierung der „sündigen und bösen Menschen" des Nordens musste noch vor dem „Ende des Dharma" stattfinden. Das Medium zur Verbreitung der *prajñāpāramitā* in China waren hierbei die Sutren, die durch die Mönche aus dem schon früher erleuchteten Westen in den Norden gebracht wurden. Die dogmatischen Diskussionen über den *dharmakāya-bodhisattva* mit dem *Saṃgha* am Lushan wurden von Yao Xing so vermutlich aus einer missionarischen Intention heraus initiiert. Denn die Anhänger des Kleinen Fahrzeugs im Süden mussten von der Superiorität des Mahāyāna überzeugt werden. Der missionarische Eifer einer solchen Bewegung zur „Erleuchtung des Nordens" richtete sich damit nicht nur auf die nicht-buddhistischen Bewohner des chinesischen Kulturraums, sondern vor allem auch auf die Anhänger der Schulen des Abhidharma, die zwar schon früher nach China gekommen waren, aber einer heterodoxen Version des Dharma anhingen.

4.2.5 Das Verhältnis von Kumārajīva und Yao Xing im Heilsszenario von der „Erleuchtung des Nordens"

Es lässt sich in den Vorworten Sengzhaos und Sengruis deutlich erkennen, dass für die „Erleuchtung des Nordens" sowohl Kumārajīva als auch Yao Xing zentrale Funktionen einnahmen. Kumārajīva kommt zunächst die Rolle eines gelehrten Übersetzers und großen Kenners der Mahāyāna-buddhistischen Schriften zu, während Yao Xing als kaiserlicher Patron und Mäzen des Übersetzungsprojekts fungiert. Allerdings besitzen beide nach den zeitgenössischen Darstellungen auch innerhalb des Heilsszenarios von der „Erleuchtung des Nordens" Funktionen, die über die bloßen Rollen als Mäzen bzw. Gelehrter weit hinausgehen. Diese Hinweise auf die religiösen Rollen Yao Xings und Kumārajīvas finden sich auch in den Vorworten Sengzhaos und Sengruis. So beschreibt Sengzhao in der Einleitung zum BWZL Kumārajīva als einen Menschen mit besonderen Erkenntnisfähigkeiten, der die Verblendung durch den *vikalpa* überwunden habe, was ihn zur Korrektur „anderer Lehren" (*yixue* 異學) befähige:

> Doch gibt es da den *śramaṇa* Kumārajīva aus Indien: Bereits in jungen Jahren betrat er „das große Viereck" und die Erforschung der treibenden Kräfte war seine Neigung. Als einziger ragte er aus der Oberfläche der Worte und Abbilder hervor, subtil passte er sich ein in den Bereich des Seltenen und Unvernehmbaren. In Kapilavastu

49 T45.1858.155.c10–21.

50 T45.1858.155.c10. Der „Geiergipfel" (Gṛdhrakūṭa) gilt als der Ort, an dem der Buddha die meiste Zeit weilte und seine Lehre verkündete. Er wird in vielen Mahāyāna-Sutren als Ortsangabe für die betreffende Predigt des Buddhas genannt. Zum Geiergipfel s. Tarthang (1994), S. 117. Auch Faxian besuchte auf seiner Pilgerreise nach Indien diesen Ort. Deeg (2005), S. 415.

korrigierte er andere Lehren und in den Fächern des Ostens entfachte er den reinigenden Wind.[51]

In Sengzhaos Darstellung trägt Kumārajīva damit Qualitäten, die ihn für das Projekt zur „Erleuchtung des Nordens" prädestinieren: Schon früh mit den Sutren der *prajñāpāramitā* vertraut, erkennt er das Zentrum der Lehre des großen Fahrzeugs. Der Disput mit den „anderen Lehren" findet zudem an einem heiligen Ort des Buddhismus statt, nämlich in Kapilavastu, dem Ort, an dem der Buddha aufwuchs und welcher hier wohl symbolisch für das Fundament und die Prinzipien der buddhistischen Lehre steht. Nach der Richtigstellung des Dharma in seinem Zentrum geht Kumārajīva weiter, um nun den „reinen Wind" in den „Fächern des Ostens" zu verbreiten. Im VK schildert ihn Sengzhao als jemanden, der sich „in der Mitte des Kreises" befinde und damit die Verblendung durch den *vikalpa* überwunden habe.[52] Dadurch sei Kumārajīva kraft seiner besonderen Einsichtsfähigkeit erhaben über die partikularen Standpunkte der Abhidharma-Schulen und von dieser Warte aus fähig, deren Missverständnisse zu korrigieren. Nicht zuletzt erwähnt Sengzhao im Vorwort zum VK Kumārajīvas Kenntnis fremder Sprachen, die natürlich von entscheidender Bedeutung für das Übersetzungsprojekt waren. Kumārajīva erweist sich damit als ein idealer Vermittler des Dharma in China.

Auch bei Sengrui wird diese Rolle Kumārajīvas als Verkünder in der Zeit des *mofa* betont. So schreibt er im Vorwort zum DZDL, dass am Ende der beiden vorangegangenen Zeitalter des „rechten Dharma" und des „scheinbaren Dharma" jeweils große erleuchtete Gelehrte gelebt hätten, die den Dharma für das kommende Zeitalter den Menschen verkündeten. In der Zeit des „rechten Dharma" sei dies Ashvaghosa, in der des „scheinbaren Dharma" Nāgārjuna gewesen.[53] Diese Aufgabe käme im Zeitalter des *mofa* nun Kumārajīva zu. Durch den unmittelbaren Vergleich mit Nāgārjuna und Ashvagosa stellt Sengrui Kumārajīva mit diesen beiden eminenten buddhistischen Denkern auf eine Ebene.

Zusammenfassend lässt sich zur Darstellungen Kumārajīvas sagen, dass dieser als ein erleuchteter Gelehrter hervorgehoben wird, der all die essentiellen Eigenschaften besitzt, die notwendig seien, um die *prajñāpāramitā* den Menschen des Nordens zu vermitteln. Doch trotz dieser Betonung der Fähigkeiten Kumārajīvas fällt auf, dass Sengzhao und Sengrui ihn zwar als einen erleuchteten Gelehrten schildern, dessen Fähigkeiten aber durch seinen Stand als Mönch beschränkt werden. Ihm wird somit vor allem die Wirksamkeit im Bereich des Geistigen zugesprochen, während er sich dem Bereich des Weltlichen entzogen hat. Kumārajīva entspricht damit nicht dem chinesischen Ideal des „Weisen" (*shengren* 聖人), der als „weiser Herrscher" kraft seiner überragenden Fähigkeiten vor allem im Bereich des Politischen und des Weltlichen wirkt und dort die Menschen erzieht. So findet sich in den Darstellungen Kumārajīva auch keinerlei Verweise auf eine „transformierende" und „erziehende" Wirkung, die im chinesischen Kontext mit dem Wort (*hua* 化) gemeint ist und die im Buddhismus im Sinne von (*jiaohua* 教化), als Bekehrung,

51 T45.1858.153.a9–12.

52 T38.1775.327.b11–13.

53 Ashvaghosa wurde das im Jahr 550 von Paramartha übersetzte apokryphe Werk *Dasheng qixin lun* 大乘起信論 (T1666) zugeschrieben, das durch seine Darstellung des *Tathāgatagarbha*-Gedankens einen bedeutenden Einfluss auf die Entwicklung des chinesischen Buddhismus ausübte. Siehe Buswell (2006), S. 1, 35.

Erziehung und Erlösung der Menschen durch den Dharma verstanden wird.[54] Diese Wirkung kann gemäß der Idee vom *shengren* nämlich nur ein Herrscher erzielen, dessen Regierung Kumārajīva berät. Die Missionierung und Erziehung der Menschen des Nordens muss somit letztendlich durch einen weltlichen Herrscher vollbracht werden. Kumārajīvas Bezugslosigkeit zum Bereich des politisch-weltlichen soll den Darstellungen nach dann auch Auslöser für eine Krise gewesen sein, die die „Erleuchtung des Nordens" beinahe zum Scheitern gebracht hätte. Hiermit ist die Episode gemeint, in der Kumārajīva in Gefangenschaft siebzehn Jahre als Berater für Lü Guang im Staat Liang dienen musste, ein Dienst unter teils demütigenden Bedingungen. Wie Konfuzius wird Kumārajīva so als der richtige Mann am falschen Ort dargestellt, indem er einem unverständigen Herrscher seine Lehren darbietet. Um seine überragenden Fähigkeiten einzusetzen braucht er, das betont die folgende Stelle, unbedingt eine „Grundlage" für die Verkündigung des Dao, die er nur in einem wahrhaft erleuchteten Herrscher finden könne:

> Dass er das Licht im Lande Liang verbergen musste, als er sich eben erst anschickte die verschiedenen Gegenden zu erhellen: Hierdurch antwortete das Dao nicht einfach ins Leere hinein, da es für die Antwort unbedingt einer Grundlage bedurfte![55]

Das Licht, das wie später noch gezeigt wird vom Leib des Buddhas selbst ausstrahlt, nimmt nach der Prophezeiung von der „Erleuchtung des Nordens" denselben Weg wie die Sonne. Dieses Licht wird von Kumārajīva in „die verschiedenen Gegenden" gebracht. Sengzhao beschreibt Kumārajīva hiermit als die „Antwort des Dao", als eine Handlung, die vom Buddha selbst ausgeht, sich bei Lü Guang jedoch verstecken musste und erst auf eine geeignetere „Grundlage" wartet, um die „Erleuchtung des Nordens" voranzubringen.

Dieses Problem, welches nach der Dramatik in der Darstellung Sengzhaos und Sengruis die Erleuchtung des Nordens beinahe hätte scheitern lassen, wird durch das Eingreifen Yao Xings gelöst. Dieser befreite Kumārajīva durch den Feldzug gegen den Staat Liang und ließ ihn zu sich in die Hauptstadt Chang'an bringen. Erst hier konnte Kumārajīva sein „Licht" ganz erscheinen lassen. Und erst durch den „Himmelskönig" konnte es gelingen, die Antwort des „Dao" in der Gestalt Kumārajīvas wirksam werden zu lassen und hierdurch die „Erleuchtung des Nordens" in China einzuleiten. Indem Yao Xing die „Grundlage" für die Verbreitung der *prajñāpāramitā* bildete, ergänzt er so den bei Kumārajīva aufgrund seines Mönchsstandes fehlenden Aspekt der weltlichen Wirkung. Yao Xing passt damit in die chinesische Vorstellung vom weisen Herrscher, der zugleich ein erleuchteter Weiser ist und fähige Berater um sich schart, wodurch die Menschen dann zum Guten erzogen und unterrichtet werden. Denn gemäß Sengzhaos Darstellung ist Yao Xing sowohl erleuchtet als auch fähig, den Dharma in der Welt zu verbreiten und eine tugendhafte Herrschaft auszuüben. Hierüber finden sich folgende Aussagen:

Erleuchtung, Verständnis des Dharma:

> Der König von Qin aber: Sein Dao ist vom Wesen her die Dharma-Natur und in ihm begegnet das Wirken des Himmels der Welt. (Antwortbrief an Liu Yimin)[56]

54 FGDCD 1321.
55 T45.1858.153.a12–13.
56 T45.1858.155.c8–9.

> Der edle Geist des Himmelskönigs der großen Qin übersteigt die Welten. Mit dunklem Bewusstsein gelangt er alleine zur Erkenntnis.
> (Kommentar zum *Vimalakīrtisūtra*)[57]
> Der Himmelskönig der großen Qin „reinigt die Sicht auf das Dunkle"[58] und mit edler Haltung schreitet er alleine voran. Die Ruhe und die Einsicht nähren sich gegenseitig, das Dao und die Welt sind sich gegenseitig von Nutzen.
> (Vorwort zum *Dirghāgama*)[59]

Verbreitung des Dharma:

> Er lässt das Dao erschallen bis zum letzten Tag. (BWZL)[60]
> Wahrlich fungiert er als Himmel für die Wesen des letzten Zeitalters und als Stütze für den von Buddha Śākya hinterlassenen Dharma! (BWZL)[61]
> Er ist der Schutzwall für die drei Juwelen, und die Ausbreitung des Dao ist seine Aufgabe. (Antwortbrief an Liu Yimin)[62]
> Er fördert die Erziehung durch das Dao innerhalb von 1000 Generationen.
> (Kommentar zum *Vimalakīrtisūtra*)[63]

Regierung:

> Sein Dao passt sich ein in die Reihe der 100 Könige, seine Tugend wirkt begünstigend innerhalb von 1000 Generationen. (BWZL)[64]
> Er verbreitet die höchste Regierung über den zehntausend Staatsangelegenheiten.
> (Kommentar zum *Vimalakīrtisūtra*)[65]

Sengzhao verwendet in seinen Darstellungen Yao Xings Begrifflichkeiten aus dem *Laozi*, die dort für den idealen Herrscher verwendet werden: Mit „dunklem Herzen" (*xuanxin* 玄心) sei er „alleine erwacht" (*duwu* 獨悟) und „übersteige die Welt" (*chaoshu* 超世). Trotzdem verkünde er aber mitten in der Welt den Dharma und stelle sich in die Reihe der legendären „hundert Könige" (*baiwang* 百王). Yao Xing umfasst nach Sengzhaos Darstellung sowohl den transzendenten Bereich des Wahren Merkmals, steht aber auch mitten in der Welt. Bei Daobiao wird dieser Aspekt sogar noch deutlicher hervorgekehrt, indem er Yao Xing als das „Wahre Merkmal auf dem Kaiserthron" beschreibt:

> Nur das überbordende Vermögen und die überragende Einsicht und Fähigkeit des Himmelskönigs von Qin haben die unsichtbaren Wurzeln in der Vergangenheit

57 T38.1775.327.b5–6.
58 Siehe *Laozi* 10: „[For a ruler] to clean and wipe the perception of That-which-is-Dark and to be able to [keep it] without blemish – ah! [For a ruler] to love the people and bring order to the state, and to be able to [proceed in this] without using knowledge – ah!" Wagner (2003), S. 146.
59 T55.2145.63.c9–10.
60 T45.1858.153.a16.
61 T45.1858.153.a16–17.
62 T45.1858.155.c9.
63 T38.1775.327.b6–7.
64 T45.1858.153.a15–16.
65 T38.1775.327.b6.

> gepflanzt und das wahre Merkmal mit dem Platz des Kaisers verbunden. Die Wirkkraft des Königs antwortet dem Schicksal und propagiert die drei Juwelen.[66]

Nach Daobiao reichen Yao Xings Verdienste sogar weit in die Vergangenheit zurück, wo er bereits die Keime für sein gegenwärtiges Heilswirken gelegt habe. Yao Xing wird in diesen Darstellungen somit als ein idealer Herrscher gepriesen, der die Aspekte der Erleuchtung und der vollkommenen weltlichen Herrschaft durch den Dharma in sich vereinigt.

Wie in den vorherigen Kapiteln bereits mehrfach dargestellt wurde, ist die Einsicht in das Wahre Merkmal das entscheidende Charakteristikum eines *dharmakāyabodhisattva*. So weisen vor allem Sengzhaos Beschreibungen von Yao Xing als „alleine erwacht“ und der Tatsache, dass sich in ihm „die Welt und das Dao“ treffen würden, darauf hin, dass er in Yao Xing einen hochrangigen Bodhisattva auf dem Kaiserthron sieht. Dogmatisch wird dieser Gedanke auch durch das DZDL bestätigt, in welchem es über den *dharmakāyabodhisattva* heißt, dass dieser zur Befreiung der Wesen entweder als ein *cakravartirājan*[67] (*zhuanlun shengwang* 轉輪聖王) oder als ein „König von Jambudvīpa“ (*Yanfoutiwang* 閻浮提王) in der Welt erscheine:

> Ein reiner *dharmakāyabodhisattva*, der die *anutpattikadharmakṣānti* erlangt und die sechs Geistesdurchdringungen innehat, gleicht sich zum Zwecke der Erziehung und Befreiung der Wesen den Wesen in seinen Handlungen an und geht ganz in diesen auf. Mancher wird ein *cakravartirājan*, mancher ein König von Jambudvīpa. Ganz gemäß dem, was [die Wesen zum Heil] benötigen, nützt er ihnen.[68]

Die zeitgenössischen Schilderungen Yao Xings, beschreiben diesen somit als einen *dharmakāyabodhisattva*, der als ein Herrscher auf dem Kontinent Jambudvīpa die Wesen durch die Propagierung des Dharma retten soll. Doch im Kontext des Übersetzungsprojektes und der „Erleuchtung des Nordens“ kommt Yao Xing noch eine ganz besondere Heilsbedeutung zu. Über dieses schreibt er in seinen eigenen Schriften und Briefen, die heute teilweise im *Guang hongming ji* 廣弘明集 überliefert sind.

4.2.6 Yao Xing, der Bodhisattva auf dem Kaiserthron

Die Darstellungen Yao Xings durch Zeitgenossen, die an dem Übersetzungsprojekt beteiligt waren, decken sich mit seinen eigenen Selbstdarstellungen, die in Form von Edikten und Briefen im *Guang hongming ji* überliefert sind.[69] So trägt eines dieser Edikte den Titel „Lasst durchdringen, dass der Weise die großen Glanzstrahlen aussendet und umfassend die zehn Richtungen erhellt“ (*Tong shengren fang da guangming puzhao shifang* 通聖人放大光明普照十方).[70] Darin geht Yao Xing auf die Frage ein, wer denn überhaupt die Empfänger der Glanzstrahlen des Buddhas sind. Bei den „Glanzstrahlen“ (*guangming* 光明) handelt es sich nämlich um das Licht, welches vom Körper des Buddhas selbst

66 T55.2145.71.a7–9.

67 Siehe FGDCD 6624.

68 T25.1509.317.b24–28; vergleiche auch: T25.1509.162.b25–27.

69 T52.2103.228.a17–230.a28.

70 Die Datierung der Korrespondenz und Yao Xings Ediktes ist unsicher. Tsukamoto datiert diese kurz vor den Tod Kumārajīvas. Siehe hierzu Robinson (1967), S. 246.

ausgeht und steht symbolisch für die Erleuchtung durch die *prajñāpāramitā*.[71] Diese Glanzstrahlen sind somit das Medium, über welches die Erleuchtung der Wesen des Nordens stattfinden solle.[72] Hierüber schreibt Yao Xing:

> Der Grund, weshalb der Buddha die großen Glanzstrahlen aussendet und alle Geisteskräfte offenbart, liegt einzig darin, dass er so die großen Bodhisattva der zehn Richtungen dazu anregt, den geehrten Platz des Herrschers einzunehmen. Wenn die Bodhisattva im Weltlichen weilen, dann verbinden sie sich mit dem Groben – ist diese Sache nicht akzeptabel?
> Die *Āgama* sagen, dass, als Meister Śākya vor mehr als vierzig Generationen in Indien weilte, er sich in Gewänder kleidete, trank, aß und alle Leiden und Schmerzen empfing. Er unterschied sich nicht von den Menschen. Das *Sūtra* sagt weiterhin, dass der Weise unter die Pferde und Hirsche gehe und diese den Pferden und Hirschen entsprechend befreie. Wie könnte er sich da von den Pferden und Hirschen unterscheiden?[73]

Neben der bereits erläuterten Lehre von der Anpassung des *dharmakāyabodhisattva* an die Heilsbedürfnisse der Lebewesen ist in dieser Textpassage auffällig, dass Yao Xing hier eine sehr exklusive Deutung über die Empfänger der Glanzstrahlen und damit auch über sein eigenes Selbstverständnis vorlegt. Denn als deren einziger Empfänger sieht er die „großen Bodhisattva" (*da pusa* 大菩薩, *Bodhisattva-mahāsattva*), also die *dharmakāyabodhisattva*.[74] Das Heil der Glanzstrahlen dringt damit nicht direkt zu den Lebewesen, sondern nur über die Vermittlung der *dharmakāyabodhisattva* in die Welt. Diese treten allerdings als „Herrscher" auf, die den Thron auf die „Anregung" des Buddhas hin eingenommen haben.

Yao Xing legt hiermit eine sehr exklusive und höchst fragwürdige Deutung über die Glanzstrahlen vor, die sich so auch nicht durch das DZDL bestätigen lässt. In gewisser Weise ist sie allerdings doch dem DZDL geschuldet, da es durch ungenaue Angaben einen interpretatorischen Spielraum eröffnet, innerhalb dem Yao Xings Deutung stattfinden kann. So liegt schon in der zeitlichen Abfolge bei der Aussendung der Glanzstrahlen durch die Ost-Nord-Bewegung eine Ungleichmäßigkeit vor, in der manche Wesen später, manche früher erleuchtet werden. Auch gibt das DZDL an einer Stelle individuelle karmische Ursachen an, die darüber entscheiden, ob jemand die Glanzstrahlen empfangen könne oder nicht.[75] Das DZDL schränkt die Empfänger der Glanzstrahlen somit weder ein noch spricht es von einer allgemeinen Erleuchtung aller Wesen.

Aufgrund der Fragwürdigkeit von Yao Xings Interpretation der Glanzstrahlen, traf seine Deutung auch auf entschiedenen Widerspruch, nämlich von seinem Bruder Yao Song. Denn in einem an das obige Edikt anknüpfenden Brief widerspricht dieser der Deutung seines Bruders und spricht sich mit Hilfe von vielerlei Belegen aus den Sutren für eine

71 T25.1509.113.b26–28.
72 FGDCD 2173. Siehe auch DZDL, T25.1509.113.a9ff.
73 T52.2103.228.c10–19.
74 T25.1509.114.a15–17; T25.1509.134.b12–13; T25.1509.265.c1–9; T25.1509.651.a1–9.
75 T25.1509.114.b11–19.

wesentlich breiter gefasste Interpretation der Glanzstrahlen aus. Die folgende Textstelle ist ein Ausschnitt aus dieser umfangreichen Entgegnung:

> In den Fragen des Bodhisattva Gangming im *Viśeṣasūtra* erlangen alle, die die 33 Arten von Glanzstrahlen des Tathāgata treffen Nutzen und Vorteile. [...] Deshalb sagt das *Prajñāsūtra* auch, dass, wenn ein Wesen auf einen solchen Glanz treffe, es auf jeden Fall die Erleuchtung erlangen müsse. Weiterhin bringt der Buddha durch seine Geisteswandlung die Wesen auf den drei üblen Wegen dazu, im oberen Himmel geboren zu werden. Zieht man dies in Betracht, so lässt sich sagen, dass es bezüglich der Sache von den Glanzstrahlen und der Geisteswandlung, doch ebenbürtig zuzugehen scheint.[76]

Yao Song argumentiert hier, dass sich Yao Xings Privilegierung der *dharmakāya-bodhisattva* nicht mit den Erklärungen der Sutren decke. Nutznießer der Glanzstrahlen seien demnach sogar niedere Existenzen, also Tiere, Hungergeister und Höllenbewohner. So ginge es bei der Aussendung der Glanzstrahlen auch „ebenbürtig" zu.[77] In einer weiteren Passage kritisiert Yao Song zudem, dass es neben den Glanzstrahlen noch zahlreiche andere Mittel des Buddhas gäbe, mit denen er die Wesen zum Heil führe. Die Erlösungstätigkeit des Buddha könne sich so also nicht auf ein einziges „Prinzip" hin, nämlich die Glanzstrahlen, beschränken lassen. Yao Song belegt seine Kritik insgesamt durch fünf Quellen und verleiht hierdurch seinen Einwänden die Legitimität der Sutren.

Trotz dieser gewichtigen Belege, bekräftigt Yao Xing im Antwortschreiben an seinen Bruder weiterhin sein exklusives Verständnis der Glanzstrahlen, die er zudem durch eine Deutung des Begriffs *zhongsheng* 眾生 erweitert:

> Ihr zitiert das *Prajñāsūtra*: „Wenn die Lebewesen auf einen solchen Glanz treffen, werden sie auf jeden Fall die restlose Erleuchtung erlangen." Zwar ist es das, was das *Sūtra* sagt, aber noch nie wurde vernommen, dass ein gewöhnlicher Mensch es geschafft hätte, die Glanzstrahlen zu erblicken. Denn als Śākyamuni die großen Glanzstrahlen aussandte und allumfassend die zehn Richtungen erleuchtete, so sagt das *Sūtra* über diese Zeit nicht, dass diese, die aus der Masse der Wesen heraus ein solches Wunder erblickt und darüber gestaunt hätten, allgemein erleuchtet werden würden. Denn folgt man der Bedeutung dieser Worte, so waren [die Glanzstrahlen] nicht für die gemeine Masse der Kleinen bestimmt. Wenn ihr nun die „Lebewesen" als einen Einwand [dagegen] anführt: Sind die Hundert-Millionen Bodhisattva also nicht eher ein Ausdruck für die „vielen Lebewesen"? Weiterhin aber sagen die Sutren, dass die Ehrung des Śākya beim allumfassenden Erhellen immer von den guten Männern und Frauen gegeben würde. Diese brächten zur Ehrung des Śākya verschiedene Blumen und Räucherwerk dar. Bis dahin, dass die verehrenden Jünger selbst allgemein die wohltuende Gunst erhielten. Was aber die Grundlage der Glanzstrahlen angeht, so ist diese nicht für die guten Männer und Frauen bestimmt. Deshalb sind diejenigen, die die übrigbleibenden Gunstwellen erhalten, bloß wie die

76 T52.2103.229.b9–16.
77 T52.2103.229.b6–7.

Fliege, die sich an den Schwanz eines edlen Pferdes heftet und 1000 li emporgehoben wird.[78]

Zentraler Gedanke ist hier die Deutung des Begriffs *zhongsheng*, worunter Yao Xing nicht etwa alle Lebewesen verstanden haben will, sondern vielmehr die Bodhisattva, deren Zahl gemäß einer Stelle im DZDL ebenfalls „unzählbar" sei.[79] Diese seien somit die alleinigen Empfänger der Glanzstrahlen. Im Einklang mit der Äußerung im DZDL, dass die großen Bodhisattva als Könige von Jambudvīpa erscheinen würden, legt Yao Xing die Deutung vor, dass diese den Kaiserthron einnehmen und als alleinige Empfänger der *prajñāpāramitā* aufträten, von welcher die „guten Männer und Frauen" nur die „übrigbleibenden Gunstwellen" erhielten. Wie nach dem chinesischen Verständnis der Himmel dem „Himmelssohn" das Mandat für dessen Herrschaft überträgt, damit er die zivilisierende und erziehende Wirkung auf das Volk ausüben könne, ebenso gewährt der Buddha dem Bodhisattva hier den Kaiserthron, damit dieser die Wesen durch den Dharma erziehen und befreien könne. Diese erziehende und befreiende Wirkung ist jedoch, so Yao Xing, keinesfalls Ergebnis einer allgemeinen Erleuchtung durch die Glanzstrahlen, sondern fiele lediglich als wohltätige Gunst von der Erleuchtung ihres Herrschers ab.

4.3 Kapitelzusammenfassung

Über Verweise im BWZL und in den Vorworten zu anderen Übersetzungen aus dem Übersetzungsprojekt Kumārajīvas ließen sich Aussagen in verschiedenen *Prajñāpāramitā*-Sutren über eine sukzessive Ausbreitung der *prajñāpāramitā* auf dem Kontinent Jambudvipa feststellen. Hierbei soll von den vier Weltgegenden der „Norden" als letztes erleuchtet werden. Diese mythische nördliche Weltgegend des Kontinents Jambudvīpa entspricht mit seinem zentralen Fluss, dem Jarkant, den „westlichen Gebieten" des chinesischen Einflussbereichs. Die Hinweise im BWZL, in denen Sengzhao sich auf eine durch den Buddha ausgesprochene Prophezeiung von der Ausbreitung der *prajñāpāramitā* im „Norden" und damit im chinesischen Kulturraum bezieht, offenbaren zudem eine klare politische Dimension des BWZL, da diese letzte Verbreitung der *prajñāpāramitā* durch *dharmakāyabodhisattva* geschehen soll, die als Könige unter den Menschen erscheinen. Von dieser Perspektive aus ist das BWZL auch als eine Legitimationsschrift für das Herrschaftskonzept eines *dharmakāyabodhisattva* über die Menschen zu betrachten. Wie der abschließend untersuchte Briefwechsel zwischen Yao Xing und Yao Song gezeigt hat, wollte Yao Xing dieses neue Legitimationskonzept für seine Herrschaft geltend machen. Sengzhao unterstützte diesen Anspruch unmittelbar durch die Verteidigung der politischen Idee von der Allmacht des *dharmakāyabodhisattva* gegenüber den Zweifeln aus der *Sarvāstivāda*-Gemeinde. So schreibt Sengzhao dann auch, dass der Dharma in den drei Zeitaltern von den Menschen aus verbreitet werden würde, wobei er als Vermittler die *dharmakāyabodhisattva* Vimalakīrti und Mañjuśrī nennt, in deren Reihe im gegenwärtigen

78 T52.2103.229.c5–15.

79 T25.1509.271.b5; T25.1509.309.b29–c1.

Zeitalter nun Yao Xing stehe.[80] Das Ideal des Bodhisattva erscheint hier außerdem nicht an den Mönchsstand gebunden, wodurch Yao Xing gemäß der Mahāyāna-Lehre sowohl gegenüber Kumārajīva als auch gegenüber Huiyuan eine höherstehende Position einnimmt, die sich u.a. in der Inszenierung der Debatte gegenüber Huiyuan in Gestalt der Ausgangsszene im *Vimalakīrtinirdeśasūtra* zeigt (siehe Kapitel 2). Diese Inszenierung lässt sich somit nicht nur als ein Versuch zur Missionierung der Sarvāstivada-Anhänger im Süden lesen, sondern auch als politische Propaganda, in der sich der Herrschaftsanspruch Yao Xings unmittelbar kundtut. Wie sich allerdings an der Diskussion mit Yao Song erkennen lässt, war eine solche Heilsmonopolisierung durch den Herrscher der Qin nicht unumstritten und führte zu Unstimmigkeiten unter seinen Verwandten und möglicherweise – dies müsste allerdings noch im Einzelnen genauer untersucht werden – auch innerhalb des Saṃgha in Chang'an.[81]

80 T38.1775.327.a25–27.

81 Um einen solchen Konflikt könnte es sich bei der „Buddhabhadra-Affäre“ gehandelt haben. Buddhabhadra hatte in Chang'an eine große Schülerschaft um sich geschart, der er dort *dhyāna* lehrte. Nach einem Zerwürfnis mit Kumārajīva begab er sich mit 40 Schülern zu Huiyuan auf den Lushan. Bhuddhabhadra war ein Angehöriger der Sarvāstivāda-Schule und bekannt als ein rigoroser Verfechter der *vinaya.* Es mag sein, dass die dogmatischen Differenzen mit Kumārajīva und seinen Schülern zu Widersprüchen innerhalb der Mönchsgemeinschaft in Chang'an geführt hatten. *Buddhabhadra blieb mit seinen Anhängern etwas mehr als ein Jahr auf dem Lushan und zog dann weiter nach Jiangling, wo er sich ins Gefolge von Liu Yu begab. Dort blieb er und begleitete diesen im Jahr 414 als Berater auf seinem Feldzug gegen Yao Xing. Was genau der Grund für das Zerwürfnis in Chang'an war, lässt sich heute nicht mehr ermitteln. Carsten Krause schreibt in seiner Dissertation, dass es sich hierbei wahrscheinlich um Fragen der Mönchsdisziplin handelte, was auch Tsukamoto bestätigt. Krause (2003), S. 177; Tsukamoto (1985), S. 412; Bd.II, S. 881.

5. Sengzhaos Einsatz von Sprache zur Überwindung von *vikalpa*: Lektüre als Übung

Im vorhergehenden Kapitel wurden verschiedene politische und religiöse Aspekte beleuchtet, die zeigen, dass das BWZL von Sengzhao als buddhistische Herrschaftslegitimation für den Bodhisattva-König Yao Xing verfasst worden war. Hierbei wurde die kosmologisch-religiöse Dimension des Übersetzungsprojektes herausgearbeitet und so gezeigt, dass dieses selbst, wie auch die in seinem Zusammenhang entstandenen Schriften, in diesem religiös-politischen Kontext betrachtet werden müssen. Es soll an dieser Stelle jedoch keine rein politische Deutung des BWZL vorgelegt werden. Denn dieses stilistisch einzigartige und programmatische Werk lässt durchaus mehrere Deutungsebenen zu. Dies wird allein schon dadurch erkennbar, dass Sengzhao im BWZL sich in einer selbstreflexiven Weise mit dem Problem des *vikalpa* auseinandersetzt. Die Betonung des *vikalpa* ließe sich so auch als eine Reaktion auf die festgefahrene Situation in der Diskussion zwischen Kumārajīva und Huiyuan deuten; denn eine erfolgreiche Vermittlung der Idee des *dharmakāyabodhisattva* kann nicht geschehen, wenn dabei die kritische Reflexion über Sprache außer Acht gelassen wird. So wird immer wieder betont, dass die Einsicht in das Wahre Merkmal mit dem Aufgeben der differenzierenden Funktion von Sprache verbunden sei, weshalb gerade über die Stadien nach der siebten Stufe des Bodhisattvaweges alle sprachlichen Äußerungen nur unter Vorbehalt geschehen könnten. Obwohl Kumārajīva in seinen Briefen an Huiyuan auf dieses Problem hinweist, wurde es selbst nie innerhalb der Diskussion thematisiert. Sengzhaos Betonung des Problems des *vikalpa* in seinem Kommentar zum *Vimalakīrtisūtra* und im BWZL lässt sich daher auch als eine kritische Reflexion über die Funktion und den Status von Sprache in den vorhergehenden Debatten verstehen. So gehen beide Seiten letztendlich von einem unterschiedlichen Status und einer unterschiedlichen Funktion von Sprache aus: Im *Sarvāstivāda* besitzt Sprache die Funktion, die Wirklichkeit der *dharma* zu repräsentieren. Durch Sprache sollen die existierenden Bewusstseinsfunktionen eingeordnet und benannt werden. Deren genaue Analyse soll dann die Vergänglichkeit, Ichlosigkeit und Leidhaftigkeit der betreffenden *dharma* feststellen, um auf diese Weise graduell zur Einsicht in die Merkmale aller *dharma* hinzuleiten. Im DZDL hingegen gilt Sprache als grundsätzlich fragwürdig. Sie unterstützt demnach die Tendenz des Bewusstseins an einem Objekt festzuhalten, wodurch die Einsicht in die Leerheit aller *dharma* verhindert wird. Zur Erlangung der Befreiung müsse die Anhaftung an Sprache daher überwunden werden. Bei Sengzhao soll Sprache somit nur als Medium den Dharma „transportieren", müsse aber wie die „Fischreuse und Hasenfalle" bei *Zhuangzi* aufgegeben werden, sobald man den Sinn empfangen habe. Bis dahin komme Sprache nur die Funktion eines provisorischen Werkzeugs zu, das nur Mittel, nicht aber Zweck zur Hinleitung des verblendeten Bewusstseins zum „Wahren Merkmal" sei.[1]

1 „Was ist der Text? Er ist bloß ‚Fischreuse und Hasenfalle' der subtilen Weisungen. Die Einsicht der neuen Lehren aber ist seicht, da sie es nicht vermögen, die Worte zu vergessen und nach dem Prinzip zu suchen." T38.1775.418.b16–18.

Dieses Konzept von Sprache als eines provisorischen und maieutischen Werkzeugs tritt auch im BWZL deutlich zutage. Hier unternimmt Sengzhao den erstaunlichen Versuch, durch Sprache auf das Bewusstsein des Lesers einzuwirken, um diesem seine eigene Anhaftung an einseitige Standpunkte unmittelbar zu veranschaulichen. Sengzhaos Diskussion über die *prajñāpāramitā* im BWZL erfolgt daher selbstreflexiv. Wie funktioniert dies und wie wendet Sengzhao diese maieutische Funktion von Sprache in seiner eigenen Diskussion über die *prajñāpāramitā* an? Diese Frage soll in den folgenden Abschnitten anhand einer Betrachtung der Argumentationsstruktur im BWZL näher untersucht werden.[2]

5.1 Die Diskussion mit „verrückten Worten"

Im BWZL macht Sengzhao gleich zu Beginn den sprachkritischen Ansatz seiner folgenden Ausführungen deutlich, indem er auf die „Leerheit" und die „Dunkelheit" der *prajñāpāramitā* als seines leitenden Prinzips hinweist. Genau darin liege nämlich der Grund, weshalb diese nicht mithilfe von „Abbildern" und „Worten" verstanden werden könne.[3] Diesen Grundsatz stellt Sengzhao als Prämisse seiner Diskussion im BWZL voran und macht folgend deutlich, dass er selbst nun den Versuch unternehme, die *prajñāpāramitā* nicht in einem konventionellen, „abbildenden" Sinne zu diskutieren:

> Versuchsweise, ohne einen Inhalt abzubilden, vertraue ich sie, [die *prajñāpāramitā,*] bloß verrückten Worten an – denn wie könnte ich sagen, ich könne das Weise Bewusstsein analysieren?[4]

Was hier im Deutschen mit „ohne einen Inhalt abzubilden" wiedergegeben wurde, heißt wörtlich eigentlich „ohne Zeichen" (*wangxiang* 罔象), wobei es sich um die Inversion des Namens eines Wassergeistes aus dem *Zhuangzi* handelt.[5] Dieser heißt dort nämlich Xiangwang 象罔 und ist in dieser Schreibweise auch in anderen Quellen der Zeit vor und nach der Han-Dynastie zu finden.[6] Im *Zhuangzi* kommt Xiangwang in einer Geschichte vor, die davon handelt, dass der „Gelbe Kaiser" (*Huangdi* 黄帝) eine „dunkle Perle"

---

2 Der Untersuchung des BWZL soll die von Yuan Kang 元康 (ca. 627–650) erstmals erwähnte Dreiteilung dieses Textes zugrunde gelegt werden: Der erste Teil des BWZL befasst sich demnach mit der Einführung in die Problematik, der zweite führt die These argumentativ aus, und der dritte Teil antwortet auf problematische Fragen. In dieser Arbeit werden diese drei Textteile „Exposition", „Hauptstück" und „Dialogteil" genannt.

3 T45.1858.153.a8.

4 T45.1858.153.a22–23.

5 ZYD 49.19.43.

6 Siehe bspw. in: CC 5.284.1; GY 5.7a.143; HNZ 13.130.16; SSJ S. 301. Werner schreibt zur Figur des Wangxiang in seinem *Dictionary of Chinese Mythology*: „The subtile and transcendent spirit or element of water Wang Hsiang. He is represented as a child of dark skin and red eyes, with large ears and long claws. Another name for this element is Ch'ing Chi 慶忌. It has a human figure, and travels in a chariot a thousand *li* a day. On request, it dives into the water and brings out fish." Werner (1969), S. 443. Wangxiang als eine mythologische Figur ist jedoch nicht in dem chinesischen Bestiarium, dem „Klassiker der Berge und Meere" (*Shanhaijing* 山海經) aufgeführt. Siehe hierzu auch T48.2016.636c.23; T48.2001.025b.04; T48.2004.275c.01. In der Dichtung der Tang-Zeit (618–907) taucht die Figur des Xiangwang unter anderem in den Gedichten von Li Bo und Bo Juyi auf. Hierzu s. Chen (1983), S. 303.

(*xuanzhu* 玄珠) verloren hat, zu deren Suche er verschiedene allegorische und mythologische Figuren beauftragt. Die mit der Suche Beauftragten, der „Erkenner“ Zhi, der starke Kaigou und der scharfsichtige Lizhu, bleiben allerdings erfolglos, so dass der Gelbe Kaiser den Auftrag schließlich Xiangwang gibt, der die Perle dann auch findet.[7] Die in dieser Geschichte vorkommenden Figuren lassen sich als Allegorien für verschiedene Erkenntnisweisen interpretieren: So sind der erkennende Zhi, der scharfsichtige Lizhu und der starke Kaigou auf vermeintlich positive Merkmale der Perle fixiert. Sie wollen erkennen, erblicken und ergreifen, was eigentlich ungreifbar und „dunkel“ (*xuan* 玄) ist. Xiangwang hingegen drückt durch seinen Namen schon eine ganz andere Herangehensweise aus, denn sein Name lässt sich in der von Sengzhao verwendeten Inversion, auch als „Verneinung der Erscheinung“ oder „Verneinung der Zeichen“ übersetzen.[8] Xiangwang verzichtet bei seiner Suche so auf das Ergreifen und Erkennen von Merkmalen, da dies durch die wesenhafte Dunkelheit der Perle gar nicht möglich ist.

Die Geschichte von Xiangwangs Suche nach der dunklen Perle weist deutliche Parallelen zum Vorhaben Sengzhaos auf: Wie es durch die „Dunkelheit“ (*xuan* 玄) der Perle dem erkennenden Zhi, dem scharfsichtigen Lizhu und dem starken Kaigou unmöglich ist bei ihrer Suche erfolgreich zu sein, genauso ist es aufgrund der „Leerheit und Dunkelheit“ (*xu xuan* 虛玄) der *prajñāpāramitā* unmöglich, diese in einer Form zu erfassen. Doch noch eine weitere Anspielung ist hier impliziert: Sengzhao verwendet den Namen Xiangwang 象網 invertiert als Wangxiang 罔象, wodurch sich eine lautliche Ähnlichkeit mit *wangxiang* 妄想, dem chinesischen Begriff für *vikalpa* ergibt. Durch diese Nähe zwischen beiden Begriffen liegt ein von Sengzhao bewusst eingesetztes Wortspiel nahe, in welchem er beide Erkenntnisformen miteinander kontrastiert. Denn durch die „Verneinung der Form“ (*wangxiang* 罔象) sollen, anders als beim „verqueren Denken“ (*wangxiang* 妄想), eben keine Merkmale der *dharma* ergriffen und erkannt werden. Wangxiang steht somit auch für das Keinbewusstsein, das zur Einsicht in das „Wahre Merkmal“ führt.

Nach diesem Wortspiel spricht Sengzhao weiterhin davon, den „Sinngehalt“ der *prajñāpāramitā* durch „verrückte Worte“ (*kuangyan* 狂言) auszudrücken. Auch hier handelt es sich um eine Anspielung auf den *Zhuangzi*. Der Begriff *kuangyan* kommt dort in zwei Anekdoten vor, die von einem „Geistmenschen“ (*shenren* 神人) handeln, welcher nicht durch naheliegende, gewöhnliche, sondern nur durch „verrückte“ Worte beschrieben werden könne. Die Rede über den „Geistmenschen“ irritiert und verwirrt daher die Zuhörer:

> … groß waren sie, [die Worte über den Geistmenschen], ohne dass sie etwas entsprechen würden. Fort liefen sie, ohne dass sie zu etwas zurückkehren würden. Ich erschrak und hatte Angst vor diesen Worten, die wie die Milchstraße ohne Grenzen sind. Groß sind sie und es ist sehr unwahrscheinlich, dass sie sich den Ansichten der Menschen annähern.[9]

---

7 Über die Figur des Lizhu, siehe Birrell (1993), S. 305; HDCD 11.884. Zu Kaigou siehe HDCD 3.401.

8 Der Guo Xiang Kommentar merkt zu Xiangwang an: „Es wird deutlich, dass derjenige, der die Wahrheit erlangt, keiner ist, der eine Absicht im Bewusstsein trägt. Auf diese Weise erreichte Xiangwang die Wahrheit.“ GX S. 238. Zu Wangxiangs Formlosigkeit, s. a. Chen (1983), S. 303, 483 sowie Hoffmann (2001), S. 193.

9 ZYD 2.1.27.

Die „verrückten Worte" stehen so für eine Rede, die fern „den Ansichten der Menschen" sei. Sie erhebe keinen Anspruch darauf, irgendeine Realität zu repräsentieren. Es mag sein, dass Sengzhao den Begriff „verrückte Worte" hier nicht bloß aufgrund des fehlenden Anspruchs auf einen abzubildenden Inhalt hin wählte, sondern auch als einen Sprechmodus über den „Geistmenschen" selbst betrachtete. Denn auch hier findet sich eine Parallele zum *Zhuangzi*: Beide Male sollen die „verrückten Worte" den „Geistmenschen" bzw. den *dharmakāyabodhisattva* beschreiben, der in seinem Wesen eben nicht durch ein definierendes und differenzierendes Denken erkannt und durch einseitige Worte charakterisiert werden könne.

Mit beiden Anspielungen auf den *Zhuangzi* legt Sengzhao im Einleitungsteil des BWZL sein Programm für einen sprachkritischen Diskurs über die *prajñāpāramitā* vor. Im Dialogteil des BWZL setzt sich Sengzhao dann schließlich auch inhaltlich mit dem Sprachverständnis seiner Gegner auseinander. Dort richtet sich seine Kritik auf das Verhältnis zwischen „Wort" und „Wirklichkeit", von dem die Anhänger der „Lehre der Namen" (*mingjiao* 名教) ausgehen. Sengzhao formuliert im Dialogteil die Auseinandersetzung mit dieser Position in Form einer Frage und Antwort, bei welchem er zuerst die „Lehre der Namen" Einwände gegenüber dem BWZL äußern lässt:

> Nun sind die Dinge ohne etwas, mit dem man zu ihnen selbst durchdringen könnte und deshalb setzt man Namen ein, um zu den Dingen vorzustoßen. Obgleich die Dinge nicht die Namen sind, ist es doch tatsächlich so, dass, wenn da ein benennbares Ding ist, dieses einem solchen Namen entspricht! Wenn man sich von daher den Namen nähert, strebt man hin zu den Dingen, und die Dinge können sich nicht mehr verbergen.[10]

Die „Lehre der Namen" geht nach Sengzhaos Darstellung hier von einer festen Beziehung zwischen „Namen" (*ming* 名) und „Dingen" (*wu* 物) aus, wobei erstere die Wirklichkeit der letzteren offenbaren soll. Wie schon in Kapitel zwei angesprochen wurde, ist diese Denkrichtung, die in Gegenposition zur *Xuanxue* entstand, noch kaum erforscht. Es wurde allerdings festgestellt, dass die „Lehre der Namen" wohl der Position des *Sarvāstivāda* nahe stand, da beide gemeinsam von einer realen Existenz der Dinge und deren Repräsentation durch Sprache ausgehen. Die Kritik am BWZL, die Sengzhao somit den Anhänger des *mingjiao* in den Mund legt, besteht darin, dass im BWZL zwischen „Wirklichkeiten" (*shi* 實) und ihrer Repräsentation als Zeichen im „Text" (*wen* 文) keine festgefügte „Entsprechung" (*dang* 當) hergestellt werden könne. Dies liege nämlich daran, dass Sengzhao durch einen widersprüchlichen Gebrauch von Begriffen für ein und dieselbe Sache ein direktes Verständnis seiner Aussagen verhindere.

In seiner an die Anhänger des *mingjiao* bzw. des *Sarvāstivāda* gerichteten Entgegnung verwendet Sengzhao einen Gedanken der *Xuanxue*, der bereits von Wang Bi in seinem *Zhouyi lüeli* 周易略例 als ein hermeneutisches Konzept zum Verständnis der Hexagramme entwickelt wurde.[11] Dies ist das in den auf Wang Bi folgenden Jahrhunderten häufig zitierte „Fischreusen und Hasenfallen"-Philosophem aus dem *Zhuangzi*, das besagt, dass die

---

10 T45.1858.153.c15–17.

11 Zur *Yijing*-Exegese Wang Bis, siehe Marchal (2000), S. 40. Das „Fischreusen und Hasenfallen"-Philosophem war in der *Xuanxue* ein oft verwendetes *topos*. Siehe hierzu Wang (1996), S. 242.

„Erlangung des Sinns" (*deyi* 得意) eben darin liege, die „Worte zu vergessen" (*wangyan* 忘言).[12] In gleicher Weise spricht Sengzhao im VK davon, dass ein Text bloß die „Fischreuse und Hasenfalle der subtilen Weisungen" (*miaozhi zhi tiquan* 妙旨之蹄筌) sei. Im Gegensatz zur „Lehre der Namen" geht Sengzhao daher von einem gebrochenen Verhältnis zwischen Namen und Wirklichkeiten aus. Die Namen könnten demnach immer nur als Werkzeuge oder Hinweise fungieren, beinhalteten jedoch keine feste Verbindung zu einer entsprechenden „Wirklichkeit".[13] Dem Gedanken vom gebrochenen Verhältnis zwischen Namen und Wirklichkeiten muss daher bei einer Diskussion über die *prajñāpāramitā* Rechnung getragen werden. Dies versucht Sengzhao im Folgenden einerseits dadurch, dass er mit dem Ausdruck „ohne Zeichen" ein Gegenkonzept zum *vikalpa* entwirft, welches sich nicht an äußeren Zeichen und sprachlichen Definitionen orientiert. Andererseits sei eine solche, des Abbildens entleerte Rede, auch eine „verrückte Rede", die in ihrer Widersprüchlichkeit nicht vom verblendeten Bewusstsein verstanden werden könne. Die Diskussion über das Weise Bewusstsein erfolgt bei Sengzhao daher selbstreflexiv, indem die Gedanken über die Begrenzung von Sprache in der Betrachtung direkt berücksichtigt werden.

5.2 Das polare Vokabular im *Bore wuzhi lun*

Im dritten Kapitel dieser Arbeit wurde gezeigt, dass Sengzhao sowohl das Problem des *vikalpa,* als auch das Wesen des *dharmakāyabodhisattva* mithilfe eines polaren Rasters, bestehend aus den übergeordneten Kategorien *you* und *wu* erfasst. Dieses polare Gegensatzpaar macht hierbei die Grundstruktur in Sengzhaos Argumentation aus, die sich über verschiedene Bedeutungsebenen hin erstreckt, so dass durch die Zuordnung in das *you-wu*-Schema unterschiedliche Begriffe erfasst werden. Im Folgenden finden sich einige Beispiele aus dem BWZL, die Sengzhao in dieses Raster einordnet:

***wu* 無**	***you* 有**
Einsicht *zhi* 智	Geisteskraft *shen* 神[14]
Reflektieren *jian* 鑒	Wirkung *yong* 用[15]
Erkennen *zhi* 知	[Mit den Dingen] aufeinandertreffen *hui* 會[16]
Stille *ji* 寂	Wirkung *yong* 用[17]
Innen *nei* 內	Außen *wai* 外[18]
Erhellen *zhao* 照	Erkennen *zhi* 知
↓	↓
Passiv-erkennend	**Aktiv-handelnd**

12 ZYD 75.26.48.

13 T38.1775.418.b16–18.

14 T45.1858.153b.03ff.

15 T45.1858.153b.03ff. Kommt auch in der Polarität „Reflektieren" *jian* 鑒 / „zehntausend *dharma*" *wanfa* 萬法 vor. T45.1858.154c.06f.

16 T45.1858.153b.07f.

17 T45.1858.154c.03.

18 T45.1858.154c.06f.

Allen diesen Paaren ist eine grundsätzliche Gegensätzlichkeit zueigen: Die Einträge in der linken Spalte lassen sich in einer passiv-erkennenden, die Einträge auf der rechten Seite einer aktiv-handelnden Kategorie zuordnen. Manche dieser Gegensatzpaare mögen auf den ersten Blick eigenartig erscheinen, da beispielsweise zwischen „Einsicht" und „Geisteskraft" zunächst kein Gegensatz zu erkennen ist. Beide Begriffe sind jedoch Instanzen des Bewusstseins, wobei „Einsicht" die Fähigkeit der Erkenntnis meint, während „Geisteskraft" die im Bewusstsein vorhandenen geistigen Kräfte ausdrückt. Mit *shen* sind daher auch die „Geistesdurchdringungen" (*shentong* 神通) als auf die Spitze gebrachte Geisteskräfte gemeint. Die „Geisteskraft" ist so der unmittelbar in der Welt handelnde Aspekt des „Weisen Bewusstseins", während die „Einsicht" das Wahre Merkmal erkennt und hierdurch zur allumfassenden Erkenntnis gelangt. Sind die sich gegenüberliegenden Begriffe inhaltlich durch den damit ausgedrückten Gegensatz bestimmt, so sind die Begriffe derselben Kategorie lockerer miteinander verknüpft und stehen in einer korrelativen Beziehung zueinander. Dies wird insbesondere durch Sengzhaos Verwendung des Begriffes „Wirkung" deutlich, der oben innerhalb von zwei Gegensätzen vorkommt, wobei dieser mit der „Geisteskraft", dem „Aufeinandertreffen [mit den Dingen]" und dem „Außen" korreliert. Noch klarer zeigt sich dies bei seiner Verwendung des zentralen Begriffs „Erkennen". In obiger Auflistung erscheint dieser in der *wu*-Spalte, in Verbindung mit der positiven Komponente, dem „Aufeinandertreffen". Im Dialogteil kommt „Erkennen" allerdings in der Gegenüberstellung mit dem „Erhellen" vor. „Erkennen" wird innerhalb dieses Gegensatzes dann aber unter der *you*-Kategorie gefasst, während „Erhellen" der *wu*-Spalte zuzuordnen ist. Inhaltlich meint Sengzhao an der betreffenden Stelle den Gegensatz zwischen dem partikularen „Erkennen" einzelner *dharma* und dem universalen „Erhellen" des Wahren Merkmals.[19] Die hierdurch deutlich werdende Austauschbarkeit einzelner Begriffe innerhalb des *you-wu*-Rasters legt den Schluss nahe, dass für Sengzhao weniger der exakte, durch die verwendeten Begriffspaare ausgedrückte Inhalt von Bedeutung ist, als vielmehr die Dialektik zwischen positiv und negativ als solcher. Diese Dialektik wendet Sengzhao auf viele verschiedene thematische Aspekte in der Diskussion über die *prajñāpāramitā* an. Die Wahrnehmung der jeweiligen polaren Standpunkte ist somit von entscheidender Bedeutung für das Verständnis des BWZL.

Aus inhaltlicher Sicht erfasst Sengzhao durch das *you-wu*-Raster die beiden Fähigkeiten des „Weisen Bewusstseins" zur universalen Erkenntnis und zum universalen Handeln. Das universale Erhellen aller *dharma* und damit der Erkenntnis aller Dinge kommt dadurch zustande, dass sich der *dharmakāyabodhisattva* in einem Zustand des konstanten *samādhi* befindet. So betont Sengzhao im VK auch, dass der Praktizierende des Kleinen Fahrzeugs ohne die *anutpattikadharmakṣānti* den „ständigen *samādhi*" (*chang ding* 常定) nicht wahren könne. Nur im Großen Fahrzeug, durch die Erlangung des Dharma-Leibes erlange er diese Fähigkeit:

> Vom Dharma-Leib an erlangt der [Bodhisattva] im Großen Fahrzeug das Wahre und unverstellte Bewusstsein. Die Einsicht des Bewusstseins ist im Zustand der Stille

19 T45.1858.154.a13–14.

und stetig im *samādhi*. Da das Bewusstsein immer im *samādhi* weilt, vermag es die zehntausend Vorgänge umfassend zu erhellen.[20]

Die *wu*-Seite des Rasters drückt somit die universal-erhellende Fähigkeit des *dharmakāyabodhisattva* aus, die unmittelbar aus der „Verlöschung" im *samādhi* resultiert. Ebenso verhält es sich auf der Gegenseite: Die Enthaltung vor dem partikularen Eingreifen verschaffe der „Geisteskraft" die Fähigkeit der Geistesdurchdringungen, wodurch sich diese vollkommen für das Heil der Wesen in der Welt einsetzen könne. Sengzhao erfasst in der konzeptionellen Aufspannung zwischen *you* und *wu* somit die Gesamtheit des Weisen Bewusstseins in seinem erkennenden und seinem handelnden Aspekt.

Wie bereits im dritten Kapitel gezeigt wurde, wird die logische Begründung für diese Fähigkeiten des *dharmakāyabodhisattva* durch ein argumentatives Versatzstück aus dem *Laozi* gebildet. Dieses Argumentationsprinzip hat inhaltlich die von Wang Bi in seinem Kommentar zum *Laozi* formulierte Beziehung zwischen dem Mannigfaltig-Seienden und dem merkmallosen Dao zur Grundlage. Bei Sengzhao allerdings steht im Hintergrund dieser formalen Beziehung der Zusammenhang zwischen dem vom *vikalpa* befreiten Bewusstsein und der hiermit verwirklichten Befreiung des Handelns und der Erkenntnis. Grundsätzlich lassen sich im BWZL zwei Richtungen der Argumentation erkennen. Diese sehen am Beispiel aus dem Einleitungsteil des BWZL folgendermaßen aus:

Negative Dynamik	**Positive Dynamik**
Wenn da etwas ist, das es erkennt, dann ist da auch etwas, was es nicht erkennt.	Indem das Weise Bewusstsein ohne Erkennen ist, deshalb ist es ohne etwas, das es nicht erkennt.
有所知則**有**所**不**知	以聖心**無**知故**無**所不知
Positiv → Negativ	**Negativ → Positiv**

Die Bestandteile des polaren *you-wu*-Rasters verknüpft Sengzhao durch zwei verschiedene Argumentationsrichtungen. Die „negative" Dynamik setzt bei der *you*-Seite des „Vorhandenseins" an und hat ein negatives Ergebnis zur Folge. Diese Dynamik wird von Sengzhao meistens zur Beschreibung für die Verblendung durch den *vikalpa* eingesetzt. Die „positive" Dynamik setzt bei der *wu*-Seite des Rasters an und hat ein positives Ergebnis zur Folge („positive Dynamik"). Beispielsweise wird durch diese Dynamik die Tatsache beschrieben, dass das Keinbewusstsein dadurch, dass es ohne partikulare Erkenntnis ist universal alle vorhandenen *dharma* erkennt. Bei der anschließenden Untersuchung des BWZL wird auf diese beiden Dynamiken als logischer Nexus zwischen verschiedenen Gegensatzpaaren verwiesen.

Die Untersuchung des argumentativ sehr dichten BWZL soll im Folgenden durch eine Untersuchung seiner strukturellen Organisation geschehen. Diese methodische Vorgehensweise ist allerdings nicht nur aus logisch-inhaltlicher Sicht begründet. Denn indem Sengzhao eine zweigleisige Betrachtung des Weisen Bewusstseins durchführt, bedient er sich auch eines für die Kunstprosa der Wei-Jin-Zeit charakteristischen literarischen Stils. Dieser

---

20 T38.1775.352.c26–28.

ist der nach Rudolf G. Wagner „verschränkte“ bzw. „offene Parallelstil“.[21] Kennzeichen des Parallelstils ist die Aufspannung einer Argumentation zwischen zwei einander entgegengesetzter Sphären a und b, welche für Begriffspaare wie z.B. „Himmel“ (*tian* 天) und „Erde“ (*di* 地) oder „Fürst“ (*junzi* 君子) und „Volk“ (*min* 民) stehen. Diese Gegenüberstellung erlaubt eine zweigleisig verlaufende Argumentation, welche die komplementären und analogen Beziehungen beider Teile hervorhebt.[22] Im Gegensatz zu einer konventionellen, eher linear verlaufenden Erörterung eines Themas, erreicht diese Form ihre Aussagekraft vor allem durch die beidseitige Betrachtung konträrer Ausprägungen eines Ganzen. Es öffnet sich so eine neue Bedeutungsebene, deren Inhalt nicht nur durch die bloße lexikalische Bedeutung der einzelnen Zeichen und der Aussagen vermittelt wird. Stattdessen werden durch die Verknüpfungen zwischen einzelnen Textteilen auch strukturelle Bezüge und Zusammenhänge verdeutlicht, die sich bei einer einseitig-linearen Betrachtung so nicht zeigen würden.[23]

21 Rudolf G. Wagner hat mit seinem Aufsatz „Interlocking Parallel Style: Laozi and Wang Bi“ diesen *terminus technicus* für eine rhetorische Figur geprägt, die „most Xuanxue writing, Buddhist authors included“ benutzt haben. Wagner (1980), S. 96.

22 Das Phänomen des Parallelstils birgt wichtige Konsequenzen für das Verständnis von Passagen, die mit diesem Stilmittel komponiert wurden. Eine normale Übersetzung, die sich nur nach der linearen Wortfolge im Satz richtet und den Inhalt nur über die lexikalische Bedeutung der einzelnen Zeichen erschließt, nimmt die parallelen Bezüge und analogen Strukturen nicht wahr. Dies führt zu dem Eindruck, dass einzelne Sätze und Begriffe eines im Parallelstil verfassten Stücks unzusammenhängend und semantisch dunkel sind. Es ist nämlich nicht die bloße lexikalische Bedeutung, durch die in Texten im Parallelstil die Bedeutung eines Wortes oder eines Satzes bestimmt wird, sondern vor allem auch die parallelen und analogen Bezüge. Diese können Texte mit kontextuellen Bezügen anreichern und so wie in der Alltagssprache, auch der Bedeutung einzelner Worte durch einen Zusammenhang Sinn verleihen. Hierzu Rudolf G. Wagner: „If the piece is written in IPS [Interlocking Parallel Style], the structural information about the status of each line and its relationship with the others, not just the dictionary meaning, must play a vital role in determining the meaning and point of reference of the core terms. We have experience with such matters everyday in speaking. We use nondescript words like *thing* and leave it to the contextual understanding to identify its particular meaning at the moment. And we often intend the particular meaning of a term not as its dictionary definition but as the possible meaning it can have in a particular context. Once it is understood that a piece is written in IPS, such contextual structural information becomes relevant and essential part in establishing the meaning of the terms.“ Wagner (2000), S. 83.

23 Die Verwendung des Parallelstils für philosophische Schriften entwickelte sich ausgehend von den Schriften der Vor-Qin-Zeit, wo sie beispielsweise im *Zuozhuan* oder bei den Philosophen *Zhuangzi*, *Mengzi* und *Hanfeizi* vorkommen, zu einem Trend, der sich bis ins 6. Jahrhundert hinein fortsetzte und besonders auch von buddhistischen Autoren wie Daoan und Huiyuan verwendet wurde. Der Parallelstil ist vielleicht eines der wichtigsten Stile der chinesischen Kunstprosa. Er war bis in die Qingzeit hinein charakteristisch für den Stil eines Gelehrten. Der Prüfungsaufsatz für die Beamtenprüfungen wurde darüberhinaus auch in einer Form des Parallelstils, des berüchtigten „achtgliedrigen Textes“ (*baguwen* 八股文) verfasst. Wagner (2000), S. 110f.

5.3 Die argumentative Struktur des *Bore wuzhi lun*

5.3.1 Der Aufbau des Hauptstücks

Nach dem einführenden Teil, in dem Sengzhao das leitende Prinzip seiner Abhandlung darstellt und die Idee des *dharmakāyabodhisattva* mit dem Konzept des „Weisen“ aus der *Xuanxue* begründet, beginnt die eigentliche Diskussion über das Weise Bewusstsein:

> Ist es so, dann hat die Einsicht ein Reflektieren, welches das Verborgene erschöpft, wobei sich dennoch kein Erkennen darin befindet. Und die Geisteskraft hat eine Wirkung, die auf die Gegebenheiten reagiert, wobei sich dennoch keine Gedanken darin befinden. Nur weil die Geisteskraft ohne Gedanken ist, vermag sie als einzige jenseits der Welt zu herrschen. Nur weil die Einsicht ohne ein Erkennen ist, deshalb vermag sie dunkel außerhalb der Angelegenheiten zu erhellen. Obgleich die Einsicht außerhalb der Angelegenheiten ist, war sie doch niemals ohne diese. Obgleich die Geisteskraft jenseits der Welt ist, ist sie doch stets inmitten ihrer Grenzen. Hierdurch befindet sich [die Geisteskraft] überall im Einklang mit den Veränderungen, reagiert und nimmt Kontakt auf, ohne dass sie sich erschöpft. Und es gibt nichts Verborgenes, das die [Einsicht] nicht untersucht, wobei sie dennoch keinen Verdienst für das Erhellen besitzt. So ist folglich das, was ohne Erkennen erkennt und dasjenige der weisen Geisteskraft, was [mit den Dingen] zusammenkommt.
> 然則智有窮幽之鑒而無知焉神有應會之用而無慮焉神無慮故能獨王於世表智無知故能玄照於事外智雖事外未始無事神雖世表終日域中所以俯仰順化應接無窮無幽不察而無照功斯則無知之所知聖神之所會也[24]

Die zuvor festgestellten argumentativen Prinzipien strukturieren die vorliegende Stelle in Form einer polaren Aufspannung zwischen „Einsicht“ (*zhi* 智) und „Geisteskraft“ (*shen* 神). Diese Fähigkeiten ermöglichen es dem *dharmakāyabodhisattva* einerseits in der Welt zu „wirken“ (*yong* 用) und zu „herrschen“ (*wang* 王), andererseits aber auch das Verborgene zu „reflektieren“ (*jian* 鑒) und zu „erhellen“ (*zhao* 照). Die folgende Darstellung gemäß der parallelen Konstruktionen, soll den argumentativen Verlauf der obigen Textstelle verdeutlichen. Hierbei verweisen die Zahlen auf die Lesereihenfolge:

Argumentative Position:

***wu* 無**		***you* 有**
	Ist es so, dann 然則	
1a. hat die Einsicht ein Reflektieren, welches das Verborgene erschöpft, wobei sich dennoch kein Erkennen darin befindet. 智有窮幽之鑒而無知焉		**2b.** Und die Geisteskraft hat eine Wirkung, die auf die Gegebenheiten reagiert, wobei sich dennoch keine Gedanken darin befinden. 神有應會之用而無慮焉

24 T45.1858.153b.02–08.

4a. Nur weil die Einsicht ohne ein Erkennen ist, deshalb vermag sie dunkel außerhalb der Angelegenheiten zu erhellen. 智無知故能玄照於事外		**3b.** Nur weil die Geisteskraft ohne Gedanken ist, vermag sie als einzige jenseits der Welt zu herrschen. 神無慮故能獨王於世表
5a. Obgleich die Einsicht außerhalb der Angelegenheiten ist, war sie doch niemals ohne diese. 智雖事外未始無事		**6b.** Obgleich die Geisteskraft jenseits der Welt ist, ist sie doch stets inmitten ihrer Grenzen. 神雖世表終日域中
8a. Und es gibt nichts Verborgenes, das die [Einsicht] nicht untersucht, wobei sie dennoch keinen Verdienst für das Erhellen besitzt. 無幽不察而無照功	Hierdurch 所以	**7b.** befindet sich [die Geisteskraft] überall im Einklang mit den Veränderungen, reagiert und nimmt Kontakt auf, ohne sich zu erschöpfen. 俯仰順化應接無窮
	9c. So ist folglich das, was ohne Erkennen erkennt und dasjenige der weisen Geisteskraft, was [mit den Dingen] zusammenkommt. 斯則無知之所知聖神之所會也	

Die zweiseitige Betrachtung der gegensätzlichen Aspekte erfolgt in einer für den Parallelstil typischen abba-Struktur.[25] Die Säulen a und b sind die beiden Pole („Einsicht“ und „Geisteskraft“) der polaren Aufspannung. Zwischen diesen beiden Enden läuft wie ein Weberschiffchen die Argumentation in einer anknüpfenden und zum anderen Extrem hin überspringenden Bewegung. In Satz 9c gelangt die Betrachtung dann zu einem vorläufigen Zwischenergebnis. In formaler Darstellung sieht dies folgendermaßen aus:

1a	→	**2b**
		↓
4a	←	**3b**
↓		
5a	→	**6b**
		↓
8a	←	**7b**
↓		
9c		

Die Entwicklung des Gedankens ist somit einem ständigen Wechsel zwischen den Gegensätzen unterworfen. Durch die Weberschiffchen-Bewegung werden die inhaltlichen Aussagen beider Extreme zudem eng miteinander verknüpft, wodurch der Eindruck entsteht, dass sich der erkennende und der handelnde Aspekt des „Weisen Bewusstseins“ unmittelbar auseinander heraus entwickeln und untrennbar miteinander verbunden sind.

25 Zur abba-Form des geschlossenen Parallelstils, siehe Wagner (2000), S. 76ff.

Doch neben der parallelen Aufspannung in „Einsicht“ und „Geisteskraft“, lässt sich auch innerhalb der jeweiligen Säule eine polare Spannung zwischen *you* und *wu* erkennen. Die Verknüpfung beider gegensätzlicher Positionen, die Sengzhao hier vornimmt, erklärt sich durch eine positive Dynamik. Diese steht im Hintergrund der bestätigenden Folgerung durch *gu* 故, durch die der Vorsatz in 1a bzw. 2b begründet wird:

Satz 1a („Einsicht”):

Argumentative Position:	***you* 有**		***wu* 無**
	↓		↓
	有窮幽之鑒	而	無知焉
	Ein Reflektieren, welches das Verborgene erschöpft,		wobei sich dennoch kein Erkennen darin befindet.

Bestätigt durch Satz 4a: Nur weil die Einsicht ohne ein Erkennen ist, deshalb vermag sie dunkel außerhalb der Angelegenheiten zu erhellen.
智無知故能玄照於事外

Satz 2b („Geisteskraft“):

Argumentative Position:	***you* 有**		***wu* 無**
	↓		↓
	應會之用	而	無慮焉
	Eine Wirkung, die auf die Gegebenheiten reagiert,		wobei sich dennoch keine Gedanken darin befinden.

Bestätigt durch Satz 3b: Nur weil die Geisteskraft ohne Gedanken ist, vermag sie als einzige jenseits der Welt zu herrschen.
神無慮故能獨王於世表

In den Sätzen 1a und 2b lassen sich so zwei gegensätzliche argumentative Positionen ausmachen, die – signalisiert durch die Partikel *er* 而 – miteinander verknüpft werden. Die Bestätigung dieser Aussagen liefern die Sätze 3b und 4a durch die Anwendung einer positiven Dynamik: Nur weil sich die Einsicht bzw. die Geisteskraft vollkommen aus der Welt zurückziehen, können beide ihre konkrete Wirksamkeit in der Welt im „Erhellen“ und im „Herrschen“ verwirklichen. In beiden Sätzen ist es somit der *wu*-Teil des Gegensatzes, welcher die Bedingung für das positive Funktionieren der Aspekte „Einsicht“ und „Geist“ schafft.

In den Sätzen 5a und 6b folgt dieselbe Operation wie in 1a und 2b, nämlich die Verknüpfung der gegensätzlichen Sphären, wobei diese wiederum durch eine positive Dynamik begründet wird:

Satz 5a: **Argumentative Position:**	***wu*** **無** ↓ 雖事外 Außerhalb der Angelegenheiten	***you*** **有** ↓ 未始無事 niemals ohne die Angelegenheiten
Satz 6b: **Argumentative Position:**	***wu*** **無** ↓ 雖世表 Jenseits der Welt	***you*** **有** ↓ 終日域中 stets inmitten ihrer Grenzen

Die Bestätigung durch einen angeschlossenen Satz fehlt in diesen beiden Fällen. Jedoch ist es die innere Logik dieser beiden Verknüpfungen, die eine solche überflüssig macht: Beide Verknüpfungen gehen aus vom *wu*-Teil und enden beim positiven *you*-Teil. Die negative Position („außerhalb der Angelegenheiten" und „jenseits der Welt") schafft hierbei die Möglichkeit für das Positiv-Vorhandene („niemals ohne die weltlichen Vorgänge" und „stets inmitten ihrer Grenzen"): Nur weil sich das Weise Bewusstsein jenseits aller weltlichen Angelegenheiten befindet (und so bezüglich *you* und *wu* nicht Stellung bezieht) kann es in der „Mitte des Kreises" alle dortigen Vorgänge durchschauen und universal darauf einwirken.

Die verschiedenen konträren argumentativen Positionen, die Sengzhao durch die Dialektik zwischen *you* und *wu* in 1a bis 6b hergestellt hat, werden am Schluss in den Sätzen 7b und 8a gesammelt:

Satz 7b („Geisteskraft"):

	Hierdurch befindet sich [die Geisteskraft] überall im Einklang mit den Veränderungen, 所以俯仰順化 ↓	→	reagiert und nimmt Kontakt auf, ohne dass sie sich erschöpft. 應接無窮 ↓
Bestätigt durch Satz 2b:	Die Geisteskraft hat eine Wirkung, die auf die Gegebenheiten reagiert 神有應會之用	**Bestätigt durch Satz 3b u. 6b:**	Als Einzige vermag sie jenseits der Welt zu, […] stets inmitten ihrer Grenzen. 能獨王於世表 […] 終日域中

Satz 8a („Einsicht“):

	Und es gibt nichts Verborgenes, das [die Einsicht] nicht untersucht, 無幽不察	→	wobei sie dennoch keinen Verdienst für das Erhellen besitzt. 而無照功
	↓		↓
Bestätigt durch Satz 1a	… hat die Einsicht ein Reflektieren, Verborgene 智有窮幽之鑒	**Bestätigt durch Satz 4a u. 5a**	deshalb vermag sie dunkel außer-welcher das halb der Angelegenheiten zu erhellen. […] erschöpft, ist sie doch niemals ohne die Angelegenheiten. 能玄照於事外 […] 未始無事

Die dabei entstehenden Aussagen werden so inhaltlich wieder aufgegriffen und als Zwischenergebnisse gleichsam nebeneinander aufgelistet. Hierbei fasst Satz 7b den handelnden Aspekt und Satz 8a den erkennenden Aspekt des „Weisen Bewusstseins“ zusammen. Durch diese abschließende Sammlung aller argumentativen Positionen breitet Sengzhao über den dunklen Gegenstand des „Weisen Bewusstseins“ gleichsam ein Netz aus, in dem sich als Hohlform dessen gegensätzliche Ausprägungen abzeichnen. Die konträren Positionen werden so nicht als Widersprüche gesehen, sondern als gleichrangig nebeneinander stehende Eigenschaften desselben Gegenstandes.

Die verknüpfenden Wendungen innerhalb der beiden Argumentationsstränge „Einsicht“ und „Geist“ fanden bisher im Wechsel zwischen aufeinanderfolgenden einzelnen Begriffen und Satzteilen auf einer gleichsam horizontalen Ebene statt. Das positive Ergebnis dieses Teils, welches Sengzhao in Satz 9c („So ist folglich das, was ohne Erkennen erkennt und dasjenige der weisen Geisteskraft, was [mit den Dingen] zusammenkommt“) inhaltlich hervorhebt, wird nun Anknüpfungspunkt für eine weitere kontrastierende Wendung. Diese besteht nun nicht mehr aus den beiden Säulen einer parallelen Konstruktion, sondern zwischen vorhergehenden und nachfolgenden Textteilen. Denn sie hinterfragt nunmehr das „positive“ Ergebnis über die Einsicht und das Wirken des „Weisen Bewusstseins“, da sich die in den beiden Sätzen 7 und 8 erfolgte Sammlung von Aussagen ja immer noch als vorhandene Eigenschaften verstehen lassen. Das Festhalten daran wäre allerdings ein Zeichen der Verblendung, da das Ergebnis aus der vorhergehenden Diskussion als sprachliche Äußerung formuliert mit der Einseitigkeit des *vikalpa* belastet ist. Der Zweck der folgenden Wendung ist es somit, diese Eigenschaft des „Weisen Bewusstseins“ als Verblendungserscheinung des *vikalpa* zu hinterfragen.

Eine solche, gleichsam in der Vertikalen stattfindende argumentative Wendung setzt mit ihrem *you*-Teil an dem Zwischenergebnis des vorhergehenden Teils (Satz 9c) an und schwingt über in einen *wu*-Teil, indem nun das Problem der Sprachlichkeit selbst in den Mittelpunkt gerückt wird: Das positiv-feststellbare Ergebnis des vorhergehenden Teils wird in dieser inhaltlich motivierten Wendung somit negiert:

> Aber: Als ein Ding betrachtet ist sie wirklich, aber dennoch nicht vorhanden; leer, aber trotzdem nicht nichtvorhanden. Etwas, das besteht, über das aber trotzdem kein Urteil gefällt werden kann – so etwas kann doch nur die Weise Einsicht sein! Weshalb? Will man über ihr Vorhandensein sprechen, so ist sie ohne Gestalt und ohne Namen. Und möchte man über ihr Nichtvorhandensein sprechen, so ist sie hierdurch weise wunderbar wirksam. Weise ist sie hierdurch wunderbar wirksam und deshalb ist sie leer, ohne dass sie das Erhellen verliert. Sie hat keine Gestalt und keinen Namen und deshalb erhellt sie, ohne dass sie die Leere verliert. Sie erhellt ohne dass sie die Leere verliert, und deshalb besteht sie in vielerlei Form, ist dennoch aber unveränderlich. Sie ist leer ohne dass sie das Erhellen verliert, und deshalb ist sie in Bewegung, um mit den Dingen in Kontakt zu treten.
> 然其為物也實而不有虛而不無存而不可論者其唯聖智乎何者欲言其有無狀無名欲言其無聖以之靈聖以之靈故虛不失照無狀無名故照不失虛照不失虛故混而不渝虛不失照故動以接麁[26]

Genau wie beim vorhergehenden Textteil, so lässt sich auch diese Passage wieder in die darin vorkommenden parallelen Bezüge aufspalten:

Argumentative Position:

***wu* 無**		***you* 有**
	Weshalb? 何者	
1a. Will man über ihr Vorhandensein sprechen, so ist sie ohne Gestalt und ohne Namen. 欲言其有無狀無名		**2b.** Und möchte man über ihr Nichtvorhandensein sprechen, so ist sie hierdurch weise wunderbar wirksam. 欲言其無聖以之靈
4a. Sie hat keine Gestalt und keinen Namen und deshalb erhellt sie, ohne dass sie die Leere verliert. 無狀無名故照不失虛		**3b.** Weise ist sie hierdurch wunderbar wirksam und deshalb ist sie leer, ohne dass sie das Erhellen verliert. 聖以之靈故虛不失照
5a. Sie erhellt ohne dass sie die Leere verliert, und deshalb besteht sie in vielerlei Form, ist dennoch aber unveränderlich. 照不失虛故混而不渝		**6b.** Sie ist leer, ohne dass sie das Erhellen verliert, und deshalb ist sie in Bewegung, um mit den Dingen in Kontakt zu treten. 虛不失照故動以接麁

In der zweiseitigen Betrachtung der parallelen Aufspannung kann Sengzhao auch hier weitere Aspekte der Unbegreiflichkeit des „Weisen Bewusstseins" verdeutlichen und das abstrakte Schema der Polarität zwischen „Vorhanden" und „Nichtvorhanden" durch Folgerungsketten inhaltlich anreichern. In formaler Darstellung zeigt der Argumentationslauf wieder das bereits bekannte abba-Schema des Parallelstils:

26 T45.1858.153b.08–12.

1a → **2b**
↓
4a ← **3b**
↓
5a → **6b**

Auffällig ist, dass in dieser Aufspannung das abschließende c-Glied fehlt. Dieses übernahm im vorhergehenden Textteil die Funktion einer Präsentation des Ergebnisses. Die Funktion des vorliegenden Abschnittes besteht jedoch weniger darin, ein konkretes Ergebnis zu produzieren, als vielmehr den vorhergehenden positiven Teil in Frage zu stellen. Zudem knüpfen die Sätze 5a und 6b wieder an den positiven Wendungsteil an (siehe unten). Formal-argumentativ betrachtet findet sich auch innerhalb beider Säulen wieder dieselbe polare Argumentation wie schon im vorhergehenden Teil. Sengzhao führt an dieser Stelle zudem exemplarisch vor, wie der Versuch einer sprachlichen Repräsentation des „Weisen Bewusstseins“ notwendigerweise scheitern muss, da dieses sich sämtlichen fassbaren Begriffen entzieht. Denn jeglicher Versuch einer einseitigen Definition als „Vorhandenes“ oder „Nichtvorhandenes“ sorgt nur dafür, dass man immer wieder auf sein Gegenteil verwiesen wird. Argumentativ ist in den Sätzen 1a und 2b somit eine negative Dynamik wirksam, die diesen Versuch der sprachlichen Fassung als eine einseitige Verblendungserscheinung verdeutlicht:

Satz 1a:	Will man über ihr Vorhandensein sprechen, 欲言其有	→	so ist sie ohne Gestalt und ohne Namen. 無狀無名
Satz 2b:	Und möchte man über ihr Nichtvorhandensein sprechen, 欲言其無	→	so ist sie hierdurch weise wunderbar wirksam. 聖以之靈

Die hierauf folgenden beiden Sätze 4a und 3b besitzen hingegen eine positive Argumentationsdynamik. Denn nun erfolgt die Begründung, weshalb das „Weise Bewusstsein“ formlos, aber dennoch „wunderbar wirksam“ sei. Beide Sätze knüpfen unmittelbar an die vorhergehenden Sätze durch eine bestätigende Folgerung mit *gu* an:

Satz 4a:	Sie hat keine Gestalt und keinen Namen 無狀無名	deshalb 故	erhellt sie, ohne dass sie die Leere verliert. 照不失虛
Satz 3b:	Weise ist sie hierdurch wunderbar wirksam 聖以之靈	deshalb 故	ist sie leer, ohne dass sie das Erhellen verliert. 虛不失照

Beide Aussagen ziehen aus der Tatsache der Unmöglichkeit die Weisheit in den Kategorien des „Vorhandenseins“ und des „Nichtvorhandenseins“ zu fassen die Folgerung, dass das Weise Bewusstsein eben hierdurch sowohl „leer“ sei als auch universal erkennen würde.

Die beiden folgenden Sätze 5a und 6b beenden diesen vertikalen, negierenden Wendungsteil. Beide entwickeln sich aus den vorhergehenden Folgerungsketten und lassen sich mit dem vorderen positiven Teil der vertikalen Wendung verknüpfen, indem sie sich am Schluss inhaltlich auf die beiden Aspekte des „Weisen Bewusstseins“ innerliche „Einsicht“ und aktive „Geistkraft“ zurückbeziehen:

Satz 5a:

Sie erhellt ohne dass sie die Leere verliert,	deshalb	besteht sie in vielerlei Form, ist dennoch aber unveränderlich.
照不失虛	故	混而不渝

↓

Anknüpfung an 1. Teil, Satz 8a („Einsicht“):
Und es gibt nichts Verborgenes, das [die Einsicht] nicht untersucht, wobei sie dennoch keinen Verdienst für das Erhellens besitzt.
無幽不察而無照功

Satz 6b (Anknüpfungspunkt):

Sie ist leer, ohne dass sie das Erhellen verliert,	deshalb	ist sie in Bewegung, um mit den Dingen in Kontakt zu treten.
虛不失照	故	動以接麁

↓

Anknüpfung an 1. Teil, Satz 7b („Geisteskraft“)
Hierdurch befindet sich [die Geisteskraft] überall im Einklang mit den Veränderungen, reagiert und nimmt Kontakt auf ohne dass sie sich erschöpft.
所以俯仰順化應接無窮

Durch diese Verbindung mit dem vorhergehenden Teil über die positiv-feststellbaren Funktionen des „Weisen Bewusstseins“ vermittelt Sengzhao über die Struktur des Textes eine wichtige Aussage: Erst durch die notwendige „Dunkelheit“ des „Weisen Bewusstseins“, dem konsequenten Rückzug aus dem Bereich aller zeichenhafter Repräsentationen wird die Bedingung für seine positive Wirksamkeit – die „Einsicht“ und das aktive Wirken geschaffen. Die Negation der vorher festgestellten Eigenschaften des „Weisen Bewusstseins“ begründet somit die Bedingung der Möglichkeit für das vollkommene Funktionieren von „Einsicht“ und „Geisteskraft“. Diese wichtige strukturelle Aussage untermauert Sengzhao zu Beginn dieses Teils außerdem durch eine Anspielung auf den Wang Bi-Kommentar zu *Laozi* 6. Dort macht Wang Bi zu dem Begriff „Geist des Tals“ (*gushen* 谷神) im *Laozi* die folgende Anmerkung:

> ‘Spirit of the valley’ is the non-valley in the middle of the valley. […] **If one wished to state that it exists**, [the objection would be that] it does not show its form. **If one wished to state that it does not exist**, [it still remains true that] the ten thousand kinds of entities are generated by means of it. […][27]
> 谷神谷中央無谷也 […] **欲言**存邪則不見其形**欲言亡**邪萬物**以之生**

27 Wagner (2003a), S. 139. Eigene Hervorhebungen.

Sengzhao entlehnt Teile von Wang Bis Formulierung und setzt sie in seine eigene Argumentation ein:

> **Will man über ihr Vorhandensein sprechen**, so ist sie ohne Gestalt und ohne Namen. Und **möchte man über ihr Nichtvorhandensein sprechen**, so ist sie hierdurch weise wunderbar wirksam.
> **欲言**其有無狀無名**欲言**其**無**聖**以之**靈[28]

Die Hervorhebungen machen sowohl die parallelen Formulierungen als auch die inhaltlichen Übereinstimmungen deutlich: Die Negativität des „Geistes des Tals" (d.h. die Absenz des Positiven, Füllenden) besteht darin, dass es weder als seiend noch als nichtseiend fassbar ist, wodurch allerdings auch das „Wesen des Tales" selbst gewährleistet wird. Denn erst dadurch, dass es „Nichts" ist, kann das Tal alle Dinge und Menschen potentiell in sich aufnehmen. Analog hierzu verwirklicht das „Weise Bewusstsein" durch seinen Rückzug aus allen Kategorien des Vorhandenen und des Nichtvorhandenen seine eigene aktive Funktionalität zum Nutzen und zur Rettung der Lebewesen. Durch diesen sowohl wörtlichen als auch inhaltlichen Verweis auf den Wang Bi-Kommentar versucht Sengzhao die Plausibilität seiner eigenen Argumentation zu stützen.

Im abschließenden Teil beantwortet Sengzhao ein Problem, welches er zuvor ganz an den Anfang des Hauptteils gestellt hat. Die im Einleitungsteil gestellte Frage besteht nämlich darin, weshalb es im DXJ bzw. im FGJ denn heiße, dass das „Weise Bewusstsein" zwar „ohne Merkmale" und „ohne Erkennen" sei, trotzdem aber eine konkrete „Wirkung" (*yong* 用) in der Welt besitze:

> Im *Fang guang* heißt es, die *prajñā* sei „ohne etwas, was Merkmale hat" und besitze keine Merkmale des Entstehens und Vergehens. Im *Daoxing* steht, dass die *prajñā* ohne etwas sei, was sie erkennt und ohne etwas, was sie sieht. Wenn hier nun über die Wirkung des einsichtigen Erhellens entschieden wird, wieso heißt es dann, sie sei ohne Merkmale und ohne Erkennen?[29]

Diese eingangs gestellte Frage nach dem konkreten Wirken des Weisen Bewusstseins kann nun beantwortet werden. Denn obwohl das Weise Bewusstsein, wie im *wu*-Teil der vertikalen Wendung expliziert wurde, keine „Form" und keinen „Namen" besitzt, ist es dennoch vollkommen in der Welt erkennend und handelnd wirksam. Beide Teile der vertikalen Wendung fasst Sengzhao am Ende des Hauptstücks zu einem einzigen Ergebnis zusammen und formuliert hierdurch die Antwort auf diese eingangs gestellte Frage nach der „Wirkung" des Weisen Bewusstseins in der Welt:

> Von daher hört die Wirkung der Weisen Einsicht niemals auch nur für einen Moment auf, sucht man sie aber in den Formen und Merkmalen, so lässt sie sich nie begreifen.[30]

Diese Antwort auf das eingangs gestellte Problem bekräftigt somit die widersprüchliche Darstellung des Weisen Bewusstseins im DXJ und im FGJ. Durch die Argumentation im

---

28 T45.1858.153.a23.
29 T45.1858.153.a24–26.
30 T45.1858.153b.13.

Hauptstück zeigt Sengzhao jedoch auch, dass diese gegensätzlichen Aspekte nicht als Widersprüche verstanden werden sollen. Sie stehen vielmehr als gleichrangige Aussagen nebeneinander und sind damit gegensätzliche Ausprägungen ein und derselben Sache.

Zusammenfassend lässt sich zur Diskussion im Hauptteil des BWZL sagen, dass die Polaritäten und deren Verknüpfungen unter Berücksichtigung der *Xuanxue*-Argumentation aus dem *Laozi* eine hochtransparente Struktur offenbaren. Denn die Dialektik zwischen *you* und *wu* ist das grundlegende argumentative Prinzip im BWZL, wodurch sich auch sämtliche inhaltliche Positionen in ein polares Raster einordnen und gemäß der positiven oder negativen Dynamik strukturell miteinander verknüpfen lassen. So spannt sich die Diskussion zwischen den Polen „Einsicht" und „Geist" auf, während Sengzhao innerhalb dieser beiden Säulen mithilfe der Dynamik zwischen *you* und *wu* argumentiert. Anschließend beschreibt der Verlauf der Argumentation dann eine Wendung ins Gegenteil, indem die Fassbarkeit der positiv-vorhandenen Funktionen des Weisen Bewusstseins hinterfragt wird. Hier begegnet Sengzhao dem Problem des *vikalpa* und gleichzeitig bestätigt er gemäß der positiven Dynamik das universale Wirken von „Einsicht" und „Geisteskraft". Der Gesamtaufbau des Hauptstücks lässt sich schematisch somit folgendermaßen darstellen:

Konzeptionelle Aufspannung: (Funktionen des Weisen Bewusstseins)	無(智)	↔	有(神)
Diskursive Wendungen:	有 ↔ 無		有 ↔ 無
		有 ↑	
Vertikale Wendung:		ermöglicht	
		↑ 無	
Konzeptionelle Aufspannung: (Problem des *vikalpa*)	有(靈)	↔	無(無狀無名)
Diskursive Wendungen:	有 ↔ 無		有 ↔ 無
		↓ Wiederanknüpfung an oben	

Mithilfe des argumentativen Versatzstückes aus dem *Laozi* findet Sengzhao so eine Antwort auf die Übergangsprobleme bei der Idee des *dharmakāyabodhisattva* aus dem DZDL, da die Verbindung zwischen dem innerweltlichen und dem außerweltlichen Bereich nicht wie im Abhidharma durch fragwürdige Kausalketten wie die *vasanā* hergestellt werden muss. Durch die inhaltlich und logisch äußerst transparent gestaltete Gesamtstruktur des Hauptstücks sind zudem die strukturell bedingten Widersprüche und Paradoxien nicht, wie Richard Robinson annimmt, rückführbar auf ein irrational-mystisches Sprechen oder ein mangelhaftes Verständnis logischer Prinzipien. Stattdessen lassen sich sämtliche Gegensätzlichkeiten auflösen durch das an den Polaritäten ausgerichtete Schema von *you* und *wu* und das gegenseitig begründende Verhältnis dieser beiden Extreme. Das BWZL besitzt damit in hohem Maße einen rationalen Gehalt, den es darüber hinaus an allen Stellen seiner argumentativen Mehrschichtigkeit durchhält. Doch neben dieser inhaltlichen und diskursiven Ebene, die Sengzhao in die Kontroverse um das DZDL einbringt, besitzt das BWZL noch eine weitere Bedeutungsebene, die ebenfalls durch die argumentative Struktur und die Dichotomie zwischen *you* und *wu* zutage tritt.

5.3.2 Zur maieutischen Funktion des *Bore wuzhi lun*

Wie gezeigt wurde, bestimmt die polare Argumentationsstruktur des BWZL die inhaltliche Diskussion über das Weise Bewusstsein. Diese Struktur lässt sich allerdings auch in ihrer Wirkung betrachten, die sie auf das Nachdenken des Lesers während der Lektüre ausübt. So wendet Sengzhao durch die Struktur des Textes die Gedanken des Lesers immer wieder zum Gegenteil einer argumentativen Position und verharrt daher nicht bei einem definitiven Ergebnis im Sinne einer einseitig fassbaren Aussage. Ein nach inhaltlich definierten Aussagen forschender Leser wird durch die umschwenkende Argumentationsstruktur somit ständig enttäuscht. Der Gedanke des Lesers liegt zu Beginn des Hauptstücks beispielsweise bei der umfassenden Erkenntnis der „Einsicht", die das „Verborgene erschöpft". Dieser Teilsatz, der zunächst auf ein positives „Erkennen" schließen lässt, wird anschließend durch einen mit der Konjunktion *er* 而 verbundenen Satz verneint: „wobei sich dennoch kein Erkennen darin befindet". Auf genau dieselbe Weise arbeitet die Argumentation auch in der parallelen Säule, die für die aktive, in der Welt wirkende „Geisteskraft" steht. Die Argumentation schreitet auf diese Weise innerhalb beider Säulen fort, ohne dass es hierbei zu einer definitiven Aussage über die „Einsicht" bzw. die „Geisteskraft" käme. Stattdessen findet ein ständiger Wechsel zwischen den Standpunkten von *you* und *wu* statt. Es kommt am Ende schließlich sogar zu einem Umschwung zwischen aufeinanderfolgenden Textteilen, indem Sengzhao die sprachliche Vermittelbarkeit der Funktionen des „Weisen Bewusstseins" als „Einsicht" und „Geist" selbst in Frage stellt. Die Struktur des BWZL beschreibt zudem eine Kreisform, indem Sengzhao nicht nur am Schluss des Hauptstücks, sondern auch am Ende des Dialogteils wieder am Anfang anknüpft. Betrachtet man das BWZL aus der Perspektive des Gedankenstroms eines Lesers, dann lässt sich feststellen, dass dieser ständig zwischen positiven bzw. negativen argumentativen Positionen hin- und herwechselt. Diese Gedankenbewegung ließe sich graphisch als eine zwischen einem positiven und negativen Bereich oszillierende Kurve darstellen.

Durch den kontinuierlichen Wechsel zwischen den argumentativen *you*- und *wu*-Positionen sagt Sengzhao strenggenommen nichts, was über die Dichotomie der Kategorien *you* und *wu* hinausginge. Stattdessen veranschaulicht er in der ständigen Wiederholung dieses Gedankens die Verblendung durch *vikalpa*, in dem das Bewusstsein gefangen ist und sich wie ein Pendel zwischen *you*- und *wu*-Positionen hin- und herbewegt. Die Dunkelheit des „Weisen Bewusstseins" verdeutlicht Sengzhao somit auch gegenüber dem verblendeten Denken des Lesers. Es befindet sich nicht „in der Mitte des Kreises", sondern ist auf einer Kreisbahn dem Widerspruch zwischen diesen Extrempositionen ausgeliefert. Huijiao schreibt über Huiyuan und Liu Yimin demnach auch, wie diese das BWZL, „die Schriftrolle weit aufgeschlagen und mit den Nuancen des Textes spielend immer wieder dabei verweilten, fortgingen und wieder darauf zurückkamen", was schließlich dazu geführt haben solle, dass Liu Yimin Sengzhao seinen Fragebrief schrieb.[31] Es ist möglich, dass das „Verweilen, Fortgehen und Zurückkommen" (*cun wang fu* 存往復) hier auf eben diese Erfahrung verweist, die ein nach einer definitorischen Aussage suchender Leser bei der

31 T50.2059.365.a28–29.

Lektüre des BWZL macht. Dieser in dem Phänomen der Verständnisbrechung aufscheinende funktionale Aspekt des BWZL, macht es zu einem Werk, das dem Leser gegenüber zwar eine rational begründete inhaltliche Antwort liefert, dieser Gewissheit aber durch die Demonstration des eigenen *vikalpa* den Boden entzieht. Die Diskussion über „Erkennen" und „Nichterkennen" ist somit nicht nur als dogmatische und politisch-legitimatorische Aussage zu verstehen, sondern auch als eine soteriologische Botschaft: Der grundsätzliche Zerfall allen Denkens in Dichotomien und die dabei herrschende Gesetzmäßigkeit, in der die Gegensätze auseinander hervorgehen, machen ein absolutes Erkennen unmöglich. Sengzhao entspricht in dieser Hinsicht ganz der Zielsetzung des *Mādhyamaka*, das sich nicht nur auf einen logischen Formalismus beschränkt, sondern in Anwendung sprachlich-logischer Prinzipien die Bedingtheit und Relativität doktrinärer Standpunkte vor Augen führt, um so zur Realisation der Leerheit hinzuleiten.[32] Die Lektüre des BWZL wird für den Leser so zur unmittelbaren Übung.

5.3.3 Der Aufbau des Dialogteils

Die Konfrontation von definitorischem Leseranliegen mit dem durch die Verständnisbrechung erzielten Effekt der Infragestellung eigener Positionen wird auch in dem an das Hauptstück angeschlossenen Dialogteil anhand von Einwänden veranschaulicht. Das Fragen des zeitgenössischen Lesers nach konkreten faktischen Aussagen bekommt hier eine Stimme in Form von Einwänden und Gegenentwürfen zu den Überlegungen aus dem Haupttext.

Der Dialogteil besteht aus neun Einwänden und den dazugehörigen Antworten. Die Fragen eins bis drei nehmen hierbei den größten Raum ein. In ihnen setzt sich Sengzhao mit Standpunkten auseinander, die sich teils direkt, teils indirekt zeitgenössischen Denkströmungen zuordnen lassen. Die Fragen vier bis neun knüpfen an diese Standpunkte an und machen sich an logischen Widersprüchen aus den Antworten zu den Fragen eins bis drei fest. Direkt auf das Hauptstück beziehen sich so nur die Einwände eins bis drei und sieben. Durch die Anknüpfung der Fragen an die Antworten lässt sich die Struktur des Dialogteils erschließen: Neben der direkten Absetzung der Fragen („Einwand:" *nan yue* 難曰) von den Antworten („Antwort:" *da yue* 答曰), wird in drei Fällen (Einwände 4, 5 und 9) eine thematische Bezugnahme durch die Floskel *lunyun* 論云 („In der Diskussion sagtet ihr…") hergestellt.[33] Hierdurch eingeleitete Einwände beziehen sich nicht auf das Hauptstück, wie man wegen der Verwendung von *lun* 論 meinen könnte, sondern direkt auf die vorhergehenden Antworten. Deutlich wird dies durch das Aufgreifen eines bestimmten Themas aus der vorhergehenden Antwort. Weitere rhetorische Mittel, mit dem sich eine

32 Das *Mādhyamaka* wurde vor allem von der westlichen Forschung oftmals auf einen logischen Formalismus hin reduziert. Seyfort Ruegg kritisiert in einer Untersuchung des Tetralemmas (*catuṣkoṭi*) diese einseitige Ausrichtung, die seiner Meinung nach die soteriologische Absicht des *Mādhyamaka* vollkommen außer Acht lassen würde. Bei der Anwendung der für das *Mādhyamaka* so typischen messerscharfen Logik, v.a. bei Nāgārjuna, handele es sich vielmehr um ein Werkzeug, mit dem die Inkonsistenzen verschiedener Schulpositionen kritisiert werden sollen, um diese so zur Realisierung der Leerheit ihrer eigenen Standpunkte zu leiten. Ruegg (1977), S. 6f. Auch Richard Robinsons Ansatz in *Early Mādhyamika in India and China*, in dem er durch eine formallogische Analyse das BWZL untersucht, lässt sich aus einer soteriologischen Perspektive heraus berechtigt kritisieren.

33 T45.1858.154a.27, 154b.03, 154c.15.

Bezugnahme der Einwände feststellen lässt, ist der direkte Widerspruch zur jeweils vorhergehenden Antwort (Einwand 6), bzw. der Aufgriff eines Aspektes aus der Antwort, um hieraus einen neuen Fragenaspekt zu entwickeln (Einwand 8). Die Einwände 1 und 2 besitzen keine Folgefragen und stehen so jeweils für sich alleine. Der Aufbau des Dialogteils, der sich hieraus ergibt, sieht damit folgendermaßen aus:

Einwand 1 **Einwand 2** **Einwand 3** **Einwand 7**
↑ ↑ ↑
Einwand 4 **Einwand 5** **Einwand 8**
↑ ↑
Einwand 6 **Einwand 9**

Die Komposition des Dialogteils als ein Frage- und Antwortspiel mit verschiedenen Themenkreisen und daran anknüpfende Diskussionen erweckt den Eindruck, dass es sich hierbei vielleicht um die Aufzeichnung einer wirklich so stattgefundenen Debatte handelt. Darüber hinaus verwendet Sengzhao auch rhetorische Elemente der lebendigen Rede: Eine Seite greift eine Äußerung der anderen auf, es wird ironisch paraphrasiert, der Gegner wird direkt angesprochen oder der Schlussfolgerung der anderen Seite wird kontrastierend widersprochen.[34] Bei den Fragen und Antworten ist zudem das Zitieren von Autoritäten ein wichtiges argumentatives Element.[35]

Eine solche Debatte um das BWZL könnte in Form eines Meister-Schüler Gesprächs stattgefunden haben, wie sie von der Chan-Tradition in Form der „aufgezeichnete Reden“ (*yulu* 語錄) her überliefert ist, worin der Dialog ein entscheidendes Stilelement ausmacht.[36] Es wäre allerdings auch möglich, dass solch eine Diskussion über das Hauptstück am Hof von Yao Xing stattgefunden hat. Gelehrte Diskussionen unter Vorsitz des Herrschers höchstpersönlich waren im frühbuddhistischen China des vierten und fünften Jahrhunderts durchaus Gang und Gäbe, wobei sich dabei zwei Kontrahenten oder gleich ganze Gruppen in einer bestimmten philosophischen Frage argumentativ behaupten mussten.[37] Im bud-

34 Ironische Paraphrase: „Ihr hingegen wollt nun …“; T45.1858.153b.29; direkte Ansprache des Gegners: „Nun wollt ihr …“ T45.1858.154b25; „[Extra] für euch versuche ich das noch einmal in verrückten Worten zu diskutieren …“ T45.1858.153c.25; direkter Widerspruch T45.1858.154a.07.

35 Eingeleitet werden die Zitate durch die Floskel *gu jing yun* 故經云 („Deshalb heißt es in den Sutren, dass…“). Sengzhao zitiert auf zwei unterschiedliche Weisen: Aus den einheimischen Werken, wie dem *Laozi* und dem *Zhuangzi* zitiert Sengzhao immer implizit. Diese Zitate werden daher nicht wie die aus den Sutren eigens durch eine Formel gekennzeichnet, wobei die Treue zum Wortlaut des Originals hierbei sehr stabil ist. Da in Sengzhaos Biographie im *Gaoseng zhuan* sein Studium des *Laozi*, des *Zhuangzi*, wie der *Xuanxue*-Literatur ausdrücklich erwähnt wird, und Sengzhao vor seinen Eintritt in den Saṃgha als Kopist gearbeitet haben soll, ist anzunehmen, dass er diese Werke auswendig kannte. Die Treue zum Wortlaut zeigt sich sogar auf der Ebene der Rezeption von Kommentarliteratur, namentlich dem Wang Bi Kommentar (s. Analyse des Hauptstücks). Die Stabilität der Zitate aus buddhistischen Schriften ist nicht sehr hoch. Meistens handelt es sich dabei lediglich um eine sinngemäße Wiedergabe. Ein weiterer Aspekt des Zitierens buddhistischer Schriften ist die Häufigkeit, mit der bestimmte Werke erwähnt werden. Hier ragt das FGJ unter den zitierten Quellen mit sieben Zitaten weit hervor. Zur Häufigkeit der Zitate, s. Robinson (1967), S. 142. Zu den Zitaten s. a. die Anmerkungen im Übersetzungsteil.

36 Wittern (1998), S. 59.

37 Auch im Westen wurde der Dialog als eine literarische Kunstform eingesetzt – bekannt vor allem durch

dhistischen Kontext werden Dialoge zudem häufig in Kommentartexten wie dem *Śāstra* eingesetzt. Das beste Beispiel hierfür ist wohl das DZDL, in welchem Dialoge vor allem dazu benutzt werden, die theoretischen Erläuterungen inhaltlich zu erweitern und Detailfragen zu klären. Es ist aufgrund der weiten Verbreitung des Dialogs in der buddhistischen und auch in der chinesischen Tradition daher sehr wahrscheinlich, dass es sich beim Dialogteil des BWZL nicht um einen aufgezeichneten (und dann möglicherweise literarisch überarbeiteten) Dialog handelt, sondern eher um eine inhaltlich motivierte, bewusst eingesetzte künstliche Form. Doch inwiefern lassen sich die inhaltlichen Standpunkte innerhalb des Dialogteils mit zeitgenössischen Denkströmungen identifizieren?

5.3.4 Die „sechs Schulen und sieben Traditionen"

Wie bereits weiter oben, bei der Untersuchung der Einleitung des BWZL gezeigt wurde, ordnet Sengzhao den zweiten Einwand dem Standpunkt der „Lehre der Namen" zu. Aufgrund der Nähe dieser Frage zum *Sarvāstivāda* ist anzunehmen, dass Sengzhao darin sowohl diese buddhistische Denkrichtung als auch eine konfuzianische Position anspricht. Bei den anderen acht Einwänden bleibt solch eine Zuordnung allerdings offen und es ist unklar, für welche Position die jeweilige Frage steht. In den Forschungsarbeiten zu Sengzhao wird allerdings oft angeführt, dass sich diese mit zeitgenössischen chinesischen Auslegungen der „Leerheit" (*śūnyatā*) auseinandersetzen würden, welche vor allem durch ihre Nähe zur *Xuanxue* bestimmt seien. Verwiesen wird hierbei auf Sengzhaos Abhandlung „Über die Leerheit des Nicht-Wahren" (*Buzhenkong lun* 不真空論), in der er einige dieser Auslegungsrichtungen benennt und sich in knappen Charakterisierungen damit auseinandersetzt.[38] Auch Sengrui sagt in einem heute verlorenen Kommentar zum *Vimalakīrtinirdeśasūtra*, dass die „sechs Schulen einseitig und nicht identisch mit dem Ursprung der Leerheit des Wesens seien".[39] Sengrui benennt allerdings an keiner Stelle die Standpunkte dieser „Schulen" oder identifiziert sie gar mit bestimmten Personen.

Erst in der Liu-Song-Zeit erfolgte eine genauere Ausarbeitung der Lehrpositionen der frühen *prajñā*- und Leerheitsauslegungen in Form von schulmäßigen Zuordnungen. Solche nennt Tan Ji in seiner heute verlorenen „Abhandlung über die sechs Schulen und sieben Traditionen" (*Liujia qizong lun* 六家七宗論), die teilweise in Bao Changs *Xufa lun* 續法論

---

die teils fiktiven Dialoge Platons. Ebenso wie im BWZL wurden auch in der mittelalterlichen Scholastik, in theologisch-philosophischen Schriften, Dialoge im Anschluss an einen abhandelnden Hauptteil zur Klärung problematischer Einzelaspekte und möglicher Einwände, verwendet. Die scholastischen Texte des Mittelalters ähneln zudem stilistisch sehr der Form des BWZL. Auch dort werden Einwände gegen eine Argumentation durch bestimmte Begriffe (z.B. *obicitur*, „man könnte den Einwand erheben") markiert. Hier wie dort besteht ein wichtiges Element der Diskussion im Zitieren von autoritativen Schriften (*auctoritas*). Auch diese Dialoge waren zum größten Teil fiktiv. Zur scholastischen Form des schriftlichen Dialoges schreibt Ivan Illich: „[Die] Fragen sind durch eine Formel ‚markiert', die häufig mit *obicitur*, das heißt, ‚man könnte den Einwand erheben', beginnt. Mit Hilfe einer *auctoritas*, eines Zitats oder eines Scheingegners werden Zweifel am gerade dargestellten *argumentum* des Autors geäußert. Dies gibt ihm die Möglichkeit, seinen Standpunkt mittels einer *responsio* näher zu erläutern." Illich (1991), S. 106. Zur Form des Dialoges in China, s. Holzman (1956), S. 223; Schmidt-Glintzer (1976), S. 132ff.; Wittern (1998), S. 60f. Zu den Hofdebatten, s. Kohn (1995), S. 24; Jansen (2000), S. 113. Über die Quellen dieser Auseinandersetzungen, s. Mayer (1999), S. 23, Fn. 64.

38 Siehe bspw. Tang (1955b), S. 238ff.; Liu (1994), S. 54f.

39 T55.2145.59.a3.

zitiert werden. Dort ist zum erstenmal von der Bezeichnung „sechs Schulen und sieben Traditionen“ die Rede. Aus den Kommentaren von Yuan Kang und Hui Da, den beiden frühesten Kommentatoren des *Zhaolun*, lassen sich diese „Schulen“ dann mit konkreten Personen in Verbindung bringen. Allerdings stimmen diese Zuordnungen beider Kommentare nicht miteinander überein. Tang Yongtong hat daher im Vergleich mit dem japanischen Kommentar von Anchô und mit Jizang, bei denen sich ebenfalls Beschreibungen der „sechs Schulen“ finden, eine Liste erstellt, in dem die Standpunkte aller „sechs Schulen“ inhaltlich zusammengefasst und bestimmten Personen (darunter Daoan, Zhidun und auch Liu Yimin) zugeordnet werden.[40] Tang verbindet – seinem Verständnis über das frühe buddhistische Denken folgend – die Standpunkte der „sechs Schulen“ eng mit der älteren *Xuanxue*, die seiner Meinung nach „Ontologie“ sei, die sich mit Fragen nach den Grundkategorien des Seins befasse, dem „Dasein“ (*you* 有) und dem „Nichtdasein“ (*wu* 無). Die „sechs Schulen“ ließen sich somit gemäß ihrer Stellungnahme gegenüber diesen beiden Kategorien einteilen: Die Wang Bi folgende Richtung betone das „Nichtdasein“, während die Guo Xiang bzw. Xiang Xiu und Pei Wei folgenden Schulen das „Dasein“ als Seinsgrundlage hervorheben würden.[41] Die Leerheitsauslegungen der *liujia* sind nach Tang Yongtongs Analyse so vor dem Hintergrund der von der *Xuanxue* aufgestellten Paradigmen und als Fortsetzungen derselben zu betrachten.

Gegen all diese Rekonstruktionsversuche der „sechs Schulen“ ließe sich entgegnen, dass sich ein solches Unterfangen als äußerst schwierig, wenn nicht gar unmöglich erweist, da als früheste Zeugnisse hierfür nur die äußerst sparsamen Charakterisierungen Sengzhaos von nur drei „Schulen“ sowie die polemischen und fragmentarischen Äußerungen späterer Zeitgenossen vorliegen. Denn ähnlich wie bei Sima Tans Tableau der Vor-Qin Philosophen handelt es sich bei den „sechs Schulen“ um eine spätere polemische Kategorisierung, die den inhaltlichen Feinheiten und Überschneidungen nur wenig genüge tut. So fasst Sengzhao im *Buzhenkong lun* lediglich drei Standpunkte zusammen, die er als „Nichtvorhandensein des Bewusstseins“ (*xinwu* 心無), „Identität mit der Form“ (*jise* 即色) und „grundlegendes Nichtvorhandensein“ (*benwu* 本無) bezeichnet.[42] Diese ordnet er allerdings nicht bestimmten Gruppen oder gar Personen zu, wodurch sich keine genauer umrissene dogmatische Position ableiten oder gar identifizieren ließe. Es wird bei den kurzen Charakterisierungen dieser drei Positionen jedoch schnell klar, dass Sengzhao bei allen gleichermaßen die Tendenz des *vikalpa* in einer einseitigen Ausrichtung, auf die „Stille des Geistes“ (*xinwu*), die „Form“ (*jise*) oder das „Nichtvorhandensein“ (*benwu*) kritisiert. So lautet seine zusammenfassende Kritik der „drei Schulen“ auch dementsprechend:

> Das Verborgene, Arkane, Obskure und Versteckte ist doch nichts, was durch ganze Herden von Meinungen erschöpft wird. In den gegenwärtigen Gesprächen und Abhandlungen über den leeren Ursprung besteht daher jedes Mal keine Einigkeit. Wollen diese nun aber dadurch, dass sie nicht miteinander übereinstimmen, dennoch zum Gemeinsamen hin vorstoßen – gäbe es da überhaupt irgendein Ding, über das

40 Tang (1955b), S. 91.
41 Tang (1955b), S. 52, 57; Li (1989), S. 100; Mayer (1999), S. 91.
42 T45.1858.152.a15–22.

sie sich einig werden könnten? Eben deshalb entsteht der Wetteifer der Massen an Meinungen, in dem sich von Natur aus niemand einig ist.[43]

Sengzhao kritisiert an den „drei Schulen" somit die Differenzen, die durch deren unterschiedlichen Meinungen entstehen und dazu führen würden, dass das „Gemeinsame" (*tong* 同) nicht wahrgenommen werden könne. Seine Kritik richtet sich somit nicht auf die inhaltlichen Aussagen dieser Auslegungsschulen selbst, sondern eigentlich auf das Problem des *vikalpa*. Eine Untersuchung der einzelnen Fragen des Dialogteils zeigt zudem, dass die drei Haupteinwände (eins, drei und sieben), an denen sich die Diskussion festmacht, sich indirekt mit dem *Sarvāstivāda* in Verbindung bringen lassen. Denn alle drei Fragen gehen in ihrer Argumentation von einem Verhältnis zwischen Erkenntnis und Erkenntnisobjekt aus, von dem her die *prajñā* ihr „Erkennen" bezieht. Einwand drei verwendet darüber hinaus zahlreiche Fachtermini, die sich auch im *Vibhāsa* finden. Es ist somit aufgrund sowohl von Sengzhaos genereller Kritik am *vikalpa*, als auch anhand gewisser inhaltlicher Tendenzen in den Einwänden des Dialogteils offensichtlich, dass Sengzhao sich hier mit verschiedenen Argumenten des *Sarvāstivāda* auseinandersetzt. Welche Personen diese allerdings vertreten haben oder wie sich diese inhaltlich genauer bestimmen, ist heute aufgrund der spärlichen und fragmentarischen Zeugnisse wohl nicht mehr rekonstruierbar.

5.4 Kapitelzusammenfassung

Aufgrund der stilistischen und rhetorischen Komposition des BWZL lässt sich dieser vielschichtige Text als eine besondere Kritik am *vikalpa* verstehen. Das BWZL vermittelt hierdurch nicht bloß eine Theorie oder gar „Philosophie", sondern bringt deutlich die soteriologische Absicht des *Mādhyamaka* zum Audruck, indem es einseitige Standpunkte kritisiert und als solche entlarvt. Die Besonderheit liegt allerdings darin, dass Sengzhao diese Intention durch die Struktur des Textes unmittelbar auf das Nachdenken des Lesers bei der Lektüre anwendet. Das BWZL ist damit nicht als ein Text zu verstehen, der bloß Informatione vermittelt, sondern dem Leser seine Botschaft direkt über die Erfahrung der Lektüre mitteilt. Verbunden mit dem im Hintergrund stehenden Übersetzungsprojekt zur „Erleuchtung des Nordens", zeigt sich hierin auch ein missionarischer Charakter dieses Traktates, indem er auf die Bekehrung der Anhänger des *Sarvāstivāda* gerichtet war.

43 T45.1858.152.a12–15.

6. Resümee

Die Untersuchungen in dieser Arbeit haben gezeigt, dass Sengzhaos *Bore wuzhi lun* sowohl unmittelbar in innerbuddhistische Kontroversen einzuordnen ist, als auch direkte politische Bezüge aufweist. So ist das *Bore wuzhi lun* inhaltlich in der Mahāyāna-Scholastik des *Dazhi du lun* zu verorten und steht im engen Zusammenhang mit den Debatten zwischen Kumārajīva und den Anhängern des *Sarvāstivāda* um Huiyuan. Es wurde gezeigt, dass die Etablierung des *Sarvāstivāda* in den Gebieten um den Lushan durch ein in der Forschung bisher kaum beachtetes Übersetzungsprojekt unter Huiyuans Meister Daoan zustande kam. Der *Sarvāstivāda* konnte sich durch die in diesem Projekt systematisch übersetzten Grundlagenwerke des Abhidharma erfolgreich ausbreiten und fand das Interesse konservativer Aristokraten, die in den Bezirken Yuzhang und Xunyang versuchten, das Studium der Ritenklassiker gegenüber der damals unter vielen Adligen populären *Xuanxue* zu etablieren. In diese Bemühungen zur Wiederbelebung des Ritenstudiums war Huiyuan unmittelbar durch den Betrieb einer Ritenschule am Lushan, in der er selbst seine Schüler unterrichtete, eingebunden. Bereits fünfzehn Jahre vor dem Übersetzungsprojekt unter Kumārajīva hatte sich so südlich des Yangzi eine Anhängerschaft des Kleinen Fahrzeugs herausgebildet, die mit Übersetzungen der wichtigsten systematischen Werke und Kommentartexte des *Sarvāstivāda* ausgestattet war. Die Wahrnehmung dieses argumentativen Gegenpols zum *Bore wuzhi lun* hat sich für das inhaltliche Verständnis dieses Textes als ausgesprochen wichtig erwiesen. So war Sengzhaos Denken bisher noch nicht im Zusammenhang mit zeitgenössischen Debatten und Kontroversen untersucht worden, da sich die Forschung vor allem auf die „sechs Schulen und sieben Traditionen“ als vermeitliche Gegner Sengzhaos festgelegt hat. Deshalb konnten Bedeutung und Relevanz sowohl der Argumentation als auch der verwendeten Termini im *Bore wuzhi lun* bisher nicht erschlossen werden. Der *Sarvāstivāda*, vertreten durch eine gegenüber der *Xuanxue* negativ eingestellte Aristokratenschaft, ergibt somit den argumentativen Gegenpol zu Sengzhaos Traktaten und bildet damit den zentralen Bezugspunkt für das Verständnis der Themen und Begriffe dieses Textes und der umgebenden Debatten.

Bei der inhaltlichen Untersuchung der Debatten zeigte sich, dass diese an der Übersetzung des *Dazhi du lun*, eines Grundlagenwerkes der Mahāyāna-Scholastik ihren Ausgang nahm, auf dem Sengzhao dann auch seine Gedanken im *Bore wuzhi lun* gründete. Thematischer Mittelpunkt der vorhergehenden Debatten zwischen Kumārajīva und Huiyuan ist die im *Dazhi du lun* erstmals systematisch vorgelegte Heilsidee des Bodhisattva, der ab einer bestimmten Stufe seines Weges sämtliche Bindungen an die Welt abbricht und zu einem allmächtigen *dharmakāyabodhisattva* wird. Folgt das Mahāyāna den Ideen des *Sarvāstivāda* noch bis zum Übergang des Bodhisattva in den Stand des *dharmakāyabodhisattva*, so bricht es ab da mit dessen sprachtheoretischen als auch epistemologischen Grundannahmen. Der *Sarvāstivāda* formuliert seine Kritik an diesem Konzept aus einem rationalen Anspruch für die Erklärung, Durchdringung und Ordnung des Dharma. Hierbei spielen terminologisch eindeutige Begrifflichkeiten als Mittel zur Abbildung einer rationalen Ordnung von *dharma* eine zentrale Rolle. Aus diesem Grund konzentrierte sich die Kritik des *Sarvāstivāda* in den Debatten um das DZDL vor allem auf dessen Absage gegenüber der rationalen Erklärbarkeit und Durchdringung aller Stadien des Bodhisattvaweges, da dies auch einschneidende soteriologische Folgen für die spirituelle Praxis nach sich zieht. Denn für den *Sarvāstivāda* ist die mahayanistische Erklärung und Beschreibung des zentralen Heilsideals, des *dharmakāyabodhisattva*, mit zahlreichen Widersprüchen verbunden. So soll der *dharmakāyabodhisattva* gemäß dem *Dazhi du lun* zwar sämtliche Qualitäten eines Arhat erreicht und damit alle karmischen Bindungen an die Welt abgebrochen haben, gleichzeitig aber auch allmächtig mitten in der Welt aufgehen und sich vollkommen den verblendeten Wesen mit dem Ziel ihrer Befreiung anpassen. Dieses „sowohl-als-auch" ist mit dem Wirklichkeitsverständnis des *Sarvāstivāda* wie auch mit dessen Forderung nach begrifflicher Eindeutigkeit nicht vereinbar.

Sengzhaos *Bore wuzhi lun* setzt diese Thematik auf dem Gebiet der Epistemologie fort. Durch Rückgriffe auf Argumentationsschemata der *Xuanxue* übersetzt Sengzhao das Problem der Widersprüchlichkeit innerhalb des Konzepts des *dharmakāyabodhisattva* in für ein chinesisches Publikum bereits bekannte Argumentationsmuster aus dem *Laozi* und dem *Zhuangzi*, was ihm eine plausible Erklärung dieser kontroversen Idee gestattet. Sengzhao bricht dabei auch mit epistemologischen Grundkonzeptionen des *Sarvāstivāda* wie der für jegliche Form von Erkenntnis als grundlegend erachteten Beziehung zwischen „Bewusstsein" und „Bewusstseinsfunktionen". Wie der Fragebrief Liu Yimins zeigt, ist die Aufgabe dieser Differenzierungen im Bewusstsein für die Anhänger des *Sarvāstivāda* eine grundsätzliche Voraussetzung für jegliche Erkenntnis. Für Sengzhao hingegen gelten diese als ein Grundmerkmal der Verblendung, die der *dharmakāyabodhisattva* vollkommen aufgegeben und hierdurch die Befreiung als auch die Möglichkeit zur Rettung der Lebewesen erlangt hat. Im Einklang mit der Intention des Madhyamaka ist Sengzhaos Argumentation sowohl im *Bore wuzhi lun* als auch im Kommentar zum *Vimalakīrtinirdeśasūtra* auf die Aufdeckung und Überwindung von „differenzierendem Denken" (*vikalpa*), gerichtet – der Wurzel für die Verblendung des Bewusstseins. Durch das Spannungsfeld zwischen *Sarvāstivāda*-Abhidharma, der Scholastik des Mahāyāna und den philosophischen Gedanken der *Xuanxue* zeigt sich zudem, dass Sengzhao hier nicht einfach die Gedanken des *Xuanxue* fortsetzt, sondern diese kreativ zur Lösung dogmatischer Probleme einsetzt. Wie gezeigt wurde, lassen sich hierdurch Probleme und Widersprüche lösen, für die selbst Kumārajīva in der Diskussion mit Huiyuan keine befriedigende Lösung vorlegen konnte.

Die in den Debatten um das *Dazhi du lun* und des *Bore wuzhi lun* zutage tretenden konträren Grundannahmen über Sprache, Bewusstsein und das zentrale Heilsideal verdeutlichen die Spannungen, denen das Mahāyāna bei seiner Ankunft in China ausgesetzt war. Es ergibt sich hierdurch ein wesentlich differenzierteres Bild als es gängige Überblickswerke und Forschungsarbeiten von der Aufnahme des Buddhismus in China zeichnen. Demnach hatte sich der Buddhismus in China sowohl an den chinesischen Ahnen- und Kaiserkult angepasst und durch die *Xuanxue* einen wichtigen philosophischen Anknüpfungspunkt für die Vermittlung seiner Begriffe und Konzepte bekommen. Es wird so vereinfachend von der Begegnung zweier monolithisch gedachter Kulturen ausgegangen, die in sich homogen und einheitlich waren. Dass sowohl der „indische Buddhismus" als auch chinesische kulturelle Annahmen in sich selbst wesentlich ausdifferenzierter waren, wird dabei vielfach übersehen.

Wie im vierten Kapitel dieser Arbeit gezeigt wurde, ist das *Bore wuzhi lun* auch in einem religiös-politischen Kontext zu betrachten. Denn die mit dem *shengren*-Konzept implizierten politischen Untertöne waren von Sengzhao durchaus beabsichtigt, da im Hintergrund der dogmatischen Diskussionen um das *Dazhi du lun* und das *Bore wuzhi lun* der Herrschaftsanspruch Yao Xings, des Königs der Späteren Qin steht. Dieser betrachtete sich seinem Selbstverständnis nach als Inkarnation eines *dharmakāyabodhisattva*, der über den Kontinent Jambudvīpa herrscht und die Menschen durch das Dharma des Mahāyāna erzieht und erlöst. Das Konzept des *dharmakāyabodhisattva*, das Sengzhao im *Bore wuzhi lun* dogmatisch bekräftigt und dessen Superiorität er gegenüber den Anhängern des *Sarvāstivāda* beweist, dient dabei als Legitimationskonzept für Yao Xings Herrschaft. Denn dessen Anspruch gründet sich auf eine in verschiedenen *Prajñāpāramitā*-Sutren vorkommende Prophezeiung des Buddha, wonach sich der Dharma in Gestalt der *prajñāpāramitā* in einer ganz speziellen Reihenfolge unter den Menschen des Kontinents Jambudvīpa verbreiten würde. Die Erleuchtung der letzten dieser Weltgegenden, dem Norden, der sich geographisch mit dem chinesischen Einflussbereich in Verbindung bringen lässt, soll hierbei kurz vor dem „Ende des Dharma“ stattfinden. Die Ankunft des Mahāyāna in China tritt dadurch mit einem endzeitlichen Anspruch auf, indem es die „Erleuchtung des Nordens“ kurz vor dem Ende des Kalpas vorantreiben möchte.

Wurde bisher davon ausgegangen, dass in China das Bodhisattvaideal erst ab der Liang-Zeit, durch Kaiser Liang Wu Di und dann später, durch Kaiserin Wu Zetian, Eingang in das Selbstverständnis eines Herrschers fand, so kann durch die in dieser Arbeit geleisteten Untersuchungen gezeigt werden, dass die Heilsidee des Bodhisattva bereits viel früher politisch geltend gemacht wurde. Diese politischen Aspekte des *Bore wuzhi lun* zeigen somit, dass das für das Mahāyāna so zentrale Konzept des Bodhisattva nicht immer eine rein religiöse Idee war und durchaus mit dem politischen Anspruch auf weltliche Herrschaft auftrat. Mit dem *Bore wuzhi lun* liegt daher die früheste dogmatische Erklärung und Herleitung dieses nicht nur religiös, sondern auch politisch wirkmächtigen Konzeptes vor.

Die fünf Kapitel dieser Arbeit haben verschiedene inhaltliche Dimensionen des *Bore wuzhi lun* offen gelegt. Als Ergebnis lässt sich ein sehr vielschichtiger und komplexer Text feststellen, der keinesfalls bloß eine kontextfreie „universale Philosophie“ vermittelt oder bloß Zeugnis eines durch chinesische Einflüsse verzerrten Verständnisses indisch-buddhistischer Ideen ist. Das *Bore wuzhi lun* ist vielmehr eingebunden in ein komplexes Geflecht indisch-buddhistischer Gedanken und Konzepte aus der chinesischen Tradition, was eine simple Fokussierung auf die Sinierungsfrage oder eine bloß philosophische Lektüre des Textes ohne Beachtung des Kontextes keinesfalls rechtfertigt. In allgemeiner Weise zeigt eine solche Vielschichtigkeit, dass geistesgeschichtliche Epochen wie die Zeit der Aufnahme des Buddhismus in China hoch komplexe kulturelle Prozesse darstellen, die die sinologische und buddhologische Forschung durch Verallgemeinerungen zwar versucht im Überblick fassbar zu machen, welche im Detail aber zahlreiche Brüche und Inkonsistenzen aufweisen, denen überblickshafte Studien keinesfalls gerecht werden können.

Übersetzungen

Die Übersetzung des *Bore wuzhi lun* und des Fragebriefs von Liu Yimin basieren auf der Ausgabe im Taishô.

Abhandlung über die *prajñā*, die nicht etwas zu erkennen bedeutet [T45.1858.153.a7–154.c22]

Die Leere und die Dunkelheit der *prajñā* sind nunmehr der Ursprung und die äußerste Entfaltung der Drei Fahrzeuge.[1] Wahrlich sind sie die Unterschiedslosigkeit des Wahren Einen,[2] jedoch schon lange Zeit von einer ganzen Fülle von irrigen Meinungen[3] überwuchert! Doch gibt es da den *śramaṇa* Kumārajīva[4] aus Indien: Bereits in jungen Jahren betrat er „das große Viereck"[5] und die Erforschung der treibenden Kräfte war seine Neigung. Alleine ragt er aus der Oberfläche der Worte und Abbilder hervor,[6] subtil passt er sich ein in den Bereich des Seltenen und Unvernehmbaren.[7] In Kapilavastu korrigierte er die anderen Lehren[8] und in den Fächern des Ostens entfachte er den reinen Wind.[9] Dass er das Licht im

1 *Sancheng* 三乘 (*trīṇiyānāni*), die „Drei Fahrzeuge". Hiermit sind die drei Erlösungswege gemeint: der Weg des Bodhisattvas (*bodhisattvayāna*, *pusa cheng* 菩薩乘), des Pratyekabuddha (*pratyekabuddhayāna*, *yuanjue cheng* 緣覺乘) und des *śrāvaka* (*śrāvaka-yāna*, *shengwen cheng* 聲聞乘).

2 Zu diesem Begriff und seiner Verwendung im Daoismus der Tang-Zeit, siehe Sharf (2002), S. 155f.

3 Die Bedeutung von *yiduan* 異端 geht zurück auf das *Lunyu*. In der Übersetzung von Richard Wilhelm heißt es hier: „Der Meister sprach: ‚Irrlehren anzugreifen, das schadet nur.'" LY 2.16.3.31; Wilhelm (1955), S. 46.

4 Zu Kumārajīvas Biographie, s. GSZ T50.2059.330.a11ff. Eine deutsche Übersetzung davon gibt es von Johannes Nobel (1927). Zu Kumārajīvas Übersetzungen, siehe Bagchi (1927), S. 185–200; Robinson (1967), S. 71–95.

5 *Shao jian dafang* 少踐大方. Der Kommentar Yuan Kangs zu dieser Stelle versteht *dafang* als eine Anspielung auf *Laozi* 41.11, „The Great Squaring is without corners" Wagner (2003b), S. 262. Yuan Kang schreibt, dass damit die Lehre des Großen Fahrzeugs gemeint sei, s. T45.1859.175b.06–175b.08. Das HDCD (2.1329) begreift den Begriff *dafang* als das „große Dao" *dadao* 大道. Die Übersetzung von *dafang* mit „Indien", wie bei Robinson, halte ich für falsch. Siehe Robinson (1967), S. 305. Der Ausdruck *dafang* kommt auch in Sengzhaos Antwortbrief an Liu Yimin vor, wo es sich ganz klar um eine Anspielung auf die Stelle im *Laozi* handelt, s. T45.1858.156.b5.

6 *Yan xiang zhi biao* 言象之表, die „Oberfläche von Worten und Abbildern". Nach Yuan Kang, der hier den Wang Bi-Kommentar zum *Zhouyi* zitiert, sind damit zwei der drei zentralen Entitäten aus Wang Bis Theorie der *Yijing*-Exegese gemeint: „Gedanke" (*yi* 意), „Abbilder" (*xiang* 象), „Worte" (*yan* 言). Siehe T45.1859.175b.28–175c.11. Yuan Kang zitiert zudem eine längere Passage aus Wang Bis *Zhouyi lüeli* und merkt zum Schluss an: „In dem vorliegenden Fall verwendet Sengzhao diese Rede Wang Bis. Die Worte und Zeichen des *Yijing* erklären grundsätzlich die Methode des *Yijing*. Der Dharma-Meister Kumārajīva aber ist auf mysteriöse Weise der *prajñā* gewahr geworden und braucht sich somit nicht mehr auf Worte und Abbilder zu verlassen." T45.1859.175c.10–175c.12.

7 *Laozi* 14.1.

8 Zu Kumārajīvas Sieg über die „häretischen Lehren", siehe Robinson (1967), S. 72.

9 Nach Yuan Kang sind mit dem „reinen Wind" (*chunfeng* 淳風) die *prajñāpāramitā*, und mit den

Lande Liang verbergen musste, als er sich eben erst anschickte die verschiedenen Gegenden zu erhellen[10] – da reagierte das Dao nicht einfach ins Leere hinein, denn es bedarf zum Reagieren unbedingt einer Grundlage! Im dritten Jahr der Regierungsdevise *hongshi*, als sich der Jupiter in der Position *xingji*[11] befand, nutzte Qin[12] einen Plan zur Eingliederung [von Liang] und hob Truppen mit der Absicht aus, Kumārajīva hierher zu holen. Das Schicksal des nördlichen Himmels hat es auf diese Weise vorherbestimmt![13] Der Himmelskönig der großen Qin: Sein Dao passt sich ein in die Reihe der 100 Könige, seine Tugend tränkt die Nachkommen von 1000 Generationen. [Wie Küchenmeister Ding, der das Fleisch von den Tierknochen perfekt ablöste, indem er genau am passenden Ort mit dem Messer ansetzte, so führt auch er] „seine Klinge reibungslos"[14] in die zehntausend Dreh- und Angelpunkte [aller Staatsangelegenheiten] hinein und lässt das Dao erschallen bis zum letzten Tag. Wahrlich fungiert er als Himmel für die Wesen des letzten Zeitalters[15] und als Stütze für den von [Buddha] Śākya hinterlassene Dharma![16] Damals nun ließ er im Zhaoyao-Tempel[17] von den *śramaṇa* mehr als 500 Dogmatiker[18] zusammenkommen. Er selbst führte den chinesischen Text in der Hand[19] und legte zusammen mit Kumārajīva in Diskussionen nach eingehenden Überlegungen die Übersetzungen der *vaipulya*-Sutren[20] fest. Das, was er hierdurch erschlossen hat – sollte man es nicht als einen Vorteil für die gegenwärtige Zeit und somit als eine Brücke und Furt für das erschöpfte *kalpa* bezeich-

---

„Fächern des Ostens" (*dongshan* 東扇) die Reiche des damals zersplitterten Chinas gemeint. Siehe T45.1859.175c.25–175c.26. Siehe auch Robinson (1967), S. 305, Fn. 8.

10 Kumārajīva wurde im Jahr 383 n.Chr. beim Überfall der späteren Liang (386–403) auf die Stadt Kuchā gefangengenommen. Der König der späteren Liang, General Lü Guang, konnte „dessen Maß an Weisheit nicht erkennen" und verspottete ihn daher. In Liang lebte Kumārajīva ca. 17 Jahre in Gefangenschaft. Im Jahr 401 wurde die spätere Liang durch die Dynastie der späteren Qin unter der Führung von König Yao Xing erobert und Kumārajīva nach Chang'an gebracht wurde. Siehe hierzu Kapitel 4; Robinson (1967), S. 73.

11 Die Datumsangabe nach dem Stand des Jupiters ist ein alternativer Zeitzyklus zu der üblichen *ganzhi* 干支 Zählung. Der Umlauf des Jupiters über den Himmel wird dabei in 12 Stationen unterteilt, *xingji* ist die erste. Der Feldzug von Qin fand demnach im Jahr 401 westlicher Zeitrechnung statt. Zu dieser Datierungsmethode, siehe Liu (1957).

12 Zum historischen Hintergrund, siehe Li (1989), S. 66.

13 Siehe hierzu Kapitel 4. Auch Yuan Kang weist an dieser Stelle auf die Prophezeiungen aus der Großen und der Kleinen *Prajñāpāramitā* und auf den Kommentar des DZDL. Siehe T45.1859.176c.03–176c.07.

14 ZYD 7.3.2ff.

15 Siehe hierzu Kapitel 4.

16 *Jisu* 季俗. Gemäß Yuan Kangs Kommentar ist hiermit die Endzeit gemeint. T45.1859.176c.28–177a.02; Robinson (1967), S. 213; zum Begriff *mofa*, siehe Kapitel 4; s.a. HDCD 4.211, FGDCD 1942.

17 Der Name dieses Tempels *zhaoyao* 趙遙 ist in Anspielung auf den Titel des ersten Kapitels des *Zhuangzi* (Englische Übersetzung: „Free and Easy Wandering"). Die Bezeichnung *guan* 觀 für dieses Gebäudes, steht eigentlich für einen daoistischen Tempel. In Yuan Kangs Kommentar finden sich Angaben zu dessen Lage innerhalb des Palastes, siehe hierzu T45.1859.177a.06–15; Liebenthal (1955), S. 91, Fn. 408.

18 Mit *yixue* 義學 (wörtl.: „Studierende der Bedeutung") sind Spezialisten für die lehrmäßigen Inhalte der Sutren gemeint. *Yixue* ließe sich demnach etwa mit „Dogmatiker" übersetzen. Siehe FGDCD 6.5574; Robinson (1967), S. 213.

19 Schilderungen der damaligen Übersetzungspraxis berichten von der Arbeit in Teams. Ein wichtiger Bestandteil war dabei die Prüfung der alten Übersetzung. Zürcher (1959), S. 202f.

20 T45.1859.177a.11; Robinson (1967), S. 306.

nen?[21] Es war damals das erste Mal, dass ich mich trotz meiner Unfähigkeit der ausgezeichneten Versammlung angeschlossen hatte, um von der Obrigkeit außergewöhnliche Wichtigkeiten zu vernehmen.[22]

Und so ist die Weise Einsicht verborgen und subtil, tief versteckt ist sie schwer zu ergründen. Sie ist ohne Merkmale und ohne Namen und folglich nicht etwas, was durch Worte und Abbilder erlangt werden könnte. Versuchsweise, ohne einen Inhalt abzubilden, vertraue ich sie bloß verrückten Worten[23] an – denn wie könnte ich sagen, ich könne das Weise Bewusstsein analysieren? Indem ich mir nur versuchsweise ein Urteil[24] darüber bilde, sage ich: Im *Fang guang*[25] heißt es, die *prajñā* sei „ohne etwas, was Merkmale hat" und besitze keine Merkmale des Entstehens und Vergehens. Im *Daoxing*[26] steht, dass die *prajñā* ohne etwas sei, was sie erkennt und ohne etwas, was sie sieht. Wenn hier nun über die Wirkung des einsichtigen Erhellens entschieden wird, wieso heißt es dann, sie sei ohne Merkmale und ohne Erkennen? Tatsächlich ist es klar, dass sie ein Erkennen ohne Merkmale hat und ein Erhellen, das nicht erkennt! Weshalb? Nun: Wenn da etwas ist, was sie erkennt, dann ist da auch etwas, was sie nicht erkennt. Indem das Weise Bewusstsein aber

---

21 Sowohl Liebenthal, als auch Robinson übersetzen hier *leile* 累劫 als „kalpas to come" bzw. „many kalpas to come". Yuan Kang setzt jedoch diese Passage in eine endzeitliche Perspektive und versteht *leile* ebenfalls als das „kommende Zeitalter". Siehe T45.1859.177.a14–15. Eine Übersetzung als „erschöpftes kalpa" erscheint mir hingegen sowohl von der Bedeutung von *lei* 累 („ermüden"), als auch vom Kontext her für sinnvoller.

22 Dieser Satz könnte der Bedeutung von *shangwen* 上聞 („dem Kaiser vorlegen") eher entsprechend auch lauten: „Dass ich, trotz meiner Unfähigkeit, mich einstmals der ausgezeichneten Versammlung anschloss und dies nutzte, um dem Kaiser außergewöhnliche Wichtigkeiten vorzulegen, war damals das erste Mal." Es ist jedoch nicht klar, was hiermit eigentlich gemeint ist, da über Sengzhaos Rolle im Übersetzungsprojekt und seine Funktion noch viel zu wenig bekannt ist. Auch Yuan Kang macht hierzu keine Angaben.

23 Über *wangxiang* 罔象 als einen Gegenbegriff zu *vikalpa* 妄想, siehe Kapitel 5.

24 Der Begriff *lun* 論 bezeichnet neben dem Genre auch einen juristischen Akt. In Rechtshandbüchern aus der Han-Zeit wird dieser Begriff in der Bedeutung verwendet, dass man „aufgrund von empirischen Tatsachen und Rechtsquellen zu einem Urteil gelange." Im Dialogteil wird *lun* immer in der Formulierung *lunyun* 論云 verwendet, die deutlich als eine Anknüpfungsfloskel an bereits Gesagtes fungiert. An diesen Stellen wird *lun* daher mit „Diskussion" übersetzt.

25 Hiermit ist das *Fang guang bore jing* 放光般若經 (T221) gemeint. Sengzhao verwendet an dieser Stelle den Titel der alten Übersetzung von Mokṣala. Die zitierte Stelle soll laut Robinson, Tsukamoto und Liebenthal sowohl in der alten als auch neuen Übersetzung zu finden sein. Eine Nachprüfung durch den digitalisierten *Taishô* (cbeta) ergab jedoch, dass in der alten Übersetzung nur der erste Teil des Zitats zu finden ist, und zwar an den Stellen T08.221.0112c.04, 0112c.05 und 0123c.19. Der zweite Teil fehlt hingegen ganz. Eine Lokalisierung in der neuen Übersetzung ergab das gleiche Bild. Dort fand sich der erste Teil an den Stellen T08.223.0341b.16, 0341b.17, 0341b.18, 0341b.19 und 0354a.14, der zweite Teil fehlte ebenfalls.

26 Dieses Zitat bezieht sich auf das *Daoxing bore jing* 道行般若經 (T224). Auch hier verwendet Sengzhao den alten Titel der Übersetzung. Es konnten hierbei nur Bruchstücke des Zitats lokalisiert werden. Es ist somit anzunehmen, dass Sengzhao hier nur auf den allgemeinen Sinn dieser Texte verweist. Generell gesprochen lässt sich im BWZL ein deutlicher Unterschied zwischen der Zitierweise von chinesischen Texten, wie dem *Laozi* und *Zhuangzi* und den Sutrenübersetzungen feststellen. Während die Zitate aus den chinesischen Klassikern meistens korrekt wiedergegeben werden, zitiert Sengzhao aus den Sutren oft nur bruchstückhaft oder dem generellen Sinn entsprechend. Dies mag daran liegen, dass von diesen Texten keine einheitlichen Standardausgaben verfügbar waren und oft nur fragmentarische Ausgaben von verschiedenen Übersetzern kursierten.

ohne Erkennen ist, deshalb ist es auch ohne etwas, was es nicht erkennt. Das Erkennen, das nicht erkennt, heißt so folglich das Erkennen von allem. Deshalb ist es auch glaubhaft, wenn die Sutren[27] sagen, dass das Weise Bewusstsein ohne etwas sei, was es erkennt und ohne etwas, was es nicht erkennt! Von daher „leert der Weise sein Bewusstsein und macht wirklich" sein Erhellen. Er erkennt „immerzu und hat doch niemals" je erkannt. Deshalb vermag er seinen „Ruhm zu verbergen" und seinen „Glanz zu verschweigen". Mit leerem Bewusstsein, mit dunklem Reflektieren, mit „verschlossener Einsicht" und „blockiertem Verstehen" erwacht er ganz „alleine zum dunkelsten Dunklen"![28]

Ist es so, dann hat die Einsicht ein Reflektieren, welches das Verborgene erschöpft, wobei sich dennoch kein Erkennen darin befindet. Und die Geisteskraft hat eine Wirkung, die auf die Gegebenheiten reagiert, wobei sich dennoch keine Gedanken darin befinden. Nur weil die Geisteskraft ohne Gedanken ist, vermag sie als einzige jenseits der Welt zu herrschen. Nur weil die Einsicht ohne ein Erkennen ist, deshalb vermag sie dunkel außerhalb der Angelegenheiten zu erhellen. Obgleich die Einsicht außerhalb der Angelegenheiten ist, war sie doch niemals ohne diese.[29] Obgleich die Geisteskraft jenseits der Welt ist, ist sie doch stets inmitten ihrer Grenzen. Hierdurch befindet sich [die Geisteskraft] überall im Einklang mit den Veränderungen, reagiert und nimmt Kontakt auf, ohne dass sie sich erschöpft. Und es gibt nichts Verborgenes, das die [Einsicht] nicht untersucht, wobei sie dennoch keinen Verdienst für das Erhellen besitzt. So ist folglich das, was ohne Erkennen erkennt und dasjenige der weisen Geisteskraft, was [mit den Dingen] zusammenkommt.

Aber als ein Ding betrachtet[30] ist sie wirklich, aber dennoch nicht vorhanden und leer, aber trotzdem nicht nichtvorhanden. Etwas, das besteht, über das aber trotzdem kein Urteil gefällt werden kann – das kann doch nur die Weise Einsicht sein![31] Weshalb? Will man über ihr Vorhandensein sprechen, so ist sie ohne Gestalt und ohne Namen. Und möchte man über ihr Nichtvorhandensein sprechen, so ist sie hierdurch weise wunderbar wirksam.[32] Weise ist sie hierdurch wunderbar wirksam und deshalb ist sie leer, ohne dass sie das Erhellen verliert. Sie hat keine Gestalt und keinen Namen und deshalb erhellt sie, ohne dass sie die Leere verliert. Sie erhellt, ohne dass sie die Leere verliert, und deshalb besteht sie in vielerlei Form, ist dennoch aber unveränderlich. [33] Sie ist leer, ohne dass sie das Erhellen verliert und deshalb ist sie in Bewegung, um mit den Dingen in Kontakt zu treten. Von daher hört das Wirken der Weisen Einsicht niemals auch nur für einen Moment auf, sucht man sie aber in den Formen und Merkmalen, dann lässt sie sich nie begreifen. Deshalb sagt Ratnakūta[34]: „Ohne Bewusstseinsregung kommt dennoch ein Handeln zustande." Und im

27 Auch hier zitiert Sengzhao wieder den allgemeinen Sinn des *Sūtra*. Robinson gibt, Tsukamoto folgend, als Zitatquelle hierfür T15.586.39b.11, das *Siyl fanwang suowen jing* 思益梵天所問經 (T586) an. Dort konnte allerdings nicht die von Sengzhao hier zitierte Stelle ausfindig gemacht werden. Siehe Robinson (1967), S. 306.

28 Über die in dieser Stelle enthaltenen Zitate, siehe Kapitel 5.

29 Zu einer Analyse des Begriffs *shi* 事, siehe Wagner (2003b), S. 100.

30 *Laozi* 21.2; Siehe auch Wagner (2003a), S. 186; Robinson (1967), S. 307.

31 ZYD 5.2.56.

32 Über die in dieser Stelle enthaltene argumentative Kongruenz mit Wang Bi, siehe Kapitel 5.

33 *Laozi* 14.1.

34 Name eines Buddhas. Bei dem vorliegenden Zitat handelt es sich um den (diesmal korrekt zitierten) Ausschnitt einer Rede von Ratnakūṭa im *Vimalakīrtinirdeśasūtra*. Siehe T14.474.519c.22. In der Neuübersetzung durch Kumārajīvas wurde diese Passage anders übersetzt.

Fang guang[35] steht, dass „der vollkommen Erwachte unbewegt alle *dharma* etabliert." Hierdurch gelangen die zehntausend Ansätze der Spuren des Weisen ins Eine und sonst nirgendwohin! Von daher kann die *prajñā* leer sein und dennoch erhellen; das Wahre Urteil kann abwesend sein und dennoch erkannt werden; die zehntausend Äußerungen können zustande kommen und sich dennoch in Ruhe befinden; das Weise Reagieren kann nichtvorhanden sein und dennoch handeln. Folglich erkennt sie nicht und trotzdem erkennt sie von alleine; sie handelt nicht und handelt trotzdem von alleine![36] Was soll sie da noch weiter erkennen, was noch weiter tun?

[1.] Frage: Nun ist das Wahre Bewusstsein des Weisen ganz alleine erleuchtet und so erhellt es ein jedes Ding. Es antwortet und tritt ohne Begrenzungen in Kontakt mit den Dingen und seine Äußerungen kommen mit den weltlichen Vorgängen zusammen. Es erhellt ein jedes Ding und deshalb hat sein Erkennen nichts, was es zurücklässt. Seine Äußerungen kommen mit den weltlichen Vorgängen zusammen und wenn es mit diesen zusammenkommt, verfehlt es nicht die treibenden Kräfte. Da es beim Zusammenkommen nicht die treibenden Kräfte verfehlt, muss es ein Zusammenkommen mit demjenigen geben, mit dem es zusammenkommen kann. Und da sein Erkennen nichts hat, was es zurücklässt, muss es ein Erkennen gegenüber dem Erkennbaren geben. Da es ein Erkennen gegenüber dem Erkennbaren geben muss, erkennt es nicht in leerer Weise. Da es ein Zusammenkommen gegenüber demjenigen geben muss, mit dem es zusammenkommen kann, kommt es nicht in leerer Weise mit den Vorgängen zusammen. Da es nun aber erkennt und mit den Vorgängen zusammenkommt, sprecht ihr trotzdem von etwas, das ohne Erkennen und ohne Zusammenkommen sei. Weshalb? Wenn er vielmehr einer ist, der das Erkennen vergessen und das Zusammenkommen zurückgelassen hat, dann ist der Weise beim Erkennen und beim Zusammenkommen ohne Selbstinteresse, um hierdurch bloß „sein Selbstinteresse zu vervollkommnen".[37] Zu ihm kann man sagen, er habe nicht von sich selbst her sein Erkennen – wie aber kann man ihn als einen begreifen, der ohne Erkennen ist?

[1.] Antwort: Nun sind die Verdienste des Weisen höher als die von Himmel und Erde, und doch „handelt er nicht menschlich"[38]. Und seine Helligkeit übertrifft die von Sonne und Mond, und doch wird sie immer dunkler. Wie könnte man da bloß sagen, dass er wie „Holz und Stein" seine Sinne blind mache und dass hierdurch bezüglich des Nichterkennens schon alles [gesagt] sei? Wahrlich ist es doch bloß der Unterschied gegenüber den Menschen, durch den er seinen Geist hell macht[39] und deshalb kann man ihn auch nicht durch die Merkmale weltlicher Vorgänge erforschen. Ihr beabsichtigt nun den Weisen dazu zu bringen, dass er nicht von sich selbst her sein Erkennen und dennoch niemals kein Erken-

---

35 Für dieses Zitat konnte keine Quelle gefunden werden. Siehe Robinson (1967), S. 307.

36 Diese Passage weist große Ähnlichkeiten mit dem Guo Xiang Kommentar auf. Siehe hierzu bspw. GX 2.56.07. Über die Beziehung des *Zhaolun* zum Guo Xiang Kommentar, s. Tsukamoto (1955), S. 252ff.

37 *Laozi* 7.2.

38 *Laozi* 5.1.

39 Hierbei handelt es sich wahrscheinlich um eine Anspielung auf eine Passage in Wang Bis Biographiefragment im *Sanguo zhi*: „Wang Bi war mit ihnen nicht derselben Meinung und meinte, der Weise würde den gewöhnlichen Menschen in der Geistesklarheit übertreffen, hätte aber mit ihm die fünf Gefühle gemeinsam." Lou (1980), S. 640.

nen habe. Ist das nicht eher so, dass ihr einer seid, der sich gegen das Weise Bewusstsein wendet und den Sinn der Schriften missversteht? Weshalb? In den Sutren[40] heißt es über die wahre *prajñā*, sie sei klar und rein wie der Himmel, ohne Erkennen, ohne Sehen, ohne Machen, ohne Ursachen – sie ist damit ein Erkennen, das von sich selbst her ohne Erkennen ist! Was besteht da noch die Notwendigkeit das Erhellen rückgängig zu machen,[41] um erst dann ohne Erkennen zu sein?

Wenn sie ein Erkennen der Leerheit der Dharma-Natur hätte und man sie als „rein" bezeichnen würde, so würde sie sich in nichts von der verblendeten Einsicht unterscheiden. Denn da die drei Gifte und vier Perversionen[42] auch alle klar und rein sind, warum soll man da allein die *prajñā* verehren? Wenn man aufgrund eines Zu-Erkennenden sich die *prajñā* verschönert, so ist das Zu-Erkennende doch nicht die *prajñā*. Das Zu-Erkennende soll von sich selbst her immerzu rein sein und deshalb ist die *prajñā* niemals rein – so besteht auch keine Veranlassung die *prajñā* als rein zu preisen. Ist jedoch in den Sutren von der Klarheit und der Reinheit der *prajñā* die Rede, so ist damit nicht gemeint, dass die *prajñā* die Wahrheit und Reinheit der Dharma-Natur erfahre, sondern, dass sie von Grund an ohne ein Erkennen ist, das verblendet Merkmale ergreift. Da sie von Grund an ohne ein Erkennen ist, das verblendet nach Merkmalen greift, kann man ihr auch nicht „Erkennen" als Namen geben! Nennt man sie denn, bloß weil sie ohne Erkennen ist, „ohne Erkennen" und nicht vielmehr, da ihr Erkennen von sich selbst her schon ohne Erkennen ist? Von daher erhellt der Weise durch die *prajñā*, die ohne Erkennen ist, jenes Wahre Urteil, das ohne Merkmale ist. Das Wahre Urteil ist ohne das Versäumnis des Hasen und des Pferdes[43] und die *prajñā* besitzt ein bis zum Grunde hin durchdringendes Reflektieren. Hierdurch kommt sie mit dem Wahren Urteil zusammen und fehlt nicht. Sie entspricht und bekräftigt doch nicht. Still und achtsam, ohne Erkennen ist sie dennoch eine, die ohne Nichterkennen ist!

[2.] Frage: Nun sind die Dinge ohne etwas, mit dem man zu ihnen selbst durchdringen könnte und deshalb setzt man Namen ein, um zu den Dingen vorzustoßen. Obgleich die Dinge nicht die Namen sind, ist es doch tatsächlich so, dass, wenn da ein benennbares Ding

---

40 Robinson (1967) gibt hier als Zitatquelle T08.223.262c.24, Kumārajīvas Übersetzung des MBJ an. Auch hier ergab die Überprüfung, dass sich diese Passage dort so nicht findet und Sengzhao hier wahrscheinlich nur den generellen Inhalt wiedergibt.

41 Bei dem Begriff *fanzhao* 返照 handelt es sich vielleicht um einen Begriff aus der meditativen Praxis. Paul Demiéville meint hierzu: „Les termes de cette définition, qui s'applique à l'introversion par laquelle l'esprit se retourne vers son propre principe et recherche au fond de lui-même l'absolu indifférencié [...]. L'expression *fantchao* signifie généralement *refléter*. Mais, par une association remontant sans doute aux croyances (taoiques) qui assimilent les yeux à des sources de lumière (le soleil et la lune), le mot *tchao* signifie à la fois *éclairer* et *regarder*." Demiéville (1952), S. 78, Fn. 2.

42 Unter den „drei Giften" (*san du* 三毒) werden im Buddhismus „Gier" (*tan* 贪), „Hass" (*chen* 嗔) und „Verblendung" (*chi* 痴) verstanden. Die „vier Perversionen" (*si dao* 四倒) verweisen auf die vier irrtümlichen Ansichten unerleuchteter Wesen, von der Dauerhaftigkeit (*chang* 常), dem Glück (*le* 乐), dem Selbst (*wo* 我) und der Reinheit (*jing* 净). FGDCD 570, Soothill (1975), S. 69, 171.

43 Der „Hase und das Pferd" meint eine Stelle im *Lalitavistarasūtra, Puyao jing* 普曜经 (T186). Es geht darin um eine Metapher für die Wirksamkeit der Erleuchtungswege der Drei Fahrzeuge. Diese werden mit drei Tieren, einem Hasen, einem Pferd und einem weißen Elefanten bei der Überquerung eines Flusses verglichen. Während der Hase und das Pferd nicht den Grund erreichen können, kann dort einzig der Elefant sicher durch den Fluss gehen. Siehe FGDCD 696, Robinson (1967), S. 308, Fn. 62.

ist, dieses einem solchen Namen entspricht! Wenn man sich von daher den Namen nähert, strebt man hin zu den Dingen und die Dinge können sich nicht mehr verbergen. Ihr aber sagt in der Abhandlung, dass das „Weise Bewusstsein ohne Erkennen“ sei und auch, dass es „ohne etwas sei, was es nicht erkennt“. Unsere Meinung lautet nun, dass „ohne Erkennen“ niemals „Erkennen“ und „Erkennen“ niemals „ohne Erkennen“ sein kann. So etwas wird von der Lehre der Namen durchdrungen und ist der Grundgedanke beim Verwenden von Worten. Indem ihr aber alles im Weisen Bewusstsein zu einem macht, trennt ihr euch vom Sinn der Schriften. Sucht man so in den Schriften nach den Wirklichkeiten, so trifft man nie auf ihre Entsprechungen. Wieso? Wenn „Erkennen“ für das Weise Bewusstsein zutreffen soll, so habt ihr das „Nichterkennen“ nicht davon unterschieden. Und wenn das „Nichterkennen“ für das Weise Bewusstsein zutreffen soll, dann habt ihr das „Erkennen“ auch nicht davon unterschieden. Und wenn nun beide nicht zutreffen sollen – was soll man da noch weiter diskutieren?

[2.] Antwort: In den Sutren[44] heißt es über die Bedeutung der *prajñā*, dass sie ohne Namen, ohne Erklärungen, weder vorhanden noch nichtvorhanden, weder wirklich noch leer sei. Leer verfehlt sie nicht das Erhellen und erhellend nicht die Leere. So ist sie folglich ein *dharma* ohne Namen und deshalb nichts, was durch Worte gesagt werden könnte. Obwohl die Worte sie nicht zu benennen vermögen, hat man doch ohne Worte nichts, womit man sie überliefern könnte. Von daher spricht der Weise immerzu und hat doch niemals je etwas gesagt.[45] Ich versuche das nun für euch durch verrückte Worte zu diskutieren: Da das Weise Bewusstsein fein und ohne Merkmale ist, kann man es nicht für vorhanden halten. Da es im Wirken sich nie verbraucht, kann man es nicht für nichtvorhanden halten.[46] Man kann es nicht für nichtvorhanden halten und deshalb weilt die Weise Einsicht darin. Man kann es nicht für vorhanden halten und deshalb ist die Lehre der Namen dafür nicht zutreffend. Von daher sage ich „Erkennen“ dazu und halte es nicht für Erkennen, wenn ich damit sein Reflektieren verstehen möchte. „Nichterkennen“ ist nicht Nichterkennen, wenn ich damit seine Merkmale unterscheiden möchte. Ich unterscheide Merkmale und halte es nicht für nichtvorhanden, ich verstehe sein Reflektieren und halte es nicht für vorhanden. Es ist nichts Vorhandenes und deshalb erkennt es und doch ist es ohne Erkennen. Es ist nichts Nichtvorhandenes und deshalb ist es ohne Erkennen und erkennt doch. Von daher ist Erkennen identisch mit Nichterkennen und Nichterkennen ist identisch mit Erkennen. Nehmt nicht den Unterschied in den Worten zum Anlass, um Unterschiede am Weisen Bewusstsein festzustellen!

[3.] Frage: Nun ist das Wahre Urteil in tiefer Dunkelheit und kann ohne die Einsicht nicht ergründet werden. Das Vermögen der Weisen Einsicht ist eben darin offenbar, weshalb

44 Konnte nicht lokalisiert werden. Siehe auch: Robinson (1967), S. 308, Fn. 70.

45 ZYD 75.27.6. Es könnte sein, dass Sengzhao hier außerdem auf Nāgārjunas *Mūlamadhyamaka-Kārikā* verweist – was zum damaligen Zeitpunkt allerdings noch nicht übersetzt worden war. Im Kapitel 24 heißt es dort: „Ohne sich nicht auf die Anwendung [der Worte] (*vyavahāra*) zu stützen, kann die Wahrheit im höchsten Sinne nicht gezeigt werden; und ohne zur Wahrheit im höchsten Sinne vorgestoßen zu sein, wird Nirvāṇa nicht erlangt.“ Weber-Brosamer (1997), S. 91.

46 *Laozi* 6.

auch die Sutren[47] sagen, dass man ohne das Erlangen der *prajñā* nicht das Wahre Urteil erblicken könne.[48] Das Wahre Urteil ist damit das Erkenntnisobjekt[49] der *prajñā*. Strebt man nun aufgrund eines Erkenntnisobjektes nach Einsicht, so ist die Einsicht folglich Erkennen!

[3.] Antwort: Strebt man durch ein Erkenntnisobjekt nach Einsicht, so ist die Einsicht kein Erkennen. Warum? Im *Fang guang*[50] heißt es, dass, wenn nicht aufgrund der Form eines Erkenntnisobjektes Wissen hervorgebracht wird, man dies als ein Nicht-Sehen der Form bezeichnet. Weiterhin heißt es,[51] dass aufgrund der Klarheit und Reinheit der fünf *skandha*[52] die *prajñā* klar und rein sei. Die *prajñā* ist dasjenige, das zu erkennen vermag, die fünf *skandha* sind dasjenige, was erkannt wird. Das, was erkannt wird, ist ein Erkenntnisobjekt. Nun sind das Erkennen und das, was erkannt wird, beide voneinander abhängig entweder vorhanden oder beide sind voneinander abhängig und nicht vorhanden. Sind sie beide voneinander abhängig und nicht vorhanden, so ist ihnen vom Dinghaften nichts zueigen. Sind sie voneinander abhängig und vorhanden, so ist ihnen vom Dinghaften alles zu eigen. Der Grund, dass ihnen vom Dinghaften alles zueigen ist, ist was die Ursachen aufkommen lässt. Der Grund, dass ihnen vom Dinghaften nichts zueigen ist, ist folglich was die Ursachen nicht entstehen lässt. Sind die Ursachen nichts, was entstehen kann, so erhellt die *prajñā* das Erkenntnisobjekt, ist aber dennoch kein Erkennen. Kommen Ursachen auf, so verursachen sich Erkennen und Erkenntnisobjekt gegenseitig und entstehen. Von daher entstehen das Erkennen und das Nichterkennen in Bezug auf das, was sie erkennen!

Weshalb? Die Einsicht nun erfasst durch das Erkennen und das, was erkannt wird, Merkmale und wird deshalb Erkennen genannt. Wenn das Wahre Urteil aber von sich selbst her ohne Merkmale ist, auf welcher Basis soll die Wahre Einsicht da erkennen? Wodurch dies nun so ist: Das, was erkannt wird ist nicht das, was erkannt wird. Da das, was erkannt wird aus dem Erkennen entsteht, bringt das Erkennen auch das, was erkannt wird, hervor. Das, was erkannt wird, ist daher abhängig entstanden. Etwas abhängig Entstandenes ist daher ein verursachter *dharma*. Da es ein verursachter *dharma* ist, ist es nicht wahr. Da es nicht wahr ist, deshalb ist es auch nicht das Wahre Urteil. Aus diesem Grund heißt es auch im *Zhongguan*,[53] dass ein Ding, das aufgrund einer Ursache und Bedingung vorhanden ist, daher nicht wahr sei. Und dass etwas, das nicht aufgrund einer Ursache und Bedingung vorhanden ist, daher wahr sei. Nun sagt man zum Wahren Urteil „wahr" und das Wahre ist folglich nichts Verursachtes. Da das Wahre nichts Verursachtes ist, deshalb ist es ohne

47 Keine Quelle feststellbar. Siehe Liebenthal (1968), S. 74; Robinson (1967), S. 309, Fn. 79.

48 Zu *zhenti* 真諦, einen in der späteren buddhistischen Philosophie zentralen Begriff, s. Swanson (1989), S. 18ff.

49 Der Begriff *yuan* 緣 beinhaltet sowohl die Bedeutung „Ursachen", als auch „Erkenntnisobjekt". Da diese Begriffe im Deutschen voneinander getrennt sind, wird hier von *yuan* je nach Kontext mal als „Ursache", mal als „Erkenntnisobjekt" gesprochen. Siehe hierzu Mayer (1999), S. 96; FGDCD 7.6123.

50 T08.221.78a.27. In der neuen Übersetzung von Kumārajīva (T08.223) konnte dieses Zitat nicht ausfindig gemacht werden.

51 T08.221.0067a.08. Auch dieses Zitat konnte in der neuen Übersetzung nicht ausfindig gemacht werden.

52 FGDCD 1212, Soothill (1975), S. 126.

53 Sengzhao nennt hier das erste Mal das *Mūlamadhyamaka-Kārikā*, das zentrale Werk der *Mādhyamaka*-Schule. Das Zitat konnte jedoch nicht in der Übersetzung von Kumārajīva (T30.1564) lokalisiert werden. Siehe hierzu auch Robinson (1967), S. 309.

Dinge, die aus einer Ursache heraus entstanden sind. In den Sutren[54] heißt es daher, dass noch kein vorhandener *dharma* gesehen wurde, der ohne Ursache entstanden sei. Von daher schaut die Wahre Einsicht das Wahre Urteil und ergreift doch niemals das, was sie erkennt. Wenn die Einsicht nicht das erfasst, was sie erkennt – eine solche Einsicht, auf welcher Basis erkennt sie da?

Jedoch ist die Einsicht nicht ohne ein Erkennen. Das Wahre Urteil aber ist nichts, was erkannt wird und deshalb ist die Wahre Einsicht auch kein Erkennen. Ihr aber wollt aufgrund eines Erkenntnisobjektes nach Einsicht streben und meint deshalb, dass die Einsicht ein Erkennen sei. Da das Erkenntnisobjekt von sich selbst her aber kein Erkenntnisobjekt ist – in Bezug auf was strebt ihr da nach Erkenntnis?

[4.] Frage: In der Diskussion redet ihr davon, dass die Weise Einsicht nichts ergreift. Bedeutet das nun, dass sie ohne Erkennen ist und deshalb nicht ergreift oder, dass sie erkennt und danach erst nicht ergreift? Würde sie nun ohne Erkennen sein und deshalb nicht ergreifen, so wäre der Weise blind wie ein Wanderer in der Nacht und könnte nicht den Unterschied zwischen schwarz und weiß feststellen! Würde sie erkennen und erst danach nicht ergreifen, so wäre das Erkennen folglich etwas anderes als das Nichtergreifen!

[4.] Antwort: Weder ist er einer, der ohne Erkennen ist und deshalb nicht ergreift, noch ist er einer, der erkennt und danach erst nicht ergreift. Erkennen ist nichts anderes als nicht zu ergreifen und deshalb vermag der Weise nicht zu ergreifen und trotzdem zu erkennen.

[5.] Frage: In der Diskussion redet ihr vom Nicht-Ergreifen: Wenn nun tatsächlich das Weise Bewusstsein gegenüber den Dingen nicht verdinglicht,[55] so ist es deshalb ohne verblendetes Ergreifen. Wenn es nun ohne Ergreifen ist, dann ist es auch ohne Bekräftigen.[56] Ist es ohne Bekräftigen, dann ist es ohne Entsprechen. Doch was würde dann noch dem Weisen Bewusstsein entsprechen, auf dass ihr sagen könntet, das Weise Bewusstsein sei ohne etwas das es nicht erkennt?

[5.] Antwort: Genauso ist es aber! Was aber das Ohne-Bekräftigen und Ohne-Entsprechen betrifft: Nun, ohne Entsprechen gibt es von den Dingen folglich keines, welchem es nicht

---

54 Nach Robinsons Anmerkung zu dieser Stelle könnte es sich dabei um ein weiteres Zitat aus den *Mūlamadhyama-Kārikā* handeln: „Eine Gegebenheit (*dharma*), die ohne Bedingungen entstanden ist, lässt sich nicht finden." Weber-Brosamer/Back (1997), S. 92, Robinson (1967), S. 309 Fn. 94.

55 Dasselbe Thema – das Verhältnis des Weisen zu den Dingen – wird auch in Sengzhaos „Abhandlung darüber, dass sich die Dinge nicht bewegen" (*Wu buqian lun* 物不遷論) in einer ähnlichen Argumentation diskutiert. Dort heißt es, in der Übersetzung von Richard Robinson: „If with 'things' you call things 'things', then what you call things may be called things. If with 'things' you call non-things 'things', then though you call them things, they are non-things. Therefore, things, not being identical with names, do not arrive at their actuals (counterparts). Names, not being things, do not go to the absolute. So, Absolute Truth is lone and still, outside the [sphere of the] 'doctrine of names'." Robinson (1967), S. 223; T45.1858.152.a24–27. Die sehr eigenwillige Dopplung *wuwu* 物物 bzw. *buwu yu wu* 不物於物 kommt ursprünglich aus dem *Zhuangzi*. Siehe ZYD 28.1162ff.; 51.20.5ff.; 59.2250ff.

56 *Shi* 是 wurde hier im Sinne von *shifei* 是非 („Urteil") übersetzt und soll die urteilende Stellungnahme zu einem Ding, einer Sache oder gegenüber den Kategorien *you* und *wu* bezeichnen. In dieser Bedeutung kommt *shi* auch im *Zhuangzi* vor.

entspricht. Und ohne Bekräftigen gibt es von den Dingen folglich keines, das es nicht bekräftigt. Da es von den Dingen keines gibt, welches es nicht bekräftigt, deshalb bekräftigt es, ist aber trotzdem ohne Bekräftigen. Da es von den Dingen keines gibt, dem es nicht entspricht, deshalb entspricht es, ist aber dennoch ohne Entsprechen. Deshalb sagt auch das *Sūtra*,[57] dass das Weise Bewusstsein, alle *dharma* ganz und gar wahrnehme, es aber dennoch nichts habe, was es wahrnimmt.

[6.] Frage: Das Weise Bewusstsein ist keines, das nicht zu bekräftigen vermag! Tatsächlich kann es durch das Nichtbekräftigen bekräftigen. So kann es, obgleich es ohne Bekräftigen ist, dennoch bekräftigen und muss deshalb bezüglich des Nichtbekräftigens bekräftigen! Wenn von daher die Sutren[58] sagen, dass das Wahre Urteil ohne Merkmale und die *prajñā* deshalb ohne Erkennen sei, dann meinen diese tatsächlich, dass die *prajñā* kein Erkennen hat, das Merkmale des Vorhandenseins besitzt. Wenn diese nun „ohne Merkmale“ für ohne Merkmale halten – welche Einschränkungen gibt es da noch in Bezug auf das Wahre Urteil?

[6.] Antwort: Der Weise hat keine Merkmale des Nichtvorhandenseins! Weshalb? Würde man ohne Merkmale für ohne Merkmale halten, dann würde „keine Merkmale“ zu nichts anderem werden als zu einem Merkmal. Das Vorhandensein abtun und sich zum Nichtvorhandensein hinbegeben, das ist wie wenn man von den Gipfeln in die Täler flieht – beide Male entkommt man nicht dem Unheil! Von daher weilt der Vollkommene im Vorhandensein, hält es aber nicht für vorhanden. Er wohnt im Nichtvorhandensein, hält aber nicht für nichtvorhanden. Obwohl er nichts von Vorhandensein und Nichtvorhandensein ergreift, tut er aber auch das Vorhandensein und das Nichtvorhandensein nicht ab. Hierdurch fügt er seinen Glanz ein in Mühen und Staub und kreist durch die fünf Formen des Schicksals.[59] Still ist er und geht fort, achtsam ist er und kommt her. Ohne Interesse, ohne Tun gibt es dennoch nichts, das er nicht täte.[60]

[7.] Frage: Obwohl das Weise Bewusstsein kein Erkennen hat, ist sein Weg, durch den es reagierend mit den Dingen zusammenkommt, doch ohne Fehl. Von daher reagiert es auf das Zu-Reagierende, belässt aber das nicht Zu-Reagierende. Ist es so, dann entsteht das Weise Bewusstsein zu einem Zeitpunkt und zu einem anderen Zeitpunkt vergeht es. Kann man das so verstehen?

[7.] Antwort: Das Entstehen und das Vergehen ist das Entstehen und Vergehen im Bewusstsein. Im Keinbewusstsein des Weisen, wo sollte ein Entstehen oder Vergehen da aufkommen? Er aber ist keiner, der nur ohne Bewusstsein wäre, sondern vielmehr ohne Bewusstsein von Bewusstsein! Auch ist er keiner, der nicht auf die Dinge reagiert, vielmehr reagiert er nichtreagierend darauf! Von daher ist das Dao des Weisen beim reagierenden Zusammenkommen wahrlich wie von der Art der vier Jahreszeiten: Eben wegen seines

57 Zitat aus dem FGJ T08.221.12.c4–5.
58 Quelle und Ort des Zitats konnten nicht ausfindig gemacht werden, s. Robinson (1967), S. 310, Fn. 103.
59 FGDCD 1198.
60 *Laozi* 37.1–2 und 48.3.

leeren und nichtvorhandenen Wesens kann er so nicht als entstehend und nicht als vergehend verstanden werden.

[8.] Frage: Das Nichtvorhandensein der Weisen Einsicht und das Nichtvorhandensein der verblendeten Einsicht sind beide ohne Entstehen und Vergehen. Worin aber unterscheiden sie sich?

[8.] Antwort: Was das Nichtvorhandensein der Weisen Einsicht betrifft, so ist sie ohne Erkennen. Und was das Nichtvorhandensein der verblendeten Einsicht angeht, so ist ein Erkennen nicht vorhanden. Obwohl ihr Nichtvorhandensein gleich ist, so unterscheiden sie sich doch in dem, wodurch sie nicht vorhanden sind. Weshalb? Nun: Das Weise Bewusstsein ist leer in Ruhe und ohne Erkennen kann es nicht vorhanden sein. Man kann dazu sagen „ohne Erkennen", aber nicht, dass das Erkennen nicht vorhanden sei. Die verblendete Einsicht besitzt ein Erkennen und deshalb kann das vorhandene Erkennen nicht vorhanden sein. Man kann dazu sagen, dass das Erkennen nicht vorhanden, aber nicht, dass sie ohne Erkennen sei.

Das Ohne-Erkennen ist nichts anderes als das Nichtvorhandensein der *prajñā*. Und das Nichtvorhandensein des Erkennens ist nichts anderes als das Nichtvorhandensein des Wahren Urteils. Was daher die Beziehung der *prajñā* zum Wahren Urteil angeht: Spricht man vom Wirken, so sind sie gleich, aber dennoch verschieden. Und spricht man von der Stille, so sind sie verschieden, aber dennoch gleich. Sie ist gleich und deshalb hat sie kein Bewusstsein von einem Hier und einem Dort. Sie ist verschieden und deshalb verfehlt sie nicht die Verdienste des Erhellens. Wenn man von daher bezüglich des Gleichen unterscheidet, so ist sie hinsichtlich der Verschiedenheit gleich. Unterscheidet man bezüglich der Verschiedenheit, so ist sie hinsichtlich der Gleichheit verschieden. So kann man sie nicht als verschieden davon oder als gleich damit begreifen. Weshalb? In der Innenwelt gibt es die Helligkeit des alleinigen Reflektierens und in der Außenwelt die Wirklichkeit der zehntausend *dharma*. Obwohl die zehntausend *dharma* wirklich sind, können sie ohne das Erhellen nicht verstanden werden. Innenwelt und Außenwelt sind so voneinander abhängig, um das Verdienst ihres Erhellens zu vervollkommnen. Hieraus folgt das, worin das Weise Bewusstsein nicht gleich sein kann: Das ist das Wirken. Obwohl die Innenwelt erhellt und ohne Erkennen ist, die Außenwelt wirklich, aber dennoch ohne Merkmale ist, sind Innenwelt und Außenwelt in Stille. Sie geben sich gegenseitig und sind beide nicht vorhanden. Hieraus folgt das, worin das Weise Bewusstsein nicht vermag gleich zu sein: Das ist die Stille. Wenn das *Sūtra*[61] daher von der „Nicht-Verschiedenheit aller *dharma*" spricht – will es dann sagen, dass man Entenbeine lang ziehen, und Kranichfüße kürzen,[62] Berge einebnen und Schluchten auffüllen soll, nur damit danach keine Unterschiede mehr herrschen? Tatsächlich aber ist das Nicht-Verschiedene im Verschiedenen gemeint und deshalb ist es verschieden und dennoch nicht verschieden. Daher ist es einsichtig, wenn es im *Sūtra*[63] heißt: „Wie äußerst seltsam doch, O Weltverehrter, dass ihr inmitten der nicht verschiede-

61 Neue Übersetzung des MBJ T08.223.382c.23. In der alten Übersetzung konnte diese Passage nicht lokalisiert werden.

62 ZYD 21.8.9.

63 T08.223.390a.04. In der alten Übersetzung konnte diese Passage nicht lokalisiert werden.

nen *dharma* von der Verschiedenheit der *dharma* redet," und weiterhin,[64] dass „die *prajñā* und alle *dharma* sowohl von keinem gemeinsamen Merkmal, als auch von keinem verschiedenen Merkmal" sind!

[9.] Frage: In der Diskussion sagtet ihr: „Spricht man vom Wirken, so sind sie verschieden" und „spricht man von der Stille, so sind sie gleich". Doch ist noch nicht klar, ob im Innen der *prajñā* damit ein Unterschied zwischen Wirken und Stille besteht?

[9.] Antwort: Das Wirken ist nichts anderes als die Stille und die Stille ist nichts anderes als das Wirken. Wirken und Stille sind vom selben Körper, als „gleiche kommen sie hervor, haben aber verschiedene Namen"[65]. Und überhaupt gibt es keine Stille, die kein Wirken hat und über das Wirken herrscht. Von daher gilt: Je dunkler die Einsicht, desto klarer das Erhellen und je ruhiger die Geisteskraft, desto aktiver ihr Reagieren. Wie kann man da noch von einem Unterschied zwischen Ruhe und Aktivität, zwischen hell und dunkel sprechen? Deshalb heißt es im *Chengju*[66], dass „ohne etwas zu tun dennoch das Tun übertroffen wird." Und Ratnakūṭa[67] sagt: „Ohne ein Bewusstsein, ohne ein Erkennen gibt es nichts, was es nicht empfindet und erkennt."

So ist folglich das Ausschöpfen der Geisteskraft und das zu Ende bringen der Einsicht eine Rede jenseits der äußersten Grenzen der Abbilder. Stimmt ihr damit überein und versteht die Schriften, so kann das Weise Bewusstsein erkannt werden!

---

64 T08.223.382c.23. In der alten Übersetzung konnte diese Passage nicht lokalisiert werden.

65 *Laozi* 1.5.

66 *Chengju guangming dingyi jing* 成具光明定意經. Dieses *Sūtra* exisitiert lediglich in einer Übersetzung aus der späteren Han-Zeit. Die von Sengzhao zitierte Stelle findet sich dort exakt wieder. Siehe T15.630.452b29.

67 Robinson (1967) gibt für diese Zitatstelle das *Vimalakīrtinirdeśasūtra* an (T14.475.537c14). Das vorliegende Zitat konnte durch eine elektronische Überprüfung (cbeta) jedoch weder in der alten noch in der neuen Übersetzung lokalisiert werden.

Der Brief des Liu Yimin und die angehängten Fragen [T45.1858.154.c24–155.b21]

Liu Yimin verneigt das Haupt.[68]

Neulich erst habe ich von eurer Bekanntheit gehört[69] und sehne mich seither aus der Ferne nach euch. Das Jahr neigt sich dem Ende zu und es ist bitter kalt – wie geht es euch gesundheitlich? Da der Nachrichtenverkehr unterbrochen wurde, hat sich immer mehr angehäuft, was ich hier zurückbehalten musste. Euer Schüler[70] hütet in der Wildnis das Krankenlager[71] und leidet oft an Unpässlichkeiten. Da nun aber der Mönch[72] Huiming[73] nach Norden reist, habe ich mich dazu entschlossen, meine Anliegen zu euch durchdringen zu lassen. Anstatt dass sie aufgrund der Entfernung gleichgültig zueinander wurden, haben sich die Männer des Altertums ihren gemeinsamen Weg bewusst gemacht und waren so einander nahe. Selbst wenn wir daher durch Flüsse und Berge voneinander getrennt sind und wir uns in diesem Jahr nicht mehr sehen, so halte ich doch hoffnungsvoll die Kunde von euch in meiner Brust und bedenke in meinem Herzen eure Spuren. Wie tief regt sich da doch meine lang gehegten Freude! Fern, ohne die Gelegenheit euch zu sehen, blicke ich auf zu den rosigen Wolken[74] und muss doch immerzu seufzen. Habt Acht auf euch gemäß der Jahreszeit! Ich hoffe, dass ich euch über Boten nun öfters Fragen vorlegen kann.

Mich niederwerfend wünsche ich eurer[75] ehrwürdigen Versammlung Gesundheit und Harmonie und den ausländischen Dharma-Meistern Wohlergehen. Die Ehrwürdigen[76]

---

68 *Henan* 和南. Buddhistischer Gruß, wörtl. „Ich neige das Haupt" (Skrt. *vandana*).

69 Wörtlich: „Neulich erst kostete ich die guten Neuigkeiten". Yuan Kang versteht hier *wen* 聞 als *mingwen* 名聞 („Ruf"). T45.1859.182.a5–7. Dies erscheint insgesamt plausibler, als das eher unbestimmte „news", wie es Liebenthal hier übersetzt, noch dazu, da der vor den Fragen kommende Teil auch persönlich an Sengzhao gerichtet ist.

70 Konsequenterweise müsste der ganze Brief eigentlich in der dritten Person übersetzt werden. Da dies jedoch in einigen Fällen den Stil wesentlich verkomplizieren würde, wurde, abgesehen von Passagen in denen Liu Yimin explizit die dritte Person verwendet, durchgängig die erste Person beibehalten.

71 Bei Yuan Kang: *zhenke* 枕痾 „bettlägrig", was auch häufiger in zeitgenössischen Quellen zu finden ist. Siehe T45.1859.182.a9–11.

72 Nach einer Passage im DZDL ist *daoren* 道人 eine andere Bezeichnung für „einen, der die Familie verlassen hat" (*chujiazhe* 出家者), d.h. einen Mönch, siehe T25.1509.324.b3–4. Innerhalb des Briefwechsels kommen verschiedene Bezeichnungen für Angehörige des *Saṃgha* vor. So gibt es außerdem noch die Respekt bezeugende Bezeichnung *shangren* 上人, die jedoch von *daoren* zu unterscheiden ist, da sie nur für besonders prominente und ehrenwerte Mitglieder des *Saṃgha* reserviert ist. Im *Vimalakīrtinirdeśasūtra* wird diese Anrede sogar von Mañjuśrī gegenüber Vimalakīrti gebraucht. Siehe T38.1775.370.c18–19.

73 Über den Mönch Huiming, der hier als Bote zwischen Liu Yimin und Sengzhao fungiert, ist nichts bekannt.

74 Thompson merkt hierzu an: „Distant mysterious place, suggesting Daoist associations." Thompson (2008), S. 290 Fn. 13.

75 *bi* 彼 heißt hier eigentlich „dort", „jener", im Gegensatz zu *ci* 此, „hier". Auch Sengzhao verwendet in Verbindung mit den Glückwünschen in seinem Antwortbrief den Gegensatz zwischen „hier" (in Chang'an) und „dort" (am Lushan). Um den persönlichen Ton des Frage- bzw. Antwortbriefes auch hier beizubehalten, wurden *bi* und *ci* hier mit „uns" bzw. „euch" übersetzt.

kamen aufgrund ihrer inspirierenden Gaben zu solch einer tiefschürfenden Vorladung. Ich denke, dass die Verdienste für die Erschließung und das Verständnis [des Dharma] vollkommen taugen, um „den größten Teil zu erkennen."[77] Wie tief ist deshalb doch jedes Mal meine Niedergeschlagenheit und Beschämung, wenn ich an mein unsinniges Fernesein denke!

Die Bergmönche hier bei uns halten konstant ihren [Zustand] der Reinheit aufrecht und die Regeln des Dao[78] werden immer eifriger ausgeübt. Haben sie Zeit von der Meditation übrig, dann studieren oder diskutieren sie. So fügsam und gesittet sind sie,[79] dass sie ein Anlass zur Freude sind! Da euer Schüler einem lang gehegten Wunsch gefolgt ist und diese überlegenen Vorbilder betrachtet, prägt sich ihm die Aufrichtigkeit dessen, was sich ihm hier mitteilt, Tag für Tag, Monat für Monat tiefer in sein Herz ein. Auf den Dharma-Meister Huiyuan sind eben die Hexagramme „Beständigkeit" und „Auftreten"[80] zutreffend und das Karma seines Denkens hat Perfektion erreicht. Er kann, [wie im *Yijing* als einer beschrieben werden,] der „aktiv bei Tag und dennoch voll Sorge des Nachts" ist.[81] Bei sich selbst lässt er das Wirken des Dao nicht im Verborgenen[82] fließen, sondern macht das umfassende Prinzip zum Lenker seiner Geisteskraft. Denn wer könnte schon, wenn er die Jahre überschritten hat, in denen „das Ohr mit der Wahrheit übereinstimmt,"[83] vollkommen in eine solche Rüstigkeit getaucht sein? Da mir hierdurch der Trost, auf den ich mich verlassen kann, immer tiefer zuteil geworden ist, blicke ich in nie endender Dankbarkeit zu ihm auf.

Am Ende des Sommers im vergangenen Jahr[84] traf ich zum ersten Mal den ehrwürdigen Daosheng[85] und bekam eure Abhandlung über das Nichterkennen gezeigt: Klar und herausragend regt sich darin euer Talent, tief und profund treffen eure Weisungen. Elegant und auf ein zentrales Prinzip hin deutet ihr die weisen Schriften. Nachdem ich den Text entrollt hatte, verschaffte ich mir aufmerksam einen Eindruck davon und konnte nicht mehr davon lassen. Aufrichtig kann ich nun sagen, dass ihr einer seid, der seinen Geist in den tiefschürfenden Strudeln der *vaipulya*-Sutren gebadet hat und erkennend das Sichtbare am Abgesonderten und Dunklen bedacht hat! Würde man veranlassen, dass diese Erörterung

---

76 Liebenthal (1968) und Thompson (2008) übersetzen diese Passage anders, da beide den Begriff *waiguo fashi* 外國法師 („ausländischer Dharma-Meister") auf Kumārajīva bzw. *shangren* 上人 auf Sengzhao selbst beziehen: „...and that the foreign teacher (Kumārajīva) may be comfortable. You, my master, famous for your power of understanding..." (Liebenthal); „...and that the foreign Dharma master (Kumārajīva) has good fortune. Master, because of your famed ability of apprehension..." (Thompson). Yuan Kang und Wen Cai beziehen die ganze Passage durchgängig auf Kumārajīva. (T45.1860.221.a19; T45.1860.221.a22). In beiden Sätzen ist aber unklar, auf wen sich *shangren* und *waiguo fashi* genau bezieht. Da aber zu Beginn dieses Abschnitts die „große Versammlung" im Mittelpunkt stand, bei der viele ausländische Dharma-Meister an Übersetzungen arbeiteten, ist es wahrscheinlicher, dass hiermit alle ausländischen Mönche in Chang'an, gemeint sind.

77 ZY 66.84.17.

78 „Regeln des Dao" (*daoxie* 道戒): Hiermit sind die Mönchsregeln (*vinaya*) gemeint.

79 LY 10.1.22.25; SS 2.2.13.

80 ZY 32.38.26; ZY10.13.19.

81 ZY1.2.12.

82 ZY1.2.4

83 LY 2.4.3.1.

84 Zur Datierung des Briefwechsels, siehe Kapitel 2.

85 Zur Biographie Daoshengs, siehe Liebenthal (1955).

allgemein verbreitet werden würde, dann hätten die vielen Strömungen der *prajñā* fast nichts mehr zu sagen und würden trotzdem zusammenkommen! Könnte man sich da nicht freuen, ja könnte man sich da nicht freuen?

Nun: Sind die Prinzipien fein, dann werden die Ausdrücke dafür prekär und steht der, der sie verkündet ganz alleine da, dann sind diejenigen, die ihm antworten werden, nur wenige. Und ist man dann nicht einer, der sich von der Oberfläche der Worte und der Abbilder löst, dann würde man durch das Behalten der Abbilder doch bloß im Irrtum ankommen! Ich bin der Meinung, dass ihr in der Beantwortung des Abschnitts „durch ein Erkenntnisobjekt nach Einsicht streben“[86] gefällig und erschöpfend geantwortet habt. Bis an die Grenzen treibt ihr dort eure perfektionierte Kunstfertigkeit, ohne dass dabei eine Lücke [in der Argumentation] aufträte! Nun tun sich aber die Langsamen etwas schwer damit, alles auf einmal zu begreifen und hegen darüber hinaus auch noch den ein oder anderen Zweifel. Hier nun führe ich diese eigenmächtig an gesonderter Stelle auf und hoffe, dass ihr in eurer freien Zeit nach Belieben[87] dazu grobe Anmerkungen verfassen könnt.

In der Ordnung eurer Abhandlung heißt es, dass das Wesen der *prajñā* weder „vorhanden, noch nicht vorhanden“,[88] und dass es „leer sei, ohne dass es sein Erhellen, und erhellend, ohne dass es seine Leere verlöre.“[89] Deshalb sagt auch das *Fang guang*: „Unbewegt etabliert der vollkommen Erwachte alle *dharma*.“[90] Im folgenden Abschnitt sagt ihr, dass es der „Unterschied gegenüber den Menschen“ sei, „durch den er seinen Geist hell“ mache und man ihn „deshalb auch nicht durch die Merkmale weltlicher Vorgänge erforschen“ könne.[91] Weiterhin sprecht ihr davon, dass „das Wirken nichts anderes als die Stille, und die Stille nichts anderes als das Wirken“[92] sei, und dass „das Reagieren umso aktiver, je stiller der Geist“[93] sei. Nun: Das Weise Bewusstsein ist finster und still und die äußerste Grenze seines Prinzips ist gleich mit dem Nichtvorhandensein. Es ist „nicht rasch, aber dennoch rasch, nicht langsam, aber dennoch langsam.“[94] Von daher verwirft das Erkennen nicht die Stille und die Stille verwirft nicht das Erkennen – niemals war es nicht still und niemals erkennt es nicht. Deshalb weilt sein Weg, durch den es sich unter den Dingen bewegt, Verdienste schafft und die Zeitalter erzieht, zwar inmitten dessen, was Namen hat,

---

86 Liu Yimin bezieht sich hier auf die dritte Frage im Dialogteil des BWZL. Siehe T45.1858.154.a5–26.

87 ZYD 17.45.87–88.

88 T45.1858.153.c23.

89 T45.1858.153.b10–12.

90 Hierbei handelt es sich um das einzige Zitat, das sowohl im BWZL als auch im Briefwechsel vorkommt und zudem auch einigermaßen wortgetreu wiedergegeben wird. Im 20. Kapitel (*juan*) des *Fang guang* heißt es hierzu: „Unbeweglich im Dharma des gleichen Erwachens, setzt er alle *dharma* an ihre [jeweilige] Position“ T08.221.140.c15. Dieselbe Passage kommt auch im MBJ und im DZDL vor. Siehe T25.1509.725.b1–3; T25.1509.728.a6–7.

91 T45.1858.153.b28–29.

92 T45.1858.154.c16.

93 T45.1858.154.c18–19.

94 Es scheint sich hierbei um eine etwas undeutliche Anspielung auf eine bei der *Xuanxue* beliebte Stelle aus dem *Xici zhuan* und eine Passage aus dem *Zhuangzi* zu handeln. In der Übersetzung von Richard Wilhelm: „Nur durch das Göttliche kann man ohne Hast eilen und, ohne zu gehen, ans Ziel kommen.“ Wilhelm (1973), S. 292; ZYD 65.79.24; Die Version im *Zhuangzi* kommt im 13. Kapitel vor: „Not too gentle, not too hard – you can get it in your hand and feel it in your mind.“ Watson (1968), S. 153; ZYD 36.13.72. Zur Rezeption dieser Passage in der *Xuanxue*, siehe: Wagner (1969), S. 190.

soll aber dennoch weit entfernt davon mit dem Namenlosen gleich sein – Die Dunkelheit eines solchen Prinzips ist etwas, was mir immer undurchschaubarer erscheint!

Was aber nun die Weisungen in eurer Abhandlung betrifft, die von denjenigen angezweifelt werden, die [hierüber] reden: Wenn man nach den Unterschieden im Weisen Bewusstsein sucht, sagt ihr da, dass das Ergründen des Geistes und die äußerste Grenze der Bewusstseinsfunktionen sich subtil erschöpfen und dunkel ineinander passen würden? Oder meint ihr, dass das Bewusstsein die Dharma-Natur erfahren und auf wunderbare Weise achtsam ganz für sich alleine wahrnehmen würde? Denn wenn das Ergründen des Geistes und die äußerste Grenze der Bewusstseinsfunktionen sich subtil erschöpfen und dunkel ineinander passen, dann ist doch der Name für die Stille und das Erhellen doch bloß das Wesen von *samādhi* und *prajñā*! [Und] wenn das Bewusstsein die Dharma-Natur erfahren und auf wunderbare Weise achtsam ganz für sich alleine wahrnehmen soll, dann muss doch die Reaktion der vielen Bewusstseinsfunktionen hierdurch ganz zum Erliegen kommen! Nun: Haben sich die Bewusstseinsfunktionen verdunkelt, so soll sich trotzdem noch einzig ihr Erhellen [in der Welt] bewegen. Und hat sich die Reinheit der Geisteskraft ins Jenseitige hinein transformiert, so soll trotzdem noch alleine die Klarheit der Weisheit [in der Welt] vorhanden sein! Es muss doch [hierfür] noch einen profunderen Beweis geben und ihr solltet versuchen, uns einen solchen zu erörtern.

Was [weiterhin] unsere Zweifel betrifft: Ein Erkennen, das [mit den Dingen] zusammen kommt, auf die treibenden Kräfte hin reagiert und die Verwandlungen betrachtet, kann man nicht als „nicht vorhanden“ bezeichnen! Trotzdem aber sprechen die Weisungen eurer Abhandlung von einem „Erkennen, das grundsätzlich ohne verderbtes Ergreifen“[95] sei, wobei ihr nicht das Prinzip erklärt, wonach dieses nicht ergreift. Wir sagen euch, dass ihr zuerst den Weg festlegen müsst, wodurch das Weise Bewusstsein antwortet und [mit den Dingen] zusammenkommt. Besteht dieser darin, bloß zu erhellen, dass [diese] ohne Merkmale sind? Oder darin, vollkommen deren Veränderungen zu betrachten? Falls er darin besteht, vollkommen deren Veränderungen zu betrachten, dann wäre dies aber etwas anderes als keine Merkmale zu haben. Und falls es darin besteht, zu erhellen, dass sie ohne Merkmale sind, dann gäbe es kein Zusammenkommen [mit den Dingen], die es erfassen könnte. Da es nun ohne ein Zusammenkommen [mit den Dingen] sein soll, die es erfassen könnte, trotzdem aber das Verdienst haben soll zu erfassen und [mit den Dingen] zusammenzukommen, so ist [diesbezüglich] unsere Meinung, dass das noch nicht plausibel ist und wir hoffen einmal mehr, dass ihr uns unterweist.

In eurer Abhandlung sagt ihr: „Wenn das [Weise Bewusstsein] ohne ein Entsprechen ist, dann gibt es unter den Dingen keines, welchem es nicht entspricht und wenn es nicht bekräftigt, dann gibt es unter den Dingen keines, welches es nicht bekräftigt. Denn weil es unter den Dingen keines gibt, welches es nicht bekräftigt, deshalb bekräftigt es und bekräftigt auch nicht. Und weil es unter den Dingen keines gibt, welchem es nicht entspricht, deshalb entspricht es und entspricht auch nicht.“[96] Nun: Ohne ein Entsprechen, aber trotzdem keinem der Dinge nicht entsprechend, wird es hierdurch folglich zum höchsten Entsprechen. Nicht bekräftigen, aber dennoch keinem der Dinge gegenüber nicht bekräftigen, wird es hierdurch folglich zum wahren Bekräftigen. Wie könnte es denn auch ein wahres

95 T45.1858.153.c8–10.
96 T45.1858.154.b6–7.

Bekräftigen geben, das dennoch kein Bekräftigen und ein höchstes Entsprechen geben, das dennoch kein Entsprechen ist, wovon ihr trotzdem sagt, es würde entsprechen und sei gleichzeitig ohne Entsprechen und würde bekräftigen, sei gleichzeitig aber ohne Bekräftigen? Denn wenn ihr sagen würdet, dass das höchste Entsprechen kein dauerhaftes Entsprechen und das höchste Bekräftigen kein dauerhaftes Bekräftigen sei, dann würde bloß dies den grundlegenden Unterschied zwischen erweckenden und täuschenden Worten ausmachen! Ganz bestimmt sind die Weisungen eurer Abhandlung hierdurch unklar, und noch einmal mehr wünschen wir, dass ihr uns unterweisen möget, damit diese Missverständnisse ausgeräumt werden!

Am Tag, als eure Abhandlung eintraf, habe ich sie gleich zusammen mit dem Dharma-Meister Huiyuan studiert. Auch der Dharma-Meister hieß sie für gut, und gegenseitig haben wir uns zu einem Verständnis geführt. Es zeigt sich nun aber, dass unsere Standpunkte jeweils einen eigenen Ausgangspunkt haben und wir uns in unseren Prinzipien bisweilen nicht ganz einig sind! Kürzlich haben wir eure Abhandlung auch vervielfältigt, um sie an alle Interessierten zu verteilen. Immer wieder gab es da jemanden, der einen Absatz darin angriff und es bedauerte, dass er nicht bei euch sein könne.

Anhang

In der folgenden Untersuchung finden sich wichtige Ergänzungen zur Biographie von Liu Yimin sowie zum historischen und geographischen Hintergrund der Entstehungszeit des *Bore wuzhi lun* und des Fragebriefs.

Liu Yimin und die Eremiten vom Lushan

Das GSZ schreibt, dass Huiyuan, als er um das Jahr 380 erstmals auf den Lushan kam, die „Reinheit und Ruhe“ *qingjing* 清靜 dieses Ortes bewundert habe, die „geeignet sei, das Herz zu beruhigen.“[1] Angezogen von der natürlichen Idylle des Berges ließen sich Huiyuan und sein Bruder Huichi dort nieder und gründeten die „Klause am Drachenquell“ (*Longquan jingshe* 龍泉精舍). Doch die Lage der Drachenquell-Klause erwies sich als ungünstig, so dass über einen anderen Standort für ein Kloster nachgedacht wurde. Als dann Huan Yi, der Provinzgouverneur von Jiangzhou, überzeugt werden konnte, die Finanzierung für den Aufbau eines Klosters für Huiyuan und seine Schüler zu finanzieren, wurde etwa im Jahr 384 das Donglin-Kloster („Kloster am östlichen Wald“) gegründet.[2]

Huiyuans Entscheidung für den Lushan als Ort für das Donglin-Kloster mag, wie Erik Zürcher festgestellt hat, durch die im Daoismus so wichtige Rolle der heiligen Berge beeinflusst sein.[3] So steht im *Bao Puzi* 抱朴子, dass bestimmte Berge „geeignet für die Sammlung des Geistes und die Zusammenstellung der Unsterblichkeitsmedizin“ seien.[4] Auch um den Lushan ranken sich legendenhafte Erzählungen von Unsterblichen (*xianren* 仙人) und im *Shishuo xinyu* 世說新語 ist eine Notiz Huiyuans überliefert, in welcher er diese, durch zahlreiche Legenden aufgeladene und nach daoistischen Vorstellungen für meditative und diätetische Praktiken ideal geeignete Umgebung des Lushan preist.[5] Der Lushan besaß somit aufgrund seiner natürlichen und legendenbehafteten Umgebung eine große Anziehungskraft für Einsiedler. Die Gründung des Donglin-Klosters durch Huiyuan verlieh dem Lushan zudem noch zusätzliche Attraktivität für am Buddhismus interessierte Literaten, die sich aus dem politischen Leben zurückgezogen hatten. Huiyuans Biographie berichtet, dass sich schon bald ein Kreis von Laien um ihn versammelt hatte, worunter Liu Yimin die prominenteste Persönlichkeit darstellte.

Da dies bisher noch nie von einem kritischen Standpunkt aus geschah, sollen in diesem Kapitel biographische und historische Informationen über das Leben Liu Yimins zusammengetragen werden. Aufgrund der immensen Bedeutung, die im chinesischen Mittelalter

1 T50.2059.358.a22–23.

2 Ein verlässliches Datum für die Gründung des Klosters am Östlichen Wald ist nur noch im *Lushan ji* 廬山記 (T2095) aus der Song-Zeit überliefert. Zum Datum der Gründung des Donglin-Klosters, siehe Zürcher (1959), S. 395 Fn. 143.

3 Zürcher (1959), S. 207.

4 BP 90.4; Übersetzung in Feifel (1944), S. 30,31.

5 Zu diesen Legenden und ihrer Verbindung zu lokalen Kulten, siehe Miyakawa (1979), S. 83–101; SSXY 10.24; Übersetzung in Mather (1976), S. 288.

der Zugehörigkeit zu einer prominenten Familie zukam, wird außerdem untersucht, welchen Status Liu Yimins Familie innerhalb der Adelsfamilien des Chinesischen Mittelalters innehatte. Dies wird anschließend erweitert durch eine Betrachtung zu seinem unmittelbaren Umfeld, dem Eremitenzirkel um Huiyuan.

Liu Yimin: Biographische Quellen

Die Biographiensektionen der *Jinshi*, der *Songshi* und der *Nanshi* überliefern keine Biographie von Liu Yimin. Jedoch sind darin von der Hälfte der heute noch bekannten Mitglieder des Eremitenkreises um Huiyuan offizielle Biographien enthalten. Dies mag zum einen damit zu tun haben, dass Liu Yimin zur Zeit der Jin-Dynastie lebte und deshalb nicht in die Biographiensektion mit den bedeutendsten Eremiten der Song aufgenommen wurde. Zum anderen mag es auch daran liegen, dass Liu Yimin, im Gegensatz zu den anderen Eremiten, eine Art Mischkarriere hinter sich hatte: Erst nach einer Amtszeit als Distriktmagistrat (*xianling* 縣令) zog sich Liu Yimin aus dem Dienst zurück und lebte fortan mit seiner Familie am Lushan.[6] Durch sein Leben als Beamter und als „Eremit" passte er nicht in die vor allem für Personen mit einer „reinen Eremitenkarriere" vorgesehene Kategorie der *yinyi* 隱遺 im biographischen Teil der Dynastiegeschichten.[7] Auch waren Liu Yimins politisches Wirken und sein literarisches Schaffen zu unbedeutend, als dass er wie sein Freund, der berühmte Dichter Tao Qian, dessen Biographie große Ähnlichkeiten mit seiner eigenen aufweist, sich für eine der anderen Kategorien der Biographiensektion qualifiziert hätte. Liu Yimin war zudem kein Angehöriger des Mönchsstandes, weshalb die buddhistischen Biographiensammlungen, wie das *Gaoseng zhuan* 高僧傳 des Huijiao und das *Xu Gaoseng zhuan* 續高僧傳 des Dao Xuan auch keine Biographie von ihm überliefern. Innerhalb dieser Sammlungen wird Liu Yimin lediglich in Biographien von Zeitgenossen kurz erwähnt. Erst in relativ später Zeit, ab der Mitte der Tang- und vor allem während der Song- und der Ming-Zeit, entstanden im Umkreis der „Reinen Land"-Frömmigkeit zahlreiche Sammlungen, in denen nunmehr ausführliche Biographien Liu Yimins enthalten waren.[8] In diesen

6 Es soll an dieser Stelle der Einfachheit halber durchgängig der Begriff „Eremit" für das chinesische Wort *yinyi* 隱遺 (wörtlich: „Verborgen-Zurückgezogene") verwendet werden, obwohl dieser eigentlich nicht für das chinesische Phänomen des Eremitentums geeignet ist. Der Begriff „Eremit" stammt aus dem christlich-abendländischen Kontext des Mönchtums und der christlichen Askese. Die christlichen Eremiten lebten, im Gegensatz zu den chinesischen „Eremiten", zurückgezogen und außerhalb der Gesellschaft, entweder alleine oder in einer kleinen Gemeinschaft. Hierin unterscheiden sich das abendländisch-christliche und das chinesische Verständnis des Eremitentums stark voneinander, denn der chinesische „Eremit" blieb meistens noch in der Verbindung mit Gesellschaft und Familie und sein Rückzug war hierbei vor allem ein Rückzug vor der kaiserlichen Aufforderung zum Antritt eines Amtes. Sehr oft war dies auch eine Form des stillen Protests gegen die politischen Verhältnisse. Siehe hierzu Vervoorn (1990), S. 8f.

7 Die Sektionen mit den Eremitenbiographien sind im *Jinshu* das Kapitel 94, im *Songshu* das Kapitel 93, und in der *Nanshi* die Kapitel 75 und 76. Zur Aufnahme der Kategorie „Eremiten" in den Dynastiegeschichten, siehe Bauer (1985), S. 186, Fn. 36.

8 Spätere Biographien von Liu Yimin sind beispielsweise in der „Textsammlung über die späteren Leben" (*Wangsheng ji* 往生集; T2072) von Zhu Hong und die „Schriften des Zengsheng Longshu zum Reinen Land" (*Long Shu zengguang jingtu wen* 龍舒增廣淨土文; T1970) von Wang Rixiu enthalten.

Anthologien waren zumeist die Lebensläufe von achtzehn Personen enthalten, die dem innersten Kreis der von Huiyuan initiierten Schwurzeremonie vor dem Abbild des Amitābha angehört haben sollten. Diese Zeremonie im Jahr 402 wird vom späteren Buddhismus des „Reinen Landes" als eine Art Gründungszeremonie der eigenen buddhistischen Schulrichtung in Anspruch genommen.[9] Liu Yimins zentrale Rolle bei dieser Zeremonie rührt daher, dass er den Text des Schwures verfasst haben soll, mit welchem sich die Teilnehmer dazu verpflichteten, sich gegenseitig dabei zu helfen, eine Wiedergeburt im „Reinen Land" (*jingtu* 靜土, Sukhāvati) des Buddha Amitābha zu erlangen. Liu Yimin galt daher gleich nach Huiyuan als wichtigste Person dieser Gruppe, zu der auch die anderen Angehörigen der Laiengemeinde am Lushan gehörten.[10] Diese Vereinnahmung von Liu Yimins Biographie durch den „Reinen Land"-Buddhismus mag außerdem damit zu tun haben, dass sich das Leben des frommen Literaten Liu Yimin als Identifikationsfigur und Vorbild für das Ideal dieser an Laien ausgerichteten Frömmigkeitsform des Buddhismus anbot. So wurde Liu Yimin in die Biographiensammlung der „achtzehn Tüchtigen" (*shiba xian* 十八賢) mitaufgenommen – Heilige, die dem innersten Kern der Amitābha-Schwurzeremonie angehört haben sollen. Die früheste Biographiensammlung dieser achtzehn Heiligen sind nach Tang Yongtong die „Biographien der achtzehn Tüchtigen" (*Shiba xian zhuan* 十八賢傳; SBXZ), einem Kapitel innerhalb des „Berichtes über den Berg Lu" *Lushan ji* 廬山記 von Chen Shunyu.[11]

Im SBXZ wird die Biographie von Liu Yimin gleich an zweiter Stelle nach Huiyuan aufgeführt. Laut eines editorischen Vermerks von Chen Shunyu wurde das SBXZ auf der Basis einer alten, aus dem Donglin-Kloster selbst stammenden Biographiensammlung kompiliert. Der Herausgeber weist außerdem darauf hin, dass diese ursprüngliche Quelle zahlreiche Fälschungen enthielt und er sie mit anderem Material aus den Dynastiegeschichten und dem GSZ verglichen und neu kompiliert habe.[12] In seinem bedeutenden Werk über die Geschichte des frühen chinesischen Buddhismus *Han Wei liang Jin Nanbei chao Fojiao shi* 漢魏兩晉南北朝佛教史versucht Tang Yongtong den ursprünglichen Personenkreis bei der Schwurzeremonie aus dem Jahr 402 zu rekonstruieren. Er stellt hierbei fest, dass erst ab der Mitte der Tang-Zeit die Rede von einem inneren Kreis bei der Schwurzeremonie entstanden sei und die Kanonisierung der achtzehn Heiligen in populären Biographiensammlungen damit keine historische Grundlage habe.[13] Die Legende von den achtzehn Heiligen soll demnach erst viel später entstanden sein und war damit die Basis für die Biographiensammlungen ab der späten Tang-Zeit.[14] Tang Yongtongs Zweifel an der Historizität des SBXZ gibt jedoch wenig Anlass, das darin enthaltene biographische Material als solches in Frage zu stellen, zumal dieses noch, wie Chen Shunyu in seinem editorischen Vermerk angibt, durch Vergleiche mit anderen Quellen von Fehlern bereinigt worden sei. Wie sind nun die biographischen Informationen im SBXZ zu bewerten? Zur

9 Zu dieser Zeremonie, siehe Zürcher (1959), S. 219.

10 In der Biographie Huiyuans im GSZ wird Liu Yimin das erste Mal als Autor des Schwurtextes genannt. T50.2059.358.c22ff.

11 Über Chen Shunyu und sein Werk, siehe Reiter (1977), S. 397–407.

12 T51.2095.1039.a3–8.

13 Das GSZ spricht noch von 123 Personen bei der Schwurzeremonie, s. T50.2059.358.c24–25; Tang (1955b), S. 366.

14 Tang (1955b), S. 367ff.

Beantwortung dieser Frage soll im Folgenden ein frühes biographisches Fragment über Liu Yimin mit dem SBXZ verglichen werden, um so die Verlässlichkeit der biographischen Informationen dieser Quelle zu prüfen.

Im *Dazang jing* findet sich eine Kurzbiographie Liu Yimins, die wahrscheinlich zur frühesten Biographie Liu Yimins zählt. Diese biographische Notiz („Yuan Kang-Biographie"; YKB) ist im Kommentar Yuan Kangs zum *Zhao lun* enthalten und wird laut Autor Huiyuan selbst zugeschrieben.[15] Diese frühe Biographie unterscheidet sich in ihrer inhaltlichen Gewichtung stark von derjenigen im SBXZ: Während die von Yuan Kang zitierte Quelle sehr weltlich ausgerichtet ist und Liu Yimins Leben in gewisse politische Ereignisse gegen Ende der Östlichen Jin einordnet, so ist die im SBXZ enthaltene Biographie eher religiös gewichtet und schildert ausführlich verschiedene fromme Handlungen, die Liu Yimin noch kurz bevor er starb verrichtete. Yuan Kang schreibt das YKB Huiyuan selbst zu, und tatsächlich deuten viele Hinweise darauf hin, dass dieser heute an vielen Stellen korrupte Text mit großer Wahrscheinlichkeit in den letzten Jahren der Östlichen Jin verfasst wurde. Hierauf deutet die Nennung zweier Titel von Liu Yu, damals Feldherr und Militärherrscher, der im Jahr 420 das Kaiserhaus der Jin stürzte und die Song-Dynastie gründete. Liu Yu wird im YKB nämlich nicht mit seinem Kaisernamen Gaozu 高祖 oder Song Wudi 宋武帝 bezeichnet. Dieser wäre zwingend gewesen, falls dieser Text während der Liu-Song-Zeit, zwischen den Jahren 420 und 479, verfasst worden wäre. Stattdessen wird Liu Yu als „Oberkommandant, Herzog Liu" (*dawei Liu gong* 大尉劉公) bezeichnet.[16] Liu Yu bekam den Adelstitel „Herzog" (*gong* 公) im Jahr 406, und den militärischen Rang „Oberkommandant" (*taiwei* 太尉) im Jahr 411 verliehen und somit lässt sich der Entstehungszeitraum des YKB zunächst auf die Zeit zwischen 411 und 420 eingrenzen. Für das Entstehen dieses Textes während dieses Zeitraums spricht außerdem die Verwendung der Regierungsdevise *yongshi* 永始, die Huan Xuan nach dem Sturz des Kaiserhauses der Jin als offizielle Regierungsdevise seiner neuen, nur drei Monate währenden Dynastie der Chu wählte. Die Regierungsdevise *yongshi* wurde in die offizielle Abfolge der Devisen aller kanonischen Dynastien nicht mitaufgenommen und wird in späteren Dynastiegeschichten, außer im Zusammenhang mit Huan Xuan selbst, nie genannt, da sie als illegitim galt.[17] Es ist daher anzunehmen, dass das YKB noch während des o.g. Zeitraums während der Jin-Zeit verfasst wurde. Geht man weiterhin von dem Jahr 416, dem Todesjahr Liu Yimins, als *Terminus post quem*, und dem Jahr 420, der Gründung der Song durch Liu Yu, als *Terminus ante quem* aus, so lässt sich der Entstehungszeitpunkt dieses Textes etwa auf die Jahre 416 bis 420 eingrenzen. Sollte Huiyuan tatsächlich der Autor des YKB gewesen sein, dann muss er dieses noch vor seinem Tod am dreizehnten September des Jahres 416 verfasst haben.[18]

Das YKB ist somit wohl als die älteste biographische Quelle von Liu Yimin zu betrachten. Dies wird außerdem durch einen Vergleich des YKB mit dem SBXZ deutlich,

15 T45.1859.181.c16–26.

16 Bielenstein (1996), S. 108.

17 So wird Huan Xuans Umsturzversuch der Jin und die Gründung der Chu-Dynastie außerhalb des *Jinshu* nur noch im Weishu erwähnt. Ab da werden diese Ereignisse bis zu Sima Guangs *Zizhi tongjian* nicht mehr genannt.

18 T50.2059.361.a29–b1.

worin auffällt, dass Chen Shunyu an zahlreichen Stellen direkt aus dem älteren Text zitiert. Im Folgenden wurden in beiden Biographien die wörtlichen Übereinstimmungen entsprechend hervorgehoben.

Biographie Liu Yimins aus dem Yuan Kang-Kommentar (*Zhaolun shu* 肇論疏, T45.1859.181.c16–26):

> Dharma-Meister Yuan vom Lushan hat eine Biographie über Meister Liu verfasst: **Liu Chengzhi, mit Mannesnamen Zhongsi, war ein Mann aus Pengcheng. Er war ein Nachfahre des Han-Königs Yuan von Chu.** Mit ernsthafter Aufrichtigkeit gesegnet besaß er ein empfängliches Herz für das Jenseitige. Von den tiefschürfenden Gesprächen der **hundert Schulen gab es keines**, worüber er nicht sein Auge hatte schweifen lassen. Eingehend studierte er die **Prinzipien des Buddha**, um auf das Äußerste und Wunderbare zu hoffen. Unter allen ehrgeizigen Herren wie **Yin Zhongwen aus der Kommandantur Chen und Huan Xuan aus Xiaoguo, gab es keinen, der ihn nicht verehrte.**[19] Er bezog ein Beamtengehalt in Chaisang, in der Kommandantur Xunyang und meinte, dass die Zeit für seine **Berufung in die Berge zu gehen** noch nicht gekommen sei. Als Huan Xuan aber nach Osten hin angriff und sich gegen das Kaiserhaus auflehnend die Regierungsdevise *yongshi* ausrief, gebat Liu, als die Pläne zum Umsturz begannen, seinen Frauen und Kindern, ein Haus in der Wildnis einzuweihen. **Während der Regierungsdevise *yixi***[20] lehnte er, um sich [aus dem offiziellen Leben] zurückzuziehen, alle **Einberufungen** der **Herzöge und Grafen** ins Amt ab. Im neunten Jahr der Regierungsdevise *yixi* erkannte der Oberkommandant, Herzog Liu, dass sein Wille, in der Wildnis zu bleiben unangreifbar und weitreichend sei. Er ließ ihn daraufhin durch hochstehende Mönche besuchen, ihm seinen Respekt erweisen und ließ ihm daraufhin seinen Willen. Als er verstarb, hatte [Liu Chengzhi] **zwölf Jahre in den Bergen gelebt**. Man sagt, dass er, nachdem er in die Berge gegangen war, sich selbst einen Menschen nannte, den sein Land zurückgelassen hatte.[21] Aus diesem Grund **änderte er seinen Namen in „Yimin“**.

---

19 Der Text scheint hier und an den folgenden Stellen korrupt zu sein. So gibt die Punktierung des *Taishô* hier nach *chong* 崇 ein Satzende vor. Da das folgende Zeichen *shi* 拭 allerdings mit *lu* 祿 („Ein Amt haben/ein Beamtengehalt beziehen“) nicht zusammenpasst, gehe ich davon aus, das shi eher mit *chong* zusammengehört und eigentlich *chongshi* 崇事 („verehren“) gemeint ist.

20 Die Regierungsdevise *yixi* dauerte von 405–419. Während dieser Regierungsdevise konnte Liu Yü durch den Prestigegewinn aus dem Sieg über Huan Xuan und Sun En immer mehr Macht und zahlreiche Ämter auf sich vereinigen sowie seine Gefolgsleute in einflussreiche Positionen bringen. Mit den „Herzögen und Grafen“ sind so auch die Sieger über Huan Xuan gemeint, die vom Kaiser in den Adelsstand erhoben worden waren.

21 Liu Yimins Großjährigkeitsname Zhongsi 仲思 lässt darauf schließen, dass Liu der Zweitgeborene in seiner Familie gewesen war, wobei sich aus den vorhandenen Biographien keine Hinweise über weitere Geschwister finden. Wie das YKB am Schluß sagt, handelt es sich bei dem Namen Yimin 逸民um einen Künstlernamen (*hao* 號). Liu Yimin scheint bei dieser Namensgebung vom *Lunyu* inspiriert worden zu sein. So heißt es in *Lunyu* 18.8: „Die sich unter das Volk zurückgezogen haben (*yimin* 逸民), waren: Be J, Schu Tsi, Yü Dschung, J Yi, Dschu Dschang, Hui von Liu Hia, Schau Lien.“ LY 18.8.53.6; Übersetzung Wilhelm (1955), S. 181.

Biographie Liu Yimins aus den „Biographien der achtzehn Tüchtigen" (*Shiba xian zhuan* 十八賢傳, T51.2095.1039.b29-c18):

Liu Chengzhi, mit Mannesname Zhongsi, war ein Mann aus Juli in **Pengcheng. Er war ein Nachfahre des Han-Königs Yuan von Chu.** Mehrmals war er während der Jin-Zeit einer der höchsten Staatsminister. Chengzhi wurde in jungen Jahren bereits Waise und diente seiner Mutter. Er wurde von der Nachbarschaft und der Provinz als pietätvoll bezeichnet. Von den weltlichen Büchern und den **hundert Schulen gab es keine, die er nicht** umfassend studiert hätte. In ganz besonderer Weise schätzte er die **Prinzipien des Buddha**. Unter allen Tüchtigen, wie **Yin Zhong**kan **aus dem Bezirk Chen, Huan Xuan** und anderen, **gab es keinen, der ihn nicht verehrte**. Sein Amt begann er als Garnisonskriegsrat.

Da Chengzhi den Ruhm und die Tugend von Meister Yuan bewunderte und wünschte, dass er im Alter in der gleichen Gemeinschaft wie dieser lebe, nahm er ein Amt in Chaisang, in der Kommandantur Xuanyang auf. Er hatte die **Berufung in die Berge zu gehen** und als seine Amtszeit beendet war, legte er seine Ämter nieder. Er baute sich im westlichen Wald eine Hütte und deckte sie mit Kraut und Zweigen ab. Während der **Regierungsdevise *yixi*** lehnte er wiederholt sämtliche **Einberufungen** der **Herzöge und Grafen** ab und antwortete ihnen nicht. Später **änderte er seinen Namen in „Yimin".** Die Tüchtigen in der Gemeinschaft des Meisters Yuan ernannten ihn zum Ehrengast. Oft sandte er Briefe in die Gegend zwischen den Pässen, mit Kumārajīva und Sengzhao stand er auf gutem Fuße und diskutierte mit ihnen über die Sutren und Sastren. In der Abfassung des Gedichts auf die Meditation des Buddha-Samādhi, wurden von ihm das *Daodejing*, die Werke über Namen und Wirklichkeit und die Kunst in der Ausschmückung des Gedankens bei den *ci*-Gedichten, gleichermaßen ausgeschöpft.

Insgesamt lebte er zwölf Jahre in den Bergen. Als er sich vom ersten Monat an krank zu fühlen begann, verließ er sich ganz auf die Meditation des Buddha-Samādhi und rezitierte den Namen des Buddha Amitābha. Zu Beginn des sechsten Monats schaute er schließlich das Buddha-Merkmal des *Amitābha*[22] und danach den Wahren Schatten des Buddha. Immer wieder berührte er den Scheitel des Buddha und unterzog sich wiederholt dem Fasten. So gesegnet wünschte er sich schließlich, dass sein Leben ein Ende habe und bat die Mönche darum, das *Sukhāvativyūha* und das *Lotus-sūtra* zu lesen. Am 27. Tag sammelte sich der ganze *Saṃgha* um ihn und Yimin sprach: „Nun werde ich sterben! Meine Kräfte sind nun aufgebraucht. Weint nicht, damit ihr euch nicht durcheinander bringt! Bereitet ein Räucheropfer und bittet den *Saṃgha* darum, es dem Buddha Śākyamuni darzubringen, um ihm dafür zu danken, dass er mich erkennen ließ, dass es den Buddha Amitābha gibt, der mich heute noch bei sich willkommen heißen wird." Nach einer kurzen Weile faltete er die Hände und nach Westen hin gewandt verschied er. Seinen Söhnen hatte er aufgetragen, nur Erde zu einem Grabhügel aufzuhäufen und keine Särge zu verwenden.

22 FGDCD 3.2093.

> Alle bewunderten ihn damals. Im sechsten Jahr der Jahresdevise *yixi*, im Jahre *gengxu* verstarb er im Alter von 56 Jahren.

Der Vergleich zwischen dem SBXZ und dem YKB zeigt, dass zwischen beiden vor allem hinsichtlich der Rahmendaten von Liu Yimins Leben, wörtliche Übereinstimmungen herrschen. Dies sind die Angaben zum Namen und zur Herkunft, zu seiner Gelehrsamkeit und zu der Tatsache, dass Liu Yimin von Huan Xuan und Yin Zhongwen bzw. Yin Zhongkan ins Amt empfohlen worden war.[23] Es wird in beiden Texten sowohl die „Berufung für die Berge", als auch die Einberufungen durch die „Herzöge und Grafen" erwähnt. Schließlich stimmen beide Versionen auch dahingehend überein, dass Liu Yimin insgesamt zwölf Jahre auf dem Lushan verbracht haben soll – eine Zeitangabe, über die sich spätere Biographen nicht einig sind. Fast alle diese Angaben wurden von der späteren Biographie wortwörtlich übernommen. Im YKB fehlen allerdings ganz die religiösen Elemente, die im SBXZ vor allem in der eingehenden Schilderung von seinem Tod deutlich im Mittelpunkt stehen. Auch erfährt die im YKB als eher niederrangig angegebene Amtsstellung Liu Yimins im SBXZ eine bedeutende Aufwertung, indem er zu einem der „höchsten Staatsminister" der Jin erklärt wird. Ebenfalls aufgewertet werden seine Gelehrsamkeit und sein literarisches Schaffen. Doch vor allem die ausführliche Schilderung der Zeit unmittelbar vor seinem Sterben und die wiederholte Erwähnung des Buddha Amitābha, lässt darauf schließen, dass es sich hierbei um spätere Ergänzungen im Sinne der „Reinen Land"-Frömmigkeit handelt. Es ist somit anzunehmen, dass die frühere Biographie aus dem YKB mit ihren Angaben über wichtige Daten im Leben Liu Yimins die Vorlage für spätere Ergänzungen und Ausschmückungen darstellte, da das YKB außerdem gewisse politische Vorkommnisse erwähnt: den Feldzug Huan Xuans und die Ehrung durch Liu Yu, die im SBXZ ganz ausgeblendet wurden. Dies mag damit zu tun haben, dass diese Informationen für die religiöse Zielsetzung dieser Biographie weniger von Interesse waren. Der Vergleich der jüngeren mit der älteren Biographie bestärkt somit die Information, die Chen Shunyu in seiner editorischen Notiz gibt, nämlich dass es sich beim SBXZ um eine späte Kompilation von älterem Material handelt.

Die Lebensdaten von Liu Yimin

Ein bedeutender Unterschied zwischen den beiden Biographien über Liu Yimin besteht darin, wie dessen Leben zum damaligen Zeitgeschehen in Beziehung gesetzt wird. Das SBXZ konzentriert sich ganz auf religiöse Aspekte und lässt politische Aspekte weitgehend aus. Anders hingegen das YKB: Dort wird der Rückzug Liu Yimins unmittelbar in gewisse politische Ereignisse zu Beginn des fünften Jahrhunderts eingeordnet. Im Folgenden soll

23 Das YKB nennt hier Yin Zhongwen, während im SBXZ stattdessen Yin Zhongkan erwähnt wird. Beide waren Cousins und mit Huan Xuan in der Adelsallianz gegen Sima Daozi verbündet. Yin Zhongwen war mit der Familie Huan Xuans sogar durch Heirat verbunden. Sowohl Yin Zhongwen als auch Yin Zhongkan wandten sich später gegen Huan Xuan. Yin Zhongkan wurde von diesem getötet, während Yin Zhongwen sich beim Umsturz der Jin zwar gegen Huan Xuan stellte, schließlich aber von Liu Yu hingerichtet wurde. Siehe Bielenstein (1996), S. 98, 100, 106. Weshalb das SBXZ und das YKB sich in dieser Hinsicht unterscheiden ist unklar, wahrscheinlich handelt es sich hierbei um eine Verwechslung.

versucht werden, die Lebensdaten Liu Yimins mit Hilfe geschichtlicher Fakten, die im YKB genannt werden, zu ermitteln.

Die Angaben, die das YKB zum Rückzug Liu Yimins macht, erscheinen im unmittelbaren Zusammenhang mit seiner Amtszeit in Chaisang. Zu diesem Amt geben beide Biographien allerdings keine näheren Informationen, da sowohl der Grad des Amtes, als auch ein eventuell früherer Amtsposten nicht genannt werden. Als einzig verlässliche Angabe hierzu nennt das YKB, dass Liu Yimin „ein Beamtengehalt in Chaisang" bezog, wobei anzunehmen ist, dass es sich hierbei wohl um das Amt des Distriktmagistraten (*xianling* 縣令) gehandelt habe.[24] Der Ort Chaisang lag damals im nordwestlichen Gebiet des Lushan, in der unmittelbaren Nähe zum Xilin- und zum Donglin-Kloster.[25] Die Nähe Chaisangs zum Lushan lässt zudem darauf schließen, dass Liu Yimin wohl schon vor seinem Rückzug aus dem Amt als Distriktmagistrat Kontakte zu Huiyuan pflegte.

Bezüglich der Lebensdaten Liu Yimins herrschen zahlreiche Unklarheiten. Das SBXZ nennt das „sechste Jahr der Regierungsdevise *yixi*" (410) als Todesjahr und gibt sein Alter mit 56 Jahren an.[26] In dieser Hinsicht besteht allerdings zwischen dem SBXZ und dem YKB keine Übereinstimmung, da in der älteren Biographie bei Yuan Kang noch im Jahr 413 eine Begegnung zwischen Liu Yu und Liu Yimin stattgefunden haben soll. So soll Liu Yu im „neunten Jahr der Regierungsperiode *yixi*" Liu Yimin „durch herausragende Mönche" geehrt haben. Die Ursache für diese unterschiedlichen Angaben mag daran liegen, dass im YKB kein exaktes Todesdatum Liu Yimins genannt wird. Dieses lässt sich nur indirekt über die Bemerkung erschließen, wonach die Zeit Liu Yimins als Eremit auf dem Lushan „zwölf Jahre" betragen haben sollte. Als Berechnungsgrundlage für das Todesdatum Liu Yimins ist somit der Zeitpunkt seines Rückzugs aus dem Beamtenleben von Bedeutung. Das YKB macht diesbezüglich nur ungefähre Angaben, während das SBXZ wegen seiner eher religiösen Gewichtung hierzu keine Informationen liefert. Im YKB wird Liu Yimins Amtsaufgabe aber unmittelbar mit dem Feldzug Huan Xuans gegen Jiankang und der Ausrufung der Chu-Dynastie in Verbindung gebracht.[27] Die hier genannte erste Regierungsdevise *yongshi* wurde Ende 403 verkündet und endete schon im März des Jahres 404, als ein Putsch unter der Führung Liu Yus, Huan Xuan und dessen Anhänger zu Fall brachte.[28] Huan Xuan wurde noch am 28. Tag des dritten Monats in Jiankang vernichtend

24 So sind von Tao Yuanming zwei Gedichte überliefert, die dieser an „[Herrn] Liu aus Chaisang" richtete. Davis (1983), S. 65. Das Amt des Distriktsmagistraten war ein Posten auf lokaler Ebene und für die direkte Verwaltung eines Kreises zuständig. Hucker (1985, S. 240) gibt den Amtsrang hierbei als 7a bis 5a an.

25 Zum Kreis Chaisang, s. Davis (1983) II, S. 174–175. Davis vermerkt die Nähe der Kreisstadt Chaisang zum Donglin-Kloster: „[…] Ch'ai-sang hsien extended west and south of present Kiukiang and the town of Ch'ai-sang lay on the north-western side of Lu-shan, probably not far from where the remains of the Hsi-lin and Tung-lin Buddhist temples, […] are situated." Davis (1983) II, S. 176.

26 Diesem Datum wird in der Sekundärliteratur unter Berufung auf diese Quelle aus der Song-Zeit gefolgt. Siehe beispielsweise Liebenthal (1955), S. 81; Robinson (1967), S. 255 Fn. 6.

27 A.R. Davis nimmt hierfür das Jahr 402 an, das Jahr der Gründung der „Weißen Lotus-Gesellschaft", wofür Liu Yimin den Schwurtext verfasst hatte. Dieser Referenzpunkt bleibt in Davis Argumentation jedoch unbegründet. Siehe Davis (1983) II, S. 185; T49.2035.268x.

28 Trotz der sehr kurzen Zeit von drei Monaten besitzt die Regierungsdevise *yongshi* zwei Jahresangaben „Anfangsjahr der Devise yongshi" (*yongshi yuannian* 永始元年) und „Zweites Jahr der Devise yongshi" (*yongshi ernian* 永始二年). Diese irritierende Tatsache liegt daran, dass das erste „Jahr" die-

geschlagen und musste sich auf das Gebiet seiner Familie in Jiangling zurückziehen. Am Tag darauf wurden seine Ahnentafeln von Liu Yu aus dem kaiserlichen Ahnentempel entfernt und verbrannt. Das YKB schreibt zum Putsch der *beifu bing*, dass Liu Yimin, „als die Pläne zum Umsturz begannen", seine „Frauen und Kinder" bat, ein „Haus in der Wildnis einzuweihen". Gemäß diesen Angaben musste Liu Yimins Rückzug etwa im Jahr 404 erfolgt sein, unmittelbar während der Zeit, als Liu Yu die *beifu bing* gegen Huan Xuan ins Feld führte und dessen Unterstützer verfolgen und hinrichten ließ. Beide Biographien erwähnen zudem, dass Liu Yimin in der Regierungsperiode *yixi* die Einberufungen der „Grafen und Herzöge" in ein Amt zurückwies. Mit letzteren waren die Sieger über Huan Xuan gemeint, die unter der Führung Liu Yus vom Kaiser in den Adelsstand erhoben worden waren. Liu Yimin soll so insgesamt zwölf Jahre auf dem Lushan verbracht haben. Es lässt sich damit, falls sein Rückzug tatsächlich im Jahr 404 stattfand, als Todesjahr das Jahr 416 ermitteln – sechs Jahre später als im SBXZ angegeben. Liu Yimin verstarb demnach im selben Jahr wie Huiyuan, jedoch noch vor dem 6. Tag des neunten Monats (13. September), falls letzterer wirklich, wie Yuan Kang behauptet, der Verfasser des YKB gewesen war.

Die Informationen aus dem YKB liefern somit in Verbindung mit dem Zeitgeschehen ganz andere Lebensdaten als das SBXZ. Auch äußert sich die Quelle aus der Song-Zeit nicht zu den politischen Vorkommnissen, mit denen das Leben Liu Yimins eng verbunden war. Die Aufgabe des Amtes in Chaisang und der Rückzug in die Berge lassen darauf schließen, dass Liu Yimin sich hierdurch den Sanktionen Liu Yus gegen die Unterstützer Huan Xuans entzog.

Die Familie Liu aus Pengcheng

Die Biographie im YKB gibt einige Hinweise auf politische Ereignisse, die entscheidend in Liu Yimins Leben gewesen waren und dafür sorgten, dass er seine Beamtenkarriere aufgab und sich auf dem Lushan als Eremit niederließ. Das SBXZ gibt als Motivation für den Rückzug hingegen ausschließlich religiöse Gründe an. So soll es die Bewunderung für Huiyuan gewesen sein, die bei Liu Yimin zuerst für die Annahme eines Postens in der Kreisstadt Chaisang und dann schließlich zum Rückzug in den „Westlichen Wald" führte. Das YKB gibt als Grund für den Rückzug den Umsturzversuch Huan Xuans an, der Liu Yimin unmittelbar zur Aufgabe seiner Amtstätigkeit veranlasste und – so hat es zumindest den Anschein – seine Frauen und Kinder vor den kommenden Aufständen auf dem Lushan in Sicherheit brachte. Der Rückzug Liu Yimins erscheint daher nicht wie im SBXZ als eine fromme Entscheidung, sondern eher wie eine Flucht vor politischen Unruhen oder gar drohender Verfolgung. Dies mag mit der in beiden Biographien erwähnten Verbindung Liu Yimins zu Huan Xuan und anderen Mitgliedern der Adelsallianz zu tun haben, die sich schon 399 gegen das Kaiserhaus wandten. Im YKB werden diese Personen zudem als Gewährsleute für die Kompetenz Liu Yimins angegeben, und es ist denkbar, dass Huan Xuan und Yin Zhongwen ihn unmittelbar ins Amt empfohlen hatten. Die Informationen, die das

---

ser Devise lediglich 27 Tage umfasste, also kurz vor dem chinesischen Neujahr liegt und danach dann mit dem zweiten Jahr fortgesetzt wird. Siehe für die Jahre 403 und 404: Hoang (1910), S. 157.

YKB hierzu liefert, stellen das Leben Liu Yimins damit in einen deutlichen politischen Zusammenhang.

Der politische Kontext, in dem Liu Yimin sich zu Beginn des fünften Jahrhunderts befand und der unmittelbar für seinen Rückzug auf den Lushan sorgte, soll im Folgenden eingehender untersucht werden. Hierzu erfolgt in Punkt 3.1 zunächst eine Darstellung des Herkunftsgebiets der Liu aus der Gegend von Pengcheng. Danach werden in den Punkten 3.2 und 3.3 zwei Familienzweige der Liu, die sich auf denselben Urahnen zurückführen, eingehender untersucht und in Punkt 3.4 schließlich die Gründung der Song durch das wohl bekannteste Mitglieder der Liu aus Pengcheng, nämlich Liu Yu, näher beleuchtet.

Das Herkunftsgebiet der Liu

Pengcheng, die Herkunftsgegend der Liu, bezeichnet sowohl den Amtssitz einer territorialen Einheit, als auch das damit bezeichnete Gebiet. Der Bezirk[29] Pengcheng gehörte zur Zeit der Westlichen und der Östlichen Jin zur Provinz Xuzhou, die acht solcher Bezirke zusammenfasste.[30] Diese Provinz erstreckte sich südlich der Shandong-Halbinsel an der Küste des Gelben Meeres entlang, bis unmittelbar an die Mündung des Yangzi, wobei im Norden ein kleiner Teil der Provinz in das Zentrum von Shandong hineinragte. Das administrative Zentrum von Pengcheng befand sich auf dem Gebiet der heutigen Stadt Xuzhou. Die Präfektur Pengcheng war während der Han-Zeit eingerichtet worden und wurde damals Chuguo genannt. Sie umfasste zum Teil den östlichen Bereich des kleinen Staates Song, der während der Zeit der Streitenden Reiche, im Jahr 287 v.Chr. vom Staat Qi erobert worden war.[31] Die Lius aus Pengcheng führen ihre Herkunft hierbei auf Liu Jiao zurück, einen jüngeren Bruder des Gründers der Han-Dynastie Liu Bang. Liu Jiao hatte sich nach vorhergehenden Kämpfen gegen seinen älteren Bruder diesem letztendlich unterworfen und durfte fortan den Titel „König Yuan von Chu" (Chu Yuanwang) tragen und wurde mit dem Gebiet von Pengcheng belehnt. Auch die Mitglieder der Kaiserfamilie siedelte der Han-Herrscher Liu Bang auf dem Gebiet von Pei an, das direkt an Chuguo angrenzt.[32] Pengcheng und das Gebiet von Pei sind somit die Region, aus der das Herrscherhaus der Früheren Han stammte. Ebenso wie alle anderen bedeutenden Aristokratenfamilien, die nach dem Fall der Westlichen Jin in den Süden auswanderten, behielten auch die Liu ihren Herkunftsort Pengcheng als Namenszusatz und damit auch ihren Anspruch auf das verlorene Gebiet im Norden aufrecht, wo sich die Gräber ihrer Ahnen befanden.[33]

---

29 Zur Territorialgliederung der Jin, siehe Hucker (1985), S. 20f.

30 Zur Provinz Xuzhou, siehe *Jinshu* 15.451.6ff.; Tan (1982) III, S. 9–10.

31 Lewis (1999), S. 637; ZGDC S. 2833.

32 SJ 50.1558.13ff.

33 Die Namen der Adelsfamilien setzen sich zusammen aus dem Familiennamen und einem diesem vorangestellten Ortsnamen. Diese Ortsnamen bezeichnen jedoch nicht den jeweils aktuellen Wohnsitz der Familien nach der Emigration in den Süden, sondern jenen Ort, den eine Familie als die Heimat ihrer Vorfahren betrachtet und wo sich die Gräber der Ahnen befinden. Für diese Art der Herkunftsbezeichnung, die zugleich auch eine soziale Position innerhalb der Aristokratie markiert, hat David Johnson in Anlehnung an das griechische Wort *chôros* („Ort", „Gut", „Landbesitz") den Neologismus „Choronym" (chin. *wang* 望 oder *benwang* 本望) geprägt. Eine ähnliche Praxis, in der alte, längst nicht

Zur Zeit der Gründung der Hauptstadt der Östlichen Jin im Jahr 317 gehörte Pengcheng noch zum Gebiet der Jin und es ist anzunehmen, dass die Liu ihre dortigen Güter behielten und sie gegen die Angriffe der Späteren Zhao unter Shi Le 石勒 verteidigten. Im Jahr 323 schließlich konnte Shi Le Pengcheng erobern, dieses fiel jedoch im Jahr 334 wieder an die Östliche Jin.[34] Die folgenden Jahrzehnte waren dann durch häufige und unübersichtliche Gebietswechsel gekennzeichnet, da Pengcheng innerhalb eines strategisch wichtigen Gebiets nördlich des Huai lag. Diese strategische Bedeutung kommt durch die Verbindung Pengchengs durch den Fluß Si zum Huai zustande. Pengcheng selbst liegt an diesem Fluß, der ca. 150 km. südöstlich in den Huai mündet. Von dort aus verbanden zahlreiche Verkehrswege zu Wasser und zu Land Jiankang, die Hauptstadt der Östlichen Jin, mit der nördlichen Lössebene, mit den alten Hauptstädten Luoyang und Chang'an.[35] Das Gebiet nördlich des Huai war somit ein wichtiger Korridor für die militärischen Operationen des Südens und Nordens und damit ein stark umkämpftes Gebiet, in dem sich die Grenzen zwischen der Östlichen Jin und den nördlichen Nachbarn ständig verschoben.[36]

Alter Adel und soziale Aufsteiger

Die Liu aus Pengcheng besaßen aufgrund ihrer Herkunft innerhalb der Adelsgesellschaft der Westlichen Jin eine sehr prestigeträchtige Position. Denn Abstammung war während des chinesischen Mittelalters ein entscheidender Faktor für die gesellschaftliche Stellung und damit auch für die Macht und den Einfluss, die eine Person besaß.[37] Die Epoche des chinesischen Mittelalters wird gemeinhin als eine Zeit betrachtet, in der sich eine relativ fest umrissene und in ihrer Zusammensetzung stabile Gruppe von Adelsfamilien über lange Zeit hindurch mithilfe einer Monopolisierung von Regierungsämtern an der Macht halten konnte.[38] Diese recht kleine Anzahl von Adelsfamilien wurde von David G. Johnson als

---

mehr gültige Herkunftsbezeichnungen weiter verwendet wurden, fand sich bei den Festlandchinesen, die nach 1949 unter Jiang Kaishek nach Taiwan geflüchtet waren. Auch diese behielten nach der Emigration in wichtigen persönlichen Dokumenten die alte Adresse auf dem Festland bei. Siehe Johnson (1977), S. 165, Fn. 46.

34 *Jinshu* 7.179.9.

35 Zürcher (1957), S. 26.

36 Chittick (1998), S. 32ff.

37 Die Bezeichnung „chinesisches Mittelalter" legt nahe, dass zwischen diesem Zeitraum von 360 Jahren, zwischen der Han- und der Sui-Dynastie, und dem europäischen Mittelalter zahlreiche Parallelitäten herrschen. Tatsächlich lassen sich in diesem Zeitraum auch viele ähnliche Ereignisse und geschichtliche Entwicklungen feststellen, wie den Zerfall einer Weltmacht, das Eindringen von Fremdvölkern, der Beginn einer neuen Religiosität, etc. Allerdings herrschen zwischen den gesellschaftlichen Voraussetzungen, die zu diesen Entwicklungen führten, erhebliche Unterschiede. Dies stellt wiederum eine Vergleichbarkeit der beiden Epochen erheblich in Frage. Wenn im Folgenden der Begriff „chinesisches Mittelalter" verwendet wird, dann soll damit keinesfalls die Vergleichbarkeit und Parallelität zwischen dieser Periode mit dem europäischen Mittelalter gemeint sein. Die Verwendung des Begriffs „Mittelalter" erfolgte aus reiner Bequemlichkeit, um komplizierte und für sich ebenfalls wieder fragwürdige und kommentierungswürdige Bezeichnungen, wie die „Sechs Dynastien" oder „Südliche und Nördliche Dynastien" zu vermeiden. Zur Diskussion des Begriffs „chinesisches Mittelalter", siehe Gernet (1979), S. 148; Schmidt-Glintzer (1989), S. 397–425; Kuhn (1991), S. 398f.

38 Diese Adelsfamilien waren besonders mächtige und bedeutende Familien (*haozu* 豪族), die mit dem

eine „Medieval Chinese Oligarchy“ bezeichnet, die als das wichtigste Instrument zur Aufrechterhaltung ihrer Herrschaft das „Neun-Rang-System“ (*jiupin* 九品) kontrollierte, das unter den Aspiranten für politische Ämter auf der Grundlage von deren Herkunft Klassifikationen vornahm, die sich wiederum in politische Ämter übersetzen ließen.[39] Sowohl eine besonders prestigeträchtige Herkunft, als auch die Ämter der Vorfahren waren hierbei die ausschlaggebenden Faktoren für die zukünftigen Karrieremöglichkeiten eines angehenden Beamten.[40] Durch eine solche Abschließung gegenüber sozial niederrangigen Familien konnte sich die im Mittelalter herrschende Aristokratie über lange Zeiträume hinweg ihre Macht erhalten.

Allerdings stand die Zeit des chinesischen Mittelalters auch im Zeichen tiefgreifender sozialer und politischer Umwälzungen, durch die sich das gesellschaftliche Gefüge im Süden und im Norden grundlegend veränderte.[41] So war die Aristokratie des Südens trotz aller Abschließungstendenzen einem beständigen Wandel unterworfen. Dies hatte zur Folge, dass die meisten einflussreichen Familien nur für eine begrenzte Zeit ihre Machtposition unter einer Dynastie beibehalten konnten, um dann, oft infolge eines Dynastiewechsels oder als Folge von internen Machtkämpfen, anderen Familien Platz zu machen.[42] Die sozialen Aufsteiger kamen jedoch nicht immer nur, wie Johnson annimmt, aus den gleichen alten und prestigeträchtigen Adelsfamilien, sondern ab dem Ende der Östlichen Jin zunehmend aus den Kreisen sozial niederrangiger Familien.[43] Diese Dynamik zwischen dem alten Adel und den sozialen Aufsteigern findet sich auch in der Geschichte der Familie

---

Kaiserhaus der Jin in den Süden geflohen waren, weil sie sich nicht der Herrschaft der aus dem Norden eindringenden Nomadenvölkern unterwerfen wollten. Diese Gruppe stand der Masse der kleinen, unbedeutenden und/oder verarmten Landbesitzern, den *hanmen* 寒門 gegenüber. Unter der Klasse der bedeutenden Familien musste man auch unterscheiden zwischen den „alten Familien“ (*jiumen* 舊門), den „zweitrangigen Familien“ (*cimen* 次門), den „nachkommenden Familien“ (*houmen* 後門), den „Verdienstfamilien“ (*xunmen* 勛門) und den „Dienstfamilien“ (*yimen* 役門). Über viele soziologische Fragen, die die Schicht der *haozu* betreffen, herrscht innerhalb der gegenwärtigen Forschung keine Einigkeit. Einen guten Überblick über die strittigen Fragen sowie der Stand der Diskussion im Jahr 1990 bietet Kuhn (1991), S. 480–488.

39 Johnson (1977), S. 19–31.

40 Es wurde den Bewerbern hierbei von einem zentral eingesetzten Staatsbeamten, dem „Unparteiischen und Gerechten“ (*zhongzheng* 中正) ein Rang im Rahmen des Neun-Ränge-Systems verliehen, welcher den sog. „lokalen Rang“ (*xiangpin* 鄉品) bildete. Dieser bildete seinerseits die Grundlage für den „Amtsrang“ (*guanpin* 官品), mit dem der Gelehrte seine Laufbahn als Literatenbeamte beginnen konnte. In der Regel lag der Amtsrang vier Stufen unter seinem „lokalen Rang“, der darüber hinaus auch anzeigte, bis zu welchem Beamtenrang ein Kandidat bei erfolgreicher Amtsführung generell aufsteigen konnte. Siehe hierzu Miyazaki (1956), S. 105–120.

41 In der älteren japanischen und in der westlichen Sinologie hat man diesen Zeitraum oft als eine „Übergangszeit“ bezeichnet, als einen gewaltsamen Prozess der gesellschaftlichen Neuordnung. Siehe hierzu Franke (1968), S. 118ff.; Fogel (1984), S. 200.

42 Gegen dieses Bild von einer aus einem fest umrissenen Kreis gebildete Aristokratenelite, die sich durchgehend über die ganze Zeit des chinesischen Mittelalters hindurch an der Macht halten konnte, wendet sich berechtigterweise Dušanka Miščević. Das grundlegende Problem der Arbeiten, die von einer festumrissenen Adelselite sprechen, ist nämlich, dass sie auf Materialien der Tang-Zeit basieren. Zu einer Kritik dieses Ansatzes, siehe Miščević (1993), S. 9ff. und S. 248f. Miščević stellt in ihrer Arbeit im Gegenteil fest, dass sich die Adelselite des chinesischen Mittelalters immer wieder aufgrund der gesellschaftlichen Umwälzungen durch soziale Aufsteiger aus zweitrangigen Familien erneuerte.

43 Siehe hierzu die sehr aufschlussreichen Tabellen und Übersichten in Miščević (1993), S. 15ff.

Liu aus Pengcheng. Die Biographiensektion des *Jinshu* führt drei Mitglieder der Liu aus Pengcheng, inklusive einer ausgewählten Anzahl von Nachkommen in Nebenbiographien auf:

Tabelle 6: Biographische Quellen der Liu aus Pengcheng

	Hauptbiographie	**Nebenbiographien**
Jinshu liezhuan 39[44]	Liu Wei	Liu Wei, Liu Bo, Liu Dan, Liu Na, Liu Chou, Liu Shao
Jinshu liezhuan 54[45]	Liu Laozhi	Liu Jingxuan
Jinshu liezhuan 55[46]	Liu Yi	Liu Mai

Die umfangreichste Biographie ist hierbei die von Liu Wei. Sein Zweig gilt, jedenfalls nach seiner Reihenfolge innerhalb der Biographiensektion zu urteilen, als der prominenteste der Liu aus Pengcheng und hat mit Abstand die meisten Beamten hervorgebracht. Auffällig ist weiterhin, dass Chu Yuanwang, der Uran der Liu aus Pengcheng, nur in der Biographie von Liu Wei eigens erwähnt wird. Diese Abstammung wird nicht bei Liu Yi und Liu Laozhi genannt. Anders im *Songshu*: Hier besitzt Liu Jingxuan, der Sohn von Liu Laozhi, eine eigene Biographie, in der die Abstammung von Chu Yuanwang hervorgehoben wird.[47] Diese Aufwertung der Herkunft Liu Jingxuans ist im Zusammenhang mit dem Aufstieg des wohl bedeutendsten Mitgliedes der Familie Liu aus Pengcheng zu sehen, nämlich Liu Yu, dem Gründer der Liu-Song-Dynastie (420–479). Dieser begann nämlich seine Karriere als „Kriegsrat“ (*canjun* 參軍) unter Liu Laozhi und Liu Jingxuan.

In der Geschichte der Liu aus Pengcheng zwischen dem Beginn der Östlichen Jin-Zeit und der Gründung der Song-Dynastie durch Liu Yu, zeigen sich auch die allgemeinen soziologischen Tendenzen dieser Zeit: Die am Kaiserhof etablierte Familie von Liu Wei steigt durch einen bewaffneten Konflikt mit den mächtigen Wang aus Langye sozial ab, geht ins Exil und gerät mit dem Tod von Liu Bo schließlich in Vergessenheit. Andererseits gelingt dem aus einem unbedeutenden, wahrscheinlich verarmten Zweig der Liu aus Pengcheng stammende Liu Yu durch militärische Erfolge ein steiler sozialer Aufstieg, so dass dieser sogar so viel Macht auf sich vereinen kann, um im Jahr 420 die Abdankung des letzten Kaisers der Jin zu erzwingen und die Song-Dynastie der Familie Liu (Liu-Song) zu gründen.[48] Dieser Aufstieg der Liu aus Pengcheng zur Kaiserfamilie der Song legt die Frage nahe, wie sich die verwandtschaftlichen Verhältnisse innerhalb dieser Familie gestalteten, wie die einzelnen Familienzweige miteinander verbunden waren und letztlich, wo Liu Yimin hierin zu verorten ist. Leider lassen sich aus den oben aufgelisteten Biographien keine direkten verwandtschaftlichen Beziehungen zwischen den verschiedenen Zweigen der Liu aus Pengcheng ersehen. Auch besteht bei der Untersuchung von Liu Yimins Zugehörigkeit zu den unterschiedlichen Familienzweigen der Liu das generelle Problem, dass

44 *Jinshu* 39.1835.1ff.
45 *Jinshu* 54.2188.1ff.
46 *Jinshu* 55.2205.1ff.
47 *Songshu* 7.1409.7ff.
48 Chittick (1998), S. 21–53.

die interne Organisation und die Selbstwahrnehmung verwandtschaftlicher Gruppen aus der Vor-Song-Zeit – trotz einiger Versuche amerikanischer Sinologen – noch keineswegs geklärt sind.[49] In seiner hinsichtlich dieser Frage noch heute gültigen Arbeit zur *Medieval Chinese Oligarchy* aus den siebziger Jahren umreißt David G. Johnson dieses Problem in seiner Komplexität und Schwierigkeit: Von zentraler Bedeutung für die Selbstwahrnehmung waren für die Adelsfamilien der Sechs Dynastien die Genealogien (*jiapu* 家譜), von denen heute allerdings keine einzige mehr überliefert ist. Doch ist bekannt, dass selbst diese Genealogien nicht alle Zweige einer Familie erfassten, da in das genealogische Register nur Individuen Eingang fanden, die auch ein Amt innehatten. Familienzweige, die seit zwei oder drei Generationen keinen Beamten mehr hervorgebracht hatten, wurden bei der Aufnahme ins genealogische Register übergangen.[50] Es bestand daher innerhalb von Familien mit demselben Namen und demselben Herkunftsort eine Ausdifferenzierung in prominente Zweige, die in der Erinnerung der genealogischen Register fortbestanden, und in untergeordnete Zweige, die in Vergessenheit gerieten. Aus diesem Grund entwerfen die, unter anderem auf den Familiengenealogien basierenden, Biographien der Dynastiegeschichten nur ein höchst selektives Bild von den verwandtschaftlichen Verhältnissen eines Individuums. Dieses Problem bezüglich Kenntnis- und Quellenlage zur internen Organisation chinesischer Familien macht es somit unmöglich, Verwandtschaftsbeziehungen zwischen den verschiedenen Mitgliedern der Familie Liu aus Pengcheng herzustellen. Da in allen Biographien von Liu Yimin jedoch dessen Abstammung vom Kaiserhaus der Früheren Han ausdrücklich erwähnt wird und dieser verwandtschaftliche Ursprung gegen Ende der Östlichen Jin von extremer Wichtigkeit für die Beziehung zum neuen Herrschergeschlecht der Song wurde, sollen im Folgenden zwei Zweige der Liu aus Pengcheng anhand ihrer Biographien näher dargestellt werden, die ihre Abkunft ebenfalls von Chu Yuanwang herleiten. Neben der politischen Zuordnung lässt sich so der geographische Wirkungskreis erkennen, wodurch sich diese beiden Familienzweige gegeneinander abgrenzen lassen. Es soll auf diese Weise versucht werden, ein Bild dieser Familie innerhalb des politischen Spektrums der Östlichen Jin zu skizzieren, um so Liu Yimin anhand der aus seiner Biographie bekannten Informationen innerhalb dieses Kontextes einzuordnen.

Liu Wei und Liu Bo

Liu Wei, dessen Biographie zusammen mit seinem Sohn, Enkel und Großenkel, sowie seinem Onkel Liu Chou im *Jinshu* geführt wird, dürfte den biographischen Angaben nach wohl zum prominentesten Zweig der Liu aus Pengcheng zählen. Liu Wei, von dessen Vorfahren nur noch dessen Großvater Liu Di genannt wird, kam unter Kaiser Min in höchste Staatsämter.[51] Der Exodus des Jin-Adels in den Süden und die Gründung der neuen Hauptstadt Jiankang hatte in ökonomischer Hinsicht wahrscheinlich nur einen geringen negativen Einfluss auf die Familie von Liu Wei, da Pengcheng zu Beginn nicht zu den an den Norden

49 Siehe hierzu die Artikel von Watson (1982); Twitchett (1982) und Johnson (1977), S. 89–119.

50 Johnson (1977), S. 98f.

51 In seiner Biographie werden mehrere Throneingaben zitiert, in denen Liu Wei gegen Beamte vorgeht, die sich rituelle Verstöße zuschulden kommen ließen. Siehe *Jinshu* 39.1837.10.

verlorenen Gebieten zählte. Liu Wei bekam unter Kaiser Yuan einflussreiche Ämter verliehen und wurde darüber hinaus auch durch die Erhebung in den Adelsrang geehrt. Die Biographie erwähnt explizit seine Vertrautheit mit dem Kaiser, denn er selbst galt, gemeinsam mit Diao Xie 刁協[52], als kaiserlicher Favorit unter den Beamten. Diese Bevorzugung hatte ein politisches Motiv zur Ursache, da Kaiser Min hierdurch einen Machtausgleich zu dem ebenso einflussreichen wie ehrgeizigen Wang Dun herzustellen versuchte. Wang Dun, der aus der prominenten Familie der Wang aus Langye stammte, war mit dem Kaiserhaus durch Heirat verbunden und bekam während einer erfolgreichen Karriere wichtige militärische und zivile Posten.[53] Von den Biographen des *Jinshu* wird Wang Dun allerdings durchgehend kritisch bewertet, da er so ehrgeizig gewesen sein soll und „nach den Dreifüßen strebte“ (dem Kaiserthron).[54] Die Konkurrenzsituation mit Liu Wei eskalierte zum bewaffneten Konflikt, aus dem Wang Dun schließlich siegreich hervorging. Hierüber schreibt das *Jinshu*:

> Als Wang Dun Unruhe stiftete und mit Liu Wei um die Macht stritt, wurde Liu Wei in die Hauptstadt zurückgerufen. Auf seinem Weg hießen ihn alle Beamte willkommen. Die Mütze keck auf dem Hinterkopf, sprach Liu Wei mit lauter Stimme, sein Gesichtsausdruck war gefasst. Als er aber zur Audienz ging, bat er zusammen mit Diao Xie in einer Throneingabe um die Bestrafung der Wang-Familie. Dieser wurde nicht stattgegeben. Mit angstvoller Miene führte er einen Trupp zur Besetzung Jinchengs an. Als Wang Dun dann Shitou eroberte, wurde er von Liu Wei angegriffen, der ihn aber nicht besiegen konnte. Er trat in den Palast und verkündete seinen Rücktritt. Blass und unter Tränen verabschiedete sich daraufhin der Kaiser von ihm. Als Liu Wei nach Huaiyin kam, wurde er von Liu Xia überfallen. Mit Frauen und Söhnen, sowie mehr als 200 Verwandten und Vertrauten flüchtete er sich zu Shi Le.[55]

Mit seiner Flucht in den Norden im Jahr 322 begab sich Liu Wei unter den Schutz der Späteren Zhao, der einflussreichsten Macht in der Nachbarschaft seines Herkunftsgebietes Pengcheng. Deren Anführer Shi Le übertrug ihm verschiedene zivile Ämter, und es ist anzunehmen, dass es dem Einfluss der Liu in ihrem Heimatgebiet Pengcheng zuzurechnen war, dass diese Gegend gleich im darauffolgenden Jahr 323 erfolgreich von Shi Les Truppen besetzt werden konnte.[56] Durch ihre Flucht in den Norden verloren die Liu aus Pengcheng jedoch ihre Machtposition unter der Östlichen Jin – ein Verlust, der den Niedergang dieses Zweiges einleitete.

Liu Sui[57] ist der einzige Sohn Liu Weis, über den in der Biographie im *Jinshu* berichtet wird. Er soll mit seinem Vater in den Norden geflohen und dort verstorben sein, mehr wird

52 Lebensdaten unbekannt.

53 Wang Dun war seit seit 318 Hauptgeneral, Regionalinspektor von Jiangzhou, Jingzhou und Gouverneur-General mit militärischem Oberbefehl über sechs Provinzen. Siehe *Jinshu* 98.2554.4ff.

54 Franke (1961) II, 118. Die Kritik der Biographen an Wang Dun wird außerdem dadurch deutlich, dass seine Biographie, gleich zusammen mit der von Huan Wen, erst im hinteren Teil des *Jinshu*, bei den aufständischen und rebellischen Ministern geführt wird.

55 *Jinshu* 69.1838.6.

56 *Jinshu* 6.159.11 und 156.9.

57 Lebensdaten unbekannt.

nicht über ihn gesagt. Als Erbe von Liu Wei wird allerdings sein Enkel Liu Bo[58] aufgeführt, der unter Shi Le als Kriegsrat (*canjun* 參軍) dem chinesischen General Wang Qia diente. Im Jahr 349, nach dem Tod Shi Hus liefen Liu Bo und Wang Qia mit ihren Truppen zur Östlichen Jin über. Liu Bo wurde nach diesem Seitenwechsel prompt zum General und Gouverneur von Xiangcheng ernannt. Er stand als Feldherr fortan unter der Führung der damals sehr einflussreichen Familie Huan, zu einer Zeit, in der Huan Wen sich auf dem Höhepunkt seiner Macht befand.[59] Als Administrator (*xiang* 相) der Kommandantur Nan in den Jahren 372–379, war Liu Bo außerdem militärisch an der Verteidigung der Stadt Xiangyang beteiligt, die 379 von Fu Jians Sohn Fu Rong angegriffen wurde. Zur Verteidigung der Stadt kam Liu Bo mit seinem Ersatzheer jedoch zu spät, die Stadt wurde erobert und Liu Bo daraufhin wegen „Furchtsamkeit" seines Amtes enthoben. Liu Bo konnte im Jahr 383 allerdings seinen beschädigten Ruf als Feldherr wieder herstellen, indem er unter dem Befehl Huan Chongs Xiangyang angriff und sich an der Rückeroberung der Stadt beteiligte.[60] Nach dem Sieg der Östlichen Jin am Feishui im Jahr 383, dessen Gelingen das *Jinshu* vor allem den bedeutenden Mitgliedern der Familie Xie unter der Führung Xie Ans zuschreibt, sollte Liu Bo zur Besetzung der Gebiete nördlich des Huai eingesetzt werden.[61] Er lehnte jedoch unter dem Vorwand einer Krankheit ab und verstarb kurze Zeit später.[62] Nach dem Tod von Liu Bo lässt sich nichts mehr über dessen Nachfahren feststellen, der Familienzweig von Liu Wei scheint damit in die Unbedeutsamkeit versunken zu sein. Die Zeit danach ist durch den Aufstieg der Familien Liu Laozhis, Liu Yis und vor allem Liu Yus gekennzeichnet, die allesamt einen militärischen Hintergrund hatten und aus den Einwandererbezirken in der Nähe der Hauptstadt Jiankang stammten.

Die „Soldaten der nördlichen Kommandanturen" und der Aufstieg Liu Yus

Der Aufstieg Liu Yus zum mächtigsten Militärführer gegen Ende der Östlichen Jin und schließlich zum Kaiser der Song, kam wesentlich durch die Gründung einer neuen Streitmacht zustande, die sich aus den Einwandererbezirken der Gebiete nördlich des Huai rekrutierte. Diese wurde *beifu bing* 北府兵 („Soldaten der nördlichen Kommandanturen") genannt und erlangte aufgrund von militärischen Erfolgen große Berühmtheit. Dieser, im Jahr 376 von Xie Xuan neu eingerichtete Truppenteil trug bei der Schlacht am Feishui die entscheidenden militärischen Erfolge davon. Auch bei der erfolgreichen Niederschlagung der Aufstandsbewegungen unter Sun En, Lu Xun und Xu Daofu, waren die *beifu bing* siegreich beteiligt. Diese kampferfahrene Truppe rekrutierte sich aus den Bewohnern der Ein-

58 Lebensdaten unbekannt, Liu Bo verstarb ungefähr im Jahr 390.

59 Die Jahre 345–362 waren die Jahre, in denen Huan Wen seine größten militärischen Erfolge verbuchen konnte, u.a. die Rückeroberung der ehemaligen Hauptstadt Luoyang im Jahr 356. Siehe hierzu Chittick (1998), S. 30–38.

60 *Jinshu* 69.1838.15. Siehe hierzu außerdem Rogers (1968), S. 166. Die Beteiligung Liu Bos an der Rückeroberung Xiangyangs wird in dessen Biographie im *Jinshu* nicht erwähnt, sondern nur in der Biographie Fu Jians aufgeführt.

61 Zur Konkurrenz der Xie mit den Huan sowie die im Sinne der Xies geschriebene Darstellung der Schlacht am Feishui, siehe Rogers (1968), S. 59f.

62 *Jinshu* 69.1841.7.

wandererbezirke (*qiaoju* 僑居) im Osten und Südosten der Hauptstadt Jiankang.[63] Als einwohnerstärkster Bezirk hiervon galt Jinling, der im Jahr 321 für Flüchtlinge aus den Gebieten nördlich des Huai eingerichtet worden war und im Jahr 329 einen weiteren Bevölkerungszuwachs erlebte, als der Bauminister (*sikong* 司空) Xi Jian die verstreuten Flüchtlingsgruppen südlich des Huai dort ansiedelte.[64] Die neu eingerichteten Einwandererbezirke dienten so als Auffangbecken für Kriegsflüchtlinge, die alle die Herkunft aus dem Nordostgebiet der ehemaligen Westlichen Jin vereinte. Die Zusammenfassung dieser Einwanderer in einem eigenen Bezirk hatte sowohl deren steuerliche Erfassung, als auch die Etablierung eines Rekrutierungspools für die Streitkräfte der Jin zum Ziel.[65] Denn als Angehörige einer späteren Auswandererwelle fanden sich die Bewohner der Einwandererbezirke in einer sozial benachteiligten Position und viele nutzten daher den Eintritt in das Heer als Möglichkeit für den sozialen Aufstieg.[66] Für viele Männer aus Einwandererfamilien der Bezirke Guangling, Jingkou und Jinling bot die Gründung der *beifu bing* durch Xie Xuan daher die Gelegenheit, die soziale und ökonomische Situation ihrer Familien zu verbessern.[67] Die führenden Generäle der *beifu bing* stammten allesamt aus diesen Bezirken und kamen zum größten Teil ursprünglich aus der Provinz Xuzhou.[68] Bis ins Jahr 388 befanden sich die *beifu bing* unter der ständigen Kontrolle des Präfekten von Xuzhou, ein Amt, welches bis dahin Xie Xuan innehatte. Kaiser Xiao Wudi, der mit der Absetzung Xie Xuans die Macht der einflussreichen Xies brechen wollte, setzte seine eigenen Verwandten als Präfekten von Xuzhou ein, übertrug die direkte Führung der *beifu bing* dann allerdings Liu Laozhi selbst.[69] Die zahlreichen Siege der *beifu bing*, die siegreiche Schlacht am Feishui sowie die erfolgreiche Niederschlagung der Aufstandsbewegungen, ließen diese zu einer kampferfahrenen Elitetruppe werden, die in den Machtkämpfen der etablierten Adelsfamilien zu einem immer selbständiger agierenden Machtfaktor wurde. Dies zeigte sich insbesondere am Konflikt zwischen Huan Xuan und Sima Yuanxian im Jahr 399, bei welchem die *beifu bing* unter Liu Laozhi durch den Seitenwechsel ihres Anführers die Schlacht entschieden und sich gegen Huan Xuan wandten. Auch später bei Huan Xuans missglücktem Versuch der Gründung der Chu-Dynastie spielten die Generäle der *beifu bing* die entscheidende Rolle bei der Restauration des Jin-Kaiserhauses: Durch einen Militärputsch der *beifu bing* unter der Führung von Liu Yu im März des Jahres 404 musste Huan Xuan aus der Hauptstadt fliehen und wurde kurze Zeit später von Liu Yu mitsamt all seinen Verwandten getötet. Im Jahr 405 schließlich setzte Liu Yu wieder den alten, von Huan Xuan abgesetzte Jin-Kaiser ein und konnte sich von nun an als Schutzherr und

63 Zhou (1983), S. 156ff.

64 *Songshu* 25.1038.6ff.; Yan (1987), S. 119.

65 Das *Songshu* gibt sieben Provinzen an, aus denen die Flüchtlinge in den Einwandererbezirken zusammengefasst wurden. Diese waren allesamt Provinzen im Nordosten des Reiches: Yanzhou, Xuzhou, Youzhou, Jizhou, Qingzhou, Bingzhou und Yangzhou. Über die Wege der verschiedenen Flüchtlingswellen, siehe Yan (1987), S. 114–130. Die Einwandererbezirke wurden unter der Song-Dynastie alle mit dem Herkunftsort der darin wohnenden Flüchtlingsfamilien bezeichnet – ein Aspekt, der den „provisorischen" Charakter des Kaiserhauses im Süden unterstreichen sollte.

66 Zhou (1983), S. 157ff.

67 *Jinshu* 54.2188.3ff.

68 Chen (1987), S. 34.

69 Ebd. S. 32; Zhou (1983), S. 155, 161.

Bewahrer des Jin-Kaiserhauses feiern. Darüber hinaus nutzte Liu Yu seine Machtposition als Anführer der *beifu bing*, um seinen mächtigsten Konkurrenten Liu Yi auszuschalten. Liu Yi, der ebenfalls aus Pengcheng stammte, wird von seinen Biographen nicht nur als ein fähiger Feldherr, sondern auch als ein kultivierter Literat beschrieben. Er hatte gegenüber Liu Yu zudem noch den Vorteil einer besseren Herkunft, da schon seine Vorfahren zahlreiche Ämter innegehabt hatten.[70] Nach der Ermordung Liu Yis hatte Liu Yu ab dem Jahr 414 jedoch auch diesen Gegner ausgeschaltet und setzte schließlich im Jahr 420 dem Jin-Kaiserhaus ein Ende, indem er die neue Dynastie der Liu-Song gründete.

Die Herkunft Liu Yus und die Legitimation der Song-Dynastie

Zur Legitimation des Dynastieübergangs von der Östlichen Jin zur Song, war die Herkunft Liu Yus aus dem Herrschergeschlecht der Früheren Han von entscheidender Bedeutung. Seine Biographie im *Songshu* verbindet Liu Yu durch eine lückenlose Ahnenfolge mit Chu Yuanwang, dem jüngeren Bruder des Dynastiegründers der Han:

> Der Dynastiegründer Kaiser Wu besaß als Tabu seinen persönlichen Namen Yu, er trug den Mannesnamen Deyu und hatte den Kindheitsnamen Jinu. Er war ein Mann aus dem Dorf Suyu im Kreis Pengcheng, und ein Nachfahre des Jiao, König Yuan von Chu, dem jüngeren Bruder des Dynastiegründers der Han. Liu Jiao zeugte Fu, der Marquis von Hongyi wurde. Fu zeugte Piqiang, der Direktor der Kaiserlichen Familie wurde. Piqiang zeugte De, der Marquis von Yangcheng wurde. […] Xi zeugte Xusun, der Präfekt von Kaifeng wurde. Xusun zeugte Hun, der zum ersten Mal den Yangzi überquerte und sich im Dorf Jingkou, im Kreis Dantu der Kommandantur Jinling niederließ. Er diente als Beamte bis zum Grad eines Präfekten von Wuyuan. Hun zeugte Jing, der Gouverneur von Dongan wurde. Jing zeugte Qiao, der in seiner Kommandantur Direktor des Büros für Beamtenevaluation wurde. Dies ist der ehrenwerte Vater des Dynastiegründers. Der Dynastiegründer wurde im ersten Jahr der Regierungsdevise *xingning* des Kaisers Ai der Jin, während der Jupiter in der Position *cigui* stand, im dritten Monat des Jahres *guihai*, in der Nacht des Tages *renyin* (16. April 363) geboren. Als er erwachsen war, war er sieben *chi* und sechs *cun* groß und hatte einen ganz besonderen Charakter. Seine Familie war arm, doch Gaozu besaß großen Ehrgeiz und hielt sich nicht mit Kleinlichkeiten auf. Er diente seiner Stiefmutter und wurde deshalb für pietätvoll erachtet.[71]

Die Ahnenfolge Liu Yus verbindet diesen mit einer Kette aus insgesamt zwanzig Vorfahren direkt mit Chu Yuanwang. Diese Ahnenreihe ist zwar in höchstem Maße zweifelhaft, da sich nur für die ersten sieben Personen Belege in den geschichtlichen Quellen finden, für Liu Yus Anspruch auf das Mandat des Himmels war dies jedoch von größter

70 Liu Yis Biographie im *Jinshu* erwähnt das Amt des Urgroßvaters, der das Amt eines Administrators (*xiang* 相) von Guangling innegehabt hätte, während sein Großonkel das Amt eines „Großmeisters des glanzvollen Glück“ (*guanglu dafu* 光錄大夫) besetzt haben soll. *Jinshu* 55.2205.1ff.

71 *Songshu* 1.1.1ff.; Siehe auch Liu Yus Biographie in der *Nanshi*, in der diese Ahnenfolge jedoch nur zusammengefasst wiedergegeben wird. *Nanshi* 1.1.1ff.

Wichtigkeit.[72] Denn die hier reklamierte Herkunft Liu Yus aus dem Herrschergeschlecht der Früheren Han rechtfertigt sich sowohl von der Abstammung her, als auch durch eine Reihe von Himmelserscheinungen und anderen Omina. So werden in einer längeren Passage der *Nanshi* zahlreiche Zeichen und deren Deutung genannt, die den Dynastieübergang von der Jin zur Song rechtfertigen sollten.[73] In einer Passage wird hierbei auch durch zahlenmystische Spekulationen der Dynastiewechsel durch die Abstammung Liu Yus aus dem Geschlecht der Früheren Han gerechtfertigt:

> Die Spätere Han dankte nach 196 Jahren, der Zeit von der Regierungsperiode *jianwu* bis zum Ende der Regierungsdevise *jianan* zugunsten der Wei ab. Die Wei dankte nach den 46 Jahren der Regierungsdevise *huangchu* bis zum Ende der Regierungsdevise *xianxi* zugunsten der Jin ab. Als die Drei Dynastien jeweils einander Platz gemacht hatten, endeten diese allesamt auf der Jahreszahl sechs. Auch kam das Herrscherhaus des Kaisers Guangwu der Späteren Han aus Nanyang, wobei dieser Zweig am Ende der Han abstarb. Liu Bei hatte den Staat Shu, antwortete auf das Himmelsmandat und förderte dieses für die Familie Liu. Und als in den letzten Jahren der Jin die alten Wurzeln wieder zu sprießen begannen, blühen sie mit Liu Yu nun wieder auf![74]

Liu Yus Thronanspruch wird in dieser Passage durch eine Anspielung auf seinen Familiennamen hergeleitet, da die wiederholte Erwähnung der Zahl sechs (*liu* 六) als ein Hinweis auf den gleichlautenden Familiennamen Liu gilt. So soll die Dauer der Dynastien in der legitimen dynastische Folge von der Späteren Hanzeit über das Reich Wei bis ins Jahr 419 der Östlichen Jin stets auf die Zahl sechs geendet haben, was als ein Hinweis auf die Rechtmäßigkeit dieser Familie auf das Himmelsmandat zu verstehen sei. Eine wichtige Unterscheidung, die hierbei getroffen wird, ist allerdings die zwischen dem Herrscherhaus der Früheren und dem der Späteren Han, die beide gleichermaßen den Familiennamen Liu trugen: So galt der Zweig der Liu aus Nanyang, die die Herrscherfamilie der Späteren Han stellten, seit Ende der Späteren Han als ausgestorben. Über Liu Bei hingegen, der von

72 Die Historizität der Ahnen Liu Yus lässt sich nur für die ersten sieben Personen feststellen. Für alle anderen Ahnen Liu Yus, selbst für Liu Yus Vater Liu Jiao, lassen sich keinerlei historische Belege in anderen Quellen finden. Walther Bielenstein weist außerdem auf Ungereimtheit hinsichtlich der Heirat Liu Qiaos und der Herkunft seiner Frauen hin. Bielenstein (1996), S. 121.

73 Auch Mitglieder des *Saṃgha* beteiligten sich an der Weissagung der begünstigenden Omina. So wird in derselben Textstelle der Mönch Shi Facheng erwähnt, der durch eine Weissagung zur Rechtfertigung des Dynsastiewechsels beitrug: „Im ersten Jahr der Regierungsdevise *yuanxi* (419) stieg ein schwarzer Drache viermal in den Himmel auf. Im Kommentar zum *Yijing* heißt es: ‚Wenn im Winter ein Drache gesehen wird, verliert der Sohn des Himmels die [Altäre] der Götter der Erde und des Getreides. Ein bedeutender Mann erhält das Mandat.‘ Shi Facheng, ein Mönch aus der Provinz Ji sagte seinen Schülern: ‚Der Geist des Berges Song hat gesprochen. Östlich des Yangzi gibt es den General Liu, einen Nachfahren des Han-Herrscherhauses. Er soll das Mandat des Himmels erhalten. Ich werde ihm zweiunddreißig Jadescheiben und Gold darreichen. Der Familie Liu ist die Weissagung für das kommende Herrschergeschlecht gegeben.‘“ Auch der Mönch Huiyyi war an der Deutung der begünstigenden Omina für die Liu-Song-Dynastie beteiligt. Dies führte dazu, dass während der Songzeit Huiyis Temple in Jiankang kaiserlich unterstützt wurde. Auch *Buddhabhadra, der nach einem Streit mit Kumārajīva zuvor Chang'an verlassen hatte, begleitete Liu Yu auf seinen Feldzügen in den Norden. Siehe T50.2059.368.c2–369.a4; *Nanshi* 1.23.4; Tsukamoto (1985), S. 448f.; Zürcher (1959), S. 158.

74 *Nanshi* 1.23.5–8.

Kaiser Jing der Früheren Han abstammte, soll der Herrschaftsanspruch der Liu aus Pengcheng weitergetragen worden sein, so dass diese „alten Wurzeln" gegen Ende der Jin-Zeit mit dem Machtantritt Liu Yus wieder „sprießen" konnten. Für die Legitimation der Song-Dynastie sind hierbei mehrere Punkte entscheidend: Mit der Unterscheidung zwischen den beiden Herrscherhäusern der Han wird zum einen suggeriert, dass die Spätere Han-Zeit, das Reich Wei sowie die Jin-Dynastie nur eine Zeit des Übergangs gewesen sei, in welcher sich die „alten Wurzeln" – der Herrschaftsanspruch der Familie Liu – im Untergrund entwickeln konnten. Denn zum Ende der Jin soll sich das Kaisergeschlecht der Früheren Han durch Liu Yu soweit entwickelt haben, dass diese Übergangsphase beendet und das „rechtmäßige" Herrscherhaus der Liu aus Pengcheng wieder an die Macht kommen konnte. Damit war auch der Superioritätsanspruch der Song über die Jin bewiesen und die Abdankung des letzten Jin-Kaisers konnte so im Einklang mit gängigen Vorstellungen über die Rechtmäßigkeit eines Dynastiewechsels für legitim erklärt werden.[75]

Die Bedeutung, welche die Abstammung Liu Yus für einen legitimen Status der Song besitzt, wird anhand dessen Biographie im *Weishu* deutlich. Hierbei handelt es sich allerdings um eine Biographie, die Liu Yu in einem negativen Licht darstellt, da die Wei in Konkurrenz zur Song standen und für sich selbst das Himmelsmandat beanspruchten. Die Biographie Liu Yus wird im selben Kapitel wie die von Huan Xuan geführt und schon allein die Tatsache, dass dieser Seite an Seite mit einem Rebellen aufgeführt wird, sollte Liu Yus Herrschaftsanspruch in ein zweifelhaftes Licht rücken:

> Liu Yu, ein Barbar von den Inseln, trug den persönlichen Namen Deyu und war ein Mann aus Dandu in der Kommandantur Jinling. Woher seine Vorfahren kamen, ist nicht bekannt. Von sich selbst sagt er, er sei ein Mann aus Pengcheng, andere wiederum sagen, sein ursprünglicher Familienname sei Xiang gewesen, den er in Liu umgeändert habe. Jedoch kann das niemand mehr herausfinden. [...] Liu Yus Familie war anfangs von einfacher Herkunft, lebte in Jingkou und verdiente sich ein Auskommen durch den Verkauf von Strohsandalen. Liu Yus Sinn war grob und kriminell und er war kaum des Lesens mächtig. Er neigte zu Glücksspielereien und hatte daher bisweilen sehr wenig Geld.[76]

Die Dynastie der Wei sah sich als Nachfolger des Cao-Wei-Königreiches und als solche in legitimer dynastischer Folge mit der Späteren Han. Liu Yu galt für die Herrscher der Nördlichen Wei aus diesem Grund als ein illegitimer Herrscher ohne Himmelsmandat, weshalb die Herkunft Liu Yus aus dem Herrscherhaus der Früheren Han nachdrücklich in Frage gestellt werden sollte. Es wird zudem betont, dass Liu Yus Familie aus dem Süden stammte und daher nicht, wie die Adelshäuser der Jin, eine prestigeträchtige Abkunft besaß. Doch auch in kultureller Hinsicht soll Liu Yu durch seine mangelhaften Lesekenntnisse und einen schlechten Charakter als Herrscher disqualifiziert werden, da ein solcher Kaiser keinen kultivierenden Einfluss auf das Reich und die umgebenden Völker ausüben konnte. Das *Weishu* versucht durch die Insinuierung einer Herkunft Liu Yus aus obskuren Verhältnissen somit den Anspruch Liu Yus ins Zweifelhafte zu ziehen. Ist der Teil über die Abstammung

75 Zu den verschiedenen Theorien zur Herrschaftslegitimierung zur Zeit der Jin, siehe Chittick (1998), S. 21–52.

76 *Weishu* 97.2129.4ff.

Liu Yus im *Songshu* und in der *Nanshi* ein Beispiel für positive, herrschaftslegitimierende Propaganda, so ist die Biographie im *Weishu* eines für Negativpropaganda.[77] Beide zeigen allerdings auch die Wichtigkeit, welche die Kategorie der Abstammung für die Legitimierung von Liu Yus Herrschaft besaß.

Zusammenfassend lässt sich über die Stellung der Familie Liu aus Pengcheng sagen, dass zu Beginn des fünften Jahrhunderts aufgrund der militärischen und politischen Macht, die Liu Yu auf sich konzentrierte, zu einer der wichtigsten Familien im Kaiserreich geworden war. Doch war dies für die anderen Familienangehörigen der Liu aus Pengcheng nicht ungefährlich, da diejenigen Familienzweige, die sich nicht Liu Yus Seite angeschlossen hatten, von diesem gnadenlos verfolgt wurden. Der Rückzug Liu Yimins auf den Lushan, über den das YKB berichtet, klingt vor diesem Hintergrund nur zu plausibel, da zwischen ihm und Huan Xuan und anderen Widersachern Liu Yus wahrscheinlich politische Verbindungen bestanden.

Der Gelehrtenkreis am Lushan

Die heute überlieferten Quellen zu Liu Yimins Gelehrsamkeit sind sehr spärlich und lediglich der Fragebrief an Sengzhao gestattet einen gewissen Blick auf dessen Ausprägung und seine Interessen. Liu Yimin teilte mit anderen Männern die Lebensform des Eremiten und es ist denkbar, dass zwischen den Mitgliedern des Eremitenzirkels auch gemeinsame intellektuelle und politische Ansichten herrschten. Um hierüber mehr Hinweise zu gewinnen, soll dieser Gelehrtenkreis am Lushan im Folgenden näher untersucht werden. Hier ist die Quellenlage weitaus besser als bei Liu Yimin, da von diesem teilweise sehr ausführliche Biographien in den Dynastiegeschichten überliefert sind. In den folgenden Abschnitten soll zunächst die Herkunft der Eremiten und deren Familienhintergrund betrachtet werden. Danach erfolgt ein kurzer Überblick zur Ausbildung und zum Werdegang der einzelnen Eremiten. Im darauf folgenden Punkt wird schließlich deren Beziehung zu Huiyuan näher untersucht.

Biographische Quellen und Herkunft der Eremiten vom Lushan

In späteren Texten vor allem aus der Song- und Ming-Zeit wird über den Eremitenzirkel am Lushan immer in Verbindung mit der Gründung der „Weißen Lotus Gesellschaft" (*Bailian she* 白蓮社) berichtet.[78] Über diese Versammlung, die sich um Huiyuan am elften September des Jahres 402 versammelt hatte, berichtet das GSZ über 123 anwesende Personen, von denen heute allerdings nur noch die Namen von sieben Männern überliefert sind:

---

77 Da in der Biographie Liu Yus im *Weishu* eine eher zweifelhafte Ahnenfolge aufgestellt wird, hält Walter Bielenstein diese Biographie Liu Yus grundsätzlich für glaubwürdiger. Die gänzliche Abwesenheit einer geschönten Abstammung von Liu Yu in dieser Quelle muß aber nicht für deren Glaubwürdigkeit sprechen, sondern ist im Gegenteil ein Beispiel für negative Propaganda.

78 Tang (1955b), S. 366ff.

> Schließlich trafen auf dem Lushan allesamt unerwartet Gelehrte ein, die die Mönchsregeln befolgen und ihren Geist besänftigen wollten sowie Gäste, die mit dem Weltlichen brechen und einen wahren Glauben leben wollten. Schon von fern her hielten sie danach Ausschau und sammelten sich dann dort: Liu Yimin aus Pengcheng, Lei Cizong aus Yuzhang, Zhou Xuzhi aus Yanmen, Bi Yingzhi aus Xincai, Zong Bing aus Nanyang, Zhang Caimin, Zhang Jishuo und weitere. Alle waren sie gewillt, das Weltliche abzutun, dessen glänzenden Schein zurückzulassen und sich ganz auf die Führung durch Huiyuan zu verlassen.[79]

Für die eine Hälfte der hier genannten Personen existieren offizielle Biographien in den Dynastiegeschichten, von der anderen Hälfte ist außer dem Namen nichts weitere bekannt. Diese Lücke wird allerdings durch das SBXZ gefüllt, in welchem ausführliche Biographien von allen hier genannten Eremiten geführt werden, mit Ausnahme von Bi Yingzhi. Dieser wird im SBXZ nicht unter die „achtzehn Heiligen" gerechnet und auch in den Dynastiegeschichten gibt es keine Biographie über ihn. Auch Zhang Caimin, und Zhang Jishuo haben keine Biographie im *Songshu* oder in der *Nanshi*, werden im SBXZ allerdings unter die „achtzehn Heiligen" gezählt und besitzen dort jeweils kurze biographische Skizzen.[80] In Tabelle 7 sind die Lebensdaten, die Herkunft, der Wohnort sowie die biographischen Quellen über diese Eremiten aufgelistet.

Außer Lei Cizong, dessen Familie aus der näheren Umgebung stammte, handelt es sich bei den Eremiten am Lushan zum größten Teil um Einwanderer aus dem Norden, die sich im Süden in direkter Nähe zum Lushan, nämlich in den Kommandanturen Yuzhang und Xunyang niedergelassen hatten. Über zwei der Eremiten, nämlich Zong Bing und Bi Yingzhi, lässt sich aufgrund fehlender Daten kein Wohnort der Familie im Süden feststellen, was auch bei Liu Yimin selbst der Fall ist. Es ist möglich, dass auch die Familie von Liu Yimin dort ihren Wohnsitz hatte. Der Lushan als Rückzugsort erscheint somit als eine recht pragmatische Wahl, da die Eremiten so in der Nähe ihrer Familien und der Gräber ihrer Ahnen bleiben konnten. Ämter der Väter- oder Großvätergeneration werden bei den sechs Eremiten nur im Fall von Zong Bing im *Songshu* erwähnt.[81] Auch wird ein Onkel Zong Bings in einer eigenen Biographie im *Songshu* erwähnt. Es ist außerdem auffällig, dass keiner der Eremiten vor seinem Rückzug ein Amt bekleidet hatte, da für diese gemäß den Biographien die Entscheidung für den Rückzug jeweils schon von Anfang an fest gestanden hatte.

---

79 T50.2059.358.c17–22. In dem biographischen Material über Huiyuan, welches die Vorlage für das GSZ bildete, werden Lei Cizong, Zhang Caimin und Zhang Jishuo nicht erwähnt. Siehe T55.2145.109.c8–12.

80 Zhang Caimin wird normalerweise mit seinem Rufnamen (*ming* 名) Ye benannt. Zhang Jishuo, der in anderen Quellen ebenfalls immer bei seinem Rufnamen Quan genannt wird, ist der Cousin von Zhang Caimin. Die Familie Zhang stammte nach dem SBXZ ursprünglich aus der Präfektur Nanyang und siedelte sich im Süden in der Kreisstadt Chaisang an. Über Zhang Jishuo sind außer der Erwähnung in der Biographie Huiyuans und im SBXZ keine weiteren Zeugnisse überliefert. Auch über Zhang Caimin gibt es sonst keine Quellen. Von ihm stammt allerdings die älteste überlieferte Biographie über Huiyuan mit dem Titel *Yuan Fashi ming* 遠法師銘, die im *Shishuo xinyu* 世說新語 überliefert wurde. Außerdem ist von Tao Yuanming ein Antwortgedicht für Zhang Caimin überliefert. Siehe Davis (1983) I, S. 75.

81 Wie auch bei Bi Yingzhi, so findet sich auch für die Zhangs in der *Jinshi* die Biographie eines Mannes mit dem Herkunftsbezirk, wobei aufgrund mangelnder Daten über eine Verwandtschaft nichts konkretes ausgesagt werden kann. Siehe *Jinshu* 60.1639.6.

Tabelle 7: Die Herkunft und Lebensdaten der Eremiten vom Lushan

Name	Herkunft	Wohnort	Lebensdaten	Quellen
Bi Yingzhi[82]	Xincai	---	---	---
Lei Cizong	Yuzhang	Nanchang, Kommandantur Yuzhang[83]	386–448[84]	*Songshu* 93; *Nanshi* 75; SBXZ
Zhang Caimin	Nanyang[85]	Chaisang, Kommandantur Xunyang[86]	350–418[87]	SBXZ
Zhang Jishuo	Nanyang	---	359–423[88]	SBXZ
Zong Bing	Nanyang jun, Wenyang xian[89]	---	375–443[90]	*Songshu* 93; *Nanshi* 75; SBXZ
Zhou Xuzhi	Yingmen	Jianchang, Kommandantur Yuzhang[91]	377–423[92]	*Songshu* 93; *Nanshi* 75; SBXZ

Liu Yimin scheint in dieser Hinsicht eine Ausnahme gewesen zu sein. Das Nichtvorhandensein von Ämtern der Vorfahren sowie die Tatsache, dass auch unter der nachfolgenden Dynastie der Song kein Mitglied der Familien der Eremiten es in den Beamtenstand geschafft hatte, legt nahe, dass es sich bei diesen wohl um Angehörige einfacherer Familien handelte. Die Herkunft aus einer nachgeordneten Familie legt allerdings nicht automatisch den Schluss nahe, dass diese Familien auch ökonomisch schlecht gestellt waren. Denn zumindest waren diese so wohlhabend, dass sie einem ihrer Mitglieder ein Leben in Muße ohne Einkünfte aus offiziellen Ämtern ermöglichen konnten. Über die materiellen und ökonomischen Aspekte der Lebensform der Eremiten des Mittelalters ist darüber hinaus viel zu wenig bekannt, als dass man sagen könnte, diese hätten ein selbstgewähltes Leben in Armut und Mangel geführt. Denn bei der in den Gedichten der damaligen Zeit so oft genannten materiellen Armut handelt es sich in erster Linie um ein Mittel zur Selbststilisierung. Wie folgend noch gezeigt wird, besaßen die Eremiten am Lushan einen nicht unerheblichen Status als Gelehrte, der sie sowohl für ihre Familien, als auch für den Kaiserhof

82 Im *Jinshu* gibt es die Biographie eines gewissen Bi Zhuo 畢卓. Bi Zhuo stammt ebenfalls aus Xincai. Ob beide deshalb Verwandte sind, lässt sich nicht feststellen, da von Bi Yingzhi außer dem Namen und der Herkunft aus Xincai nichts bekannt ist. Siehe *Jinshu* 19, 1381, 1ff.

83 SBXZ T51.2095.1039.c20.

84 Lebensdaten nach Tao (1976), S. 60.

85 SBXZ T51.2095.1040.a27.

86 Ebd.

87 SBXZ T51.2095.1040.b5–6.

88 SBXZ T51.2095.1040.b12–13.

89 SBXZ T51.2095.1040.a12.

90 Tao (1976), S. 59.

91 SBXZ T51.2095.1039.c29.

92 Tao (1976), S. 59.

zu gefragten Spezialisten machte. Es ist daher denkbar, dass die Eremiten eine wichtige Funktion als Lehrer und inoffizielle Berater besaßen und somit nicht direkt eine offizielle Amtsfunktion innehatten.

Zum Kreis der Eremiten lässt sich auch der berühmte Dichter Tao Qian zählen, der mit seiner Familie in Chaisang lebte. Zwischen Tao Qian und den Eremiten am Lushan bestand damals ein Kontakt, da vier Gedichte überliefert sind, die Zhou Xuzhi, Liu Yimin und Zhang Caimin gewidmet sind.[93] Auch soll schon zu Lebzeiten für Tao Qian, Liu Yimin und Zhou Xuzhi die Bezeichnung von den „drei Eremiten aus Xuanyang" *Xunyang san yin* 尋陽三隱 entstanden sein.[94] In späteren Werken, vor allem ab der Tang-Zeit, wird vielfach auch vom Umgang Tao Qians mit den Mönchen im Donglin-Kloster erzählt. So berichtet das *Lianshe baxian zhuan* 蓮社八賢傳 eine Anekdote, nach der Huiyuan entgegen den Mönchsregeln Tao Qian den Konsum von Alkohol im Kloster gestattet haben sollte.[95] Die Berichte über die Verbindungen zwischen Tao Qian und dem Donglin-Kloster sind jedoch nicht älter als die Tang-Zeit, in der, wie Tang Yongtong feststellte, im Zuge der Frömmigkeit des „Reinen Landes" die Legende von den „achtzehn Tüchtigen" entstanden war. Somit sind die überlieferten Anekdoten über den Kontakt Tao Qians mit dem Donglin-Kloster als eher zweifelhaft zu bewerten, obwohl eine solche Verbindung aufgrund der räumlichen Nähe und dem belegten persönlichen Kontakt mit den Eremiten wahrscheinlich stattgefunden hatte. Biographisch hat Tao Qian zudem viel mit Liu Yimin gemeinsam, denn wie dieser hatte auch er vor seinem Rückzug ein Amt innegehabt. Sein erstes Amt hatte Tao Qian möglicherweise auch dem Einfluss der Huan zu verdanken, wobei der Tod seiner Mutter und die nachfolgende Trauerzeit eine politische Verwicklung in Huan Xuans Umsturzversuch verhinderten.[96] Hierdurch entfernte sich Tao Qian aus der Schußlinie von Liu Yus politischen Säuberungen nach seinem Sieg über Huan Xuan. In den Biographien des *Songshu* und des *Jinshu* wird Tao Qian zudem unter der Rubrik der Einsiedler eingeordnet, auch werden keinerlei politische Verstrickungen erwähnt.[97] Allerdings bestand sowohl bei Tao Qian wie auch bei Liu Yimin damit eine gewisse Nähe zu der Familie der Huan und zu Huan Xuan selbst, zumal die Dynastiegeschichte der Jin die Zustände am Kaiserhof um die Wende vom vierten zum fünften Jahrhundert als sehr chaotisch beschreibt und es daher denkbar ist, dass eine Reihe von Angehörigen der Oberschicht mit Huan Xuan die Hoffnung auf eine Erneuerung verbanden. Einige der Gedichte Tao Qians lassen sich demnach

93 Gedichte von Tao Yuanming an Liu Yimin: „Antwort auf Liu Chaisang", „Erwiderung auf Liu Chaisang", s. Davis (1983) I, S. 54f.; an Zhou Xuzhi: „An Sekretär Zhou, Zu und Xie", s. Davies (1983) I, S. 44; und an Zhang Ye: „Antwort am Ende des Jahres auf ein Gedicht von Sekretär Zhang", s. Davis (1983) I, S. 63. Man beachte, dass die Amtstitel, die in den Titeln der Gedichte genannt werden, allesamt Positionen bezeichnen, die von den Eremiten abgelehnt worden waren.

94 *Songshu* 93.2280.4. Ebenso wie Liu Yimin, so ist auch Tao Yuanming unter den Huan zu seinem Amt gelangt. Dessen Großvater mütterlicherseits diente unter Huan Wen und Tao Yuanming hatte einen Posten in Jiangling unter Huan Xuan inne. Auch Tao Yuanming quittierte etwa um dieselbe Zeit wie Liu Yimin den Staatsdienst und nahm nach der Niederschlagung Huan Xuans zwar einen kurzfristigen Posten unter Liu Yu an, zog sich jedoch nach nur einem Jahr dauerhaft als Eremit in die Nähe seiner Heimatstadt Pengze zurück. Siehe *Songshu* 93.2286.12ff.

95 Davis (1983) II, S. 173.

96 Über die Interpretation dieses Gedichtes von Tao Qian und dessen politische Einordnung, siehe van Ess (2007), S. 155–190.

97 Ebd. S. 158.

auch als eine Kritik an den politischen Verhältnissen am Kaiserhof interpretieren.[98] Vor allem in dem *ci*-Gedicht „Poem von der Heimkehr“ (*gui qu lai ci* 歸去來辭), das Tao Qian 405 verfasst hatte, lässt sich eine sehr kritische Einstellung den neuen Machthabern gegenüber erkennen, denen er durch Aufgabe des Amts nun den Rücken kehrte.[99] Durch den Rückzug ins Unpolitische entgingen die Eremiten so der Gefahr, ihre persönliche Sicherheit und die ihrer Familien unter den instabilen politischen Verhältnissen aufs Spiel zu setzen.[100] Die denkbare Verbindung Liu Yimins und Tao Qians zu Huan Xuan führte allerdings nicht dazu, dass diese sich für ein Amt unter Liu Yu disqualifiziert hätten, denn beide wurden von den Siegern über Huan Xuan sogar ins Amt berufen.

Der intellektuelle Hintergrund der Eremiten

Als Angehörige der Literatenelite verfügten die Eremiten auf dem Lushan über eine Bildung, die sie sich durch die Ausbildung innerhalb der Familie oder durch den Besuch einer Schule angeeignet hatten. So berichtet die Biographie Zong Bings von der großen literarischen Bildung seiner Mutter, die diese im Unterricht an ihre Söhne weitergab.[101] Zong Bing war auch derjenige unter den Eremiten, der die weitläufigsten Interessen besaß, wobei seine künstlerischen Begabungen besonders hervorstechen: Es heißt, er „verstünde sich prächtig auf die Qin-Zither, die Kalligraphie und sei geschickt beim Reden über die Prinzipien.“[102] Von Zong Bing stammt auch die „Vorrede zum Malen von Berg und Wasser“ (*Hua shanshui xu* 畫山水序), einer der ersten Quellen zur Theorie der Landschaftsmalerei.[103] Von ihm sind auch mehrere pointierte Aussprüche und Dialoge in seiner Biographie im *Songshu* überliefert.[104] Doch Zong Bing war auch der Verfasser der „Abhandlung zur Erklärung des Buddhismus“ (*Mingfo lun* 明佛論), eines der längsten apologetischen Texte des frühen chinesischen Buddhismus aus dem Jahr 433.[105] Seine Hinwendung zum Buddhismus soll, so berichtet seine Biographie, vor allem durch den frühen Tod seiner Frau motiviert worden sein.[106]

Von Zhou Xuzhi ist ein Brief an Dai Kui überliefert, in dem er gegen die Polemiken dieses Kritikers des Buddhismus vorgeht.[107] Doch Zhou Xuzhi besaß auch eine fundierte klassische Bildung. Seine Biographie berichtet, dass er bereits mit elf Jahren die von Fan Ning eingerichtete Klassikerschule in der Kommandantur Yuzhang besucht habe. Hier wurde er von dem *Xuanxue*-Gegner Fan Ning persönlich unterrichtet:

> Nachdem Fan Ning, der Gouverneur von Yuzhang, in der Bezirken Schulen eingerichtet hatte, wurden Schüler eingeladen und sehr zahlreich waren diejenigen, die

98 Ebd. S. 157.
99 Siehe hierzu die Interpretation dieses Gedichtes bei van Ess (2007).
100 Ebd. S. 163.
101 *Songshu* 93.2278.5.
102 *Songshu* 93.2278.5.
103 Obert (2006), S. 80.
104 *Songshu* 93.2278ff. und *Nanshi* 65.1860ff.
105 Zürcher (1959), S. 15, zur Datierung ebd.
106 *Songshu* 93.2279.2.
107 T52.2103.222.c01–223.a06.

> von weither kamen. Als Xuzhi elf Jahre alt war, wurde er Schüler von Fan Ning. Er verbrachte mehrere Jahre mit Studien und durchdrang die fünf Klassiker, zusammen mit den Apokryphen. [...] Als er sich dann müßig niedergelassen hatte, las er den *Laozi* und das *Yijing*. Er ging auf den Lushan und diente dem Mönch Shi Huiyuan.[108]

Zhou Xuzhi verfügte demnach über eine fundierte Bildung in den Klassikern und besonders dem *Yijing*, wobei die *Xuanxue*-Gegnerschaft seines Lehrers Fan Ning ihn nicht davon abhielt, sich trotzdem eingehend mit dem *Laozi* zu befassen und ein Bewunderer Xi Kangs zu sein. Über dessen Biographie im *Gaoshi zhuan* 高士傳 des Huangfu Mi, einer Sammlung von äußerst populären Eremitenbiographien, verfasste er auch ein Kommentar, der heute allerdings nicht mehr überliefert ist.[109] Xi Kang gehörte als Eremit zum Kreis der „sieben Tüchtigen aus dem Bambushain" (*zhulin qixian* 竹林七賢); sein Leben und seine Biographie wurden von vielen Eremiten studiert. Die rigide Gegnerschaft seines Lehrers Fan Ning zur *Xuanxue* scheint sich daher nicht auf Zhou Xuzhi übertragen zu haben. Über seine persönlichen Ansichten zur *Xuanxue* und wie er diese im Verhältnis zum Buddhismus betrachtete, ist heute allerdings nichts mehr überliefert. Doch zumindest scheint Zhou Xuzhi nicht den luxuriösen Lebenswandel der *Xuanxue*-Anhänger geteilt und stattdessen einen asketischen Lebensstil auf dem Lushan geführt zu haben.[110] So berichtet seine Biographie von einem zölibatären Leben bei vegetarischer Kost und einfacher Kleidung:

> [Zhou Xuzhi] war der Ansicht, er könne sich keinem Amt überlassen und müsse alle übrigen Bindungen abbrechen. So nahm er sich Zeit seines Lebens keine Frau, trug leinene Kleidung und aß vegetarische Kost.[111]

Zhou Xuzhis Lebensweise ähnelt durch den selbst auferlegten Zölibat und den Vegetarismus sehr der eines buddhistischen Mönches und es ist denkbar, dass er hierdurch einem Gelübde zur teilweisen Erfüllung der Mönchsregeln nachkam.

Eine deutlich konfuzianischere Ausrichtung lässt sich bei Lei Cizong, dem jüngsten der Eremiten am Lushan, erkennen. Mit zwanzig Jahren soll Lei Cizong sich schon zur Ausbildung bei Huiyuan niedergelassen haben, denn für ihn stand bereits früh die Ungeeignetheit für eine Beamtenkarriere fest. In seiner Biographie ist ein Brief an seine Söhne und Neffen überliefert, in dem er diesen die Wahl seiner Lebensform begründet. Er rechtfertigt sie mit seiner körperlichen Schwächlichkeit, die ihn schon von klein an für einen anstrengenden Beamtendienst disqualifiziert habe. So schreibt er, dass er im Alter von zwanzig Jahren auf den Lushan ging, um dort „seinen Lebensunterhalt zu verdienen", den Mönchen „zu dienen" und bei Huiyuan die drei Ritenbücher (*Liji* 禮紀, *Yili* 義禮 und *Zhouli* 周禮) sowie

108 *Songshu* 93.2280.2.

109 *Songshu* 93.2280.12.

110 So finden sich in den von Tao Yuanming den Eremiten Liu Yimin und Zhou Xuzhi gewidmeten Gedichten Anspielungen, die den Genuß von Wein sowie der damaligen Modedroge *Hanshisan* nahelegen. Gedicht an Zhou Xuzhi: „Burdened with sickness under tumbling eaves, In a whole day I have not a single joy. From medicines sometimes there`s a respite, And I think of you who are in my mind. [...]." Davis (1983) II, S. 40; Gedicht an Liu Yimin: „If the valley wind turns cold and drear, Spring wine can relieve hunger and toil." Davis (1983) II, S. 54.

111 *Songshu* 93.2280.5.

das *Shijing* 詩經 in der Mao-Auslegung zu studieren.[112] Von Lei Cizong sind mehrere Dialoge und Kommentarfragmente zu den Ritenklassikern überliefert.

Von Zhang Ye, dem letzten noch heute bekannten Eremiten, ist schließlich nur noch eine Grabinschrift überliefert, die dieser für Huiyuan nach dessen Tod erstellt hatte und die als das früheste biographische Zeugnis über Huiyuan gilt.[113] Als Motivation zum Rückzug auf den Lushan nennt das GSZ bei den Eremiten somit durchweg fromme Motive. In den drei überlieferten Biographien von Lei Cizong, Zong Bing und Zhou Xuzhi wird aber immer auch die Schülerschaft zu Huiyuan erwähnt. Allerdings waren die Eremiten nicht in erster Linie Schüler des Buddhismus, sondern wurden von Huiyuan in den Ritenklassikern und dem *Shijing* ausgebildet. Diese Ausbildung in den Ritenklassikern scheint in ihrer Beziehung zu Huiyuan ein zentrales Element gewesen zu sein. Denn in den Biographien der Eremiten wird ein Unterricht in buddhistischer Spiritualität oder eine Sutrenlektüre nicht erwähnt. Dies mag natürlich damit zu tun haben, dass diese religiösen Aspekte in den überlieferten Biographien der Dynastiegeschichten ganz ausgeblendet wurden.

Die Ritenschule am Lushan

Die Unterrichtstradition in den drei Ritenklassikern und dem *Shijing* setzten die Schüler Huiyuans in ihrem eigenen Unterricht fort, denn sie hatten sich durch ihren Lehrer zu gefragten Spezialisten qualifiziert. Huiyuan selbst hatte in seiner Jugend ein Studium an der kaiserlichen Universität durchlaufen und sich dort eine konfuzianische Ausbildung angeeignet, wobei ihm Huijiao im GSZ eine profunde Kenntnis der sechs Klassiker bescheinigt.[114] Der Schwerpunkt im Unterricht der Eremiten lag allerdings auf einem ganz speziellen Text unter den drei Ritenklassikern, nämlich dem „Klassiker über die Trauerkleidung" (*Sangfu jing* 喪服經), dem ursprünglich elften Kapitel des *Yili*. Dieses war während der Hanzeit aus dem Zusammenhang genommen und fortan als ein separater Text studiert worden.[115] Der Zusatz *jing* 經 („Klassiker") weist hierbei auf die starke Aufwertung, die dieses Kapitel fortan erfuhr. So listet der Buchkatalog des *Suishu* für das *Yili* lediglich vier, für das Sangfu-Kapitel alleine 45 Kommentare, während die anderen Ritenklassiker in Kommentaren von der Jin bis zur Sui-Dynastie eher vernachlässigt wurden.[116] Doch auch im Vergleich zu den anderen Klassikern ist das Sangfu-Kapitel mit Abstand der am meisten kommentierte Text in der Zeit bis zur Reichseinigung unter der Sui, wobei die meisten dieser Kommentare unter den Dynastien der Jin, der Liu-Song und der Liang entstanden sind.[117] Zieht man weiterhin in Betracht, dass in den Buchkatalogen des *Hanshu* wie des *Houhan shu* noch keine Einträge zu Kommentaren des Sangfu-Kapitels enthalten sind, so wird deutlich, dass dieser Text in der Zeit bis zur Sui-Dynastie eine enorme Statusaufwertung erfahren hatte, da er zu einem der wichtigsten und meist studierten Texte unter den Klassikern ge-

112 *Songshu* 93.2292.15.
113 Zürcher (1959), S. 219.
114 T50.2059.357.c24–26.
115 Boltz (1993), S. 240.
116 Boltz (1993), S. 235.
117 Bielenstein (1997), S. 129.

worden war.[118] Zhou Xuzhi und Lei Cizong setzten diesen Schwerpunkt auch in ihrem eigenen Unterricht fort. Hierüber sind von Lei Cizong ein Kommentar und mehrere literarische Dialoge überliefert, die sich allesamt mit Fragen zum *Sangfu jing* befassen, so z.B. der „kurzgefasste Kommentar zum Klassiker über die Trauerkleidung" (*Lüezhu sangfu jing zhuan* 略注喪服經傳).[119] Die Schülerschaft zu Huiyuan soll in diesem Werk so deutlich erkennbar gewesen sein, dass Lei Cizong von Zong Bing deshalb sogar gerügt wurde, da dieser die Erklärungen Huiyuans als seine eigenen ausgegeben hätte, ohne dabei auf seinen Lehrer hinzuweisen.[120] Von den drei Eremiten ist nur von Lei Cizong und Zhou Xuzhi eine spätere Lehrtätigkeit bekannt. Beide errichteten während der Song-Zeit durch kaiserliche Förderung Schulen in denen wiederum vor allem das *Sangfu jing* unterrichtet wurde:

> Als alle vier Lehrstühle der Kaiserlichen Universität eingerichtet worden waren, besuchte [Kaiser Wu] mit einer Kutsche mehrere Male die Schule des Lei Cizong. Die Mittel, die er ihm überließ, waren äußerst großzügig. […] Später lud er ihn in die Hauptstadt ein und ließ für ihn ein Haus unter der westlichen Felswand des Zhong-Berges bauen. Er nannte dieses die „Schule zur Rekrutierung des Eremiten" und veranlasste, dass Lei Cizong für den kaiserlichen Thronerben und die Könige das *Sangfu jing* erkläre.[121]

Entgegen der nachdrücklichen Aufforderungen des Kaisers, ein Amt anzutreten, kam Lei Cizong diesem nie nach. Auch Zhou Xuzhi trat nie in den Beamtendienst ein, wurde aber wie auch Lei Cizong in seiner Lehrtätigkeit vom Kaiser selbst finanziert und zu bestimmten Passagen des *Liji* befragt.[122] Im Fall von Zhou Xuzhi ist so auch ein literarischer Dialog überliefert, der den Titel trägt „die Antworten auf die Fragen des Meisters Meng bezüglich des Begräbnisses der Ahnen und der Kleidung beim Tode des Vaters" (*Da Mengshi wen youzu sang er fu wang fu* 答孟氏問有祖喪而父亡服).[123]

Huiyuans theoretische Konzeption des Verhältnisses zwischen Saṃgha und Laienschaft

Huiyuans Engagement für das Studium der Ritenklassiker deckt sich mit seiner Konzeption vom Verhältnis des *Saṃgha* zur Laienschaft, wonach ein buddhistischer Mönch und ein

---

118 Der früheste Kommentar zum *Sangfu*-Kapitel stammt von Ma Rong (79–166), der heute jedoch verloren ist. Siehe Boltz (1993), S. 240.

119 „Antworten auf die Fragen des Yuan You" (*Da Yuan You wen* 答袁悠問); „Antworten auf die Fragen des Cai Kuo" (*Da Cai Kuo wen* 答蔡廓問). QSG 2596.

120 In der Biographie Huiyuans im GSZ steht hierzu: „Einmal erklärte [Hui]yuan den Klassiker über die Trauerkleidungen und Lei Cizong, Zong Bing und die anderen hielten die Schreibrollen und notierten seine Weisungen. Später fertigte Lei Cizong einen separaten Kommentar dazu und schrieb an den Anfang ‚Meister Lei'. Daraufhin schrieb ihm Zong Bing einen Brief und wies ihn zurecht: ‚Früher habe ich mit euch gemeinsam von dem Mönch Shi [Huiyuan] persönlich diese Erklärungen erhalten – wie könnt ihr da an den Anfang des Kapitels ‚Meister Lei' schreiben?'" T50.2059.361.a23–27.

121 *Songshu* 93.2293.15.

122 *Nanshi* 75.1865.11; 1868.1.7f.

123 QSG 2280.

Laie jeweils unterschiedliche Standpunkte sowohl in Bezug auf Autoritäten, als auch bezüglich der Stellung des Menschen innerhalb des Daseinskreislaufes einnehmen. In seiner bekannten Streitschrift „Abhandlung darüber, dass die Mönche nicht den König verehren" (*Shamen bujing wangzhe lun* 沙門不敬王者論) legt Huiyuan in theoretischer Form seine Gedanken zur Beziehung zwischen *Saṃgha* und Laienschaft dar.[124] Doch muss Huiyuans Rolle als konfuzianischer Lehrer auch im Kontext der Debatten des dritten bis fünften Jahrhunderts gesehen werden, in denen es um die Rolle des Buddhismus in der chinesischen Gesellschaft und um dessen Beziehung zum Konfuzianismus und zum Daoismus ging. Nach Kenneth Ch'en und Erik Zürcher war in den Debatten ein grundlegendes und immer wiederkehrendes Argument der Gegner des Buddhismus, der Verstoß des buddhistischen Mönches gegen die Kardinaltugend der „kindlichen Pietät" (*xiao* 孝).[125] Die Praxis des Mönches, Familie und Gesellschaft zu verlassen, galt hierbei als anstößig, da dieser die rituell vorgeschriebenen Ahnenopfer nicht mehr darbringen konnte. In diesen Zusammenhang fällt auch der Zölibat des Mönches, denn da dieser keine Nachkommen zeugt, wird die Linie seiner Ahnen abgebrochen. Es war von daher das wichtigste und schlagkräftigste Argument der Anti-Buddhistischen Polemik, dass der Buddhismus in einer auf der Kardinaltugend der kindlichen Pietät aufgebauten Gesellschaft zersetzend wirke. Die Apologeten des Buddhismus versuchten daher, diejenigen Elemente in der buddhistischen Lehre hervorzuheben, die im Einklang mit der Tugend der kindlichen Pietät standen.[126] Da nach konfuzianischer Vorstellung diese Tugend in einem größeren Maßstab auch die Loyalität eines Untertanen zu seinem Herrscher widerspiegelt, bekommt die Diskussion um die gesellschaftliche Funktion des Buddhismus neben einer ethischen auch eine politische Dimension. Im Jahr 402 belebte Huan Xuan deshalb eine Debatte aus dem Jahr 340 wieder, in der es um die Frage nach dem Verhältnis zwischen Kaiser und *Saṃgha* ging: Sollen die Angehörigen der Mönchsgemeinde dazu verpflichtet werden, auch rituell ihre Unterordnung unter den Herrscher zu zeigen? Huiyuan beteiligte sich in diese Debatte durch seine Streitschrift, deren Argumente teilweise auf den Briefen Wang Mis an Huan Xuan basierte. Huiyuan konnte die Kontroverse schließlich für den *Saṃgha* entscheiden, indem er argumentierte, dass beim Verhältnis des *Saṃgha* zum Kaiser zwischen der Beziehung des Mönches *chujia* 出家 („aus der Familie ausgetreten") und der Beziehung des Laien *zaijia* 在家 („in der Familie") unterschieden werden müsse.[127] Die unterschiedlichen Verpflichtungen dieser beiden Gruppe, der Mönche und der Laien, begründen sich aus der Stellung, welche diese in der Welt einnehmen: Das Bestreben des Laien ist darauf gerichtet, innerhalb der Gesellschaft sein Fortbestehen zu sichern, er verbleibt damit auch innerhalb des leidvollen Kreislaufs der Wiedergeburten. Der Mönch hingegen versucht sämtliche Bindungen an Welt und Gesellschaft abzubrechen, um damit auch das Leid im Kreislauf der Wiedergeburten zu durchbrechen.[128] Indem der Mönch sich nach dieser Argumentation von der Welt abwendet, verliert er auch seinen Platz als ein Wesen, das von der ordnenden und lebensspendenden Kraft profitiert, die ihm durch die Eltern und den Herrscher zukommt. Für ihn

---

124 T52.2102.29.c19–32.b11.
125 Ch'en (1973), S. 14ff.; Zürcher (1959), S. 281ff.
126 Ch'en (1973), S. 18ff.
127 T52.2102.30.a11.
128 T52.2102.30.b6–12.

gelten die rituellen Ehrbezeugungen gegenüber Eltern und Herrscher somit nicht mehr. Anders sieht Huiyuan das Verhältnis der Laien zu den Eltern und der Staatsmacht: Für ihn, der durch sein Verbleiben innerhalb der Welt auf seine Eltern und Ahnen sowie die ordnende Macht des Herrschers angewiesen ist, gelten auch sämtliche rituellen Regeln und die Verpflichtung seinen Ahnen gegenüber. Der Laie befindet sich nach Huiyuans Vorstellung somit ganz im „Einklang mit der erziehenden Kultivierung" (*shunhua* 順化) des Kaisers, die dieser in der Welt wirkt.[129] Da der Laie sich so ganz „innerhalb der Welt" (*fangnei* 方内) aufhält, betreffen ihn auch alle dort gültigen Regeln und Verpflichtungen. Als Grundlage dieser Regeln und Bindungen sieht Huiyuan allerdings die Lehre vom Karma, die betont, dass jegliches Tun eine Wirkung zeitigt, die das Individuum, wenn nicht schon im selben, dann im nächsten Leben erleidet. Für den Laien wird dieser zentrale Aspekt der buddhistischen Lehre durch ein System von Belohnungen und Strafen, das zu guten Taten ermutigen und vor schlechten Handlungen abschrecken soll:

> Von daher begründet [der Dharma] Nähe, um Zuneigung zu lehren und bringt das Volk dazu zu erkennen, dass es natürliche Barmherzigkeit gibt. Es begründet Ernsthaftigkeit, um Ehrgefühl zu lehren und bringt das Volk dazu zu erkennen, dass es natürliche Wertschätzung gibt. Das Kommende beider gründet sich auf einer unsichtbaren Wirkung. Weil die Wirkung sich nicht in der Gegenwart befindet, muss man nach deren Ursprung suchen. Aus diesem Grund benutzt der Dharma die Vergeltung der Sünden zur Bestrafung und bringt das Volk dazu, sich zu fürchten und dann vorsichtig zu sein. Es nimmt das Paradies zur Belohnung und bringt das Volk dazu, sich zu freuen und dafür aktiv zu werden. Hierin liegt gänzlich die Vergeltung als ein Schatten und ein Echo, was in der Lehre deutlich erklärt wird.[130]

Huiyuan zieht hier eine entscheidende Grenze zwischen zwei Aspekten innerhalb der buddhistischen Lehre: Die Lehre des Karma, die für den Laien zu einem mit den Riten konformen Verhalten und zu guten Taten ermutigen soll, die jedoch ihre Zuständigkeit nur innerhalb des Kreislaufs der Wiedergeburten besitzt. Die andere Seite der buddhistischen Lehre besitzt nur für den Mönch Gültigkeit, der sich aus dem Kreislauf der Wiedergeburten befreien möchte:

> Nun: In der Wertschätzung des eigenen Körpers und in der Erhaltung des Lebens verstrickt man sich durch die Begrenzungen des Vorhandenen. Sind die Wurzeln tief, so gründet man sich auf der Perversion eines Ichs. Im Nichtvergessen der Zukunft macht man die eigenen Gefühle und Wünsche zum Lustgarten. Tief versunken in den Freuden der Welt vermag man sich nicht selbst zu befreien und in besonderer Weise hervorzutreten. Deshalb setzt das, was die Lehre regelt, hier eine Grenze und klärt nicht, was jenseits davon liegt. Da sie das, was jenseits davon liegt, nicht erklärt, meint sie im Großen dasselbe, wie im Einklang zu sein mit der kultivierenden Umwandlung. Deshalb kann der Laie nicht des Herrschers Wirkkraft empfangen, sich aber von den Riten ihm gegenüber abwenden; Und er kann sich nicht in dessen Weisheit baden, aber die Ehrfurcht ihm gegenüber abtun. Deshalb ehren diejenigen,

129 T52.2102.30.a15–17.
130 T52.2102.30.a17–22.

> welche sich am Wind des Shakya erfreuen, unmittelbar zuerst ihre Nahen und respektieren auch ihre Herren.[131]

Zieht man die Theorie von den zwei Aspekten innerhalb der buddhistischen Lehre in Betracht, dann erscheint es plausibel, dass Huiyuan als ein buddhistischer Lehrer seine Laienschüler in den konfuzianischen Riten unterrichtete: Als Laien behalten die Riten für sie unumschränkte Gültigkeit. Für Huiyuan mag jedoch auch ein weiterer Punkt entscheidend gewesen sein. Denn da die Stellung des *Saṃgha* gegenüber der Zentralmacht des Kaiserhofes ständig durch Eingliederungstendenzen und Säkularisierungsbestrebungen bedroht war, setzte Huiyuan durch den konfuzianischen Unterricht seiner Schüler auch ein politisches Zeichen, nämlich dass der *Saṃgha* am Lushan durch die Förderung der gesellschaftlichen Konventionen in seiner Laiengemeinde keine potentielle Bedrohung darstelle und im Gegenteil sogar die herrschende Ordnung unterstützte.

131 T52.2102.30.a15.

Literaturverzeichnis

Primärquellen

CHEN Guying 陳鼓應: *Zhuangzi jinzhu jinyi* 莊子今注今譯. 3 Bde. Beijing: Zhonghua shuju, 1983.

CHEN Shou 陳壽: *Sanguo zhi* 三國志. 5 Bde. Beijing: Zhonghua shuju, 1959.

FANG Xuanling 房玄齡 (Hg.): *Jinshu* 晉書. 10 Bde. Beijing: Zhonghua shuju, 1974.

GAN Bao 干寶: *Sou shen ji* 搜神記. Beijing: Zhonghua shuju, 1979.

GE Hong 葛洪: *Bao Puzi* 抱朴子. Taibei: Zhongguo zixue mingzhu jicheng, 1978.

KITAHARA Muneki 北原峰樹 (Hg.): *Sôshi Kaku Sho chû sakuin* 莊子郭象注索引. Kitakyûshû: Kitakyûshû Chûgoku Shoten, 1990.

LAU Din Cheuk (Hg.): *Huainanzi zhuzi suoyin* 淮南子逐字索引. *A Concordance to the Huainanzi*. Hongkong: Commercial Press, 1992.

— *Lunyu zhuzi suoyin* 論語逐字索引. *A Concordance to the Lunyu*. Hongkong: Commercial Press, 1995.

— *Maoshi zhuzi suoyin* 毛詩逐字索引. *A Concordance to the Maoshi*. Hongkong: Commercial Press, 1995.

— *Shangshu zhuzi suoyin* 尚書逐字索引. *A Concordance to the Shangshu*. Hongkong: Commercial Press, 1995.

LIU Yiqing 劉義慶: *Shishuo xinyu* 世說新語. 2 Bde. Beijing: Xin shijie chuban, 1995.

LOU Yulie 樓宇烈 (Hg.): *Wang Bi ji xiaoshi* 王弼集校釋. 2 Bde. Beijing: Zhonghua shuju, 1980.

MANJI ZOKUZÔKYÔ 卍字續藏經. 150 Bde. Kyôto: Zôkô Shoin, 1905–1912.

SHEN Yue 沈約 (Hg.): *Songshu* 宋書. 8 Bde. Beijing: Zhonghua shuju, 1974.

SIMA Guang 司馬光: *Zizhi tongjian* 資治通鑑. Beijing: Guji chubanshe, 1956.

TAKAKUSU Junjiro 高楠順次郎; WATANABE Kaigyoku 渡邊海旭 (Hgg.): *Taishô shinshû daizôkyô* 大正新修大藏經. 85 Bde. Kyôto: Taishô issai-kyô kankô kai, 1924–1932.

TAKEJI Sadao 竹治貞夫 (Hg.): *Soji sakuin* 楚辭索引. Tokushima: Tokushima daigaku gakugei gakubu hanbungaku kenkyûshitsu, 1964.

WEI Shou 魏收 (Hg.): *Weishu* 魏書. 8 Bde. Beijing: Zhonghua shuju, 1974.

WEI Zheng 魏徵 (Hg.): *Suishu* 隨書. 6 Bde. Beijing: Zhonghua shuju, 1973.

YAN Kejun 嚴可均 (Hg.): *Quan Shanggu Sandai Qin Han Sanguo Liuchao wen* 全上古三代秦漢三國六朝文. 5 Bde. Beijing: Zhonghua shuju, 1965.

ZHANG Yiren 張以仁: *Guoyu yinde* 國語引得. Taibei: Zhongyang yanjiu yuan lishi yuyan yanjiusuo, 1976.

ZHOUYI YINDE 周易引得. *Harvard-Yenching Konkordanz*. Beiping: Harvard-Yenching Institute, 1935.

ZHUANGZI YINDE 莊子引得. Shanghai: Shanghai guji, 1982.

Nachschlagewerke

CIYI 慈怡 (Hg.): *Foguang da cidian* 佛光大辭典. Gaoxiong: Foguang, 1989.

DAI Junliang 戴均良 et al. (Hgg.): *Zhongguo gujin diming da cidian* 中國古今地名大辭典. 3 Bde. Shanghai: Shanghai cishu, 2005.

EDGERTON, Franklin: *Buddhist Hybrid Sanskrit Grammar and Dictionary*. 2 Bde. Delhi: Motilal Banarsidass (II: Dictionary), 1970.

HUCKER, Charles O.: *A Dictionary of Official Titles in Imperial China*. Stanford: Stanford University Press, 1985.

LUO Zhufeng 羅竹風 (Hg.): *Hanyu da cidian* 漢語大辭典. 12 Bde. Shanghai: Shanghai cishu, 1986–1993.

SOOTHILL, William Edward (Hg.): A dictionary of Chinese Buddhist terms. With Sanskrit and English equivalents and a Sanskrit-Pali index. London: Kegan Paul, Trench, Trübner & Co, 1937, Neuauflage 1975.

Sekundärliteratur

BAGCHI, Prabodh Chandra: *Le canon boudhique en Chine*. Paris: Geuthner, 1927.

BAUER, Wolfgang: „The Hidden Hero. Creation and Disintegration of the Ideal of Eremitism". In: MUNRO, Donald (Hg.): *Individualism and Holism. Studies in Confucian and Taoist Values*. Ann Arbor: University of Michigan, 1985, S. 157–197.

BIELENSTEIN, Hans: „The Six Dynasties. Vol. I". In: *Bulletin of the Museum of Far Eastern Antiquities* 68, (1996), S. 5–324.

— „The Six Dynasties. Vol. II". In: *Bulletin of the Museum of Far Eastern Antiquities* 69, (1997), S. 11–246.

BIRRELL, Anne: *Chinese Mythology. An Introduction*. London, Baltimore: Johns Hopkins University Press, 1993.

BOKENKAMP, Stephen R.: „The Silkworm and the Bodhi Tree. The Lingbao attempt to replace Buddhism in China and our attempt to place Lingbao Taoism". In: LAGERWEY, John (Hg.): *Religion and Chinese Society. Volume I. Ancient and Medieval China*. Hongkong, Paris: Chinese University Press, 2004, S. 317–339.

BOLTZ, William G.: „I li 儀禮". In: LOEWE, Michael (Hg.): *Early Chinese Texts. A Bibliographical Guide*. Berkeley: Society for the Study of Early China (Early China special monograph series, 2), 1993, S. 234–243.

BREGEL, Yuri: *An Historical Atlas of Central Asia*. Leiden, Boston: Brill (Handbook of Oriental Studies. Section eight, Central Asia, 9), 2003.

BUSWELL, Robert E. (Hg.): *Encyclopedia of Buddhism*. 2 Bde. New York: Macmillan Reference USA, 2004.

CH'EN Kenneth K. S.: *Buddhism in China. A Historical Survey*. Princeton: Princeton University Press (The Virginia and Richard Stewart memorial lectures, 1961), 1964.

— *The Chinese Transformation of Buddhism*. Princeton: Princeton University Press, 1973.

CHEN Yinke 陳寅恪: *Wei Jin Nanbei chao shi jiangyanlu* 魏晉南北朝史講演錄. Hefei: Huangshan shushe, 1987.

CHITTICK, Andrew: „Dynastic Legitimacy During the Eastern Chin. His Tso-chi'h and the Problem of Huan Wen". In: *Asia Major* 11 (1), (1998), S. 21–52.

CHUN Jang-Kil: *A Study of the Daśabhūmika-Sūtra*. PhD Thesis. University of Wisconsin, Madison, 1993.

COX, Collett: „Attainment through Abandonment. The Sarvāstivādin Path of Removing Defilements". In: BUSWELL, Robert E.; GIMELLO, Robert M. (Hgg.): *Paths to Liberation. The Mārga and Its Transformation in Buddhist Thought*. Honolulu: University of Hawai'i Press, 1992, S. 63–105.

DAVIS, Albert Richard: *T'ao Yüan-ming (AD 365–427). His Works and their Meaning*. 2 Bde. Cambridge: Cambridge University Press, 1983.

DAYAL, Har: *The Bodhisattva Doctrine in Buddhist Sanskrit Literature*. London: Kegan Paul, Trench, Trübner & Co, 1932.

DECLERCQ, Dominik: *Writing against the State. Political Rhetorics in Third and Fourth Century China*. Leiden: Brill (Sinica Leidensia, 39), 1998.

DEEG, Max: *Das Gaoseng-Faxian-Zhuan als religionsgeschichtliche Quelle. Der älteste Bericht eines chinesischen buddhistischen Pilgermönchs über seine Reise nach Indien mit Übersetzung des Textes*. Wiesbaden: Harrassowitz (Studies in Oriental Religions, 52), 2005.

DEMIÉVILLE, Paul: *Le concile de Lhasa*. Paris: Presses Universitaires de France, 1952.

— „La pénétration du Bouddhisme dans la tradition philosophique Chinoise". In: *Cahiers d'Histoire mondiale* 3 (1), (1956), S. 19–38.

— „Rezension von Jôron Kenkyû". In: *T'oung Pao* 45, (1957), S. 220–235.

DHAMMAJOTI, Bhikku K. L.: *Sarvāstivāda Abhidharma*. Hongkong: University of Hongkong (Centre of Buddhist Studies), 2007.

DIPPMAN, Jeffrey Walter: *The Emptying of Emptiness. The Chao-Lun as Graduated Teachings*. PhD Dissertation. 2 Bde. Northwestern University, Evanston, 1997.

ELBERFELD, Rolf; LEIBOLD, Michael; OBERT, Mathias (Hgg.): *Denkansätze zur buddhistischen Philosophie in China. Seng Zhao – Jizang – Fazang zwischen Übersetzung und Interpretation*. Köln: edition chora (Reihe für asiatische und komparative Philosophie), 2000.

ESS, Hans van: „Li Shan und die Interpretation der poetischen Beschreibung ‚Nach Hause zurück' des T'ao Ch'ien (365–427) im Wen-hsüan". In: HERRMANN, Marc; SCHWERMANN, Christian (Hgg.): *Zurück zur Freude. Studien zur chinesischen Literatur und Lebenswelt und ihrer Rezeption in Ost und West. Festschrift für Wolfgang Kubin*. Sankt Augustin: Institut Monumenta Serica, 2007, S. 155–190.

FEIFEL, Eugene: „Pao-P'u Tzu 抱朴子, Nei-p'ein 内篇, Chapter IV". In: *Monumenta Serica* 9, (1944), S. 113–211.

FENG Youlan 馮有蘭: *A History of Chinese Philosophy*. (Übersetzt von Derk Bodde). Princeton: Princeton University Press, 1952.

— *Zhongguo zhexue shi* 中國哲學史. 2 Bde. Shanghai: Shanghai shudian, 1992.

FOGEL, Joshua A.: *Politics and Sinology. The Case of Naitô Konan (1866–1934)*. Cambridge: Harvard University Press (Harvard East Asian monographs, 114), 1984.

FRANKE, Herbert: *Das Chinesische Kaiserreich*. Unter Mitarbeit von Rolf Trauzettel. Frankfurt am Main: Fischer (Fischer Weltgeschichte), 1968.

FRANKE, Otto: *Geschichte des chinesischen Reiches*. 5 Bde. Berlin: De Gruyter, 1961.

GERNET, Jaques: *Die chinesische Welt*. Frankfurt am Main: Insel, 1979.

GRAHAM, Angus C.: *Disputers of the Tao. Philosophical Argument in Ancient China*. Chicago, La Salle: Open Court, 1989.

— „Being' in Western Philosophy Compared with Shih / Fei 是非 and Yu / Wu 有無 in Chinese Philosophy". In: GRAHAM, Angus C. (Hg.): *Studies in Chinese Philosophy and Philosophical Literature*. Albany: State University of New York Press, 1990, S. 322–357.

GRONER, Paul: „The *Fan-wang ching* and Monastic Discipline". In: BUSWELL, Robert E. (Hg.): *Chinese Buddhist Apocrypha*. Honolulu: University of Hawai'i Press, 1990, S. 251–291.

HEINEMANN, Robert Klaus: *Der Weg des Übens im ostasiatischen Mahāyāna. Grundformen seiner Zeitrelation zum Übungsziel in der Entwicklung bis Dōgen*. Wiesbaden: Harrassowitz, 1979.

HOANG, Pierre: *Concordance des Chronologies Néoméniques Chinoise et Européenne*. Shanghai: Imprimerie de la Mission Catholique, 1910.

HOFFMANN, Hans Peter: *Die Welt als Wendung. Zu einer literarischen Lektüre des Wahren Buches vom südlichen Blütenland (Zhuangzi)*. Wiesbaden: Harrassowitz (Opera Sinologica, 13), 2001.

HOLCOMBE, Charles: „The Exemplar State. Ideology, Self-Cultivation, and Power in fourth-Century China". In: *Harvard Journal of Asiatic Studies* 49 (1), (1989), S. 93–140.

HOLZMAN, Donald: „The Conversational Tradition in Chinese Philosophy". In: *Philosophy East and West* 6 (3), (1956), S. 223–230.

HURVITZ, Leon: „Render unto Caesar' in early Chinese Buddhism. Hui-Yüan's Treatise on the Exemption of the Buddhist Clergy from the Requirements of civil Etiquette". In: ROY, Kshitis (Hg.): *Liebenthal Festschrift*. Santiniketan: Visvabharati (Sino-Indian Studies: A Quarterly Journal), 1957, S. 80–115.

ICHIMURA Shohei: „On the Paradoxical Method of the Chinese Mādhyamika. Seng-Chao and the Chao-Lun Treatise". In: *Journal of Chinese Philosophy* 19, (1992), S. 51–71.

ILLICH, Ivan: *Im Weinberg des Textes. Als das Schriftbild der Moderne entstand. Ein Kommentar zu Hugos „Didascalicon"*. Frankfurt am Main: Luchterhand (Luchterhand Essay), 1991.

ITANO Chôhachi 板野長八: „Dôshô no tongosetsu seiritsu no jijô 道生の頓悟說成立の事情". In: *Tôhô gakuhô* 東方学報 7, (1936), S. 125–186.

JANSEN, Thomas: *Höfische Öffentlichkeit im frühmittelalterlichen China. Debatten im Salon des Prinzen Xiao Ziliang*. Freiburg im Breisgau: Rombach Historiae, 2000.

JOHNSON, David George: *The Medieval Chinese Oligarchy*. Boulder: Westview Press (Columbia University Studies of the East Asian Institute), 1977.

KIM Young-ho: *Tao-sheng's Commentary on the Lotus Sūtra. A Study and Translation*. Albany: State University of New York Press (SUNY series in Buddhist studies), 1990.

KLÖTZLI, Randy: *Buddhist Cosmology. From Single World System to Pure Land. Science and Theology in the Images of Motion and Light*. Delhi: Motilal Banarsidass, 1983.

KOHN, Livia: *Laughing at the Tao. Debates among Buddhists and Taoists in Medieval China*. Princeton: Princeton University Press, 1995.

KRAUSE, Carsten: *Das Ch'eng-shih lun. Aufnahme und Wirkung eines buddhistischen Textes im mittelalterlichen China von Kumārajīva (344–413) bis Chi-tsang (549–623)*. Dissertation. Hamburg, Universität Hamburg, 2003.

KUHN, Dieter: *Status und Ritus. Das China der Aristokraten von den Anfängen bis zum 10. Jahrhundert nach Christus*. Heidelberg: Edition Forum (Würzburger sinologische Schriften), 1991.

LAI Pengju 賴鵬舉: „Zhongguo fojiao yixue de xingcheng 中國佛教義學的形成. Dongjin waiguo Luoshi bore yu bentu Huiyuan niepan zhi zheng 東晉外國羅什般若與本土慧遠涅槃之爭". In: *Zhonghua foxue xuebao* 中華佛學學報 13 (7), (2000), S. 349–391.

LEI Haizong: „Periodization. Chinese History and World History". In: *The Chinese Social and Political Science Review* 20 (4), (1936–1937), S. 12–26.

LEI Jiaji 雷家驥: „Qian Hou Qin de Wenhua, guoti, zhengce yu qi xingwang des guanxi 前後秦的文化、國體、政策、與其興亡的關係". In: *Guoli Zhongshan daxue xuebao* 國立中山大學學报 7 (1), (1996), S. 225–279.

LEWIS, Mark Edwards: „Warring States Political History". In: LOEWE, Michael; SHAUGHNESSY, Edward (Hgg.): *Cambridge History of Ancient China*. Cambridge: Cambridge University Press, 1999, S. 587–645.

LI Runsheng 李潤生: *Sengzhao* 僧肇. Taibei: Dongda tushu, 1989.

LI Yanshou 李延壽 (Hg.): *Nanshi* 南史. 6 Bde. Beijing: Zhonghua shuju, 1975.

LIEBENTHAL, Walter: „The Immortality of the Soul in Chinese Thought". In: *Monumenta Nipponica* 8 (1–2), (1952), S. 328–397.

— „A Biography of Chu Tao-Sheng". In: *Monumenta Nipponica* 11 (3), (1955), S. 284–316.

— *Chao Lun. The Treatises of Seng-chao*. Hongkong: Hongkong University Press, 1968.

LIU James T. C.: „The Neo-Traditional Period in Chinese History". In: *Journal of Asian Studies* 24 (1), (1964), S. 35–54.

LIU Ming-Wood: *Madhyamaka thought in China*. Leiden: Brill (Sinica Leidensia, 30), 1994.

LIU Tan 劉坦: *Zhongguo gudai zhi xingsui jinian* 中國古代之星歲紀年. Beijing: Kexue, 1957.

MAKEHAM, John: *Name and Actuality in Early Chinese Thought*. Albany: State University of New York Press, 1994.

MAKRANSKY, John J.: *Buddhahood Embodied. Sources of Controversy in India and Tibet*. Delhi: Sri Satguru Publications, 1997.

MARCHAL, Kai: *Das machtpolitische und hermeneutische Manuale Wang Bis (226-249) zum Yijing. Übersetzung und strukturelle Analyse des Zhouyi lüeli in seiner Beziehung zum Zhouyi zhu*. Unveröffentlichte Magisterarbeit. Universität Heidelberg, Heidelberg, 2000.

— *Shih-shuo Hsin-yü. A new Account of Tales of the World*. Unter Mitarbeit von Liu I-ch'ing. Minneapolis: University of Minnesota Press, 1976.

MATSUNAGA Daigan; MATSUNAGA, Alicia: *The Buddhist Concept of Hell*. New York: Philosophical Library, 1971.

MAYER, Alexander L.: *Das Vajracchedicā-sūtra und die chinesische Auslegung der prajñā. Ein Beitrag zur Expositorik, Exegese und Hermeneutik im sino-buddhistischen Sutra-Kommentar*. Unveröffentlichte Habilitationsschrift. Universität Heidelberg, Heidelberg, 1999.

MIŠČEVIĆ, Dušanka D.: „Oligarchy or Social Mobility. A Study of the Great Clans of Early Medieval China". In: *Bulletin of the Museum of Far Eastern Antiquities* 65, (1993), S. 5–256.

MIYAKAWA Hisayuki: „Local Cults around Mount Lu at the Time of Sun En's Rebellion". In: WELCH, Holmes; SEIDEL, Anna (Hgg.): *Facets of Taoism. Essays in Chinese Religion*. New Haven: Yale University Press, 1979, S. 83–102.

MIYAZAKI Ichisada 宮崎市定: *Kyûhin kanjin hô no kenkyû* 九品官人法の研究. Kyôto: Tôyôshi kenkyûkai, 1956.

MORIMITSU Kisaburô 森三樹三郎: „Gi Shin shidai ni okeru ningen no hakken 魏晋時代における人間の発見". In: *Tôyô bunka no mondai* 東洋文化の問題 1, (1949), S. 121–201.

MÜLLER, C.C.; WAGNER, Rudolf G.: *Konkordanz zum Lao-tzu*. Fachschaft des Seminars für Ostasiatische Sprach- und Kulturwissenschaft der Universität München. Würzburg: E. Schmitt und M. Meyer, 1968.

NATTIER, Jan: *Once Upon a Future Time. Studies in a Buddhist Prophecy of Decline*. Berkeley: Asian Humanities Press, 1991.

NOBEL, Johannes: „Kumārajīva". In: *Sitzungsberichte der Preussischen Akademie der Wissenschaften. Philosophisch-Historische Klasse* 26, (1927), S. 206–233.

OBERT, Mathias: „Qi und die Theorie der Landschaftsmalerei in China". In: REITER, Florian C. (Hg.): *Das Reich der Mitte. In Mitte. Studien Berliner Sinologen*. Wiesbaden: Harrassowitz (Asien- und Afrika-Studien der Humboldt-Universität zu Berlin, 27), 2006, S. 71–95.

PLAKS, Andrew H.: „Allegory in Hsi-yu chi and Hung-lou meng". In: PLAKS, Andrew H. (Hg.): *Chinese narrative. Critical and theoretical essays*. Princeton: Princeton University Press, 1977, S. 163–202.

PLASSEN, Jörg: *Die Spuren der Abhandlung (Lun-chi). Exegese und Übung im San-lun des sechsten Jahrhunderts*. Doktorarbeit. Universität Hamburg, Hamburg, 2002.

PYE, Michael: *Skilful Means. A Concept in Mahayana Buddhism*. London: Duckworth, 1978.

REED, Barbara Edith: *The Problem of the 'Dharmakāya' as seen by Hui-Yuan and Kumārajīva*. PhD Thesis. University of Iowa, Des Moines, 1982.

REITER, Florian C.: *Der Bericht über den Berg Lu (Lu-Shan Chi) von Ch'en Shun-yü. Ein Historiographischer Beitrag aus der Sung Zeit zum Kulturraum des Lu Shan*. Doktorarbeit. Ludwig-Maximilian-Universität München, München, 1977.

ROBINSON, Richard H.: *Early Mādhyamika in India and China*. Madison, Milwaukee, London: University of Wisconsin Press, 1967.

ROGERS, Michael Courtney: *The Chronicle of Fu Chien. A Case of Exemplar History*. Berkeley: University of California Press, 1968.

RÖLLICKE, Hermann-Josef: *Selbst-Erweisung. Der Ursprung des ziran-Gedankens in der chinesischen Philosophie des 4. und 3. Jhs. v. Chr.* Frankfurt am Main: Peter Lang (Asiatische und afrikanische Studien, 27), 1996.

RUEGG, Seyfort D.: „The Uses of the Four Positions of the catuskoti and the Problem of the Description of Reality in Mahāyāna Buddhism". In: *Journal of Indian Philosophy* 5 (1–2), (1977), S. 1–71.

RYOSE, Wataru S.: *A Study of the "Abhidharmahṛdayaśāstra". The Historical Development of the Concept of Karma in the Sarvastivada Thought*. PhD Thesis. University of Wisconsin, Madison, 1987.

SAIGUSA Mitsuyoshi: *Studien zum Mahāprajñāpāramitā(upadeśa)śāstra*. Tokio: Hokuseido, 1969.

SARKISYANZ, Emanuel: *Buddhist Backgrounds of the Burmese Revolution*. Den Haag: Martinus Nijhoff, 1965.

SCHLINGLOFF, Dieter: *Die Religion des Buddhismus*. 2 Bde. Berlin: De Gruyter, 1962.

SCHMIDT-GLINTZER, Helwig: *Das Hung-Ming Chi und die Aufnahme des Buddhismus in China*. Wiesbaden: Franz Steiner, 1976.

— „Der Literatenbeamte und seine Gemeinde oder Der Charakter der Aristokratie im chinesischen Mittelalter". In: *Zeitschrift der Deutschen Morgenländischen Gesellschaft* 139 (2), (1989), S. 397–425.

SCHMITHAUSEN, Lambert: „Mitleid und Leerheit. Zu Spiritualität und Heilsziel des Mahāyāna". In: BSTEH, Andreas (Hg.): *Der Buddhismus als Anfrage an christiliche Theologie und Philosophie*. Mödling: St. Gabriel (Studien zur Religionstheologie, 5), 2000, S. 437–455.

SEIWERT, Hubert Michael: *Popular Religious Movements and Heterodox Sects in Chinese History*. Leiden, Boston: Brill (China studies, 3), 2003.

SHARF, Robert H.: *Coming to Terms with Chinese Buddhism. A Reading of the Treasure Store Treatise*. Honolulu: University of Hawai'i Press (Studies in East Asian Buddhism, 14), 2002.

SHIZUTANI Masao 閑谷正夫: *Shôjô Bukkyô shi no kenkyû* 小乗佛教史の研究. Kyôto: Hyakkaen, 1978.

SON Byeong-ch'eol 孫炳哲: *Zhaolun tongjie ji yanjiu* 肇論通解及研究. Gaoxiong: Foguang shanwenjiao jijinhui (Zhongguo fojiao xueshu lundian, 19), 2001.

SWANSON, Paul L.: *Foundations of T'ien-T'ai Philosophy. The Flowering of the Two Truths Theory in Chinese Buddhism*. Berkeley: Asian Humanities Press (Nanzan studies in religion and culture), 1989.

TAMBIAH, Stanley J.: *World Conqueror and World Renouncer. A Study of Buddhism and Polity in Thailand against a Historical Background*. Cambridge: Cambridge University Press, 1976.

TAN Qixiang 譚其驤 (Hg.): *Zhongguo lishi ditu ji* 中国歷史地图集. 8 Bde. Beijing: Xinhua shudian, 1982.

TANG Changru 唐長孺: *Wei Jin Nanbeichao shi luncong* 魏晉南北朝史論叢. Beijing: Sanlian shuji, 1955a.

TANG Yongtong 湯用彤: *Han Wei liang Jin Nanbei chao fojiao shi* 漢魏兩晉南北朝佛教史. 2 Bde. Beijing: Zhonghua shuju, 1955b.

TAO Qiuying 陶秋英: *Lidai renwu nianli beichuan zongbiao* 歷代人物年裏碑傳綜表. Hongkong: Zhonghua shuju, 1976.

TARTHANG Tulku; COOK, Elizabeth: *Holy Places of the Buddha*. Berkeley: Dharma Publishing (Crystal mirror series, 9), 1994.

THOMPSON, John M.: *Understanding Prajñā. Sengzhao's "Wild Words" and the Search for Wisdom*. New York: Peter Lang (American University Studies VII, Theology and Religion, 256), 2008.

TSUKAMOTO Zenryû 塚本善隆: *Jôron kenkyû* 僧肇研究. Kyôto: Hôzôkan, 1955.

— „The Dates of Kumārajīva and Seng-chao re-examined". In: *Silver Jubilee Volume of the Zinbun Kagaku Kenkyûsyo*, (1964), S. 568–584.

— *A History of Early Chinese Buddhism*. (Übersetzt von Leon Hurvitz). 2 Bde. Tokio: Kodansha, 1985.

TWITCHETT, Denis: „Comment on J. L. Watson's Article. Chinese Kinship Reconsidered. Anthropological Perspectives on Historical Research". In: *China Quarterly* 92, (1982), S. 623–627.

VERVOORN, Aat Emile: *Men of the Cliffs and Caves. The Development of the Chinese Eremitic Tradition to the End of the Han Dynasty*. Hongkong: Chinese University Press, 1990.

VIÉVARD, Ludovic: *Vacuité (Śūnyatā) et Compassion (Karuṇā) dans le Bouddhisme Madhyamaka*. Collège de France. Paris: Publication de l'Institut de Civilisation Indienne, 2002.

WAGNER, Rudolf G.: *Die Fragen Hui-Yuans an Kumārajīva*. Dissertation. Ludwig-Maximilian-Universität München, München, 1969.

— „Lebensstil und Drogen im chinesischen Mittelalter". In: *T'oung Pao* 59 (1-5), (1973), S. 79–179.

— „Interlocking Parallel Style. Laozi and Wang Bi". In: *Études Asiatiques* 34 (1), (1980), S. 18–58.

— *The Craft of a Chinese Commentator. Wang Bi on the Laozi*. Albany: State University of New York Press, 2000.

— *Language, Ontology, and Political Philosophy in China. Wang Bi's Scholarly Exploration of the dark (Xuanxue)*. Albany: State University of New York Press (SUNY series in Chinese philosophy and culture), 2003a.

— *A Chinese Reading of the Daodejing. Wang Bi's Commentary on the Laozi with Critical Text and Translation*. Albany: State University of New York Press, 2003b.

WANG Baoxuan 王葆玹: *Xuanxue tonglun* 玄學通論. Taibei: Wunan tushu chuban gongsi, 1996.

WATANABE Shôgo: „The role of 'destruction of the Dharma' and 'predictions' in Mahāyāna Sūtras. With a focus on the Prajñāpāramitā Sūtras". In: *Acta Asiatica* 96 (2), (2009), S. 77–97.

WATSON, Burton: *The Complete Works of Chuang Tzu*. New York: Columbia University Press, 1968.

WATSON, James L.: „Chinese Kinship Reconsidered. Anthropological Perspectives on Historical Research". In: *China Quarterly* 92, (1982), S. 589–622.

WEBER-BROSAMER, Bernhard; BACK, Dieter M.: *Die Philosophie der Leere. Nāgārjunas Mūlamadhyamaka-Kārikās. Übersetzung des buddhistischen Basistextes mit kommentierenden Einführungen*. Wiesbaden: Harrassowitz (Beiträge zur Indologie, 28), 1997.

WERNER, Edward T. C.: *A Dictionary of Chinese Mythology*. New York: The Julian Press, 1969.

WILHELM, Richard: *Dschuang Dsi. Das wahre Buch vom südlichen Blütenland*. Jena: Eugen Diederichs Verlag, 1923.

— *Kungfutse. Gespräche*. Köln: Eugen Diederichs Verlag, 1955.

— *I Ging. Das Buch der Wandlungen*. München: Eugen Diederichs Verlag, 1973.

WILLEMEN, Charles: *The Essence of Metaphysics. Abhidharmahṛdaya*. Brüssel: Publication de l'Institut Belge des Hautes Études Bouddhiques, 1975.

— *The Essence of Scholasticism. Abhidharmahṛdaya. T1550. Revised edition with a completely new Introduction*. Delhi: Motilal Banarsidass, 2006.

WILLEMEN, Charles; DESSEIN, Bart; COX, Collett: *Sarvāstivāda Buddhist scholasticism*. Leiden, New York: Brill (Handbook of Oiental Studies. India, 11), 1998.

WITTERN, Christian: *Das Yulu des Chan-Buddhismus. Die Entwicklung vom 8.–11. Jahrhundert am Beispiel des 28. Kapitels des Jingde chuandenglu (1004)*. Bern: Peter Lang, 1998.

WRIGHT, Arthur F.: *Buddhism in Chinese History*. Stanford: Stanford University Press, 1959.

XU Kangsheng 許抗生: *Sengzhao pingzhuan* 僧肇評傳. Nanjing: Nanjing daxue, 1998.

ZACCHETTI, Stefano: *In Praise of the Light. A critical synoptic edition with an annotated translation of chapters 1–3 of Dharmarakṣa*. Tokio: International Research Institute for Advanced Buddhology, Soka University, 2005.

ZHOU Bokan 周伯戡: „Yao Xing yu Fojiao tianwang 姚興與佛教天王". In: *Taida lishi xuebao* 臺大歷史學報 30, (2002), S. 207–242.

ZHOU Nianchang 周年昌: „Dongjing Beifubing de jianli ji qi tedian 東晉北府兵的建立及其特點". In: Zhongguo shehui kexue lishi yanjiusuo 中国社会科学历史研究所 (Hg.): *Wei Jin Sui Tang shi lunji* 魏晉隋唐史論集. 2 Bde. Beijing: Zhongguo shehui kexue, 1983, Bd. 2, S. 15–56.

ZÜRCHER, Erik: *The Buddhist Conquest of China. The Spread and Adaptation of Buddhism in Early Medieval China*. Leiden: Brill, 1959.
— „'Prince Moonlight', Messianism and Eschatology in Early Medieval Chinese Buddhism". In: *T'oung Pao* 68 (1-3), (1982), S. 1–75.

Verzeichnis der Personennamen mit Lebensdaten soweit bekannt

*Buddhabhadra Foduobatuo 佛馱跋陀 (359~429)
*Buddharakṣa Fotuluocha 佛圖羅刹 (?–?)
*Buddhayaśas Fotuoyeshe 佛陀耶舍 (?–?)
*Dharmanandi Tanmonanti 曇摩難提 (365~370)
*Dharmarakṣa Zhu Fahu 竺法護 (385~433)
*Dharmaruci Tanmoliuzhi 曇摩流支 (?–?)
*Kumārabuddhi Jiumoluofoti 鳩摩羅佛提 (?–?)
*Lokakṣema Zhiloujiachen 支婁迦讖 (147–?)
*Mokṣala Wuluocha 無羅叉 (?–?)
*Puṇyatara Furuoduoluo 弗若多羅 (?–?)
*Saṃghabhūti Sengjiabacheng 僧伽跋澄 (?–?)
*Saṃghadeva Sengjiatipo 僧伽提婆 (?–?)
*Saṃgharakṣa Sengjialuocha 僧伽羅刹 (?–?)
*Saṃghavarman Sengjiabamo 僧伽跋摩 (?–?)
Bao Chang 寶唱 (?–?)
Bi Yingzhi 畢潁之 (?–?)
Bi Zhuo 畢卓 (?–?)
Cao Shuang 曹爽 (239–249)
Cao Xi 曹羲 (?–249)
Cao Zhi 曹植 (192–232)
Chen Shunyu 陳舜俞 (?–1074)
Chu Yuanwang 楚元王, s. Liu Jiao
Dao Xuan 道宣 (596–667)
Daoan 道安 (312–385)
Daosheng 道生 (ca. 360–434)
Diao Xie 刁協 (?–?)
Dong Zhao 董昭 (152–232)
Fan Ning 范寧 (339–401)
Fan Tai (355–427)
Fazang 法藏 (643–712)
Feng Youlan 馮友蘭 (1895–1990)
Fu Deng 苻登 (r. 386–394)
Fu Jia 傅嘏 (205–ca. 255)
Fu Jian 苻堅 (257–385)
Fu Jian 苻健 (r. 351–384)
Guo Xiang 郭象 (?–312)
He Yan 何晏 (ca. 190–249)
Helian Bobo 赫連勃勃 (r. 418–425)
Hou Qin Gaozu 後秦高祖 (r. 394–416)
Huan Chong 桓沖 (328–384)
Huan Wen (312–373)
Huan Xuan 桓玄 (369–404)
Huan Yi 桓伊 (?–?)
Huangfu Mi 皇甫謐 (215–282)
Hui Da 慧達 (557–589)
Huibao 慧寶 (?–?)
Huichi 慧持 (337–412)
Huiguan 慧觀 (?–443/447)
Huijiao (497–554)
Huiming 慧明 (?–?)
Huiyuan 慧遠 (334–416)
Jin Mingdi 晉明帝 (227–237)
Jin Wudi 武帝 (266–290)
Jin Xiao Wudi 晉孝武帝 (r. 265–290)
Jin Yuandi 晉元帝 (r. 317–323)
Jizang 吉藏 (549–623)
Kumārajīva Jiumoluoshi 鳩摩羅什 (350–ca. 409)
Lei Cizong 雷次宗 (386–448)
Liu Bang 劉邦 (r. 202–195)
Liu Bo 劉波 (?–ca. 390)
Liu Chou 劉疇 (?–?)
Liu Dan 劉淡 (?–?)
Liu Jiao 劉交 (?–179 v.Chr.)
Liu Jingxuan 劉敬宣 (?–415)
Liu Laozhi 劉牢之 (?–402)
Liu Mai 劉邁 (?–?)
Liu Na 劉訥 (?–?)
Liu Shao 劉劭 (?–?)
Liu Sui 劉綏 (?–?)
Liu Wei 劉隗 (? ?)
Liu Yi 劉毅 (?–?)
Liu Yimin 劉遺民 (ca. 360–416)
Liu Yu 劉裕 (356–422)
Lu Cheng 陸澄 (425–494)
Lü Guang 呂光 (r. 386–400)
Lü Long 呂隆 (?–416)
Lu Xun 盧循 (?–411)
Lü Zuan 呂纂 (?–401)
Pei Wei 裴頠 (267–300)

Pingshu 平叔 s. He Yan
Sengrui 僧睿 (371–438)
Sengzhao 僧肇 (374/384–414)
Shi Daobao 釋道寶 (?–?)
Shi Facheng 釋法誠 (?–?)
Shi Hu 石虎 (333–349)
Shi Le 石勒 (r. 319–333)
Sima Daozi 司馬道子 (364–402)
Sima Guang 司馬光 (1019–1086)
Sima Yi 司馬懿 (189–251)
Sima Yuanxian 司馬元顯 (382–402)
Song Wudi 宋武帝 s. Liu Yu
Sun En 孫恩 (?–402)
Tan Ji 曇濟 (411–475)
Tan Yong 曇邕 (?–?)
Tang Yongtong 湯用彤 (1893–1964)
Tao Qian 陶潛 (365–427)
Wang Bi 王弼 (226–249)
Wang Dao 王導 (276–339)
Wang Dun 王敦 (266–324)
Wang Mi 王謐 (316–407)
Wang Qia 王洽 (323–358)
Wang Rixiu 王日休 (?–?)
Wang Xun 王珣 (350–401)
Wen Cai 文才 (1241–1302)
Wu Cheng'en 吳承恩 (1504–1582)
Xi Jian 郗鑒 (269–339)
Xi Kang 嵇康 (223–262)
Xiang Xiu 向秀 s. Guo Xiang
Xie An 謝安 (320–385)
Xie Lingyun 謝靈運 (385–433)
Xie Xuan 謝玄 (343–388)
Xu Daofu 徐道覆 (?–411)
Xuanzang 玄奘 (ca. 596/602–664)
Yao Chang 姚萇 (?–393)
Yao Hong 姚泓 (r. 415–417)
Yao Song 姚嵩 (?–?)
Yao Xing 姚興 (366–416)
Yuan Kang 元康 (ca. 627–650)
Zhang Caimin 張萊民 (350–418)
Zhang Jishuo 張季碩 (359–423)
Zhao Zheng 趙正 (?–?)
Zhiqian 支謙 (223–252)
Zhou Xuzhi 周續之 (377–423)
Zhu Daoqian 竺道潛 (286~374)
Zhu Fatai 竺法汰 (320–387)
Zhu Fonian 竺佛念 (?–?)
Zhu Hong 袾宏 (1532–1612)
Zhu Shixing 朱士行 (203–282)
Zong Bing 宗炳 (375–443)

Verzeichnis der Ortsnamen

Bingzhou 并州
Chaisang 柴桑
Chang'an 長安
Chuguo 楚國
Donglin si 東林寺
(„Kloster am Östlichen Wald")
Feishui 淝水
Guangling 廣陵
Gucang 姑臧
Huaihe 淮河
Jianchang 建昌
Jiangling 江陵
Jiangnan 江南
Jiangzhou 江洲
Jiankang 建康
Jingkou 京口
Jinling 金陵
Jizhou 冀州
Linyi xian 临沂縣
Langye 琅邪
Longdong 隆東
Longxi 隴西
Luoyang 洛陽
Lushan 廬山
Nanchang 南昌
Nanyang 南陽
Pei xian 沛縣
Pengcheng 彭城
Qihuan si 祇洹寺 („Jetavana–Kloster")
Qingzhou 青州
Shanshan 鄯善
Wenyang xian 涅陽縣
Xiangyang 襄陽
Xilin si 西林寺
(„Kloster am Westlichen Wald")
Xincai 新蔡
Xunyang 潯陽
Xuzhou 徐州
Yangzhou 揚州
Yanqi 焉耆
Yanzhou 兗州
Yingmen 雁門
Youzhou 幽州
Yuzhang 豫章

Verzeichnis der im Text vorkommenden Dynastien und Regierungsdevisen

Die für diese Arbeit wichtigsten Perioden sind fett gekennzeichnet

206–8 Westliche Han (*Xi Han* 西漢)
25–220 Östliche Han (*Dong Han* 東漢)
 25–58 *jianwu* 建武
 196–220 *jianan* 建安

220–265 Cao–Wei (*Cao Wei* 曹魏)
 220–227 *huangchu* 黃初
 240–249 *zhengshi* 正始
 264–265 *xianxi* 咸熙

265–316 Westlichen Jin (*Xi Jin* 西晉)
317–420 Östlichen Jin (*Dong Jin* 東晉)
 405–419 *yixi* 義熙
403–404 Chu 楚
 403–404 *yongshi* 永始
420–479 Liu–Song (*Liu–Song* 劉宋)

351–394 Früheren Qin (*Qianqin* 前秦)
386–534 Nördliche Wei (*Bei Wei* 北魏)
319–351 Späteren Zhao (*Hou Zhao* 後趙)
320–376 Früheren Liang (*Qian Liang* 前涼)
386–403 Späteren Liang (*Hou Liang* 後涼)
397–414 Südliche Liang (*Nan Liang* 南涼)
397–439 Nördliche Liang (*Bei Liang* 北涼)
400–421 Westliche Liang (*Xi Liang* 西涼)
398–410 Südlichen Yan (*Nan Yan* 南燕)

384–417 Späteren Qin (*Hou Qin* 後秦)
 399–416 *hongshi* 弘始
 407–431 *daxia* 大夏

618–907 Tang 唐

Karten

Karte 1: Der Kontinent Jambudvīpa mit den vier Flüssen und Weltgegenden in einer alten Darstellung (aus: The Journal of the Bombay Branch of the Royal Asiatic Society 2 (1848), S. 411)

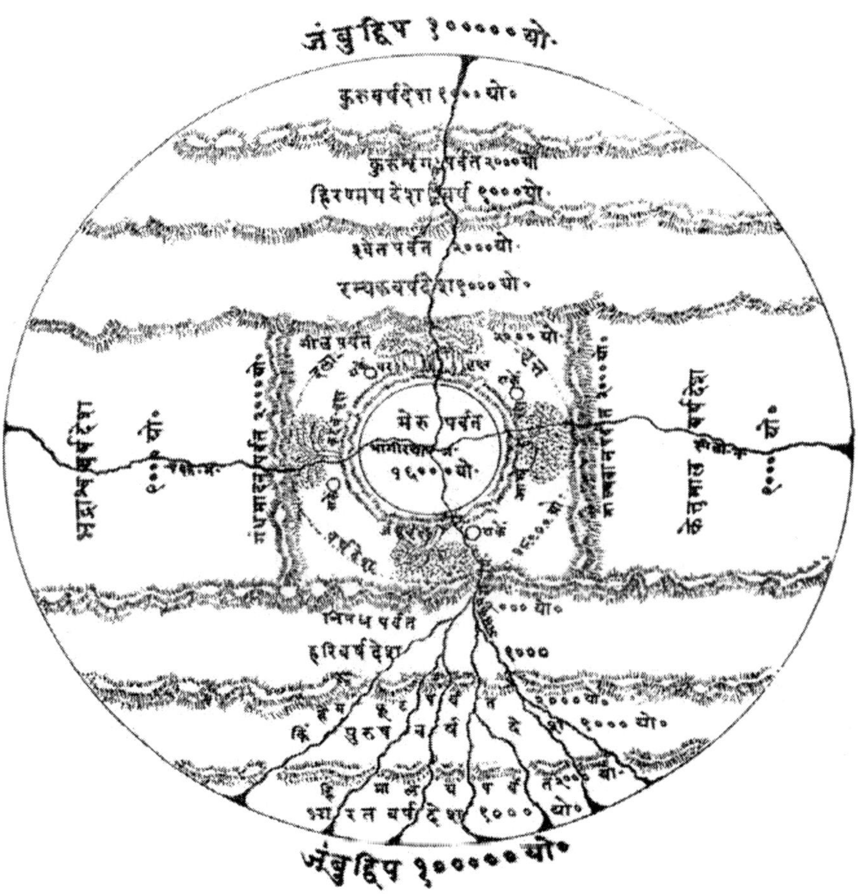

Karte 2: Das Gebiet der vier Flüsse: Ganges, Indus, Amu-Daria und Jarkant sowie der Gebirgszüge und der Verbindung zu China

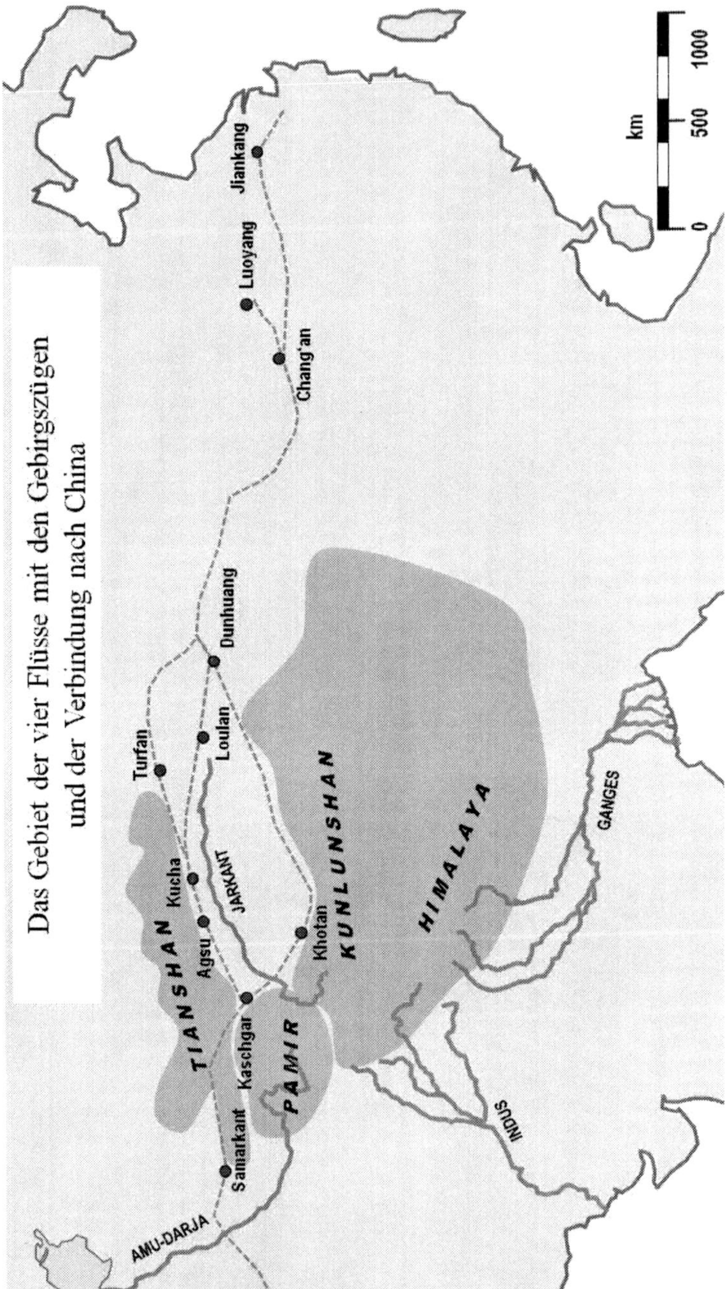

Karte 3: Politische Karte von der Zeit ca. 399 bis ca. 410 mit den in der Arbeit aufgeführten Orten

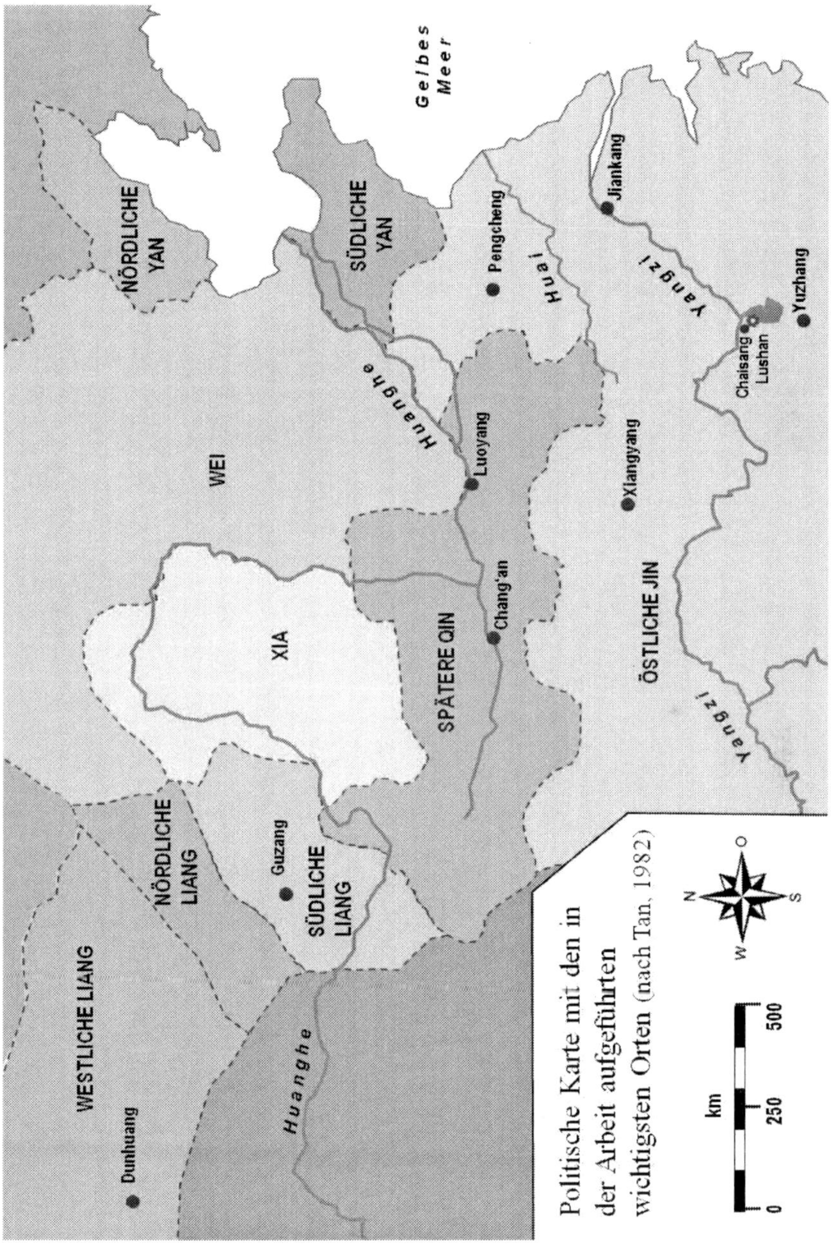